U0898663

最高人民法院
指导性案例裁判规则理解与适用

民事诉讼卷

第二版·下册

江必新　何东宁　沈红雨　李延忱　崔晓林　何利　著

中国法制出版社
CHINA LEGAL PUBLISHING HOUSE

总　目　录

下　册

第十七章　案件的受理

第十八章　重复起诉的审查及处理

第十九章　二审的范围

第二十章　再审的范围

第二十一章　调解书的再审

第二十二章　案外人申请再审

第二十三章　执行强制管理

第二十四章　执行和解

第二十五章　股权的执行

第二十六章　公证债权文书的执行

第二十七章　优先权的执行

第二十八章　仲裁协议与仲裁裁决

第二十九章　瑕疵仲裁协议的效力

第三十章　涉外仲裁

第三十一章　刑民交叉案件的处理程序

目　录

Contents

下　册

第十七章　案件的受理

第十八章　重复起诉的审查及处理

第二十章　再审的范围

第二十一章 调解书的再审

第二十二章 案外人申请再审

第二十三章　执行强制管理

第二十四章 执行和解

第二十五章　股权的执行

第二十六章 公证债权文书的执行

第二十七章　优先权的执行

第二十八章 仲裁协议与仲裁裁决

第三十章 涉外仲裁

第十七章　案件的受理

规则 22：当事人就占有使用国家基本建设经营性基金而发生的借款合同纠纷，向人民法院提起民事诉讼的，人民法院应当依法受理

——峰峰集团有限公司与中国节能投资公司借款合同纠纷案①

【裁判规则】

当事人因占有使用国家基本建设经营性基金而发生的借款合同纠纷，不属于最高人民法院 1996 年 4 月 2 日法复［1996］4 号《关于因政府调整划转企业国有资产引起的纠纷是否受理问题的批复》第 1 条所规定的“因政府及其所属主管部门在对企业国有资产调整、划转过程中引起相关国有企业之间的纠纷，应由政府或所属国有资产管理部门处理，国有企业作为当事人向人民法院提起民事诉讼的，人民法院不予受理”的情形。当事人就上述借款合同纠纷向人民法院提起民事诉讼的，人民法院应当依法受理。

【规则理解】

一、民事诉讼受理范围

民事诉讼中的受理，是指人民法院通过对原告起诉的审查，认为符合法定条件，决定立案审理，从而引起诉讼程序开始进行的职权行为。② 从上述定义可以看出，我国民事诉讼法学界倾向于将民事诉讼的受理问题定义为国家职权主义范畴。而案件的受理范围问题，则是在这种职权主义思维之下，民事纠纷有多少可以纳入司法审查并作出裁判的范围的问题。

考察现行的《民事诉讼法》规定，没有专门的法律条文正面规定民事诉讼的案件受理范围，只是在 1991 年制定的《民事诉讼法》第 108 条有关起诉的条件中规

---

① 《中华人民共和国最高人民法院公报》2007 年第 10 期，最高人民法院（2007）民二终字第 19 号民事判决书。

② 江伟：《民事诉讼法》，高等教育出版社 2004 年版，第 264 页。

定起诉应当属于人民法院受理民事诉讼的范围。其后民事诉讼法经过历次修改，该条文内容未作修改，在2012年《民事诉讼法》修正以后，该条文变为第119条，但是内容与原第108条的内容一致。如果仅仅从民事诉讼法这一程序法的规定以及理论来探讨民事诉讼的受理范围问题，势必陷入逻辑上的循环解释。但是从另一个角度思考，民事实体法调整的范围所引起的纠纷，就应当属于民事诉讼案件的受理范围。因此，厘清这一问题就有必要借鉴民事实体法概念与理论。

《民法通则》第2条规定："中华人民共和国民法调整平等主体的公民之间、法人之间、公民和法人之间的财产关系和人身关系。"从这一概念可以得出结论，民事实体法调整平等民事主体之间的财产关系和人身关系。民事实体法调整的法律关系一个重要特点在于主体的平等性，其法律关系的类型也特定为财产关系和人身关系。这是我国民法学界以及民事诉讼法学界多年来普遍认可的观点。从这一观点出发，可以得出民事诉讼受理范围的一般结论，即民事诉讼受理平等主体因财产关系或人身关系产生的民事法律纠纷。

但问题远非如此简单，民事诉讼法一些特有的制度也在确定某一民事纠纷能否作为民事诉讼案件的问题上发挥作用。如针对当事人提起的诉讼，人民法院是采取登记立案抑或审查立案？虽然，我国对立案审查制进行了改革，变为立案登记制，对人民法院依法应当受理的案件做到有案必立、有诉必理，保障当事人的诉权，但还是对当事人的申请进行必要审查，要符合法律的规定。已经生效裁判的既判力影响、"重复起诉"或者"一事不再理"原则等会对受理问题的限制、当事人选择的争议解决方式，以及案件当事人滥用诉权的行使等均可能对案件受理等产生影响和限制。具体到某一民事诉讼案件，法律还要求原告与案件具有法律上的利害关系、被告明确、有具体的诉讼请求以及事实、理由等。对于这些制度或者规定的违反，都也可能导致案件无法受理的后果。

二、国家对"两金"的政策规定及相关政策的调整

所谓的"两金"是指"中央级基本建设经营性基金"（以下简称基本建设基金）和"拨改贷"资金。"两金"制度的设立与变革，与我国经济体制从计划经济向市场经济的改革相始终。我国在计划经济时期，实行的基本上是国家预算内资金开展基本建设投资，由国家预算安排的基本建设投资，全部在立项后由财政拨款。这种建设投资体制，在建国初期能够集中力量建设关系国计民生的重大项目，为国民经济的发展起到了至关重要的历史作用。但是，在经济体制逐渐向市场导向转变的过程中，这种建设投资体制的弱点开始暴露出来。为了适应新的社会经济形势，国家通过实行"两金"制度稳步地向市场经济体制过度。1985年，当时的国家计划委员会、财政部、中国人民建设银行联合下发了《关于国家预算内基本建设投资全部由拨款改发贷款的暂行规定》（已失效），就是所谓的“拨改贷”改革，明确规定“凡是由国家预算安排的基本建设投资全部由财政拨款改为银行贷款”，对于“拨改贷”的计划管理与资金来源、利率以及供款合同等方面作出了规定。为了使基本建设的资金来源保持稳定，建设项目能够按照合理工期组织施工，经国务院批准，从1988年起建立基本建设基金。国务院于1988年6月24日专门下发了《国家基本建设基金管理办法》，该办法明确了基本建设基金的来源、使用范围以及管理等制度。这是国家预算内基本建设资金改革的第一步。

1995年7月12日，国务院以国发［1995］20号文，批转了当时的国家计委、财政部、国家经贸委《关于将部分企业“拨改贷”资金本息余额转为国家资本金意见》，该意见明确规定“拨改贷”资金本息余额转为国家资本金采取分类审批的办法，不搞“一刀切”。不符合将“拨改贷”资金转为国家资本金条件的企业，仍需按国家有关规定归还“拨改贷”资金本息。1996年12月5日，国家计委、财政部制定下发了《关于中央级“拨改贷”资金本息余额转为国家资本金的实施办法》（计投资［1996］2801号；已失效）。针对“两金”改革中存在的问题，1999年11月29日，财政部下发了《关于中央级“拨改贷”资金经营性基金本息余额转为国家资本金后有关问题的通知》（财管字［1999］365号），该通知指出，“两金”转为国家资本金的工作出现一些不规范行为，一些中央管理企业不是按母子公司产权关系将“两金”转为的国家资本金入账与管理，而是不分企业产权级次直接由占有使用企业作为国家资本入账，引起企业产权关系混乱；有些地方政府不按规定及时办理“两金”转为国家资本金的有关手续，个别地方擅自将“两金”转为地方机构的法人资本等。该《通知》明确：凡享受转国家资本金政策的企业，均须依据国家计委、财政部关于将“拨改贷”资金本息余额或经营性基金本息余额转为国家资本金的批复文件，办理增加实收资本金的产权变动登记手续；由中央管理企业行使、代行和暂代行出资人职能，管理的中央级“拨改贷”资金本息余额或经营性基金本息余额转为国家资本金；中央管理的二级及二级以下企业、地方国有企业以及有限责任公司、股份有限公司、集体等企业占有使用由中央管理企业行使、代行或暂代行出资人职能管理的中央级“拨改贷”资金本息余额或经营性基金本息余额转为国家资本金的，应依据母子公司（企业）产权纽带关系，按法人资本——国有法人资本入账并进行管理。

从上述规定可以看出，在“两金”本息余额转为国家资本金的过程中，如果需要享受转国家资本金政策，有关企业均须依据国家计委、财政部的批复文件，办理增加实收资本金的产权变动登记手续，该规定可以解读为需要相关行政机关的审批认可，而不是在符合条件以后当然享受该政策。由中央管理企业行使、代行和暂代行国家资本金的出资人职能，其他企业占有使用该国家资本金的，应依据母子公司（企业）产权纽带关系，按法人资本——国有法人资本入账并进行管理。

三、“两金”制度改革过程中的借款纠纷应由人民法院作为民事案件受理

最高人民法院《关于因政府调整划转企业国有资产引起的纠纷是否受理问题的批复》（1996年4月2日，法复［1996］4号）第1条规定：“因政府及其所属主管部门在对企业国有资产调整、划转过程中引起相关国有企业之间的纠纷，应由政府或所属国有资产管理部门处理，国有企业作为当事人向人民法院提起民事诉讼的，人民法院不予受理”。该条规定主要针对有关政府及其所属主管部门对其当时所主管的各个国有企业之间进行国有资产的调整、划转产生的纠纷，人民法院是否作为民事案件受理的问题。因政府及其所属主管部门对于企业的国有资产进行划转的行为具有较强的行政指令性质，由此引起的纠纷完全不是平等的民事主体之间的财产纠纷，因此该司法解释作出了上述规定。

与此不同的是，在国家关于“两金”制度改革过程中发生的借款纠纷，根据有关的文件规定，由原来的预算内资金转变为银行贷款，而且需要在用资企业与银行之间签订供款合同，符合一般的平等民事主体之间发生的借款纠纷要件。在“两金”转变为国家资本金以后，也具体确定了行使、代行和暂代行该国家资本金的出资人职能的中央管理企业，如果用资企业未能按照文件规定办理增加实收资本金的产权变动登记手续，在行使出资人职能的中央管理企业与具体用资企业之间的纠纷，亦应属于人民法院依法受理的民事案件范围。

【拓展适用】

一、起诉条件、诉讼要件与胜诉要件之间的关系

所谓起诉条件是指当事人提起诉讼所需要具备的条件，只有当事人提起诉讼时具备了起诉条件，人民法院才会受理该案。实行立案登记制是对立案审查制的改变，过去立案审查制，人民法院收到当事人起诉后，需要进行以下几个方面的审查：一是对于起诉状的形式审查，即审查当事人的起诉是否具备法律所规定的形式要件，包括起诉状是否载明当事的人基本情况、诉讼请求和所根据的事实与理由、证据和证据来源等等；二是对于起诉积极条件的审查，包括原告与本案是否有直接的利害关系、是否有明确的被告、是否属于人民法院主管和受诉人民法院管辖；三是对于起诉消极条件的审查，即审查起诉是否经过了必要的前置程序、是否属于法律所规定的不得起诉的几种情况。只有符合上述所有条件的起诉，起诉才会被立案受理。实行立案登记制后，人民法院对当事人的起诉不进行实质审查，仅仅对形式要件进行核对，除相关规定不予登记立案的情形外，当事人提交的诉状一律接收，并出具书面凭证。起诉状和相关证据材料符合诉讼法规定条件的，当场登记立案。对不符合形式要件的，及时释明，以书面形式一次性全面告知应当补正的材料和期限，对在法律规定期限内无法判定的，应当先行立案。对不符合法律规定的，应当依法裁决不予受理或不予立案，并载明理由，当事人不服的，可以提起上诉或申请复议。禁止不收材料、不予答复、不出具法律文书。体现了对当事人诉权的充分保护。所谓诉讼要件是指为了实现诉讼的目的所必须具备的某些前提条件或事项。与起诉要件不同的是，诉讼要件并非是发生该诉讼的要件或者构成该诉讼成立的要件，而是为作出该案判决所必需的前提条件，如果欠缺诉讼要件而不及时予以补正，就可能会遭遇被裁定驳回起诉的后果。诉讼要件所产生的法律效果在于，如果不具备或构成对该案实体请求或实体权利义务争议判决的要件，也就导致人民法院不能够对当事人的实体请求或者实体权利义务关系作出判决。所谓胜诉要件是指人民法院据以判决当事人胜诉所具备的要件。起诉条件是审查诉讼要件的基础，而诉讼要件则是审查胜诉要件的前提。① 一般认为，我国目前民事诉讼法规定的起诉条件实质上包含了部分诉讼要件和胜诉要件，例如“原告是与本案有直接利害关系的公民、法人和其他组织”实际上属于当事人适格的问题，而当事人适格是诉讼要件之一。

二、被告为多数时法院管辖权的确定

根据《民事诉讼法》第 119 条的规定，“起诉必须符合下列条件：（一）原告是与本案有直接利害关系的公民、法人和其他组织；（二）有明确的被告；（三）有具体的诉讼请求和事实、理由；（四）属于人民法院受理民事诉讼的范围和受诉人民法院管辖。”可见，人民法院受理民事案件时，对于被告的要求是“有明确的被告”。当民事诉讼原告提起诉讼时，如果起诉的被告是数个时，如果其中某一被告的住所地、合同履行地或侵权行为地、结果所在地在受理案件的人民法院辖区内，受理案件的人民法院可以依据被告住所地等联结点确定管辖权。根据《民事诉讼法》第 127 条规定，“人民法院受理案件后，当事人对管辖权有异议的，应当在提交答辩状期间提出。人民法院对当事人提出的异议，应当审查。异议成立的，裁定将案件移送有管辖权的人民法院；异议不成立的，裁定驳回。当事人未提出管辖异议，并应诉答辩的，视为受诉人民法院有管辖权，但违反级别管辖和专属管辖规定的除外。”以及《民事诉讼法解释》第 223 条规定“当事人在提交答辩状期间提

① 江必新主编：《新民事诉讼法理解适用与实务指南》，法律出版社 2012 年版，第 454 页。

出管辖异议，又针对起诉状的内容进行答辩的，人民法院应当依照民事诉讼法第一百二十七条第一款的规定，对管辖异议进行审查。当事人未提出管辖异议，就案件实体内容进行答辩、陈述或者反诉的，可以认定为民事诉讼法第一百二十七条第二款规定的应诉答辩。”如果其他被告认为受理案件的人民法院没有管辖权，应当在法律规定的期限即一审答辩期内提出管辖权异议，不服一审裁定的，还可提出上诉，通过二审程序予以解决。如果其他被告只要在提交答辩状期间提出了管辖异议，无论其是否针对起诉状的内容进行答辩，都应当认为其行使了管辖异议的诉讼权利，人民法院应当依照《民事诉讼法》第 127 条第 1 款的规定，对管辖异议进行审查。如果当事人未在法律规定的期间内提出异议，并应诉答辩的，可以视为受诉人民法院有管辖权。但该当强调的是，应诉答辩不论答辩针对诉讼请求的认诺、否认或部分否认，还是针对原告所依据的事实及理由的自认、否认或部分否认，只能限定在就案件实体进行答辩、陈述或者反诉的范围内，不涉及案件审理的程序事项。只有针对案件实体方面问题的答辩才可认定为民事诉讼法规定的应诉答辩。一旦当事人就案件是否属于法院主管、是否属于受理案件法院管辖等程序性事项发表答辩意见，则说明其已事实上通过答辩形式提出了管辖异议，就不属于所指“应诉答辩”范畴。如果案件已经进入实体审理阶段，就应当认定案件管辖权已经确定。当然，上述情形不得违反《民事诉讼法》第 17 条、第 18 条、第 19 条、第 20 条及第 33 条有关级别管辖和专属管辖的规定。如果受理案件的人民法院经过审理，认为该案件中的某一被告不是案件的适格被告，这并不影响已经开始的案件实体审理程序，也无需将案件移送有管辖权的法院，人民法院可裁定驳回原告对该被告的起诉。

三、相关民事诉讼制度的改造

现行民事诉讼受理制度所规定的起诉条件，既包括实体内容又包括程序要求，确定性有余而灵活性、包容性不足，虽然能够一定程度地起到过滤纠纷，节约司法资源的作用，但其对于新型权利诉求进入诉讼渠道的阻隔作用日益显现，甚至为个别地方限制当事人正当诉权的行使提供了借口。① 但在另一方面，近年来人民法院受理民事案件范围却呈现扩张的趋势，无论从案件的性质、类型、特征以及数量等方面，都呈现出与传统民事案件显著的差异，出现了许多新型的民事案件。法律规定与社会现实二者之间的矛盾如何调和，成为民事诉讼案件受理制度改造需要考虑的问题。为了解决当下案件受理的“瓶颈”问题，可以就相关民事诉讼制度进行如下改造：

---

① 宋朝武：“民事诉讼受理制度改造的理性视角”，载《法学论坛》2007 年第 3 期。

（一）确立独立的案件受理审查程序

以当事人的起诉行为作为启动受理程序的起点，将案件受理审查程序作为诉讼程序一个独立的环节。独立的受理审查程序的制度价值在于保障当事人必要的诉讼权利，根据诉讼要件的具体情况，灵活采用开庭审查和书面审查等方式，通过公正和高效的审查努力实现民事纠纷获得司法裁判的准确性。受理审查程序主要集中审查实质性的诉讼要件，包括法院主管问题、原告与案件的利害关系问题、是否构成重复起诉问题等。另外，有关受诉法院是否对案件具有管辖权、双方当事人之间关于纠纷解决方式有无特别约定（如仲裁）等问题，也需要在受理阶段进行审查。2012 年修改后的《民事诉讼法》已经采取了应诉管辖（默示管辖）制度，仅当对方当事人在答辩期间明确提出管辖权异议的，受诉法院才将该争议纳入受理程序进行审查；如果对方当事人就起诉人的起诉状仅仅进行实体答辩，而未就管辖以及纠纷解决方式提出异议，应视为因对方当事人的应诉，受诉法院取得该案件的管辖权。受理审查程序对案件的处理方式包括受理、裁定驳回起诉、当事人和解撤诉、应当事人请求制作调解书等。对于滥用诉权的起诉人，除应当承担对方当事人的诉讼支出外，还可视情况采取训诫、罚款、拘留等强制措施。

（二）建立多样化审判程序

民事诉讼审判程序，应当针对不同的审理对象，设计不同的程序规则。一是继续完善简易程序的立法规定，提高诉讼效率，规范操作规程，进一步划清简易程序与普通程序界限，提高简易程序的灵活性。可以从四个方面加以改进：（1）设立适用简易程序的专门机构和人员。（2）进一步明确规定简易案件的识别标准，可以考虑借鉴国外以诉讼标的额大小作为判断标准的通常做法。（3）完善庭前调解制度，实现庭前调解解决大多数民事纠纷的制度目标。（4）实行小额诉讼一审终审制度，我国《民事诉讼法》2012 年修改，在第 162 条规定了简单的民事案件，标的额为各省、自治区、直辖市上年度就业人员年平均工资百分之三十以下的，实行一审终审。二是针对不同性质和类型的民事案件增设非讼事件程序。我国没有制定《非讼事件法》，但在民事诉讼法设专章规定了几种特别程序，包括选民资格案件程序、宣告失踪、死亡案件程序、认定公民无民事行为能力、限制民事行为能力案件程序、认定财产无主案件程序、确认调解协议案件程序、实现担保物权案件程序。但从一定角度看，督促程序、公示催告程序、破产程序也都是特别程序。我国民事诉讼法对于这些本质上属于特别程序的程序采取分散的立法方式存在缺陷，应当予以必要的整合，在立法体例上可采取非讼事件专编的形式，将诉讼程序与非讼程序区别对待。[①]

---

① 刘田玉：“论人民法院受理民事案件范围的扩张”，载《法商研究》2004 年第 1 期。

（三）建立完善多渠道纠纷解决机制

现实中，我国司法有被推至前沿、推向极致的趋势。“依法处理”几乎成了“法院处理”，许多面广量大的矛盾纠纷，在缺少前置程序的情况下涌入法院，司法已不堪重负，社会对司法的无度需求与司法资源、能力有限性的矛盾已变得十分突出。[①] 有人还会以行政不作为等种种理由状告行政机关甚至法院，通过种种非正常途径向法院施加干扰和压力。这将使司法背上沉重包袱，出自司法文明初衷的“登记立案”，最终将导致阻滞司法前进的后果。[②] 理性的思考应当是，建立完善的多渠道纠纷解决机制，在多渠道的纠纷解决机制中，司法处于最终保障地位。司法之外的纠纷解决机制越完善，进入司法程序的案件越少。

【典型案例】

峰峰集团有限公司与中国节能投资公司借款合同纠纷案

上诉人（原审被告）：峰峰集团有限公司。

法定代表人：张文学，该公司董事长。

委托代理人：路长林，河北中石律师事务所律师。

委托代理人：杨建生，河北中石律师事务所律师。

被上诉人（原审原告）：中国节能投资公司。

法定代表人：杨新成，该公司总经理。

委托代理人：韩雪，该公司职员。

委托代理人：王一凡，北京市司元律师事务所律师。

〔基本案情〕

河北省高级人民法院查明：1989 年 11 月至 1992 年 11 月，峰峰集团有限公司前身峰峰矿务局向财政部及节能公司前身国家能源投资公司节能公司申请“国家基本建设经营性基金部门贷款”，经过呈报财政部批准并经过节能公司前身审核后，委托当时的政策性银行建设银行，与峰峰集团有限公司前身签订了没有还款期限的《临时借款协议》，向峰峰集团有限公司发放借款本金共计 2180 万元，该款项及其利息一直未归还。

1988 年，财政部、国家计委（国家发展与改革委员会前身）颁布了计投资〔1998〕815 号文件《关于中央级基本建设经营性基金本息余额转为国家资本金的实施办法》、财政部颁布了财基字〔1998〕170 号文件《关于将中央级基本建设经营性基金本息余额转为国家资本金有关财务处理的通知》、财政部、国家计委颁布了计投

① 宋朝武：“民事诉讼受理制度改造的理性视角”，载《法学论坛》2007 年第 3 期。

② 姜启波：“人民法院立案审查制度的必要性与合理性”，载《人民法院报》2005 年 10 月 19 日。

资〔1999〕375号文件《关于将中国节能投资公司中央级基本建设经营性基金本息余额转为国家资本金的批复》，明确将316个单位（包括峰峰集团有限公司）使用的基本建设经营性基金本息余额（2057577442.79元）转为节能公司的国家资本金，计投资〔1998〕815号文件《关于中央级基本建设经营性基金本息余额转为国家资本金的实施办法》第二条第（二）款已明确将债权债务关系划转给节能公司，转增为节能公司的国家资本金由节能公司行使出资人职能。1998年5月20日，节能公司向使用基金的各个项目单位发出了节投〔1998〕104号文件《关于转发计投资〔1998〕815号、财基字〔1998〕170号文的通知》，峰峰集团有限公司认可收到。文件中首先明确此款为中央财政安排的国家预算内基本建设投资中的有偿使用部分，即此款为非国家拨款；文件确定了此款为节能公司前身安排的国家基建基金部门贷款，经批准转增为节能公司的国家资本金。财基字〔1998〕170号文对节能公司所核发款项的处置：即项目企业与建设银行经办行先对账，再办理将中央级基本建设经营性基金本息余额转为国家资本金有关财务处理手续，项目企业与建设银行签订的中央级经营性基金借款合同（协议）同时终止。上述文件下发之后，1998年6月8日，峰峰集团有限公司将其使用国家基本建设基金部门贷款本息余额（本金21800000元、利息3508380.64元）的对账单及其向节能公司的《申请报告》送给节能公司，峰峰集团有限公司申请将此款项变更为峰峰集团有限公司自己企业的注册资本金。节能公司一直未同意峰峰集团有限公司这一请求，此后，双方没有对该项资金如何入账管理形成进一步的结论文件。峰峰集团有限公司一直认为是自己的资本金。但在企业改制时未将节能公司作为股东，峰峰集团有限公司没有提供进一步的证据证明节能公司债权已转股权或者经批准同意变更为出资。节能公司、峰峰集团有限公司均提交了财政部财管字〔1999〕365号文件《关于中央级“拨改贷”资金经营性基金本息余额转为国家资本金后有关问题的通知》，文件提及基本建设经营性基金转为国家资本金后的相关问题的处理，其主要精神是，有些中央管理企业不是按母子公司产权关系将基金转为国家资本金入账与管理，而是不分企业产权级次直接由占有使用企业作为国家资本金入账，该行为应予禁止，禁止地方政府不按规定及时办理转为国家资本金的手续，禁止擅自将经营性的基金转为国家资本金性质，进一步明确应由中央管理企业的集团母公司按产权登记规定的要求将其作为国家资本金入账并进行管理。节能公司提交了《企业国有资产产权登记证》、财政部审核的《企业国有资产占有产权登记表》，证明计投资〔1998〕170号文件中提到的国家资本金，已经由节能公司向国务院国资委呈报，此资金已经作为节能公司的国家资本金在国务院国资委进行了产权登记，确认了节能公司国有资产占有使用权。关于就该类资金转为节能公司国家资本金后原建设银行与节能公司之间如何处理相关手续问题，直到2003年11月24日，中国建设银行向下属各建设银行发出了《关于协助中国节能投资公司确认债权有关问题的补充通知》（建投〔2003〕57号），内容是：依据相关各部委文件，国家已经明确将债权债务关系划转给节能公司的中央级经营性基金本息余额转增为该公司的国家资本金，建设银行要求各贷款单位向节能公司履行债务，各经办银行和有关已将贷款转为资本金的单位要配合节能公司办理相关债权确认手续。峰峰集团有限公司未向节能公司作出进一步的债务确认手续，节能公司主张在节能公司前来协调处理该债权债务问题时，峰峰集团有限公司不进行正面接触。2005年1月28日节能公司委托律师向峰峰集团有限公司催收该债务。2005年3月23日，节能公司向原审法院起诉请求判令峰峰集团有限公司偿还本金2180万元，支付利息7345180.44元，支付罚息1469036元，并承担案件诉讼费。

〔一审裁判理由与结果〕

河北省高级人民法院认为，根据财政部、国家计委政策文件，原以贷款形式发放的中央级经营性基金本息余额转为节能公司的国家资本金后，其产权属于中央而非地方，本案所涉资金应当归节能公司所有。争议焦点为峰峰集团有限公司主张此笔款项应作为节能公司对峰峰集团有限公司的出资而不应作为债权收回。关于节能公司作为经国务院授权可行使出资人职能的企业主体，节能公司提交2003年10月21日国务院公布的《发行出资人职责企业名单》，其中包括节能公司，国家授权节能公司可行使出资人职能，而且计投资〔1998〕815号文件第二条已明确由节能公司行使出资人职能。这与节能公司是否以自己经营管理的国有资产对外投资而形成出资人股东不是同一概念。根据节能公司、峰峰集团有限公司进一步提交的《财政部关于中央级“拨改贷”资金经营性基金本息余额转为国家资本金后有关问题的通知》（财管字〔1999〕365号文件），禁止与中央管理的企业（如节能公司）有产权纽带关系的子公司、二级企业、地方国有企业“不分企业产权级次直接由占有使用企业作为国家资本金入账”，由此会引起“企业产权关系混乱”。此文件针对中央企业下发，明确应当由中央企业转增国家资本金入账并进行管理；而且峰峰矿务局与节能公司前身分属于不同的上级主管部门，二者之间开始就不存在产权纽带关系。本案所涉资金既不应作为峰峰集团有限公司的国家资本金，也不应作为他人对峰峰集团有限公司的法人资本金，峰峰集团有限公司将其作为自己的注册资本金的做法违反规定。

本案所涉资金债务形成于计划经济、有计划的商品经济时期，但当时以贷款合同形式确定，并非无偿。本案不是发生在节能公司与建设银行之间需要由行政调处争议，而是转为国家资本金的具有所有者权能的节能公司与资金使用者的民事纠纷，没有证据证明该项有偿的基金贷款变更为中央企业对项目企业的出资关系，没有事前或事后的节能公司、峰峰集团有限公司之间的出资合同，也没有批准节能公司将该资金作为峰峰集团有限公司股金的审核批准文件。虽然1998年6月8日，峰峰集团有限公司向节能公司递交了《申请报告》申请将原贷款变更为自己的注册资本金，但是节能公司一直未同意峰峰集团有限公司这一请求。该项资金已入节能公司账转为节能公司的国家资本金。然而在节能公司与峰峰集团有限公司双方之间并未由峰峰集团有限公司办理完毕该项资金转为节能公司国家资本金的入账手续，原建设银行的贷款合同（没有约定还款期限）处于既未终止也未由峰峰集团有限公司向节能公司确认债权债务的状态，此后，双方未进一步达成协议或者由上级主管部门决定将节能公司国家资本金处理给峰峰集团有限公司，或变更为节能公司对峰峰集团有限公司的出资不再收回。直至2003年11月24日，中国建设银行向下属各建设银行发出了《关于协助中国节能投资公司确认债权有关问题的补充通知》（建投〔2003〕57号），要求各借款单位向节能公司履行债务，各经办银行和有关已将贷款转为资本金的单位要配合节能公司办理相关债权确认手续。计投资助〔1998〕815号文件《关于中央级基本建设经营性基金本息余额转为国家资本金的实施办法》第二条第（二）款已明确将债权债务关系划转给节能公司，批准节能公司成为新的债权人。因此，认定原始债权的形成和债权由节能公司拥有，均合法有效，峰峰集团有限公司应当向节能公司履行债务。根据有关文件规定，1997年12月20日后的利息不应再计算，节能公司请求的利息中超出的部分及罚息，不予支持。原审法院依照《中华人民共和国民法通则》第一百零八条、《中华人民共和国民事诉讼法》第一百二十八条①的规定，判决：一、峰峰集团有限公司于判决生效之日起十日内向节能公司支付欠款本息余额25308380.64元；二、驳回节能公司其他诉讼请求。一审案件受理费163081元，由峰峰集团有限公司负担136551元，节能公司负担26530元。

〔当事人上诉及答辩意见〕

峰峰集团有限公司不服原审判决，向本院提起上诉称：一、原审判决错误理解和适用“贷改投”国家政策。我国《民法通则》第六条规定“民事活动应当遵守法律，法律没有规定的，应当遵守国家政策”，明确了国家政策是我国法律渊源之一。本案贷款转为国家资本金以及出资人的确定均是由国家政策规定的，正确理解和适用政策规定是解决本案纠纷的关键。为了深化国有企业改革，减轻国有企业债务负担，解决国有企业资本金不足的问题，1995年7月12日，国务院以国发〔1995〕20号文件批转了国家计委、财政部、国家经贸委《关于将部分企业“拨改贷”资本本息余额转为国家资本金的意见》。1995年12月26日，国家经贸委主任王忠禹在第八届全国人大常委会第十七次会议报告中，阐释了“贷改投”的政策概念、作用和意义，汇报了解决国有企业深化改革中涉及的企业过度负债、资本金不足等问题，国家制定的将“拨改贷”债务转为国家的资本金即“贷改投”政策，实际就是将国家贷款改为国家对企业的投入变为国家资本金。其后，涉及本案的计投资〔1998〕815号文件第二条、财管字〔1999〕365号文件均作了明确的规定。“贷改投”具有很强政策性和政治因素，直接关系国有企业的命运和改革成败。本案争议的资金，在性

① 对应2012年《民事诉讼法》第142条。

质、用途以及出资人行使权利上，均由国家以政策规定，任何单位和个人均无权改变“贷改投”的政策规定。然而，原审判决错误理解国家政策把国家资本金作为债务进行审理，并判决峰峰集团有限公司履行归还义务。结果损害了国有企业的改革和发展，背离了国家政策的规定，使国有企业又回到债台高筑，难以经营的阶段。此案判决结果将涉及到很多有此类情况的国有企业，可能导致很多诉讼。二、本案纠纷不属于人民法院受理范围。为了国有企业改革，国家制定了“贷改投”政策，国有资产划转和委托出资人的确定等行为，完全是根据国家政策规定实施的，承载着国有企业改革的经济目标和任务，与当事人基于利益在平等、自愿、等价交换基础上进行的民事交易行为不同。本案资金在性质上已经根据国家政策由债权债务关系转为国家资本金的投资关系，完全是所有权人与受托人以及授权经营管理国有企业之间的关系，不是平等民事主体之间的交易行为。特别是节能公司仅是受托行使出资人权利，根本不是受托行使债权人权利。本案的处理应当考虑到国家“贷改投”政策的实现问题，不能背离国家政策。因而本案不应当通过诉讼程序解决，而应当由政府主管部门协调解决。自1998年6月8日峰峰集团有限公司向节能公司提出将2180万元及利息变为注册资本金申请至2003年峰峰集团有限公司改制期间，国家将峰峰集团有限公司下放到地方，由河北省煤炭管理办公室行使出资人权利，后由河北省国有资产监督管理委员会对争议资金行使出资人权利。本案实际上是国有资产持有人之争，根本就不是债权债务之争。《国有资产产权界定和产权纠纷处理暂行办法》规定，国有财产所有权及经营权、使用权等产权归属不清发生的争议，不属于司法审查范围。最高人民法院《关于因政府调整划转企业国有资产引起的纠纷是否受理问题的批复》第一条明确规定，此类案件作为民事诉讼人民法院不予受理。原审将国有资产划转、国有资产持有人之间的纠纷，作为平等民事主体之间的争议，属错误受理和审理。本案发生诉讼后，2005年6月30日河北省国资委以冀国资呈〔2005〕97号文件《关于协调中国节能投资公司与峰峰集团有限公司资本金纠纷一案的请示》，请求国务院国资委就本案争议的国家资本金纠纷予以调处，国务院国资委领导对此已经作出批复，由该委四个司领导予以协调解决，纠纷正在调处之中。原审判决置政策和政府主管部门协调的事实于不顾，无依据受理本案并作出判决显属不当，请求二审法院予以纠正。三、原审判决认定双方之间存在债权债务关系错误，与事实和国家法律、政策规定相悖。首先，峰峰集团有限公司与建行债权债务关系依政策规定被消灭。1989年至1992年期间，峰峰集团有限公司向财政部申请国家基本建设基金部门贷款即中央级基本建设经营性基金贷款，经审批由建行太安分理处向峰峰集团有限公司发放了2180万元，用于牛儿庄等节能项目。1998年国家计委、财政部颁发〔1998〕815号文件；财政部颁发了〔1998〕170号文件；1999年7月6日建行依据计投资〔1999〕375号文件的批复内容办理了国家资本金划转手续，根据财政部财基字〔1998〕170号文件《关于将中央级基本建设经营性基金本息余额转为国家资本金有关财务处理的通知》第三条第（六）项的规定，本案争议双方与建行之间合同终止，所有的债权债务关系消灭。其次，峰峰集团有限公司已经履行国家资本金申请手续。1998年6月8日峰峰集团有限公司向节能公司提出2180万元及利息划转为国家资本金申请及相关资料。1999年7月6日建行将贷款划转为国家资本金，并办理了相关手续。节能公司的申请完全符合1998年5月20日节能公司节投〔1998〕104号文件《关于转发计投资〔1998〕815号、财基字〔1998〕170号文的通知》第一条的规定，足以认定双方之间已经确定了出资关系。特别是节能公司2004年7月1日节投办〔2004〕30号文件，证明了节能公司应当行使的是出资人权利，而非债权人权利。峰峰集团有限公司的工商档案中没有节能公司股东名称，责任不在于峰峰集团有限公司。因为自1999年3月31日国家计委、财政部以计投资〔1999〕375号文件《关于将中国节能公司中央级基本建设经营性基金本息余额转为国家资本金的批复》，确定节能公司行使出资人权利后，至节能公司节投办〔2004〕30号文件期间，节能公司从未主张过出资人权利。本案实际应由政府主管部门协调并变更工商登记足以解决，根本就不存在债权债务问题。再次，国家政策将节能公司的权利限制为出资人权利。1999年3月31日，国家计委、财政部以计投资〔1999〕375号文件《关于将中国节能投资公司中央级基本建设经营性基金本息余额转为国家资本金的批复》，同意节能公司将本案争议的资金划转为节能公司的国家资本金，但要求节能公司行使出资人职能。国家将本案争议的资金划转给节能公司，并对其权利行使方式进行了限制，节能公司是无权改变或变更权利行使方式的。上述事实和政策规定，说明本案争议的资金性质已经由债权债务关系转变为国家资本金，并由节能公司行使出资人职能，规定节能公司仅能对该资金行使出资人职能，而不是债权人职能。原审判决将本案争议的资金性质认定为债权债务关系，与事实不符，违反国家“贷改投”的政策规定，属于认定事实和适用法律、政策错误。四、节能公司的诉讼请求已经超过诉讼时效，应当依法驳回节能公司的诉讼请求。首先，假设本案债权债务关系成立，根据1998年5月20日节能公司节投资〔1998〕104号文件《关于转发计投资〔1988〕815号、财基字〔1998〕170号文的通知》第一条的规定，节能公司确定的还款期限为1998年12月31日。本案的诉讼时效应当自1999年1月1日开始起算，至节能公司2005年4月22日起诉日止，节能公司从未主张过债权，本案已经超过法律规定的诉讼时效。其次，2003年11月24日中国建设银行投资银行部下发的建投〔2003〕57号《关于协助中国节能投资公司确认债权有关问题的补充通知》，不能作为时效中断的依据，对峰峰集团有限公司没有任何约束力。综上所述，原审判决错误理解国家政策，导致认定事实和判决结果错误，请求二审法院撤销原审判决，改判为驳回节能公司诉讼请求。

节能公司答辩称：一、本案当事人双方债权债务关系至今依然合法存在。从国家计委、财政部文件计投资〔1998〕815号文件第二条（二）规定可以看出，国家已明确将债权债务关系划转给节能公司，建设银行建投字〔2003〕57号文件也秉承前述文件精神，要求各个借款单位向节能公司履行债务，峰峰集团有限公司提出的财政部财基字〔1998〕170号《关于将中央级基本建设经营性基金本息余额转为国家资本金有关财务处理的通知》第三条第（六）项规定的有关基金本息余额转为国家资本金账务处理完毕，借款合同同时终止的条件根本未成就，而峰峰集团有限公司没有证据证明账务处理完毕。所以，本案借款协议至今有效，债权债务关系合法存在。二、本案应由人民法院受理，审理合法有据。答辩人以借款合同纠纷为案由向原审法院提起诉讼，在原审合理期限内，峰峰集团有限公司没有提出管辖异议，也没有对案件实体审理机构提出任何疑义。原审判决确认了本案平等民事主体之间的债权债务关系，正确划分行政调处产权界定与债务纠纷的区别。最高人民法院法复〔1996〕4号适用的条件是地方政府对企业国有资产改变隶属关系或者分设新企业等方式所进行的调整、划转的情节在本案中并不存在。而《国有资产产权界定和产权纠纷处理暂行办法》第二十七条所规定的应当进行产权界定的五种情形中，也不包含本案的情形。峰峰集团有限公司始终将本案讼争款项作为长期债务体现在企业财务账目和每年的审计报告中。在原审过程中，河北省国资委2005年6月30日针对本案向国务院国资委递交了冀国资呈〔2005〕97号《关于协调中国节能投资公司与峰峰集团资本金纠纷一案的请示》，但国务院国资委并未给予任何答复，峰峰集团所谓国务院国资委领导对此纠纷已经作出批复、四个司领导予以协助解决等是没有根据的。三、本案根本就不存在诉讼时效问题，本案诉争款项系缘于峰峰集团有限公司与建设银行签订的《临时借款协议》，协议中表明借款是无期限的。1999年7月6日建设银行将转账凭证和通知书发给峰峰集团，其目的是建设银行根据国家有关文件规定通知用款单位，该笔经营基金已转为出资人代表（即节能公司）的国家资本金，据此银行内部进行相应的账目处理，而借款无还款期限的这一事实并未改变，债权人有权要求债务人随时偿还。2004年7月1日峰峰集团有限公司收到节能公司节投办〔2004〕30号《关于落实国家有关文件的函》，2005年3月收到节能公司的律师函，一系列事实说明此案的诉讼时效从未间断过。四、本案涉及的几个关键事实。首先，本案所涉资金性质为必须收回的经营性基金。根据国家计委1988年6月24日颁布的《国家基本建设基金管理办法》第五条明确规定：基本建设基金与财政费用分开，实行专款专用，年终结转，周转使用，在财政预算中列收列支，并受财政部门监督。其中所谓周转使用，就是国家为了整体的宏观调控和产业导向，由国家计委根据国家产业政策和发展规划重新确定投资方向，由国家计委通过专业投资公司进行操作。因此，此资金是国家必须收回的用于宏观调控的必要工具之一。本案前，节能公司涉及其他企业的众多诉讼在各地法院得到完胜的判决。其次，峰峰集团有限公司放弃了国家给予的机会。峰峰集团有限公司是至今目前仅存包括自身在内的既不还款，也不与节能公司签订转股协议的三家企业之一，这正是属于财政部文件中规定的拒绝转股的类型，所以节能公司才依据政策提起诉讼。再次，峰峰集团有限公司占用本案资金没有任何依据。节能公司已经得到国务院国资委对此款项的国有资产产权登记，峰峰集团有限公司在其财务账务上也显示此笔款项为长期借款；峰峰集团有限公司愿意让节能公司做股东，现实中根本不具有可操作性。国有资产产权登记级别差异无论工商手续还是管理层面无法改变。总之，原审判决认定事实清楚，适用法律正确，请求二审法院维持原审判决。

〔最高人民法院查明的事实〕

本院对原审判决所认定的事实予以认可。

〔最高人民法院裁判理由与结果〕

最高人民法院认为：根据当事人上诉、答辩内容，本案上诉争议的焦点概括起来在于实体和程序两个方面的问题：第一个方面的问题是节能公司对峰峰集团有限公司主张本案所涉资金行使的请求权应当属于债权还是股权性质？对此有关文件有何规定？第二个涉及程序方面问题，包括三个层次，一是此案是由法院受理，还是应由行政机关调处解决？二是该案起诉有无超过诉讼时效？三是诉讼时效是否存在中断问题。

对于第一个方面的问题即本案当事人争议的基本建设经营性基金应是何种性质问题，追溯政策渊源，可以追溯到自1985年1月1日起正式开始施行的由国家预算安排的基本建设项目投资原由财政拨款全部改为有偿使用国家财政资金的银行贷款方式（简称“拨改贷”政策）进行，但实际从1983年开始已有部分试行。为了规范这一政策，当时的国家计划委员会、财政部、中国人民建设银行于1984年12月10日联合以计资〔1984〕2580号《关于下达〈关于国家预算内基本建设投资全部由财政拨款改为贷款的暂行规定〉的通知》，规定了“拨改贷”资金来源由原来的“国家预算直接安排的投资”渠道相应取消，“拨改贷”投资和利用银行存款和地方财政专项资金安排的基本建设贷款，在资金渠道上应分别管理。建设单位根据已经列入国家年度基本建设计划的建设项目设计任务书、初步设计和概（预）算，即可向当地建设银行申请贷款。借款单位应在贷款指标额度内，按照借款合同规定的用途使用贷款。为了保持基本建设资金来源稳定，与“拨改贷”政策相配套措施之一就是经国务院批准从1988年起建立中央级基本建设基金。为此，国家计委1988年6月24日印发《国家基本建设基金管理办法》，对基金的组成和来源、使用范围、管理等均作了规定。其中明确规定基本建设基金安排的经营性投资由国家计委对各国家专业投资公司实行切块安排。由国家专业投资公司安排的经营性投资，由各专业投资公司与建设银行签订借贷合同（不包括国家规定免还基金本息的投资）；其他经营性建设项目投资，由建设单位和建设银行签订借贷合同。在这样的背景下，峰峰集团有限公司的前身峰峰矿务局于1989年11月至1992年11月通过向节能公司前身当时的国家能源投资公司节能公司申请和审核，并经报财政部批准后与建设银行签订了一系列资金用于煤矿节能项目的临时借款协议，共计借款2180万元本金，对于上述借款事实以及款项属于国家基本建设经营性基金部门贷款的性质，双方当事人均无异议。

虽然峰峰集团有限公司并不否认本案争议款项来源于国家基本建设基金，但其上诉争议的核心在于它认为本案争议款项来源和最初性质虽没有错，但后来该款项已按国家有关政策转变为企业的国家资本金了，也就是上诉理由第一点提到的“贷改投”政策。对此，按照1995年7月12日国务院以国发〔1995〕20号文件批转国家计委、财政部、国家经贸委《关于将部分企业‘拨改贷’资本本息余额转为国家资本金的意见》的精神，基于解决国有企业改革中减轻国有企业债务负担，改变部分国有企业资本金不足问题，决定按国务院批准对从1979年至1988年由财政（包括中央和地方）拨款改为贷款的国家预算内基本建设投资，在有选择的范围内即：(1)“优化资本结构”试点城市和综合配套改革试点城市，每个城市推荐2个企业；(2)参加国务院确定的建立现代企业制度试点的企业；(3)国务院确定的试点企业集团的核心企业及其全资和控股的子企业，依照以国家产业政策为依据，重点支持国民经济基础产业和支柱产业；首先照顾归还“拨改贷”资金本息有困难的企业减轻债务负担；采取分类审批，不搞“一刀切”原则，根据条件对确有困难的企业“拨改贷”资金本息金额全部或部分转为国家资本金，其他企业仍需按国家有关规定归还“拨改贷”资金。在程序上，首先要由符合“拨改贷”资金转为国家资本金条件的企业提出申请，按级审批：如企业本身就是国家授权投资的机构或者国家计划单列市企业集团的核心企业，可将申请材料直接报送国家计委和财政部审批；如企业投资主体是国家授权投资的机构，企业可将材料报送国家授权投资的机构进行初审后，报送国家计委、财政部审批；如企业的投资主体不是或尚未明确为国家授权投资机构，企业可将申请材料报送行业主管部门，由行业主管部门初审同意后报送国家计委、财政部审批。国家计委、财政部在审批前，应征求国家经贸委、国家体改委和开发银行等有关部门的意见。国家计委、财政部根据规定的原则、范围和条件，对申请企业的资本金实际需求量和国家应投入数额进行核定后，逐个审定并以正式文件明确企业“拨改贷”资金本息实际数额。对部分地方企业目前难以明确中央“拨改贷”出资人的，建议由国务院委托国家开发投资公司暂作为出资人，待国家授权投资的机构明确之后再按规定办理。不符合将“拨改贷”资金转为国家资本金的企业，仍需按国家有关规定归还“拨改贷”资金。1995年12月26日，国家经贸委主任王忠禹在第八届全国人大常委会第十七次会议的报告中，明确提出了所谓把国有企业“拨改贷”债务本息余额转为国家资本金的“贷改投”政策概念。1998年5月12日国家计委、财政部计投资〔1998〕815号《关于中央级基本建设经营性基金本息余额转为国家资本金的实施办法》规定的中央级基本建设经营性基金包括了1989年起至1996年底止由中央财政安排的国家预算内基本建设投资中的有偿使用部分。对中央级经营性基金本息余额转为国家资本金后作为国家对企业的投入，其出资人按照：（一）凡属国务院已正式授权可行使出资人权利的公司及其下属企业所使用的中央级经营性基金本息余额，转增为已授权公司的资本金，并由已授权公司行使出资人的职能；（二）国家已明确将债权债务关系划转给国家开发投资公司、节能公司、中国高新轻纺投资公司和中国机电出口产品投资公司的中央级经营性基金本息余额，分别转增为这4个公司的资本金，并由这4个公司行使出资人职能等办法确定。出资人未明确的，由国务院主管、归口部门或由部委管理的国家局负责将企业的上报材料审核并汇总后，于1998年6月30日前提出将中央级经营性基金本息余额转为国家资本金的申请报告，报国家计委和财政部审批。1999年11月29日财政部财管字〔1999〕365号《关于中央级“拨改贷”资金经营性基金本息余额转为国家资本金后有关问题的通知》，主要强调的是“拨改贷”资金、经营性基金本息余额转为国家资本金出现的一些不规范行为，一些中央管理企业不是按母子公司产权关系将基金转为国家资本金入账，而是不分企业产权级次直接由占有使用企业作为国家资本金入账，引起企业产权关系混乱；有些地方政府不按规定及时办理资金转为国家资本金的有关手续，个别地方擅自将基金转为地方机构的法人资本；甚至有的地方政府无视中央权益，随意将中央级国家资本金转让出售，致使国家增资减债、解困企业的政策未得到很好的落实，从而对某些问题着重强调，凡享有转国家资本金政策的企业，均须依据国家计委、财政部关于将“拨改贷”资金本息余额或经营性基金本息余额转为国家资本金的批复文件，办理增加实收资本金的产权变动登记手续。上述文件都强调对于国家基本建设经营性基金转变为国家资本金时需要办理批复文件以及办理产权变动登记手续，即“贷改投”必须存在一个审批程序，同时还有一个必须明确的出资人问题。但是，峰峰集团有限公司于1998年6月8日分别就其利用国家基本建设经营性基金金额295万元、203万元、113万元、1513万元、407万元向节能公司申请转为峰峰集团有限公司的注册资本金时，并没有得到节能公司的同意，更没有向当时的国家计委、财政部报批。

相反，1999年3月21日，国家计委、财政部针对节能公司的要求将中央级基本建设经营性基金本息余额转为该公司的国家资本金的报告以计投资〔1999〕375号《关于将中国节能投资公司中央级基本建设经营性基金本息余额转为国家资本金的批复》，在其附件《中国节能投资公司中央级经营性基金本息余额情况表》中明确列明对峰峰集团有限公司所欠借款本息25308380.64元作为节能公司的国家资本金。另外，节能公司提交的《企业国有资产产权登记证》、财政部审核的《企业国有资产占有产权登记表》，证明本案所涉的国家基本建设经营性基金，已经作为节能公司的国家资本金在国务院国资委进行了产权登记，确认了节能公司对该国有资产的占有使用权。同时，中国建设银行投资银行部于2003年11月24日向下属各建设银行发出了建投〔2003〕57号《关于协助中国节能投资公司确认债权有关问题的补充通知》，针对中央级基本建设经营性基金转为节能公司国家资本金账务处理问题，各经办银行和有关已将贷款转为资本金的单位按照国家有关已经明确将债权债务关系划转给节能公司的中央级经营性基金本息余额转增为节能公司国家资本金的规定，配合节能公司办理相关债权确认手续，要求各借款单位向节能公司履行债务。后来当事人双方并未就此问题达成进一步协议。总之，峰峰集团有限公司与节能公司之间因国家基本建设经营性基金使用而发生的借款关系仍然合法有效存在，双方对此债权债务关系的性质并没有发生根本性改变。峰峰集团有限公司关于其在本案所占有使用的国家基本建设经营性基金已经按照有关国家“贷改投”政策转变为企业的国家资本金、本案纠纷实为股权之争的上诉理由，缺乏充分的法律和事实依据，不能成立，本院不予支持，峰峰集团有限公司仍应向节能公司履行偿还其有偿使用的国家基本建设经营性基金的义务。

对于第二个方面的有关问题，本案纠纷性质是对因占有使用国家基本建设经营性基金而发生的借款关系引起的争议纠纷案件，而并非本院1996年4月2日法复〔1996〕4号《关于因政府调整划转企业国有资产引起的纠纷是否受理问题的批复》第一条所明确的因政府及其所属主管部门在对企业国有资产调整、划转过程中引起相关国有企业之间的纠纷，应由政府或所属国有资产管理部门处理，国有企业作为当事人向人民法院提起民事诉讼的，人民法院不予受理的情形，亦不应直接适用1993年12月21日国家国有资产管理局国资法规发〔1993〕68号《国有资产产权界定和产权纠纷处理暂行办法》有关国有资产产权纠纷处理程序的规定。峰峰集团有限公司关于2005年6月30日河北省国资委以冀国资呈〔2005〕97号文件《关于协调中国节能投资公司与峰峰集团资本金纠纷一案的请示》，请求国务院国资委就本案争议的国家资本金纠纷予以调处，以及有关部委领导批复协调调处的上诉理由，峰峰集团有限公司并没有提供相关证据予以佐证，本院亦不予支持。本案诉争款项系缘于峰峰集团有限公司与建设银行签订的临时借款协议，协议中并没有约定履行期限，债权人随时有权向债务人主张权利，节能公司于2005年4月22日向原审法院提起诉讼是正当合法的。1998年5月20日节能公司节投资〔1998〕104号文件《关于转发计投资〔1998〕815号、财基字〔1998〕170号文的通知》，其中涉及有关要求偿还借款期限不能作为本案的诉讼时效起算点的依据。首先，上述通知有关内容并不是针对特定对象的，内容也不仅仅是涉及到偿还借款问题，也涉及到将借款转为资本金办理的有关手续问题。其次，本案当事人之间的债权债务关系状态一直处于延续中，在上述节能公司节投资〔1998〕104号文件之后，节能公司1998年12月25日还在以节投〔1998〕155号《关于将中央级基本建设经营性基金本息余额转增为我公司国家资本金的请示》向国家计委、财政部提出申请，为此国家计委、财政部1999年3月31日以计投资〔1999〕375号批复同意节能公司的申请，并在该文件的附件一中列明了峰峰集团有限公司所占用的本案借款金额。但此后，就本案所涉借款资金的权利归属问题，双方当事人还一直处在协调之中，直至2005年6月30日河北省国资委还以冀国资呈〔2005〕第97号向国务院国资委递交了《关于协调中国节能投资公司与峰峰集团资本金纠纷一案的请示》，说明双方对本案资金的权利之争纠纷一直延续着，其间并没有中断过或最终解决。峰峰集团有限公司关于节能公司要求其还款至起诉，节能公司从未向其主张过债权，本案已经超过法律规定的诉讼时效，应当驳回节能公司的诉讼请求的上诉请求，不能成立，本院不予支持。

综上所述，原审判决认定事实清楚，证据充分，处理正确，本院应予维持。故本院依据《中华人民共和国民事诉讼法》第一百五十三条①第一款第（一）项之规定，判决如下：

驳回上诉，维持原判。

峰峰集团有限公司应在原审判决指定的期限内履行给付义务，逾期履行的，依照《中华人民共和国民事诉讼法》第二百三十二条②之规定，加倍支付迟延履行期间的债务利息。

一审案件受理费163081元按原审判决执行；二审案件受理费163081元，由上诉人峰峰集团有限公司承担。

本判决为终审判决。

① 对应2012年《民事诉讼法》第170条。

② 对应2012年《民事诉讼法》第253条。

第十八章　重复起诉的审查及处理

规则23：判断基于同一纠纷而提起的两次起诉是否属于重复起诉，应当结合当事人的具体诉讼请求及其依据，以及行使处分权的具体情况进行综合分析

——威海鲲鹏投资有限公司与威海西港房地产开发有限公司、山东省重点建设实业有限公司土地使用权纠纷案①

【裁判规则】

判断基于同一纠纷而提起的两次起诉是否属于重复起诉，应当结合当事人的具体诉讼请求及其依据，以及行使处分权的具体情况进行综合分析。如果两次起诉的当事人不同，具体诉讼请求等也不同，相互不能替代或涵盖，则人民法院不能简单地因两次起诉基于同一纠纷而认定为重复起诉，并依照“一事不再理”的原则对后一起诉予以驳回。

【规则理解】

一、诉的种类

诉的种类理论是民事诉讼的基本理论之一，对于指导司法实践也有极为重要的意义。选择适当种类的诉而提起，对于保护当事人自身的实体权利和诉讼权利，有着至关重要的作用。反之，如果没有确定适当的诉而提起，也会带来意想不到的麻烦。根据不同的标准，可以对诉的种类作不同的划分。依据请求的性质及内容，可以将诉分为给付之诉、确认之诉以及形成之诉三种。依据起诉的形态，可以分为独立之诉与合并之诉。对于独立之诉以及合并之诉相关章节已有所论述，下面着重分别探讨给付之诉、确认之诉以及形成之诉三种。

（一）给付之诉

所谓给付之诉，是指以原告针对被告的给付请求权（被告的给付义务）主张以

① 《中华人民共和国最高人民法院公报》2006年第5期，最高人民法院（2005）民一终字第86号民事裁定书。

及请求法院作出给付判决为内容的诉讼。给付不仅包括一般等价物的金钱给付、物的给付，也包括作为或者不作为。给付之诉既可能是基于债权，也可能是基于物权提出。给付之诉的确定（生效）裁判，是宣告被告应当向原告进行给付。如果被告不按照确定裁判为履行，则原告可以就该确定裁判向法院申请强制执行。

（二）确认之诉

所谓确认之诉，是指以特定权利义务关系存在或者不存在之主张以及要求作出确定其存在或者不存在之确认判决为请求内容的诉。主张特定权利义务关系存在之诉，为积极的确认之诉；而主张特定权利义务关系不存在之诉，则为消极的确认之诉。确认之诉一般以权利义务关系存在与否作为裁判的对象，针对确认之诉作出的裁判，是宣告要求确认的权利义务关系现在存在与否。

（三）形成之诉

所谓的形成之诉，是指以基于一定法律要件的法律状态变动之主张以及请求法院作出宣告该变动之形成裁判为请求内容的诉，形成之诉也称创设之诉，或权利变更之诉。当形成之诉获得确定裁判以后，裁判所宣告的法律关系发生变动。私法上的权利义务关系，通常只要依据法律行为以及其他法律要件事实就可以使其发生、消灭或者变更，因而无需通过提起要求变更的诉讼来实现。法律只是在个别对需要谋求法律关系安定性的地方，或者需要对多数关系人作出划一性变动之情形，才特别地就“依据形成之诉来进行这种法律关系变动”作出规定，而基于这种规定的诉才构成形成之诉。①

形成之诉需要考量的一个重要内容，是形成之诉确定裁判的溯及力问题。一般说来，随着形成裁判的确定，将产生权利义务关系变动的法律效果，这种法律关系变动的效力，只是面向未来，还是溯及过去的一定时点，这是立法论和解释论需要选择的问题。笔者认为，如果认可形成裁判的溯及力，那么在形成裁判作出之前以法律关系没有变化为前提所构建起来的其他法律关系，将随着形成裁判的确定而全部颠覆，这样并不利于信赖利益的保护，也不利于法律关系以及社会关系的稳定。因此，在认可此前的法律关系不变的必要性显得更为重要的情形，让权利义务关系变动的效果面向未来发生即可。

二、重复诉讼问题之探讨

目前通说认为，现代诉讼法上的一事不再理原则起源于罗马法上的“一案不二讼”（bis de eadem ne sit action）制度。“根据当时人们的观点，所谓诉权消耗，是

---

① ［日］新堂幸司：《新民事诉讼法》，林剑锋译，法律出版社2008年版，第149～150页。

指所有诉权都会因诉讼系属而消耗，对同一诉权或请求权，不允许二次诉讼系属。一旦限制同一诉权或请求权只能有一次诉讼系属，那么即使允许当事人对同一案件提出诉讼请求，被告也可以实施既决案件的抗辩（exceptio res judicata）或者诉讼系属的抗辩（exceptio res in judicium deductae），使当事人的诉讼请求不至于诉讼系属”。[①] 罗马法上的“一事不再理”的观念和制度对后世法律的发展产生了深远的影响。在大陆法系国家，民事诉讼法学者在对判决效力理论进行研究的基础上，逐步创造出了以既判力为核心的一事不再理原则的理论体系。大陆法系的法国、德国、日本和我国台湾地区，均在民事诉讼制度中明确规定了一事不再理原则的实质内容。在普通法系国家，源于罗马法“一案不二讼”原则的既决事项（res judicata）作为一项诉讼的原则与先例判决、禁反言规则相配合，逐步形成普通法系国家富有特色的一事不再理原则及规则。无论大陆法系国家和地区还是普通法系国家，一事不再理原则都包括两个方面的内容：其一是在诉讼系属中，阻止相同当事人再行提起后诉，其二是在判决确定后，禁止相同当事人对相同诉讼对象的再次讼争。只是由于法律传统和思维方式的差异，普通法系国家以既决事项规则和滥用程序规则来实践一事不再理原则的内容，而大陆法系国家则通过诉讼系属效力和既判力的消极效力承担起一事不再理原则的功能。[②]

我国虽非大陆法系国家，但受大陆法系影响较深，“一事不再理”原则在民事诉讼实践中是不言自明的观念和普遍适用规则。对于重复诉讼这个司法实践中经常遇到的问题。在理论中，对一事不再理中“一事”的认定也存在分歧。一事即一诉，关于诉的判断标准，“二同说”认为民事之诉的两大基本要素是主观要素和客观要素，前者指当事人，后者指诉讼标的，故要判断是否为一诉，应根据当事人、诉讼标的是否相同的“二同”标准。“三同说”则认为只有当事人、诉讼标的、诉讼请求三者均为一致时，才能构成重复起诉。通说认为，我国《民事诉讼法》第124条第5项关于“对判决、裁定、调解书已经发生法律效力的案件，当事人又起诉的，告知原告申请再审……”的规定，是我国关于“一事不再理”原则的法律渊源。笔者认为，重复诉讼只是民事诉讼中一种现象而已，并非一项独立的诉讼制度。具体而言，可以从既判力制度来解决重复诉讼问题，因为既判力制度本身就包含限制重复诉讼的内容。也就是说，民事裁判作出以后，即具有法律上的效力，不得任意撤销或者变更，当事人不得再就同一诉讼标的再行起诉或者在其他诉讼中提

① 张卫平：《程序公正实现中的冲突与衡平》，成都出版社1993年版，第350页。

② 参见沈德咏主编：《最高人民法院民事诉讼法司法解释理解与适用》，人民法院出版社2015年版，第632～633页。

出与确定或生效的裁判相反的主张。最高人民法院于2015年1月30日公布了《民事诉讼法解释》，将“三同说”作为重复起诉的判断标准，该解释第247条规定“当事人就已经提起诉讼的事项在诉讼过程中或者裁判生效后再次起诉，同时符合下列条件的，构成重复起诉：（一）后诉与前诉的当事人相同；（二）后诉与前诉的诉讼标的相同；（三）后诉与前诉的诉讼请求相同，或者后诉的诉讼请求实质上否定前诉裁判结果。当事人重复起诉的，裁定不予受理；已经受理的，裁定驳回起诉，但法律、司法解释另有规定的除外。”

（一）诉讼标的因素

重复诉讼最重要的是解决好诉讼标的的同一性问题。诉讼标的又称诉讼对象或诉讼物，是指法院在民事诉讼中审理和判断的对象。理论上，关于诉讼标的存在多种学说，主要有实体法诉讼标的理论（旧实体法说）、新诉讼标的理论（诉讼法说，包括二分肢说、一分肢说等）、新实体法说、诉讼标的相对论等，不同的诉讼标的理论决定着对诉讼内容不同的理解。在解决重复诉讼问题上，需要研究的是，该以何种标准来识别是否构成了重复诉讼？就一事不再理的各种学说，都毫无例外地将“相同的诉讼标的”作为判断是否属于“一事”的标准。可见，诉讼标的在判断是否属于“一事”问题上是关键性一环。笔者认为，主要应当结合诉讼标的理论来加以判断，对于诉讼标的的认定，可采取诉讼请求加上起诉状所提的事实与理由的两标准区分法加以认定。司法解释是以实体法诉讼标的理论（旧实体法说）为基础，从实体法上的请求权出发来界定诉讼标的，即诉讼标的“乃是原告在诉讼上所为一定具体实体法之权利主张。原告起诉时，在诉状必须具体表明其所主张之实体权利或法律关系”。理解为当事人在实体法上权利义务或者法律关系，与长期以来我国民事诉讼实践中对审判对象的理解相同。在民事诉讼中，由于诉的种类不同，其诉讼标的也就不同。在给付之诉中，诉讼标的是原告基于某种法律关系，向被告所提出的履行一定义务的实体权利的请求权；在确认之诉中，诉讼标的是原告提出的要求确认的某个法律关系；在变更之诉中，诉讼标的是原告提出变更或消灭的同被告之间现存的某一法律关系。具体判断某一案件的诉讼标的，应以提起诉讼的当事人所表明的意思而定，即应以请求裁判的事项而定。对于旧实体法说中遭到批判的请求权竞合情况下出现复数诉讼标的的问题，认为可以结合实体法的规定，通过诉讼法上的特别处理加以解决。

另外，根据既判力制度，民事裁判确定以后，不得任意撤销或者变更，当事人不得再就同一诉讼标的再行起诉或者在其他诉讼中提出与确定或生效的裁判相反的主张。这里的“同一诉讼标的”该做何种理解？笔者认为，应当理解为经由法院裁判的诉讼标的。因为，当事人所提的诉讼标的，在某些情况下与法院裁判的诉讼标的，可能会出现不完全一致的情况。德国和日本的诉讼法学界也是坚持以经由法院裁判的诉讼标的作为研究既判力制度的客观范围。限制重复起诉作为既判力制度的一方面内容，也应当以经由法院裁判的诉讼标的作为判断是否构成重复起诉的标准。

（二）诉讼请求因素

《民事诉讼法》119 条第 3 项规定，起诉必须有具体的诉讼请求和事实、理由。诉讼标的应该是确定是否构成一事不再理的核心性因素，但诉讼标的只是民事诉讼中的理论概念，并无法律的明确规定。其理论十分复杂，学说众多，根据不同的诉讼标的理论，往往可以得出对何为“一事”的不同界定，学说的复杂使得对诉讼标的的正确把握产生难度。诉讼请求是建立在诉讼标的基础上的具体声明，是民事法律关系的外在形式或具体体现，具体的请求内容对于诉讼中识别诉讼标的及理清其范围具有实际意义。因此，为解决此难题，司法解释在诉讼标的之外，将诉讼请求的同一性作为判断此诉与彼诉的标准之一，即后诉与前诉的诉讼请求相同，或者后诉的诉讼请求实质上否定前诉裁判结果。实现中，应当注意：1. 不要将后诉与前诉的诉讼请求相同与后诉的诉讼请求实质上否定前诉裁判结果相分开，这是并列关系，不是选择关系。2. 在前诉与后诉当事人相同、诉讼标的同一的情形下，后诉提起与前诉相反的诉讼请求的，例如，甲起诉乙要求确认法律关系有效，乙又起诉甲请求确认法律关系无效的；或者是，甲起诉乙要求依法律关系进行给付，乙又起诉甲请求确认法律关系无效的，属于后诉的请求实质上否定前诉裁判结果的情形，均构成一事不再理。3. 通常给付之诉之中隐含确认之诉的内容，例如，原告先提起确认之诉，请求法院确认双方当事人间存在合同关系，其诉讼请求被法院驳回后，原告又提起给付之诉，要求法院判令被告依合同给付一定金钱。虽然原告两次起诉的诉讼请求不相同，但是原告第二次起诉的诉讼请求在实质上否定了第一次诉讼的裁判结果，因此，应当将第二次起诉认定为重复起诉。

（三）当事人因素

当事人是诉的构成要素之一，研究重复起诉问题，还需要考量当事人的因素。后一诉讼与前一诉讼是否构成重复诉讼，一般来说后一诉讼应当与前一存在生效裁判的诉讼在当事人地位方面具有一致性。如果当事人地位不一致，一般很难认定构成重复诉讼。因此，当事人是否相同是判断当事人的起诉构成重复诉讼与否的条件之一。无论当事人在诉讼中仅为形式当事人，还是正当当事人，都要承受作为诉讼结果的判决的既判力约束，不能就相同的诉讼标的或审理对象再次提起诉讼。但是，实践中存在后一诉讼当事人地位与前一诉讼的当事人地位基本一致、略有不同的情况，如后一诉讼增加了无独立请求权第三人或者被告的情况，在此情况下，法院应当基于对方当事人的抗辩审查该后一诉讼是否构成了重复诉讼。即使对方当事人没有提出抗辩，法院亦应依职权主动审查前后诉讼是否构成了重复诉讼。因为，重复诉讼作为既判力制度的一项内容，体现的是司法公权力，为的是避免法院作出相互矛盾的裁判。重复审判不仅是不经济的，也有可能导致同一案件产生矛盾判决，进而引发司法秩序的混乱。而禁止“二重起诉”的制度趣旨，正是为了克服这些问题，进而避免出现诸如“两个诉讼程序分别对同一案件展开审理”这种不合理的状况。[①] 如果后一诉讼增加了无独立请求权第三人或者被告，而该后增加的当事人却与案件并无实质性联系，也就是说经过审理后判决其增加的无独立法权第三人或被告承担相应民事责任的可能性不大，原告追加其参加诉讼，完全出于解决重复诉讼的目的，则法院应当依法裁判该后一诉讼与前一诉讼构成了重复诉讼。

（四）标的额因素

司法实践中还存在后一诉讼相比前一诉讼仅仅增加了诉讼请求标的额的情况。对于这种情况也不宜一概而论，如果当事人增加请求标的额也是出于规避重复诉讼，则不应当予以允许。但是，当给付判决获得确定时，“在基准时上债务人负有给付义务”之判断产生既判力。不过，对于发生后遗症及其赔偿额之情形，尽管其发生原因事实可以说存在于事故当时或标准时前，但当法院认为无法期待当事人在前诉口头辩论中提出主张时，即使权利人在后诉中主张，也并不违反既判力。在基于身体伤害的损害赔偿请求中，有关治疗费及附加的看护费是一种长期的并需要在将来逐步兑现的费用，因此，命令加害人以定期支付的方式赔偿是较为妥当的。不过，在确定判决的标准时后，当计算当时所预想的后遗症障碍之程度显著发生变化，或者收入水平发生大幅度变化时，如果还维持原先确定的定期赔偿额度，那么将产生不公平的结果。[②] 另外，在离婚诉讼中有关子女抚养费的标准以及老人向子女追索赡养费等诉讼中，同样存在子女抚养费、老人赡养费的再调整问题。这些情况，笔者认为应当允许原告通过另行起诉的方式来予以救济。

【拓展适用】

一、既判力制度与“一事不再理”辨析

所谓“一事不再理”原则，严格说来并非民事诉讼专有的制度或者概念，而是法律适用的一项原则。“一事不再理”起源于“一个人不应当由于同一行为得到两次或以上的评价或处理”这一古老的法谚，其适用的范围也不仅仅限于民事诉讼范围之内。按当下通说，法律责任的类型包括民事责任、行政责任和刑事责任。一个

---

① ［日］新堂幸司：《新民事诉讼法》，林剑锋译，法律出版社2008年版，第162页。

② ［日］新堂幸司：《新民事诉讼法》，林剑锋译，法律出版社2008年版，第479～482页。

具体的行为，由于其行为的严重程度以及性质的不同，可能涉及由不同的法律部门来调整。如我国《刑法》第201条规定的偷税罪，即对偷税数额有最低要求，未达到最低要求的，不能纳入到刑法的调整中来。但是税收征管机关可以依据有关行政法的规定对其进行行政处理。一个具体的法律行为，如果已经一次处理，则不能对该行为进行第二次评价和处理。“一事不再理”原则是国际刑事领域普遍适用的一个诉讼规则。作为价值权衡的产物，其涉及人权、主权、司法效率等多重价值。本原则归根到底解决的是一个管辖权的问题。其在国际适用中主要体现在管辖权争议、国际法庭及国际刑事法院的适用以及国际司法协助等很多方面。[①] 最早确立“一事不再理”原则的是联合国1966年通过的《公民权利和政治权利公约》规定的“任何人依一国法律及刑事程序经终局判决确定有罪或无罪开释者，不得就同一罪名再予审判和科刑。”

如果在民事诉讼范围内研究二者的关系，笔者倾向于将“一事不再理”原则纳入到既判力制度中来，就像对待重复诉讼问题一样。因为既判力制度包括了两个方面的内容，一是禁止当事人就同一纠纷重复诉讼，二是禁止法院就同一标的作出重复裁判。而“一事不再理”原则的制度价值也在于维系判决的既判力、保护人权以及维护管辖秩序、诉讼效率和司法效益。因此，二者具有制度价值的统一性。鉴于我国《民事诉讼法》没有明确规定既判力制度的情况，笔者认为，可以用“一事不再理”原则来解决重复诉讼问题。当然，“一事不再理”原则的制度价值不仅仅限于解决重复诉讼问题，还包括了权利保护、司法秩序的维护等等。

二、既判力制度与裁判的稳定性之间的关系

民事诉讼法学界，有的学者论述既判力制度的时候，认为既判力制度关系到裁判的稳定性，认为“在民事诉讼司法实务中，没有既判力制度，确定判决就会被轻易地为再审所改动，这会削弱司法权威，影响私法秩序的稳定，阻碍社会经济的发展，妨害和谐社会的建设”。[②] 笔者认为，每一项民事诉讼制度都有其特定的制度价值以及涵盖的内容，从文义上讲，既判力似乎具有维护裁判稳定性的意思。但是，还是应该遵循该制度所固有的内涵，不宜作不当的扩大化解释。生效裁判是否经常进入再审程序，再审程序中是否予以改判，涉及的是裁判的稳定性问题，与既判力制度并无必然的联系。

---

① 李慧：“浅议一事不再理原则在国际刑事领域的适用”，载《法制与经济》2011年第2期。

② 朱孝彦：“构建我国民事判决既判力制度的法理分析”，载《政法论丛》2009年第4期。

【典型案例】

威海鲲鹏投资有限公司与威海西港房地产开发有限公司、山东省重点建设实业有限公司土地使用权纠纷案

上诉人（原审原告）：威海鲲鹏投资有限公司。

法定代表人：刘长水，董事长。

被上诉人（原审被告）：威海西港房地产开发有限公司。

法定代表人：苗延飞，董事长。

原审第三人：山东省重点建设实业有限公司。

法定代表人：赵先清，董事长。

〔基本案情〕

上诉人威海鲲鹏投资有限公司（以下简称鲲鹏公司）为与被上诉人威海西港房地产开发有限公司（以下简称西港公司）、原审第三人山东省重点建设实业有限公司（以下简称重点建设公司）土地使用权纠纷一案，不服山东省高级人民法院（2005）鲁民一初字第8号民事裁定，向本院提起上诉。本院依法组成合议庭，于2005年10月26日对鲲鹏公司和西港公司进行了询问。鲲鹏公司的委托代理人刘景红，西港公司的委托代理人孟颖参加询问。本案现已审理终结。

一审法院在审理本案的过程中，西港公司在答辩期内提出异议，认为本案与山东省高级人民法院（2005）鲁民一初字第5号民事案件系同一实质标的和同一合同事实再次起诉，一审法院受理本案属重复立案。鲲鹏公司一审期间对此答辩认为，本案为给付之诉，山东省高级人民法院（2005）鲁民一初字第5号案件为确认之诉，一审法院受理本案不属重复立案。

〔一审裁判理由与结果〕

一审法院经审查认为，鲲鹏公司与西港公司、重点建设公司土地使用权纠纷一案（以下简称第8号民事案件），与2005年5月26日立案的西港公司诉鲲鹏公司房地产开发合作合同纠纷一案（以下简称第5号民事案件）主体相同，案件事实相同，法律关系相同。1. 在主体方面，虽然鲲鹏公司诉西港公司、重点建设公司土地使用权纠纷一案中，增加了第三人重点建设公司，但在诉讼请求中，未向其主张任何权利，从法律地位看，重点建设公司应为无独立请求权第三人，因此，两案的主体基本相同。2. 在案件事实方面，无论鲲鹏公司诉西港公司土地使用权纠纷，还是西港公司诉鲲鹏公司房地产开发合作合同纠纷，双方诉争的焦点主要是2003年3月25日双方签订的《房地产开发合作合同》效力问题，故两案的事实相同。3. 在法律关系方面，鲲鹏公司与西港公司双方发生的纠纷均围绕着一个房地产开发合作合同而产生的权利义务关系。所以两案的主体相同，事实相同，法律关系相同。本案鲲鹏公司的诉讼请求应当在一审法院已经立案审理的西港公司诉其房地产开发合作合同纠纷一案（第5号民事案件）中提起反诉，申请追加第三人，一并审理解决，而没有必要就同一实质标的和同一合同事实再次起诉，鲲鹏公司再次起诉的行为既增加了当事人诉累，又造成法院诉讼资源的浪费，同时违反了《中华人民共和国民事诉讼法》一事不得再理的原则。西港公司提出的异议成立。据此，一审法院依据《中华人民共和国民事诉讼法》第三十八条①，《最高人民法院关于适用〈中华人民共和国民事诉讼法〉若干问题的意见》第139条②之规定，于2005年8月29日裁定驳回鲲鹏公司对西港公司、重点建设公司的起诉。

〔当事人上诉及答辩意见〕

鲲鹏公司不服一审裁定，向本院提出上诉称：1. 一审裁定书叙述的内容与案件事实不符，其在一审中已经于2005年8月24日提交申请，请求将第三人变更为被告，并承担合同无效的连带赔偿责任；2. 根据《最高人民法院关于适用〈中华人民共和国民事诉讼法〉若干问题的意见》第139条第2款，驳回起诉裁定应当由负责审理该案的审判员、书记员署名，而本案合议庭成员为立案庭法官，故程序错误；3. 一审认为重复立案的理由不成立，因为一审认定鲲鹏公司可以提出反诉恰恰说明不属于重复起诉；4. 两个案件的诉讼性质、诉讼请求及数量、诉讼标的物、诉讼主体及数量、法律事实和法律关系均不相同，不属于重复起诉；5. 鲲鹏公司的起诉符合《中华人民共和国民事诉讼法》第一百零八条③的规定，而一审裁定依据的《中华人民共和国民事诉讼法》第三十八条针对管辖权异议，《最高人民法院关于适用〈中华人民共和国民事诉讼法〉若干问题的意见》第139条针对不符合起诉条件的情形，适用法律错误。

西港公司答辩称：1. 第5号民事案件与山东省威海市中级人民法院（2005）威民一初字第28号民事案件的结论解决了鲲鹏公司在本案中的诉求，鲲鹏公司再次提起诉讼属于重复起诉；2. 一审法院对本案重复起诉的认定，符合案件事实及法律规定，鲲鹏公司主张追加被告、变更诉讼请求没有事实和法律依据；3. 一审法院审理程序，符合《最高人民法院关于人民法院立案工作的暂行规定》；4. 一审法院驳回鲲鹏公司的起诉，并未剥夺其诉权，鲲鹏公司可以在第5号民事案件中申请追加，没有必要另行起诉。

〔最高人民法院查明的事实〕

最高人民法院经审理查明，2005年5月25日，鲲鹏公司在山东省威海市中级人民法院起诉西港公司，请求确认双方签订的《房地产开发合作合同》有效，并要求西港公司办理合作项目的开工手续及缴纳相应费用。2005年5月26日，西港公司在

① 对应2012年《民事诉讼法》第127条。

② 对应《民事诉讼法解释》第208条。

③ 对应2012年《民事诉讼法》第119条。

山东省高级人民法院起诉鲲鹏公司，请求确认双方之间的《房地产开发合作合同》无效。山东省高级人民法院将前述两个诉讼合并为第5号民事案件，并于2005年7月11日，对该案进行了开庭审理。2005年7月25日，鲲鹏公司向一审法院提起本案诉讼，请求西港公司按照双方的《房地产开发合作合同》交付土地使用权。

鲲鹏公司于2005年8月24日举证期限届满前向一审法院提出《追加被告、变更诉讼请求申请书》，申请将第三人重点建设公司变更为被告，并请求判令西港公司与重点建设公司之间的《合作协议书》无效，由西港公司与重点建设公司承担连带赔偿责任。一审法院于2005年8月25日收到该申请书。

〔最高人民法院裁判理由与结果〕

最高人民法院认为，本案是否构成重复起诉，应当结合当事人诉讼请求的依据及行使处分权的具体情况进行综合判断。鲲鹏公司在2005年8月24日《追加被告、变更诉讼请求申请书》中，已将重点建设公司变更为被告，故本案与第5号民事案件的当事人并不相同。鲲鹏公司在第5号民事案件中的诉讼请求为确认之诉与给付之诉的合并之诉，但该案诉讼请求中的给付内容与本案鲲鹏公司于2005年7月25日提起的给付之诉的内容并不相同，鲲鹏公司在第5号民事案件中的诉讼请求不能涵盖本案中鲲鹏公司的诉讼请求。且鲲鹏公司在《追加被告、变更诉讼请求申请书》中，已将本案诉讼请求变更为“请求判令西港公司与重点建设公司之间的《合作协议书》无效，并由西港公司与重点建设公司承担连带赔偿责任”，故本案与第5号民事案件诉讼请求亦不相同。一审裁定认为鲲鹏公司的起诉违反《中华人民共和国民事诉讼法》一事不再理的原则，驳回鲲鹏公司对西港公司和重点建设公司的起诉，适用法律错误，应予纠正。

综上，依据最高人民法院《关于适用〈中华人民共和国民事诉讼法〉若干问题的意见》第187条①之规定，裁定如下：

一、撤销山东省高级人民法院（2005）鲁民一初字第8号民事裁定；

二、指令山东省高级人民法院对本案进行审理。

---

① 对应《民事诉讼法解释》第332条。

规则 24：民事判决生效后，被告就同一事实向人民法院起诉的，依据“一事不再理”的原则，人民法院应不予受理

——奉化步云工贸有限公司与上海华源企业发展股份有限公司商标所有权转让纠纷案[①]

【裁判规则】

人民法院经依法审判民事案件，作出发生法律效力的民事判决后，该案的被告又就同一事实向人民法院起诉的，虽然不属重复起诉，但依据“一事不再理”的原则，人民法院仍应当作出不予受理的裁定。

【规则理解】

一、民事裁判既判力的概念

民事裁判的既判力是指确定或者生效的裁判对于当事人和法院产生的实质上的拘束力。民事裁判的既判力具有实体法和诉讼法的双重性质，既判力的范围包括客观范围、主观范围以及时间范围等几个方面。既判力的客观范围是以在确定的裁判中经裁判的诉讼标的为限，既判力的主观范围就是诉讼标的所涉及的主体范围，既判力的时间范围又称基准时，指的是以法庭辩论终结时为基准，当事人之间的权利义务关系被确定，不得复为争执。

二、既判力的内容

从民事裁判的既判力概念分析，可见既判力内容包括两个方面，一是民事裁判作出以后，即具有法律上的效力，不得任意撤销或者变更，当事人不得再就同一诉讼标的再行起诉或者在其他诉讼中提出与确定或生效的裁判相反的主张；二是就法院方面而言，一个确定或生效的裁判作出以后，后来的任何裁判都不得与该确定裁判内容相抵触。这种对于确定的裁判所赋予的拘束力，就称为裁判的既判力或者裁判的实体上的确定力[②]。我国台湾地区学者和日本学者均采用了“既判力”的概念，日本有学者认为：“诉讼是根据国家审判权作出的公权性的法律判断，是以解决当事人之间的纠纷为目的的，而终局判决正是这种判断。它不但拘束双方当事人服从该判断的内容，使之不得重复提出同一争执，同时作为国家机关的法院当然也

① 《中华人民共和国最高人民法院公报》2006 年第 6 期，最高人民法院（2003）民二终字第 169 号民事裁定书。

② ［日］新堂幸司：《新民事诉讼法》，林剑锋译，法律出版社 2008 年版，第 472 页。

必须尊重国家自己所作出的判决，即使是把同一事项再次作为问题在诉讼中提出时，也应以该判断为基础衡量当事人之间的关系。这种确定判决表示的判断不论对当事人还是对法院都有强制性通用力，不得进行违反它的主张或者判断的效果就是既判力。"①

我国民事诉讼法虽无既判力的概念，但也有不系统的关于"既判力"的内容，如我国2012年修正的《民事诉讼法》第124条第5项规定：对判决、裁定、调解书已经发生法律效力的案件，当事人又起诉的，告知原告申请再审，但人民法院准许撤诉的裁定除外。民事诉讼法学界以及司法实践中对既判力的基本原则也是认同的。民事诉讼法承认既判力的理由，是为了避免同一诉讼标的发生相互抵触的裁判，使当事人之间的实体权利义务关系处于不确定的状态。因此，既判力制度要求，法院的裁判确定以后，无论该裁判是否存在错误，在未被依法变更或者撤销以前，当事人和法院都要受生效裁判的拘束，不得就该裁判的内容进行争执。

三、既判力的本质

至于为什么要赋予确定的裁判以这种拘束力，涉及既判力的本质问题。关于既判力的本质在德国、日本学术界存在较大的理论分歧。例如：德国学者罗森贝克（Rosenberg）主张既判力的本质是根据确定判决的法的效果，"排除新的审理和裁判"；伯特赦尔（Bottieher）主张既判力的本质应该求之于"一次性的原则"，关于同一事项，不得再次重复前诉。日本学者三月章教授主张既判力的本质应该从一事不再理的角度理解，它实际上是私权纠纷用公权强制解决一次性的内在要求的体现；斋腾秀夫主张既判力的本质是从一次性原则解决纠纷的基础上发生的诉讼法上的效力，其根据是诉讼制度本身的要求；小山升教授认为既判力的本质是禁止作出矛盾的判决，不是一事不再理。② 目前通行的有以下几种具有代表性的学说：

（一）实体法学说

实体法学说把确定判决与实体法上的法律要件联系起来，并且以判决的正当与否来确定既判力的本质。正确的判决是对当事人之间本来就存在的实体法律关系的重新确认；而不当的错误的判决是法院按照其判断来变更或者修改原来的实体法律关系。

（二）诉讼法学说

诉讼法学说现在已经成为德国及日本之通说。这一学说是从国家审判权的判断

---

① ［日］兼子一、竹下守夫：《民事诉讼法》，白録铉译，法律出版社1995年版，第156页。

② 参见李龙："论民事判决的既判力"，载《综合来源》2007年第2期。

统一的诉讼效果来说明既判力，认为既判力与实体法律关系无关，即使法院确定判决所认定的实体权利状态与既存的真正实体权利状态不相符，但基于国家要求公权（审判权）判断的统一，这种误判内容的效力，也不能不维持。法院所作出的确定判决在诉讼法上产生一定的效力，这种诉讼法上效力的内容系命令后诉的法院不得作出与前诉判决内容不同的判断。所以，既判力的本质在于，后诉法院在法律上不能有效作出与确定判决不同的判断，后诉法院所受的这种诉讼法上的拘束力，谓之既判力。既然后诉法院应受前诉判决的拘束，那么当事人当然应受前诉判决的约束。

（三）双重性质说

这种学说认为，因为法院的裁判是透过法律关系与诉讼过程形成的，因此既判力的本质应该从实体法和诉讼法两方面去理解。在实体法方面，既判力是为了解决当事人之间的实体法纠纷，因此赋予既判力以实体法地位，这就是所谓独立的既判力；在诉讼法方面，当双方当事人在其他的诉讼中，攻击已有既判力的实体法律关系时，确定判决有遮断的效力，这就是所谓附随的既判力。附随的既判力在诉讼中发生作用，而独立的既判力在诉讼外发生作用。

笔者倾向于双重性质学说。既判力在诉讼法上的意义争议不大，大多数学者能够接受。但是，也应当采纳既判力在实体法上的意义和作用。例如，一方当事人就某一不动产房屋向另一方当事人提起确权之诉，经法院作出确定裁判以后，根据物权法以及其他相关规定，胜诉方得自裁判确定之日取得该不动产房屋的所有权。物权法之所以作出如上规定，其法理依据即为确定裁判的实体法上的既判力。

【拓展适用】

既判力的范围包括客观范围、主观范围以及时间范围等几个方面。

一、既判力的客观范围

无论是德国、日本民事诉讼法学界，还是我国台湾地区的诉讼法学者，都毫无例外的以诉讼标的作为划分既判力客观范围的标准①。我国台湾地区“民事诉讼法”第400条第1款规定，诉讼标的在确定的终局判决中裁判后，除法律有特别规定的以外，当事人不得就该法律关系另行起诉。这实际上就是对既判力客观范围的规定。因此，既判力范围是以在确定的终局判决中经裁判的诉讼标的为限。对此可以从以下几个方面加以理解：

（一）既判力及于作为确定裁判对象的诉讼标的，不及于法律关系

就同一个诉争对象（以房屋为例），如果当事人基于租赁关系请求返还出租房

---

① 参见［日］中野贞一朗等：《民事诉讼法讲义》，有斐阁昭和51年，第453页以下。［日］斋藤秀夫：《注解民事诉讼法（3）》，第一法规出版社1971年版，第295页以下。

屋的诉讼经法院判决败诉后，该当事人仍然可以根据所有权法律关系请求返还房屋，不受既判力的拘束。①

（二）诉讼标的一部分作为判决标的，其判决的既判力仅及于该诉讼标的的一部分

基于当事人处分权主义及辩论主义的原则，当事人之间即使存在100万元的借贷关系，如果原告只请求其中80万元，法院也只得在这80万元内作出裁判。虽然法院在判决时必须就双方当事人之间存在100万元的借贷法律关系的事实作出认定，但是其既判力只对裁判的80万元部分发生拘束力，而对于其余的20万元部分没有既判力。因此，当事人可以就其余的20万元部分另行起诉，这就是所谓的“一部请求肯定说”。这是德国、日本学者和我国台湾地区学者的通说②。

（三）判决的理由（抵销理由除外）原则上没有既判力

既判力原则上只及于与诉讼标的有关的理由，而不及于与诉讼标的无关的其他理由。裁判所认定的案件事实以及所依据的法律，不能认为有既判力。但有的学者认为，法院在判决理由中就此作出相反的判断，如果不赋予相当的效果，允许当事人随意否认，并在其他的诉讼中就此作出相反的判断，将影响司法的威信。因此，此时应该对判决理由赋予“争点效”③。我国台湾地区“最高法院”的判例认为：“确定判决的既判力固然以诉讼标的表现于判决主文的判断事项为限，判决理由并

---

① 我国台湾地区的实务界也是持这种观点。参见我国台湾地区“最高法院”1953年台上字第1352号、1958年台上字第101号判例。

② 参见［日］斋藤秀夫：《注释民事诉讼法（3）》，第一法规出版社1971年版，第308页以下。［日］小山升：《民事诉讼法》，青林书院平成元年，第373页。［日］斋藤秀夫：《民事诉讼法概论（新版）》，有斐阁昭和五十七年，第378页以下。另参见陈计男：《民事诉讼法论（下）》，三民书局1994年版，第68页以下。王甲乙等：《民事诉讼法新论》，三民书局2005年版，第481页。陈荣宗：“一部请求与既判力客观范围”，载《民事诉讼法标的理论》第325页。

③ 日本的新堂幸司教授首创了“争点效”理论，该理论受德国策纳教授扩张既判力论和英美法上“间接的禁止翻供事实”（Collateral estoppel）法理的启示，将诉讼标的以外的各个争执点也纳入判决拘束力的范围，也就是说实质上扩大了既判力的客观范围。判决既具有既判力，又具有“争点效”。后诉应受前诉对诉讼标的判断的拘束，这属于既判力的作用；而后诉应受前诉判决理由中先决法律问题判断的拘束，就是所谓“争点效”的作用。“争点效”与既判力不同，既判力的效力是针对诉讼标的，“争点效”的效力是针对诉讼标的以外的各种争点的。“争点效”理论的基础，是民诉法的诚实信用原则及当事人之间的公平原则。“争点效”理论认为，当事人在诉讼上对其重要的争执点既然已认真进行争论，而且法院也对争点问题进行了实质上的审理判断，如果再允许当事人在后诉中轻易推翻其判断，与诚实信用原则和公平原则是相矛盾的。我国民事诉讼法学界尚未引进该理论。

无既判力；但法院在判决理由中，就诉讼标的以外当事人主张的重要争点，基于当事人辩论的结果已经作出判断时，其对此重要争点所作出的判断，除有显然违反法令或者当事人已经提出新诉讼资料足以推翻原判断的以外，应该理解为在同一当事人就该重要争点所提出的诉讼中，当事人及法院就该已经判断的重要争点的法律关系，不能作相反的主张或者判断，才符合民事诉讼的诚信原则。”①

（四）对于主张抵销的对待请求成立与否的裁判，以主张抵销的数额为限具有既判力

被告在诉讼中提出抵销的抗辩时，法院必须就被告主张的对待请求法律关系进行审查，其性质类似于被告就诉讼标的提起反诉。法律上一般都对其赋予了既判力，学术界称之为既判力的扩张。

二、既判力的主观范围

既判力的主观范围又叫既判力人的范围。确定的判决并不是无限制的对任何人都有既判力，其既判力所约束的人应该有明确的范围，这个范围就是既判力的主观范围。既判力的主观范围的划定与诉讼标的有着紧密的关系，可以认为既判力所及的范围，就是诉讼标的所涉及的主体范围。

（一）既判力原则上及于当事人

民事诉讼裁判的目的是为了解决当事人间的民事实体法律关系的争议，判决是基于当事人之间言词辩论的结果作出的，当事人是判决效力所及的最直接的主体。因此，原则上既判力的范围不及于没有参加诉讼的案外人。

（二）既判力及于诉讼系属后当事人的继受人

诉讼系属中作为诉讼标的的法律关系如果转移给第三人，诉讼继续进行。所谓诉讼系属后的当事人的继受人，就是指在原当事人脱离诉讼系属以后，继受该诉讼标的而参加诉讼的第三人。包括因自然人当事人死亡或者法人、设有代表人或管理人的非法人团体当事人合并，而发生的继受情形；也包括因法律行为或者法律规定或法院拍卖等国家公法行为而受让诉讼标的的权利义务的人。第三人继受可以分为一般的继受与特定的继受两种。一般继受是指第三人概括地、全面地继受当事人的一切权利义务。特定继受是指并不继受当事人的一切权利义务，而仅仅继受该当事人特定的权利义务。

（三）既判力及于诉讼系属后为了当事人或其继受人的利益占有标的物的人

诉讼标的如果是以给付特定物的请求权为内容的，该特定物就成了请求的标的

① 我国台湾地区“最高法院”判例1983年台上字第4062号判决。

物。如该特定物被诉讼外的他人为当事人或其继受人占有而非为自己占有的情形。只有在给付诉讼的判决中，法院责令债务人对债权人交付某项动产或不动产并付诸执行的情况下，才有这类执行债务人适格的适用。所谓为当事人或其继受人的利益占有标的物的人，是指专门为了当事人或其继受人的利益而直接占有诉讼标的物的人，当事人或其继受人则处于间接占有人的地位。

（四）在原告或被告为他人的利益参与诉讼时，该他人也为既判力所约束

所谓诉讼担当人，是指就他人的诉讼标的的权利义务有当事人的诉讼实施权，从而为他人担当诉讼的人。[①] 基于第三人诉讼实施权行使的依据，可分为法定诉讼担当和任意诉讼担当两种情形。前者为有法律特别明文规定的诉讼担当，后者为在法律规定的范围内，通过约定的方式产生的诉讼担当。例如，我国《企业破产法》规定的破产管理人、《合同法》中的代位权人即属于法定诉讼担当人；《民事诉讼法》第53条、第54条规定的代表人诉讼中的诉讼代表人属于任意诉讼担当人。诉讼担当人的诉讼结果对被担当人具有约束力。如遗产管理人或遗嘱执行人就遗产所进行的诉讼，破产管理人（在我国民事诉讼中是清算组）就属于针对破产企业的财产所进行的诉讼，代表人诉讼中选定的代表人所进行的代表人诉讼等等，其诉讼结果的既判力与执行力及于遗产继承人、破产人、代表人诉讼中的全体有共同利益的人。

（五）既判力效力所及的一般第三人

主要是指在有关身份关系的人事诉讼和公司关系的诉讼中所作出的具有形成效力的判决，具有对世效力，在原告胜诉后任何人均不得再次起诉。应当注意：我国《民事诉讼法》中规定的有独立请求权第三人相当于大陆法系国家民事诉讼法律中的主参加人，因其以独立诉讼的方式参加到他人之间的诉讼之中，在诉讼中具有当事人的地位，当然受既判力的约束。我国的无独立请求权第三人在实践中则存在辅助当事人诉讼和独立进行诉讼两种情况。前者由于相当于大陆法系的从参加人，在诉讼中仅仅为辅助地位，故不属于既判力作用的主观范围；后者因其独立参加诉讼，实质上具有当事人的地位，应当受既判力的约束。

三、既判力的时间范围

大陆法系既判力理论关于既判力的时间范围，又称基准时，指的是以事实审言词辩论终结时为基准，当事人之间的权利义务关系被确定，不得复为争执。在既判力基准时之后，如果有新事由发生，当事人当然可以根据新的事由提起新的诉讼。但是，如果当事人可以在基准时之后提出基准时之前已存在但未适时提出的事由，

---

① 骆永家：《既判力之研究》，（台湾）三民书局1999年版，第138页。

以否定已为前诉判决确定的权利义务关系，则意味着前诉判决的既判力实质上将失去意义。因此，出于既判力本身的要求，当事人如不适时在诉讼中提出基准时之前存在的事由，不问其有无过失，不得于日后再行提出。也就是说，基准时之前已存在而未提出的攻击防御方法概为既判力所遮断。确定判决有使在前诉基准时点之前存在但未适时主张的攻击防御方法在后诉中不得提出的效力，或者说当事人在该诉讼中应该提出而未提出的诉讼资料，以后即丧失提出的权利，这一效果称为既判力的失权效，也称排除效或遮断效。

我国法律并未对既判力的时间范围作出规定。相反地，该未提出的事由有可能导致再审程序的发生。如《民事诉讼法》第 200 条第 1 款第 1 项规定，当事人申请再审，如果有新的证据，足以推翻原判决裁定的，人民法院应当再审。《证据规定》第 44 条第 1 款将“新的证据”解释为“原审庭审结束后新发现的证据”，用意在于缩小再审事由的范围。但是，“原审庭审结束后新发现的证据”显然指的是原审庭审结束前已经存在的证据，只不过是由于客观原因当时没有发现而已。这种“新的证据”所证明的对象往往是当事人在原审中没有主张过的事实，允许在有“新的证据”的情况下启动再审程序，等于允许当事人根据未在判决生效前适时提出的事由，在判决生效后重新启动再审程序。

笔者认为，我国民事诉讼法没有规定既判力的时间范围，存在以下几个方面问题：其一，不利于维护裁判的稳定性，带来诉讼的不经济。当事人可以就判决生效前未提出的事由在以后提起新的诉讼或者申请再审，意味着同一案件可以反复起诉，或者较为轻易进入再审，已确定的判决的稳定性得不到保障，同时也造成了诉讼资源的浪费。其二，导致对一方当事人的不公平。一方当事人就判决生效前未提出的事由再次提起新的诉讼或者申请再审，使得另一方当事人不得不就同一案件再次卷入诉讼，承受讼累，对于该方当事人来说自然是不公平的。其三，限制举证时限制度。《证据规定》确立了举证时限制度，确立了证据失权制度。2012 年《民事诉讼法》修改，增加第 65 条规定：“人民法院根据当事人的主张和案件审理情况，确定当事人应当提供的证据及其期限。当事人在该期限内提供证据确有困难的，可以向人民法院申请延长期限，人民法院根据当事人的申请适当延长。当事人逾期提供证据的，人民法院应当责令其说明理由；拒不说明理由或者理由不成立的，人民法院根据不同情形可以不予采纳该证据，或者采纳该证据但予以训诫、罚款。”但由于我国没有确立裁判既判力的时间范围，一方面根据证据失权制度当事人可能因为没有适时提出证据而面临失权的后果，而另一方面却又不会因为没有适时提出事实主张而面临失权的后果。因此，在没有规定既判力时间范围的前提下，解决之道在于进一步严格限制再审程序“新的证据”的适用条件。

四、一事不再理的例外情形

从判决的既判力的理论而言，判决确定后，当事人不得就已经判决的同一案件再行起诉。既判力制度决定着确定判决的效力范围，而从既判力的效力范围看，既判力具有主观范围、客观范围和时间范围。既判力的时间范围，即既判力的基准时或标准时，是法院确定终局判决所判断的当事人之间诉争事实状态或权利状态存在的特定时间点。既判力基准时所针对的是确定判决对所判断事项产生既判力的时间点问题。从大陆法系的理论主张看，通说认为“发生既判力的判决只确认特定时刻的权利状态，而不是确认所有未来的权利状态……涉及实质既判力的时刻与双方当事人在诉讼进行中能提起新的事实主张的截止时刻相同。”① 也就是说，既判力的基准时为“事实审言辞辩论终结时”。因确定裁判是对特定时点上当事人之间的实体法律关系状态的判断，故确定判决仅对基准时之前发生的事项具有既判力，对基准时之后的事项没有既判力。基准时后发生新的事实，不受既判力的拘束，当事人可再次提起诉讼。从我国《民事诉讼法》的规定看，没有明确规定既判力制度，在既判力制度缺位的情况下，虽然《民事诉讼法解释》第 247 条②对一事不再理进行了明确规定，但实践中的民事纠纷情形复杂，一味地强调一事不再理可能会导致不公正，借鉴域外既判力基准时的相关理论，对不适用一事不再理原则的情况进行了规定。《民事诉讼法解释》第 248 条③明确了裁判发生法律效力后，发生新的事实，当事人再次提起诉讼的，不适用一事不再理原则，人民法院应当依法受理。突破一事不再理的关键点在于发生了新的事实，新事实发生于判决之后，对于当事人和法院来说都是不可预知的，法院只是针对将来的情况依照通常情况做出了一种预测性的判断，当客观事实发生了不符合预期的变化时，基于公平价值的考量，可以对诉讼的效率价值进行限制，突破一事不再理。需注意的是，新的事实为事实的生效裁判发生法律效力发生的事实，而不是原生效裁判未查明或涉及的事实，亦不是当事人在原审中未提出的事实。应当指出的是，原审结束前就已经存在的事实，当事人

---

① ［德］奥特马·尧厄尼希：《民事诉讼法》，周翠译，法律出版社 2003 年版，第 332 页。

② 《民事诉讼法解释》第 247 条：“当事人就已经提起诉讼的事项在诉讼过程中或者裁判生效后再次起诉，同时符合下列条件的，构成重复起诉：（一）后诉与前诉的当事人相同；（二）后诉与前诉的诉讼标的相同；（三）后诉与前诉的诉讼请求相同，或者后诉的诉讼请求实质上否定前诉裁判结果。当事人重复起诉的，裁定不予受理；已经受理的，裁定驳回起诉，但法律、司法解释另有规定的除外。”

③ 《民事诉讼法解释》第 248 条：“裁判发生法律效力后，发生新的事实，当事人再次提起诉讼的，人民法院应当依法受理。”

应当主张而未主张的事实，不属于新的事实。

根据现行法律规定及相关理论，发生新的事实对一事不再理予以突破的情形有：1.《民事诉讼法解释》第218条规定："赡养费、扶养费、抚育费案件，裁判发生法律效力后，因新情况、新理由，一方当事人再行起诉要求增加或者减少费用的，人民法院应作为新案受理。"考虑到"三费"案件时间延续的特殊性，在发生了诸如一方抚养能力显著恶化、物价水平明显上涨等因素而形成的新情况，应当允许对这种纠纷再行诉讼。2.《民事诉讼法》第124条第7项规定："判决不准离婚和调解和好的离婚案件，判决、调解维持收养关系的案件，没有新情况、新理由，原告在六个月内又起诉的，不予受理。"从此规定可以看出，对于维持婚姻、收养关系的前诉来说，如果在六个月内，出现新情况、新理由时，原告又起诉的，人民法院应当受理，此处的新情况、新理由即可理解为能够突破一事不再理的新事实。应当注意的是，在六个月之外，无论是否出现新情况、新理由，原告都可以再次提起诉讼。3.《民事诉讼法解释》第291条规定："公益诉讼案件的裁判发生法律效力后，其他依法具有原告资格的机关和有关组织就同一侵权行为另行提起公益诉讼的，人民法院裁定不予受理，但法律、司法解释另有规定的除外。"可见，在公益诉讼中，人民法院作出生效裁判后有新证据的，当事人可以另行提起公益诉讼。应当注意的是，实行立案登记制后，在裁判生效后，当事人以发生新的事实为由，再次向法院提起诉讼的，法院应当依法受理。但对一方当事人的起诉是否符合《民事诉讼法》规定的起诉和受理条件，应当依法予以审查。此审查是一种形式审查，仅审查"新的事实"是否有证据，至于该"新的事实"是否属实，在起诉的受理阶段无需审查，而有待于受理后进行审查处理。当事人主张的新的事实不成立的，人民法院应裁定驳回起诉。

【典型案例】

奉化步云工贸有限公司与上海华源企业发展股份有限公司商标所有权转让纠纷案

上诉人（原审原告）：奉化步云工贸有限公司。

法定代表人：江汛，董事长。

被上诉人（原审被告）：上海华源企业发展股份有限公司。

法定代表人：钱锋，董事长。

〔基本案情〕

上诉人奉化步云工贸有限公司因不服浙江省高级人民法院（2003）浙立受初字第1号不予受理的民事裁定书，向本院提起上诉，本院依法组成合议庭，对本案进行了审理。

经审理查明：2003年8月10日，上诉人奉化步云工贸有限公司向浙江省高级人民法院起诉称，1997年12月9日，其前身奉化步云集团有限公司曾与被上诉人签订《合资经营奉化华源步云西裤有限公司协议书》（简称合资协议）。1999年初，双方曾就商标无偿转让问题达成《和解协议书》。但根据《商标法》第三十九条和《合同法》第四十四条第二款规定，合资协议中关于商标无偿转让条款，以及商标无偿转让的和解协议书均因不符合法定生效条件而处于效力未定状态。而被上诉人长期无偿使用其注册商标，并企图无偿占有，严重侵害了其合法权益，故请求：1. 确认《合作经营奉化华源步云西裤有限公司协议书》解除；2. 判决解除或者撤销关于商标无偿转让的《和解协议书》；3. 判令被上诉人赔偿经济损失人民币1000万元。

〔一审裁判理由与结果〕

一审法院审理认为，根据奉化步云工贸有限公司的诉讼请求和理由，本案实质是要求解决服饰类“步云”系列商标的归属问题，而不论是《合作经营奉化华源步云西裤有限公司协议书》的效力，还是《和解协议书》的效力，都已经（2001）浙经一终字第348号判决所确认。虽然（2001）浙经一终字第348号判决效力因该案正在再审程序中而处于待定状态，但《合作经营奉化华源步云西裤有限公司协议书》和《和解协议书》的效力问题及服饰类“步云”系列商标的归属应在该案再审程序中解决。因此奉化步云工贸有限公司的起诉，属重复起诉，不符合民事案件的受理条件。依照《中华人民共和国民事诉讼法》第一百零八条、第一百一十二条①的规定，裁定对奉化步云工贸有限公司的起诉，不予受理。

〔当事人上诉及答辩意见〕

奉化步云工贸有限公司对一审裁定不服，向本院上诉称：“本案合同争议长期存在，本案合同债务尚未履行。但只有对方当事人起诉我公司，上诉人未曾起诉或者反诉对方当事人，上诉人既不是本案的原告，也不是本案的再审申请人等。法律规定了当事人在一审程序中的反诉权与在二审程序中的另行起诉的权利。而本案再审程序按二审程序进行，因此，作为本案合同纠纷的一审被告及再审被申请人，上诉人的起诉行为并未重复起诉，不存在法律障碍，本案是否正在审理之中，不是消灭上诉人诉权的理由。本案起诉符合《中华人民共和国民事诉讼法》第一百零八条的规定，不存在《中华人民共和国民事诉讼法》第一百一十一条②规定之事由，原裁定缺乏法律依据。”据此请求撤销原裁定，指定有关法院受理本案。

〔最高人民法院查明的事实〕

查明：1997年12月9日，奉化步云工贸有限公司前身原奉化步云集团有限公司

---

① 对应2012年《民事诉讼法》第119、123条。

② 对应2012年《民事诉讼法》第124条。

（以下简称步云集团）与上海华源企业发展股份有限公司（以下简称华源公司）签订《合作经营奉化华源步云西裤有限公司协议书》，约定共同出资成立奉化华源步云西裤有限公司（以下简称华源步云公司），步云集团拥有的用于服饰的“步云”商标在合营公司成立后，应无偿划归合营公司拥有。1997 年 12 月 18 日，华源步云公司注册成立，步云集团与华源步云公司签订商标使用许可合同，允许华源步云公司无偿使用服饰类“步云”商标三年。

1999 年初，华源公司向浙江省高级人民法院起诉，要求步云集团将商标无偿转让给华源步云公司，诉讼期间，双方达成《和解协议书》，约定步云集团将服饰类“步云”商标，包括注册号为 721602、590714、1106546 的三个商标转让给华源步云公司，华源公司撤诉。1999 年 3 月 17 日，步云集团与华源步云公司向国家商标局申请上述商标转让，并于 1999 年 4 月 28 日、7 月 28 日得到核准。但后因国家商标局发现上述商标在转让前已被法院查封，转让行为无效，于 2000 年 12 月 14 日撤销核准，并确认商标权仍属步云集团。1999 年 4 月，步云集团向上海华源万成服饰有限公司转让在华源步云公司的出资，解除了与华源公司的合资关系，也不再承担对华源步云公司的股东义务。2001 年 3 月 27 日，华源公司及华源步云公司向浙江省宁波市中级人民法院提起诉讼，请求判令服饰类“步云”商标无偿归华源步云公司所有。2001 年 8 月 12 日，浙江省宁波市中级人民法院一审判决服饰类“步云”系列商标归华源步云公司所有。期间，奉化步云集团有限公司更名为奉化步云工贸有限公司。步云集团不服，提起上诉，浙江省高级人民法院于 2001 年 12 月 30 日作出（2001）浙经一终字第 348 号民事判决，判决注册号为 721602、590714、1106546 的三个注册商标由华源公司和华源步云公司共同持有。华源公司和华源步云公司不服该终审判决申请再审，浙江省高级人民法院于 2003 年 7 月 5 日作出（2003）浙民监字第 27 号民事裁定，决定对（2001）浙经一终字第 348 号民事判决再审。在再审裁判之前，本案上诉人向浙江省高级人民法院提起了本案的一审诉讼。2003 年 10 月 16 日，浙江省高级人民法院作出（2003）浙民再字第 22 号民事判决书，认定双方签订的合作经营协议及和解协议系双方真实意思表示，对商标作无偿转让的协议应为有效。判决“由奉化步云工贸有限公司履行与上海华源企业发展股份有限公司签订的将原奉化市步云集团有限公司注册的用于服饰类的‘步云’系列商标（注册号为第 721602、第 590714、第 1106546 号）专用权无偿转让给奉化华源步云西裤有限公司所有的协议，在本判决生效之日起 60 日内共同向国家商标管理局提出申请，办理上述注册商标所有权转移的核准手续。”

〔**最高人民法院裁判理由与结果**〕

最高人民法院认为：上诉人奉化步云工贸有限公司与被上诉人上海华源企业发展股份有限公司有关服饰类“步云”系列商标的归属问题虽争议多年，并经多家法院的不同诉讼程序审理，但终由（2003）浙民再字第 22 号民事判决确定，双方对无偿转让商标的协议有效，奉化步云工贸有限公司应履行与上海华源企业发展股份有限公司签订的将原奉化市步云集团有限公司注册的用于服饰类的‘步云’系列商标（注册号为第721602、第590714、第1106546号）专用权无偿转让给奉化华源步云西裤有限公司所有的协议，并于判决规定期限内共同向国家商标管理局提出申请，办理注册商标所有权转移的核准手续。至此，双方有关商标权的归属问题已有定论。在所述再审案件一审阶段本案上诉人虽非起诉的原告，本案中其作为原告起诉虽不属于重复起诉，但其诉讼请求实质上仍属于商标权归属问题，显然与（2003）浙民再字第22号民事判决内容重复。按照“一事不再理”原则，人民法院不宜再作审理，上诉人的上诉理由不能成立。

根据《中华人民共和国民事诉讼法》第一百一十一条第（五）项、第一百五十四条、第一百五十八条①的规定，裁定如下：

驳回上诉人的上诉，维持原裁定。

本裁定为终审裁定。

规则25：已经人民法院生效判决认定的事实，当事人就该事实再行提起诉讼，应依法予以驳回

——徐州市路保交通设施制造有限公司与徐州市华建房地产开发有限公司、尤安庆房屋买卖合同纠纷案②

【裁判规则】

当事人对已经发生法律效力的判决不服，或者人民法院发现已经发生法律效力的判决确有错误，只有通过依法启动审判监督程序撤销原审判决，才能对案件进行重新审判，否则均应受该已经发生法律效力判决的拘束，当事人不得在以后的诉讼中主张与该判决相反的内容，人民法院也不得在以后的判决中作出与该判决冲突的认定和处理。

【规则理解】

一、既判力的作用

既判力制度主要针对民事诉讼中出现了后诉的情况发生作用，既判力的作用包

① 对应2012年《民事诉讼法》第124条第5项、第171、175条。

② 《中华人民共和国最高人民法院公报》2006年第6期，最高人民法院（2005）民一终字第65号民事裁定书。

括消极作用和积极作用两个方面。消极作用是指在存在确定裁判的情况下，当事人不得在以后的诉讼中提出与既判力之判断相反的主张，法院也不得接受当事人所提出的相反的主张；既判力的积极作用是指在与先诉有关的后诉当中，法院得受先诉之确定裁判拘束作出新的裁判。“既判力的消极作用与积极作用是以一种相互补充的关系构成了既判力之后诉拘束力的主要内容。”① 依据通说，既判力是针对诉讼标的产生的。在存在前后两诉的情况下，前诉的诉讼标的以何种形式对后诉产生作用，包括以下三种情况：

（一）前、后诉讼标的相同的情形

在此情况下，基于前诉确定裁判的既判力作用，一般应当对后诉的请求不予受理，当事人坚持诉讼的亦应裁定驳回。例如，原告请求被告“支付100万元欠款”，或者请求“确认某处房屋所有权”，在法院针对该诉讼请求作出确定裁判以后，如果原告再行向法院提出该项请求，法院应当对其后诉请求不予受理，如果原告坚持诉讼的亦应裁定驳回。但是，由于存在确定裁判既判力的时间范围问题，如果前诉裁判的实体关系在基准时以后发生变化，那么法院就应当在后诉的裁判中附加新的事由以作出新的裁判。

（二）前、后诉讼标的互相矛盾的情形

如前一诉讼的原告请求被告“支付100万元欠款”，或者请求“确认某处房屋所有权”，在法院针对该诉讼请求作出原告胜诉的确定裁判以后，如果被告基于同一法律事实又向法院请求“返还100万元”，或者“确认自己享有该处房屋所有权”。由此可以看出，前、后两诉的诉讼标的只是在诉讼主体方面存在差异，双方当事人互为原、被告，虽然不构成重复诉讼，但是也应当根据裁判的既判力制度不宜支持后一诉讼请求。

（三）前一诉讼的诉讼标的为后一诉讼的诉讼标的的先决条件的情形

典型情形就是前诉为确认之诉，而后诉为给付之诉。通过前诉所确认的事实以及作出的判项，基于既判力制度，应当在后一诉讼中予以遵循，这是既判力积极作用的表现。

值得注意的是，在考量既判力作用的时候，需要解决后一诉讼的原告是否具有诉的利益的问题。如果后一诉讼的原告已经不具有诉的利益，则不应当给予后一诉讼的原告以诉权。也有观点认为，后一诉讼本身并不构成违法之诉，但是作为本案判决内容而言，由于后诉请求与前诉裁判的既判力发生抵触，因而法院会立即作出

---

① ［日］高桥宏志：《民事诉讼法——制度与理论的深层分析》，林剑锋译，法律出版社2003年版，第483页。

驳回请求的判决。笔者倾向认为在后诉请求与前诉裁判的既判力发生抵触的情形下，从前诉确定裁判具有国家意志力的角度出发，不宜再给后诉请求以诉权，否则一起纠纷将在理论上限于无限的循环往复之中。

在德国和日本，既判力均是作为法院依职权调查的事项。也就是说，即使当事人不提出既判力问题，法院亦应主动依职权核实并将其作为裁判的基础。笔者认为，我国也应当采纳该理论。如此一来，即使双方当事人达成忽略既判力的协议或者默契，法院也不能受这种协议或者默契的约束，因为前一确定裁判既是对于当事人之间争端的解决，也是国家意志力与司法公信力的体现，不受当事人合意的约束。如果后诉法院由于疏忽等原因在后诉当中作出与前一诉讼相矛盾的裁判，则应当对后一裁判通过再审程序予以撤销，即使前一确定裁判被认为可能确有错误。

二、裁判确定以后对于当事人的救济途径选择

依当下通说，对于错误裁判应当通过审判监督程序予以解决，而不能通过另行诉讼的方式来救济。该观点与既判力理论并不矛盾，既判力理论主要针对出现前后矛盾裁判的问题，而审判监督程序主要涉及当事人权利救济以及裁判稳定性的问题。选择依据审判监督程序对于当事人权益给予救济，也是世界各国的通例。审判监督程序需要考量生效裁判稳定性和当事人权益保障两者的价值关系，如果侧重于维护生效裁判的稳定性，则案件进入审判监督程序的比例相对要低一些；如果倾向于当事人权益保障，则案件进入审判监督程序的比例相对要高一些。

司法实践中，存在第三人认为原判决认定的事实、判决内容损害其利益，提起第三人撤销之诉，因此，第三人撤销之诉作为对生效裁判稳定性提出挑战的事后救济程序，为维护裁判安定和司法权威，应当以第三人缺乏其他通常的救济程序，切实需要通过撤销之诉对第三人权益进行救济为必要。依大陆法通说，裁判的既判力主要针对裁判主文内容，事实部分一般不发生既判力，说理部分有关争点的效力原则上限于诉讼当事人之间，一般不及于案外人。对第三人不具有法律约束力的说理部分内容，自然很少对其民事权益造成损害可能。依我国台湾地区司法实务和学者见解，判决理由中就诉讼标的以外当事人主张之重要争点，已经为判断时，其效力范围限于该诉讼事件同一当事人之间，并不会及于诉讼事件当事人之外的第三人，因此，该第三人在此实务动作之情况下，并无提起第三人撤销之诉的必要。

根据我国《民事诉讼法》关于审判监督程序的规定，我国法律规定了当事人申请再审，符合申请条件的，人民法院应当立案审查。针对当事人提出的再审申请，经审查事由成立的，裁定案件进入再审程序审理；当事人所提事由不成立的，裁定驳回当事人的再审申请。从以上规定可以看出，我国民事诉讼法规定的审判监督程序分为再审审查和再审审理两个阶段。审查阶段主要解决当事人所提的再审事由是否成立以及案件应否进入再审程序的问题。再审审理阶段将围绕当事人提出的再审理由研究原生效裁判是否正确，应否改判。这样规定，其优点在于能够适当把握再审案件的数量和质量，缺点在于重复工作，浪费司法资源，在一定程度上限制了当事人诉权。

三、第三人撤销之诉与再审程序的关系①

根据《民事诉讼法》的规定，第三人撤销之诉与当事人申请再审两种程序依法分别可以启动，相互之间并不影响。《民事诉讼法解释》将第三人撤销之诉规定在一审程序部分，在具体程序设定上，充分考虑了第三人撤销之诉与审判监督程序之间的共性，第三人撤销之诉程序和再审程序都启动以后，由于两个程序所针对的对象为同一生效判决、裁定或者调解书，审理范围上就会交叉，如果完全独立进行，则可能会作出相互矛盾的裁判。同时对于当事人而言，就同一诉讼对象却要同时进行两个不同的程序，诉讼负担增大。《民事诉讼法解释》第 301 条②规定，如果第三人撤销之诉和当事人之间再审程序均启动的，一般通过诉的合并方式一次性解决。确立了审判监督程序优先适用的原则，凡是能够通过审判监督程序解决的，原则上按照审判监督程序进行，不能按照审判监督程序进行的，适用第三人撤销之诉程序，第三人撤销之诉程序作为最后的司法救济程序。对第三人而言，无论通过第三人撤销之诉，还是再审程序，只要其权利得到充分救济，则无诉讼上的实质差异。

再审程序吸收第三人撤销之诉，是以两个案件均已经受理为前提，即作出生效判决的人民法院受理了第三人撤销之诉，申请再审案件已经进入再审程序。如果第三人撤销之诉还没有立案，生效判决、裁定、调解书只是启动了申请再审审查程序，还没有裁定再审，均不发生案件合并审理。裁定进入再审在前的，对第三人提起的撤销之诉，人民法院可以告知其申请参加再审程序；第三人坚持起诉的，人民法院可以在受理后再移送到再审案件程序中一并审理。

第三人撤销之诉请求并入再审程序审理，应当在再审裁判作出之前进行。第三人撤销之诉在一审终结前并入再审程序没有问题，但在第三人撤销之诉一审判决已

---

① 参见江必新主编：《最高人民法院民事诉讼法司法解释专题讲座》，中国法制出版社 2015 年版，第 233 ~234 页。

② 《民事诉讼法解释》第 301 条规定："第三人撤销之诉案件审理期间，人民法院对生效判决、裁定、调解书裁定再审的，受理第三人撤销之诉的人民法院应当裁定将第三人的诉讼请求并入再审程序。但有证据证明原审当事人之间恶意串通损害第三人合法权益的，人民法院应当先行审理第三人撤销之诉案件，裁定中止再审诉讼。"

经作出后，是否还需要并入再审程序，值得进一步研究。人民法院可以根据案件的具体情况作出妥当的安排。

第三人撤销之诉诉讼请求并入再审程序一并审理的方式，如果属于同一法院审理的，可以通过诉的合并处理；如果分属不同法院审理的，第三人撤销之诉案件的审理法院应当作出裁定，将案件送交审理再审案件的人民法院。

第三人撤销之诉并入再审程序后，应当区分两种不同情况进行审理。① 再审案件是按照第一审程序审理的，人民法院应当对第三人的诉讼请求一并审理，所作的判决当事人可以上诉。此种情况，应当将申请撤销之诉的第三人直接列为第三人，其对其撤销诉讼请求范围内，具有当事人的权利义务。人民法院作出判决时，应当同时对再审诉讼请求和第三人撤销请求作出裁判。再审案件按照第二审程序审理的，人民法院可以调解，调解达不成协议的，应当裁定撤销原判决、裁定、调解书，发回一审法院重审，一审法院重审时应当将其列为第三人。在按照第二审程序进行调解时，应当将申请撤销之诉的第三人列为案件的第三人，可以分别对再审请求和第三人撤销诉讼请求进行调解，必要时可以一并进行调解。调解不成发回一审法院重审时，应当在裁定中载明第三人情况。一审法院重审时，人民法院应当直接将申请撤销之诉的第三人列为案件的第三人，对第三人的民事权利主张与原诉当事人之诉讼请求一并进行审理。

第三人撤销之诉诉讼请求并入再审程序的例外，即有证据证明原诉当事人之间恶意串通损害第三人利益的情况，应当先行审理第三人撤销之诉案件，再审案件应当中止诉讼。

【拓展适用】

一、争点效的概念

争点效理论首创于日本的新堂幸司教授。新堂教授认为，在前诉中，被双方当事人作为主要争点予以争执，而且法院也对该争点进行审理并作出判断，当同一争点作为主要的先决问题出现在其他后诉请求的审理中时，前诉法院有关该争点所做判断的通用力，既不允许后诉当事人提出违反该判断的主张及举证，也不允许后诉法院作出与之相矛盾的判断，争点判断的这种能够产生遮断效果的通用力，就是所

① 《民事诉讼法解释》第302条规定："第三人诉讼请求并入再审程序审理的，按照下列情形分别处理：（一）按照第一审程序审理的，人民法院应当对第三人的诉讼请求一并审理，所作的判决可以上诉；（二）按照第二审程序审理的，人民法院可以调解，调解达不成协议的，应当裁定撤销原判决、裁定、调解书，发回一审法院重审，重审时应当列明第三人。"

谓的争点效。[①] 争点效理论的思维基础在于在后诉当中，如果允许当事人对前诉已经法院判断的争执再度进行争执，并提出与之矛盾或者抵触的主张，那么就不可避免地有违诚实信用原则，对当事人也造成了不公平。简而言之，争点效理论是从诚实信用原则或者双方当事人公平原则出发来谋求其理论根据的。

争点效基于确定裁判的判断所产生并针对后诉产生通用力，在这一点上与既判力发挥同样的作用。与既判力不同的是，争点效属于确定裁判的裁判理由所产生的效力，而既判力主要针对诉讼请求的妥当与否产生既判力。根据前述，确定裁判中有关诉讼请求妥当与否的判断截然区别于裁判理由的判断，而既判力仅仅及于前者，后者只是具有推导出前者的作用，因此如果仅仅根据既判力制度，后者将不起作用。确立这一原则的趣旨在于两点：第一，使得诉讼的最终目标得以明确化，防止由此而产生的突然袭击，实现充分的辩论。第二，使得当事人以及法院就前提问题所展开的诉讼活动具有灵活性，不必担心前提问题对于其他诉讼请求的影响。但是，在当事人将前提问题作为主要争点展开争议的情况下，将该争议结果作为判断与之相关联的其他请求的基础，应该更符合公平原则。从法院的立场来看，这种以双方当事人公平观念作为根据的“争点效”，有助于实现对于关联纠纷的统一解决。因此，“争点效”理论作为既判力制度的补充，是一种更加充实有效解决纠纷的手段。

二、产生“争点效”的判断及其要件

根据日本有关民事诉讼法学的理解，关于“争点效”产生的要件可以从以下五个方面来把握：

（一）产生遮断效果的争点属于在前后诉讼的两个请求妥当与否的判断过程中的“主要争点”

何者构成“主要争点”，一般是指诸如该争点的判断将左右着裁判结果的情况。如果属于这种情况并且双方当事人也将其作为主要争点来对待，那么双方当事人理应在前一诉讼过程中像对待诉讼请求一样认真地展开争议，据此让当事人承担该争点的诉讼结果也是符合公平原则的。如果对并非主要的争点也赋予这种遮断的效力，就会对当事人构成突然袭击，损害审理的灵活性与机动性。

（二）当事人在前诉中已就该争点穷尽了主张及举证

意味着提出了诉讼上通常可以想到的主张及举证，也就是说当事人对于该争点已经进行了认真且严格的争执。但是在当事人自认、拟制自认以及达成证据契约等

① ［日］新堂幸司：《新民事诉讼法》，林剑锋译，法律出版社2008年版，第492页。

情况，应当排除在外。

（三）法院业已对该争点作出了实质性的判断

法院没有作出实质性判断的事项并不产生争点效。该实质性判断应该足以导致后一诉讼的当事人的诉讼请求被驳回。

（四）前诉与后诉的诉争利益几乎是等同的（或者前诉的诉争利益大于后诉的诉争利益）

如果前诉的诉争利益小于后诉的诉争利益，在诉争利益更高的后诉中，就不能使前诉的相关争点产生拘束力，而应当赋予当事人再度进行“认真而严肃”的争议机会。也就是说，如果前诉的诉争利益过小，无法与后诉的诉争利益进行比较，那么即使两者是共通的而且在前一诉讼中作为主要争点进行了判断，也不妨害当事人在系争利益更大的后一诉讼中再度提起争议。

（五）当事人在后一诉讼中必须援用（主张）这种争点效

此点与既判力制度不同，在既判力制度下，即使当事人自己不主动援用或主张，法院亦应依职权主动查明，并将既判力作为裁判理由写入裁判文书。而当事人如果不主动援用争点效，则有可能产生对自己不利的诉讼后果。

三、争点效在诉讼上的处理

（一）争点效的调查

争点效理论的主要目的在于将当事人已经穷尽主张以及举证的争议结果统一地适用于一系列纠纷当中，以符合各方当事人的诉讼期待，确保裁判的统一性。因此，在后一诉讼当中如果当事人提出争点效的主张，法院即应对于该争点效存在与否进行调查和认定。

（二）争点效的处理

当争点效在后一诉讼中起作用时，当事人不能再行提出与该争点效的判断相矛盾的主张或举证，法院也要基于该前一裁判来进行后诉的裁判。但是，与既判力制度一样，如果当事人提出前一诉讼基准时以后产生的事由，就应当允许当事人提出与争点效裁判相反的主张或者举证。

（三）对于裁判理由中判断不服的处理

如果当事人以产生争点效为由，仅对裁判理由中的判断不服，一般情况下不应当认可其诉讼利益。理由在于既然当事人没有对裁判主文不服，那么快速地得出诉讼结果，使得当事人之间的纠纷确定化，无疑是最为重要的。而对于因此没有获得更高审级的裁判，出于保障其审级利益，不让该纠纷产生争点效是较为妥当的。也就是说，如果一方当事人对于裁判主文不持异议，仅对裁判理由不服，那么不应当因此赋予其上诉或者申请再审的权利。但是，对于该异议的理由，同样也不赋予争点效的效果。这样一来，一方面使得裁判及早确定化，另一方面该存有异议的裁判理由也不会对后来的诉讼产生拘束力。

【典型案例】

徐州市路保交通设施制造有限公司与徐州市华建房地产开发有限公司、尤安庆房屋买卖合同纠纷案

上诉人（原审原告）：徐州市路保交通设施制造有限公司。

法定代表人：李承，该公司董事长。

委托代理人：尤安生，该公司职员。

委托代理人：张爱琴，该公司法律顾问。

被上诉人（原审被告）：徐州市华建房地产开发有限公司。

法定代表人：胡治国，该公司总经理。

委托代理人：王伯庭，江苏徐州金台律师事务所律师。

委托代理人：胡冠平，该公司顾问。

原审第三人：尤安庆。

〔基本案情〕

上诉人徐州市路保交通设施制造有限公司（以下简称路保公司）与被上诉人徐州市华建房地产开发有限公司（以下简称华建公司）及第三人尤安庆房屋买卖合同纠纷一案，江苏省高级人民法院于2005年5月18日作出（2004）苏民初字第3号民事判决。路保公司不服该判决，向本院提起上诉。本院依法组成合议庭，于2005年9月13日开庭进行了审理。路保公司的委托代理人尤安生、张爱琴，华建公司的委托代理人王伯庭、胡冠平到庭参加了诉讼。尤安庆接到本院开庭传票但未到庭参加诉讼。本案现已审理终结。

一审法院经审理查明：2000年5月8日，路保公司与华建公司签订编号为0024999的《商品房购销合同》约定：华建公司以每平方米2000元、总金额1473.69万元的价格，将位于江苏省徐州市津浦西路160号综合楼（以下简称综合楼）出售给路保公司。路保公司于2000年5月31日前支付华建公司购房款804万元，华建公司于2000年8月31日前，将具有竣工验收合格证的该商品房交付给路保公司使用。签约当日，华建公司将综合楼负一层至三层3222.04平方米、综合楼4－8层4146.41平方米出售给尤安生，尤安生取得了房屋产权证。

2000年10月9日，路保公司为办理按揭贷款，由尤安生、尤安庆等8人与华建公司签订综合楼1－3层商品房买卖合同。2000年10月31日，路保公司法定代表人尤安生书面向华建公司承诺“我公司为办理按揭贷款，需签8份商品房销售合同，并出具8份预付款收据复印件（款不付）。请贵公司配合办理，由此所涉及的一切费用及造成的有关责任损失等后果，均由我公司承担”。2001 年 1 月 22 日，尤安生、尤安庆等 8 人在中国建设银行永安支行办理个人贷款 600 万元整，所有个人住房贷款通知书中借款人签名均由尤安生代签。2000 年 11 月 18 日，尤安生、尤安庆等 11 人又与华建公司签订综合楼 4 - 8 层商品房买卖合同。中国农业银行泉山支行为 11 人共贷款 10756778. 68 元。

2001 年 1 月 22 日，路保公司与华建公司签订《0024999 号商品房销售合同补充协议（一）》（以下简称《补充协议（一）》）约定：华建公司负责提供有关手续，在建设银行办理综合楼 1 - 3 层按揭贷款；建设银行办理按揭后剩余房产由路保公司在农业银行或者其他银行办理按揭贷款，手续由华建公司提供。双方还约定华建公司应在 2001 年 3 月 1 日前将综合楼交由路保公司接收、看管。

2001 年 3 月 21 日，路保公司与华建公司签订《0024999 号商品房销售合同补充协议（二）》（以下简称《补充协议（二）》）约定：路保公司在中国农业银行泉山支行按揭贷款，“首先归还农行云西 299 万元，同时抽回华建公司抵押贷款用的土地证”；双方还约定了路保公司办理按揭贷款后欠华建公司 500 万元购房款的偿还期限。

2001 年 4 月 19 日，尤安生、司毅（二人系夫妻关系）与华建公司签订协议约定：因尤安生、司毅无力承担综合楼 4 - 8 层的购房款，华建公司同意尤安生、司毅退回综合楼 4 - 8 层，所办权属证交产权部门予以注销。同日，尤安生、司毅向江苏省徐州市房产局产权处提交具结书表述：因无力承担综合楼的购房款，经双方协商，退回房屋，所办权属证请予以具结。

2001 年 4 月 18 日，路保公司与华建公司办理了综合楼移交手续。

综合楼规划建筑面积为 7151. 37 平方米，后经当地房产局测绘队依据施工图纸及现场测量，实测面积为 7368. 45 平方米。1999 年 8 月 11 日，华建公司办理综合楼 3 - 5 层计 2700 平方米商品房预售许可证；2003 年 6 月 30 日，华建公司根据规划面积补办了综合楼 4451. 37 平方米商品房预售许可证的手续。

2002 年 9 月，华建公司向江苏省徐州市云龙区人民法院提起诉讼，要求路保公司偿还到期购房款 330 万元。江苏省徐州市云龙区人民法院以（2002）云民初字第 1664 号民事判决判令路保公司偿付华建公司购房款 2705407 元，江苏省徐州市中级人民法院以（2003）徐民一终字第 1006 号民事判决维持了该一审判决。尤安生、尤安庆等 8 人购买综合楼 1 - 3 层在中国建设银行永安支行办理抵押贷款 600 万元；

尤安生、尤安庆等 11 人购买综合楼 4 - 8 层在中国农业银行泉山支行办理贷款 10756778. 68 元，该两批贷款均办理了具有强制执行效力的债权文书公证书。现两家银行均申请法院强制执行，华建公司亦申请法院执行，执行程序均正在进行中。

一审法院还查明，路保公司由尤安生、陈国勇两股东设立，尤安生占出资比例 90%。徐州市云都餐饮有限公司系尤安生与尤安福两人成立，公司注册资金 50 万元，尤安生占90%，尤安福占10%。

路保公司向一审法院起诉称，路保公司与华建公司签订《商品房购销合同》约定：路保公司向华建公司购买综合楼，房屋总面积7368.45平方米、总价款1473.69万元。路保公司于2000年5月31日前支付给华建公司全部房款，华建公司于2000年8月31日前将具有竣工验收合格证的该商品房交付给路保公司使用。合同履行过程中，双方于2001年1月22日签订《补充协议（一）》约定用该综合楼在建设银行办理按揭贷款以支付购房款事宜，并约定华建公司应于2001年3月1日前将综合楼交路保公司接收、看管。2001年3月21日，双方又签订《补充协议（二）》约定购房款的付款方式及期限。2001年4月18日，双方办理了综合楼移交手续。路保公司已依约支付购房款10331493元。路保公司接收综合楼后，花费800万元对综合楼进行了全面装修。综合楼规划建设面积为3756平方米，而江苏省徐州市房管局核定的商品房预售面积仅为2700平方米。2001年，华建公司又将综合楼分割出卖给尤安庆等11人，办理了房地产抵押贷款，导致路保公司一直无法取得综合楼的房屋所有权。另外，经调查发现，华建公司所售综合楼的土地使用权性质为国有划拨土地，不符合商品房销售的条件。据此请求：1. 解除双方于2000年5月8日签订的《商品房购销合同》及2001年1月22日、2001年3月21日签订的《补充协议（一）》和《补充协议（二）》；2. 由华建公司返还路保公司已付购房款10331493元及其利息；3. 由华建公司赔偿路保公司装修及其他损失1000万元；4. 华建公司承担路保公司已付购房款一倍的赔偿责任；5. 华建公司承担本案的诉讼费用。以上各项费用共计30662986元。

华建公司答辩称，华建公司只将综合楼销售给了路保公司，并未另售给他人，且合同已经履行，路保公司已占有、使用综合楼。所谓华建公司将综合楼1－3层销售给尤安生等8人、4－8层销售给尤安庆等11人的商品房买卖合同，是华建公司应路保公司要求为其办理贷款之用而签订的。因此，路保公司的诉讼请求无事实及法律依据，请求法院依法予以驳回。

第三人尤安庆称，2000年10月9日，尤安庆从华建公司购得综合楼一层3号、二层3号及三层3号套房，建筑面积共为261.11平方米。后又向华建公司购得同一楼房的401、406两处房屋，建筑面积分别为244.32平方米、112.5平方米。现路保公司诉华建公司商品房买卖合同纠纷案的讼争标的，正是尤安庆所购之房屋，该案的审理与尤安庆有密切联系，请求法院在审理该案时保护尤安庆作为第三人的合法权益。

〔一审裁判理由与结果〕

一审法院将当事人争议焦点归纳为：双方签订的合同是否有效、路保公司是否具有法定的解约事由及华建公司是否应对路保公司进行赔偿；尤安庆作为第三人其权利是否应予保护。

（一）关于双方签订的《商品房购销合同》的效力、路保公司解除合同的请求应否支持及华建公司对路保公司的损失应否赔偿的问题。路保公司主张其与华建公司签订的《商品房购销合同》应予解除，其主要理由：1. 综合楼所占土地性质为划拨用地，不能用于从事房地产开发；2. 华建公司只有2700平方米的商品房预售许可证，却销售了7368.45平方米的房屋；3. 华建公司与路保公司签订合同后又将综合楼卖给尤安庆等人，致使路保公司无法取得综合楼的所有权，合同目的无法实现，故合同应予解除，且华建公司应双倍返还已付购房款并赔偿路保公司的损失。华建公司主张，综合楼所占土地虽系划拨土地，但因城市建设需要，已经土地管理部门和房产管理部门批准，故双方所签合同应认定有效。华建公司在出售综合楼时，虽然只有2700平方米商品房预售许可证明，但超出销售许可证部分的销售面积已经得到江苏省徐州市房产管理局认可。而且，对综合楼所占土地系划拨土地之事，路保公司早在签订合同之时就已经知道。另外，本案所涉《商品房购销合同》的有效性已经为江苏省徐州市中级人民法院生效判决所确认。现双方所签合同已经履行，路保公司已于2001年4月占有、使用综合楼，其根本没有损失，故路保公司要求解除合同、赔偿损失的请求没有道理，应予驳回。

一审法院认为，华建公司在出售综合楼时，虽然只有2700平方米的商品房预售许可证，但在起诉前，已于2003年6月30日经江苏省徐州市房产管理局批准，补办了其余面积的商品房预售许可证手续，故应认定华建公司具备综合楼的预售资格。路保公司主张综合楼所占土地系划拨土地，不能用于商品房的开发、销售，但相关房地产管理部门的批复意见是该综合楼属危改项目，系历史遗留问题，同意补办商品房预售许可证，且双方《商品房购销合同》签订于2000年5月8日，可适用《最高人民法院关于审理商品房买卖合同纠纷案件适用法律若干问题的解释》的有关规定，根据该解释第二条规定的精神，华建公司于起诉前已经补办了商品房预售许可证，应认定合同有效。路保公司以此为由主张解除合同，不符合法律规定，不予支持。另外，尤安生、尤安庆等11人与华建公司签订购房合同是为路保公司向银行办理按揭贷款所用，乃虚假的购房合同，尤安生、尤安庆等11人与华建公司之间并未形成真实的房屋买卖合同关系，故路保公司以因华建公司与尤安生等11人之间签订购房合同，致使其办理综合楼房产证时遇到障碍、合同目的不能实现为由要求解除合同，理由亦不能成立，不予支持。对路保公司要求赔偿损失的主张也予以驳回。

（二）关于尤安庆的权利应否保护的问题。一审法院认为，商品房买卖合同是指房地产开发企业，将尚未建成或者已竣工的房屋向社会销售并移转房屋所有权于买受人，买受人支付价款的行为。尤安庆与华建公司虽然签订了房屋买卖合同，但尤安庆并未支付房屋的对价，华建公司也未将房屋转移给尤安庆，尤安庆虽然形式上取得房屋产权证，但该房屋一直由路保公司占有和使用。双方签订合同的目的，并非购买房屋，而是为获取银行贷款。该虚假购房合同不是当事人真实意思表示，尤安庆依据该虚假购房合同主张保护其权利，不予支持。综上，路保公司与华建公司签订的《商品房购销合同》有效，路保公司要求解除合同、赔偿损失的请求，缺乏事实和法律依据，不予支持。尤安庆依据与华建公司签订的虚假购房合同要求在本案处理中保护其权益，缺乏事实及法律依据，不予支持。依照《中华人民共和国民法通则》第五十五条、第八十五条，《中华人民共和国合同法》第八条、第六十条、第一百三十条，最高人民法院《关于审理商品房买卖合同纠纷案件适用法律若干问题的解释》第一条、第二条和《中华人民共和国民事诉讼法》第一百二十八条①之规定，判决：驳回路保公司的诉讼请求；驳回第三人尤安庆的诉讼请求。案件受理费163325元，由路保公司负担；案件受理费17655元，由第三人尤安庆负担。

〔当事人上诉及答辩意见〕

路保公司和尤安庆不服一审判决，分别向本院提起上诉。

路保公司上诉称，一审判决认定事实和适用法律错误，请求二审法院依法改判。其主要理由：（一）一审判决事实不清。1. 一审判决认定华建公司在起诉前已经江苏省徐州市房产管理局批准，补办了其余面积的商品房预售许可手续，与事实不符。华建公司确实于2003年6月27日向江苏省徐州市房管局递交申请补办4451.37平方米商品房预售许可证的报告，不过，仅有该局某副局长批示“同意补办手续，但不发商品房预售许可证”，除此之外，华建公司至今也未能提供任何其补办的商品房预售许可手续。一审法院仅依据此前后矛盾的个人批示就认定华建公司已经具备综合楼的预售资格，显属不当。2. 一审法院对华建公司与尤安庆等人关系的认识问题上，事实不清。一审法院认为，“尤安庆与华建房产公司虽签订了房屋买卖合同，但尤安庆未支付房屋的对价，华建房产公司也未将房屋转移给尤安庆，尤安庆虽形式上取得房产证，但该房屋一直由路保公司占有和使用。双方签订合同的目的，并非购买房屋，而是为获取银行贷款，该虚假购房合同，不是双方当事人真实意思表示”，与事实不符。房屋权属应依房产证来确认和公示，不能以占有和使用状态来确认归属。尤安庆与华建公司签订并履行购房合同后，房管部门为其发放了房屋产权证，事实上尤安庆已经取得了该房屋的所有权。而且，尤安庆与金融机构签订住房借款合同并经江苏省徐州市第二公证处公证，金融机构于房屋上设定抵押后为尤安庆等11人发放了个人贷款并将购房款直接划入华建公司账户。因尤安庆等未及时履行还贷义务，金融机构已经依据经公证的债权文书向人民法院申请强制执行，请求评估、拍卖所有的抵押房屋（即本案的讼争房产）。可见，一审法院无视尤安庆等人已经支付房屋对价、已经合法取得房屋产权证的事实，认定尤安庆等人未支付房屋对价，将其所签订的购房合同认定为虚假购房合同，进而否定第三人的权利，显属错误。3. 一审判决认定“综合楼规划建筑面积为7151.37平方米，后经房产局测绘队依据施

---

① 对应2012年《民事诉讼法》第142条。

工图纸及现场测量，实测面积为 7368.45 平方米”，与事实不符。1999 年 7 月 23 日江苏省徐州市规划局颁发给华建公司的《建设工程规划许可证》，载明建设面积为 3756 平方米，该《建设工程规划许可证》至今未变更，故一审法院查明综合楼规划建筑面积为 7151.37 平方米无从谈起。（二）一审判决适用法律错误。一审判决无视华建公司在划拨土地上进行商品房开发销售、损害国家利益和商品房买受人利益的行为，认定路保公司与华建公司所签合同有效，认定尤安庆与华建公司所签合同为虚假合同，显属适用法律错误。华建公司向路保公司及尤安庆等 11 个自然人出售在划拨土地上建成的商品房，依法应补办出让手续或报有批准权的政府批准，但至今华建公司也未能证明其已经办理了相关手续。相反，路保公司有证据证明该宗土地至今仍为划拨土地，本案讼争房屋为不可售之房屋。故一审法院认定双方所签合同有效、华建公司具备预售资格等，显属适用法律错误。据此请求：1. 判令双方所签《商品房购销合同》无效；2. 华建公司返还给路保公司购房款 1075 万元及其利息并赔偿装修费用及损失 1289 万元；3. 由华建公司负担案件受理费。

尤安庆的上诉请求及理由与路保公司的上诉请求及理由基本相同。

华建公司答辩称，关于销售面积超出预售许可证所载面积之外的部分，华建公司已经补办了合法手续，一审认定华建公司具备预售资格并无不当。经规划部门审定的设计施工图（面积为 7368.45 平方米）具有规划许可的效力，所以华建公司所建综合楼没有超规划建设。至于房产证办给尤安庆等人，完全是路保公司为办理贷款所需，主动要求华建公司配合并承诺一切责任及后果均由其自行承担。另外，双方所签合同已经被生效的判决认定为有效，故路保公司主张合同无效不应得到支持。路保公司和尤安庆的上诉请求没有事实和法律依据，一审判决认定事实清楚、适用法律正确，请求二审法院依法驳回上诉、维持原判。

〔最高人民法院查明的事实〕

本院二审查明，2000 年 5 月 8 日，双方签订的《商品房购销合同》第一条约定，华建公司以划拨方式取得位于江苏省徐州市津浦西路 160 号地块的土地使用权，地块用途为综合楼。2001 年 1 月 22 日，双方签订《补充协议（一）》第七条约定，华建公司所提供的手续，仅作为路保公司按揭贷款用，在办理过程中，一切费用、责任及后果均由路保公司承担。

本院查明的其他事实与一审法院查明的事实相同。

〔最高人民法院裁判理由与结果〕

本院认为，当事人对已经发生法律效力的判决不服，或者法院发现生效判决确有错误，只有依法通过启动审判监督程序，撤销原判，才能对案件重新审理。否则，当事人和法院都应受该生效判决的拘束，当事人不得在以后的诉讼中主张与该判决相反的内容，法院也不得在以后的诉讼中作出与该判决冲突的认定和处理。

根据查明的事实可知，在一审法院受理本案之前，华建公司已于 2002 年 9 月，向江苏省徐州市云龙区人民法院提起民事诉讼，基于双方所签《商品房购销合同》要求路保公司偿还到期购房款。江苏省徐州市云龙区人民法院以（2002）云民初字第1664号民事判决判令路保公司偿付华建公司购房款2705407元，江苏省徐州市中级人民法院以（2003）徐民一终字第1006号民事判决维持了该一审判决。上述一、二审判决中，均认定双方所签《商品房购销合同》有效，并在认定合同有效的基础上判令继续履行合同。换言之，对合同效力问题及如何处理后续问题，在路保公司提起本案诉讼之前，已经为人民法院依法作出的生效判决所解决，该生效判决对当事人和法院具有约束力。有鉴于此，路保公司在本案中，无论是主张合同解除抑或主张合同无效，均与（2003）徐民一终字第1006号民事判决相矛盾，一审法院对路保公司及尤安庆所提诉讼请求进行实体审理不当，应予纠正。

尤安庆不服一审判决，向本院提起上诉，本院委托一审法院向其送达了开庭传票。尤安庆接到本院开庭传票后，无正当理由拒不到庭。根据《中华人民共和国民事诉讼法》第一百二十九条、第一百五十七条①规定，对尤安庆的上诉按自动撤回上诉处理，故将尤安庆依原审诉讼地位列明。

综上，依照《中华人民共和国民事诉讼法》第一百四十条第一款第（三）项、第一百五十八条、第一百一十一条第（五）项②和最高人民法院《关于适用〈中华人民共和国民事诉讼法〉若干问题的意见》第186条③之规定，裁定如下：

一、撤销江苏省高级人民法院（2004）苏民初字第3号民事判决；

二、驳回徐州市路保交通设施制造有限公司的起诉。

一审案件受理费50元，二审案件受理费50元，共计100元，由徐州市路保交通设施制造有限公司和尤安庆各自负担50元。

本裁定为终审裁定。

① 对应2012年《民事诉讼法》第143、174条。

② 对应2012年《民事诉讼法》第154条第1款第4项、第175条、第124条第5项。

③ 对应《民事诉讼法解释》第330条。

第十九章　二审的范围

规则 26：当事人未在法定期间内提起上诉，而在二审中对一审判决提出异议的，通常第二审人民法院不予审查

——中国农业银行哈尔滨市太平支行与哈尔滨松花江奶牛有限责任公司、哈尔滨工大集团股份有限公司、哈尔滨中隆会计师事务所有限公司借款合同纠纷案①

【裁判规则】

上诉权是法律赋予当事人的一项诉讼权利，当事人可以行使，也可以放弃。根据民事诉讼法规定，第二审人民法院审理上诉案件，应当针对当事人上诉请求的有关事实和适用法律问题进行审查。当事人未在法定期间内提起上诉，而在二审中对一审判决提出异议的，除违反法律禁止性规定，损害国家利益、公共利益的外，第二审人民法院不予审查。

【规则理解】

一、上诉制度的内涵及目的

（一）上诉制度的内涵

所谓上诉，是指在裁判未确定之前，向上级法院提出的要求撤销或变更该裁判之不服申请。② 上诉一方面对裁判的确定构成妨碍，另一方面也属于再次审判案件的申请。上诉作为诉讼程序的普通过程，属于立法所预设的通常不服申请，在这一点上不同于再审申请，因为再审申请是针对确定的裁判所提起的非常不服的申请，属于法律赋予当事人的特别救济权利。上诉应向上级法院提出，在这一点上不同于各种异议，后者是针对同一审级内所做的决定、命令等提出的不服申请。

---

① 《中华人民共和国最高人民法院公报》2008 年第 9 期，最高人民法院（2007）民二终字第 178 号民事判决书。

② ［日］新堂幸司：《新民事诉讼法》，林剑锋译，法律出版社 2008 年版，第 615 页。

（二）上诉制度的目的

1. 对当事人的救济。法律赋予承受不利益的当事人享有上诉的权利，是为了获取民众对裁判的信赖并保持裁判的权威性。如果当事人对裁判心存不满，就需要通过上级法院的重复审判来减少失误，进而确保对当事人的救济。毫无疑问，上诉首先应当满足这一方面的需要。

2. 解释及适用法律的统一。法院的数量随着审级的提升而减少，乃至最终到达最高级别的法院。同一审级法院数量的减少直至归一，能够最大限度地保障法律适用的统一性，进而保障法的安定性。通过上诉让更高审级的法院审判案件，能够统一法院对法律的解释与适用。

3. 公平与效率的协调。对于诉讼制度而言，公正裁判固然重要。与此同时，迅速裁判的要求的重要性同样丝毫不逊于公正裁判的要求。从当事人利益衡平角度而言，片面强调败诉当事人的利益保障，对胜诉当事人的利益保障也是不公平的。因为裁判的终局性确定，有可能因为当事人上诉的提起而迟延。即使在允许上诉的范围之内，也有必要防止当事人滥用上诉权利。因此在何种限度内允许当事人提起上诉，属于一个协调各方利益关系的立法政策问题。

（三）小额的简单诉讼一审终审制

2012 年 8 月 31 日，第十一届全国人大常委会第二十八次会议讨论通过的《全国人民代表大会常务委员会关于修改〈中华人民共和国民事诉讼法〉的决定》第 37 条规定：增加一条，即现行《民事诉讼法》第 162 条，该条规定，“基层人民法院和它派出的法庭审理符合本法第一百五十七条第一款规定的简单的民事案件，标的额为各省、自治区、直辖市上年度就业人员年平均工资百分之三十以下的，实行一审终审。”这是我国民事诉讼法首次在特别程序之外规定的民事诉讼一审终审制。对于该条的把握，应注意以下问题：1. 从立法体系解释上看，该条款放在《民事诉讼法》第 13 章简易程序里面，应当理解为适用简易程序。2. 该实行一审终审的案件应为基层人民法院和它派出的法庭审理事实清楚、权利义务关系明确、争议不大的简单的民事案件。3. 对于标的额的要求，《民事诉讼法》第 162 条规定，标的额为各省、自治区、直辖市上年度就业人员年平均工资百分之三十以下。《民事诉讼法解释》第 272 条规定，“民事诉讼法第一百六十二条规定的各省、自治区、直辖市上年度就业人员年平均工资，是指已经公布的各省、自治区、直辖市上一年度就业人员年平均工资。在上一年度就业人员年平均工资公布前，以已经公布的最近年度就业人员年平均工资为准。”我国的幅员辽阔，各地经济发展水平不一，法律规定没有在整个国家层面实行一刀切，而是由各省、自治区、直辖市根据上年度本省区市就业人员年平均工资的标准加以确定，充分体现了立法技术的原则性与灵活性相结合。

上述立法所规定实行一审终审制的案件，实为民事诉讼法学界所研究探讨的小额诉讼案件。民事诉讼法学界将小额诉讼细分为广义与狭义两种，广义上的小额诉讼程序与一般简易程序并无严格区别，二者仅仅是诉讼标的额和简易程度有所不同而已，可以将之视为简易程序的再简化。狭义上的小额诉讼程序则认为小额诉讼程序作为一种新型程序应运而生，其建立不仅是基于对民事案件进行分流处理，减轻法院负担的一种构想，也在于实现司法的大众化，通过简易化的努力使一般国民普遍能够得到具体的有程序保障的司法服务。①

二、二审审理范围

（一）立法沿革及解读

从世界各国民事审判的第二审与第一审的关系来看，主要有复审制、事后审制和续审制三种模式。1. 复审制的基本特征是，第二审法院既不受第一审法院认定事实和适用法律的限制，也不受当事人上诉请求的限制，第二审程序对案件进行全面审理，当事人在第二审程序中需要重新提出全部的事实资料，第二审法院对案件进行全面的重新审理并给予自己审理作出判断。这种模式不利于实现诉讼程序的效率，造成司法资源的浪费，已经很少被采用。2. 事后审制的基本特征则是，第二审法院原则上只采用第一审的诉讼资料，只对第一审裁判内容是否适当、诉讼程序有无错误进行审查，当事人在第二审程序中不得提出新事实或新证据，实际上，事后审是对一审裁判认定事实和适用法律是否正确进行的审理，而不是对当事人诉争事实的审理，美国的上诉审制度是事后审模式的典型。3. 续审制是复审制与事后审制的折衷，其基本特征是，第二审法院以第一审言词辩论终结时的状态为基础继续进行审理，当事人可以提出新事实或新证据，但当事人对于已经认定的事实不得提出异议的或者说当事人在第一审程序中的诉讼行为仍然有效。三种模式各有优劣，审理模式与审理范围是内容与形式的关系，审理模式决定着审理范围。

关于民事案件二审审理范围，1982 年《民事诉讼法（试行）》第 149 条规定："第二审人民法院必须全面审查第一审人民法院认定的事实和适用的法律，不受上诉范围的限制。"这种规定实际上是全面审查的做法，并不受到当事人所提出的上诉范围的限制。1991 年制定的《民事诉讼法》第 151 条明确规定："第二审人民法院应当对上诉请求的有关事实和适用法律进行审查。"1992 年最高人民法院公布的《民事诉讼法意见》第 180 条规定："第二审人民法院依照民事诉讼法第 151 条的规

---

① 范愉："小额诉讼程序研究"，载《中国社会科学》2001 年第 3 期。

定，对上诉人上诉请求的有关事实和适用法律进行审查时，如果发现在上诉请求以外原判确有错误的，也应予以纠正。”1998 年 6 月 29 日最高人民法院《关于民事经济审判方式改革问题若干规定》（简称《规定》，下同）第 35 条规定：“第二审案件的审理范围应当围绕当事人上诉请求的范围进行，当事人没有提出请求的，不予审查。但判决违反法律禁止性规定、侵害社会公共利益或者他人利益的除外”。可见，在民事审判庭审改革前，我国的上诉审制度更多地具有复审制的特征。

2007 年《民事诉讼法》修订时候，原第 151 条未作修改。2012 年《民事诉讼法》最新修改时，原第 151 条变更为第 168 条，但条文内容未作修改，即“第二审人民法院应当对上诉请求的有关事实和适用法律进行审查。”《民事诉讼法解释》第 323 条规定：“第二审人民法院应当围绕当事人的上诉请求进行审理。当事人没有提出请求的，不予审理，但一审判决违反法律禁止性规定，或者损害国家利益、社会公共利益、他人合法权益的除外。”上述规定则体现着续审制的成分，可归入续审模式。

从上述法律以及司法解释规定可见，我国民事诉讼法对民事案件二审审理范围的界定，经历了从“全面审查”到“只限于上诉请求”的发展过程，从立法的角度看，“全面审查”的审理范围在 1991 年的《民事诉讼法》制定时既已确定。但最高人民法院司法解释又经历了“防错和纠错”到“除了但书规定、当事人没有提出请求的不予审查”的过程。

（二）二审审理范围的界定

从立法层面看，自 1991 年制定《民事诉讼法》以来，经历两次修改，但二审审理范围的条文未作修改，说明立法者在此问题上观点比较成熟且确定。能否据此得出结论，二审审理范围完全限于当事人的上诉请求？笔者认为，二审审理范围问题，应以当事人的上诉请求为原则，以《规定》第 35 条的但书为例外。此次《民事诉讼法解释》吸收了《规定》第 35 条的合理内容，对《民事诉讼法意见》第 180 条进行了相应修改完善，即将二审的审理范围原则限定在续审制的范围内，但以一审判决违反法律禁止性规定，或者损害国家利益、社会公共利益、他人合法权益为例外。《民事诉讼法解释》第 323 条明确规定，“第二审人民法院应当围绕当事人的上诉请求进行审理。当事人没有提出请求的，不予审理，但一审判决违反法律禁止性规定，或者损害国家利益、社会公共利益、他人合法权益的除外。”原则上，第二审人民法院应当围绕当事人的上诉请求进行审理，当事人没有提出请求的，不予审理，以尊重当事人的处分权，实现二审程序的纠纷解决功能；但例外情况则是，如果一审判决违反法律禁止性规定，或者损害国家利益、社会公共利益、他人合法权益的，第二审人民法院应当依职权予以纠正，以确保法律的贯彻执行，实现二审程序的纠错功能。这样就充分体现了续审制的特点，克服了两审中诉讼行为互相孤立、诉讼操作重复和浪费的问题，两审的审查范围既有联系又有分工，机制上既符合系统论、控制论的基本原理，也顺应逐渐趋于当事人主义的潮流。

但是，如何理解“一审判决违反法律禁止性规定，或者损害国家利益、社会公共利益、他人合法权益”，从立法本意上分析，似宜从严掌握，特别是在个案处理的情况下，不应以此为据随意突破上诉请求的范围，要防止假借判决违反法律的禁止性规定，或存在侵害国家利益、社会公共利益或他人利益的情形，而对案件进行全面审理，达到保护某一方当事人的利益的情形。

另外，由于我国民事诉讼中附带上诉制度的缺失，对于未提出上诉的一方当事人所提的抗辩理由该如何对待，也是司法实践当中需要认真研究的问题。笔者认为，虽然未上诉的一方所提出的所谓的“上诉请求”不能得到二审法院的支持，但其提出的理由以及原审判决确有错误的内容，应当作为二审审理范围，也应当看作是对对方当事人上诉的抗辩。如果仅仅围绕明确提出上诉并交纳上诉费用一方当事人所提的上诉请求进行审理，可能使得未提出上诉一方陷于极大的不利境地，同样无法实现当事人各方诉讼利益的平衡，公正裁判，案结事了。

三、基本事实的把握①

《民事诉讼法》第170条第1款第3项规定，原判决认定基本事实不清的，裁定撤销原判决，发回原审人民法院重审或者查清事实后改判。何为“基本事实”？民事诉讼中的事实认定，是指人民法院通过确定的证据按照法定规则推导出案件法律事实的过程。在事实认定过程中所认定的事实并不是普通事实，而是对案件裁判有法律意义的事实；而基本事实的认定是案件事实认定的核心。理论上，基本事实又称为主要事实，是指对于权利发生、变更或消灭法律效果有直接作用的事实。因其直接导致一定法律效果，故一般又称为“直接事实”。从因果关系上来看，基本事实是原因，查清了该事实才能使原判决、裁定的结果正确，缺乏该事实的认定将影响到原判决、裁定的结果公正性，因此，该事实与裁判结果存在直接因果关系，有明显的实质性影响。从逻辑关系上看，该事实是裁判结果正确与否的充分条件，如果该事实缺乏证据证明，则裁判将可能会得出错误结果。从内容来看，基本事实是用以确定当事人主体资格、案件性质、民事权利义务等主要内容所依据的事实。从民事诉讼法律关系以及民事法律关系的要素来看，用以确定当事人主体资格、案件性质、民事权利义务等对原判决、裁定的结果有实质性影响的事实认定为“基本

---

① 参见江必新主编：《最高人民法院民事诉讼法司法解释专题讲座》，中国法制出版社2015年版，第200~201页。

事实"①。为此，《民事诉讼法解释》第335条规定，"民事诉讼法第一百七十条第一款第三项规定的基本事实，是指用以确定当事人主体资格、案件性质、民事权利义务等对原判决、裁定的结果有实质性影响的事实。"

（一）当事人主体资格的事实。当事人主体资格是指当事人作为民事诉讼的主体在诉讼程序中享有诉讼权利和承担诉讼义务，并有权行使诉讼程序发生、变更或消灭等诉讼行为的可能性。如果参与民事诉讼的一方没有当事人主体资格，则整个诉讼活动将无法进行、不能顺利进行或没有必要进行。

（二）案件性质的事实。案件性质主要是指民事法律关系的性质，是指如何给以民事权利和民事义务为内容的某一法律关系定性。如何给某一具体的民事法律关系定性，是人民法院处理民事案件的关键问题。不给案件定性或者不能准确地给案件定性，就无法确定怎样适用法律。民事法律关系的性质不同，则适用的具体法律不同，当事人民事权益实现的效果也不同。因此，如确定民事法律关系性质的事实缺乏证据证明，人民法院就难以准确地作出裁判。

（三）民事权利义务的事实。民事权利和民事义务是对立统一的关系，二者构成民事法律关系的内容。民事权利是民法规范赋予当事人实现其利益的可能性，或者说是法律所保护的民事利益。民事义务是民事法律关系的一方当事人为满足对方当事人利益的必要性，或者说是义务主体为满足权利主体的利益应当为一定行为或不为一定行为的拘束力。如果具体民事权利义务不确定，则民事法律关系的内容就不确定。

应当注意的是，《民事诉讼法》没有直接规定第二审人民法院在第一审人民法院未查清不属于基本事实的一般事实的情况下如何处理，但举重以明轻，第二审人民法院不能以此为由发回重审，而应当直接查清事实。一般事实是除了基本事实以外的其他事实，一般包括间接事实、辅助性事实和背景事实。间接事实又称为次要事实，是指对当事人之间民事法律关系的性质、各自的权利义务和民事责任等主要内容存在与否起到推定作用的事实，是借助经验规则、理论原理能够推定主要事实真伪或存在与否的事实。间接事实对案件性质以及当事人权利义务和责任不起决定作用。辅助性事实是指用来推定证据的可靠性或者证明力的事实，例如证人的与当事人的关系等。背景事实是指案件纠纷发生的原因、经过、当事人动机等背景情况的事实。上述事实往往可以作为认定基本事实的参考和辅助，但对判决、裁定的结果没有实质性影响。因此，第二审人民法院不能以一般性事实未查清为由发回重

---

① 江必新主编：《最高人民法院适用民事诉讼法审判监督程序司法解释理解与适用》，人民法院出版社2008年版，第90~91页。

审，只有在基本事实不清的情况下，第二审人民法院才能在“发回重审”和“查清事实后改判”之间作出选择。

【拓展适用】

一、小额诉讼制度探讨

小额诉讼所追求的是一种不需要法律技巧的简易和效率，符合司法公正与效率的目标，有利于当事人“接近正义”，获得司法救济。为彰显小额诉讼简速、便民的功能，我国通过此次民事诉讼法的修改，在简易程序中设专条规定了小额诉讼制度。同时，该制度作为我国正在进行的司法改革的一个环节，能否实现其积极意义，不是单一的法律规定可以完成的，必须根据系统论方法辅以必要的配套措施才可实现其立法目的。① 学界将小额诉讼分为广义、狭义两种。按照学界分类，我国民事诉讼法所规定的小额诉讼当属广义的范围，即没有设立平行于普通程序、简易程序的第三种程序即小额诉讼程序，而是在简易程序中设专条规定了小额诉讼制度。其本质为简易程序的再简化。根据学界意见，小额诉讼制度具有如下的制度价值：②

（一）保障当事人“接近正义”的机会平等

对于利益较大的权利争议案件而言，当事人可能愿意适用相对复杂的普通程序、简易程序并为此支付较高的诉讼成本。而对于日常生活中的轻微权利争议而言，当事人可能会因法律知识的欠缺或进入程序后诉讼成本高于诉讼利益而理性选择放弃诉讼。为保障当事人能便利接近司法，国家有义务不断完善民事诉讼制度，减少民众走向法院的困难和障碍，使所有民众不论地位高低、贫富，均有平等接近、使用民事诉讼程序的机会。

（二）有利于程序效益最大化

在讨论民事诉讼程序应有的价值时不能无视程序效益问题。所谓程序效益是指诉讼程序的收益与成本之间的比例关系，二者之间比值越大，则效益越高。对于小额轻微案件而言，当事人对诉讼程序的需求更偏重于及时、便捷、低成本、高效益方面，而不希望因程序的严密、复杂导致诉讼的不当拖延。小额、简单案件的属性决定了当事人一般不愿忍受高昂的诉讼费用和漫长的诉讼周期而宁愿以最低诉讼成本支出尽快解决纠纷。虽然这次民事诉讼法明确了小额诉讼的一审终审制度，对于当事人不服，不能提起上诉但如果判决有错误，当事人如何行使自己的救济权利，

---

① 齐树洁：“构建小额诉讼程序若干问题之探讨”，载《国家检察官学院学报》2012 年第 1 期。

② 参见肖锋：“小额诉讼程序的价值定位与制度分析”，载《法律适用》2011 年第 7 期。

再审后是否实行一审终审？法律没有做进一步的明确。追查对该项制度的立法设计和立法目的来看，笔者认为，对于小额诉讼的一审终审判决，当事人是有权申请再审的。从各国、各地区小额诉讼程序立法的情况来看，一般都对不服适用小额诉讼程序作出的裁判的救济加以限制，以避免降低小额诉讼程序解决纠纷的效率。对救济的限制主要表现为两种方式：一种是对适用小额诉讼程序的裁判不服不能上诉只能提出异议。例如日本民事诉讼法第 377 条、第 378 条、第 379 条规定，对于小额诉讼的终局判决不得提起控诉。但可在判决书或笔录送达之日起两周的不变期间内可以向作出裁判的法院声明异议。但不妨碍该期间前提起异议的效力。异议合法时，诉讼恢复到口头辩论终结前的程度并依据普通程序审理裁判；一种是允许对适用小额诉讼程序的特定裁判不服提起上诉。例如我国台湾地区“民事诉讼法”第 436 条之 24 项，对于小额程序之第一审裁判，只有以违背法令为理由得上诉或抗告于管辖之地方法院，其审判以合议行之。由上可知，大陆法系国家或地区立法对适用小额诉讼程序作出的裁判的上诉救济采取严格态度，倾向于禁止对适用小额诉讼程序作出的裁判提出上诉或只例外允许对特定情形下的裁判提出上诉。考虑我国案多人少实情和当前诚信观念缺失的现状，最高人民法院建议采用日本的立法模式，禁止当事人对适用小额诉讼程序作出的裁判提出上诉，而采取允许当事人提出异议的模式。具体而言，有三种模式：第一方案，适用小额诉讼程序审理民事案件，实行一审终审；第二方案，当事人对于人民法院适用小额诉讼程序作出的判决不服，可以在收到判决书之日起 10 日内向原审人民法院提出异议申请。人民法院应当指定其他审判员对异议申请进行审查；第三方案，当事人对于人民法院适用小额诉讼程序作出的判决不服，可以在收到判决书之日起 10 日内向原审人民法院提出异议申请。人民法院应当另行组成合议庭对异议申请进行审查。经审查异议不成立的，人民法院应当在 7 日内裁定驳回异议。经审查异议成立的，人民法院应当裁定撤销原判，并适用普通程序对案件进行审理。对于以上三种方案，2012 年修改《民事诉讼法》时，立法者最终采取了对适用小额诉讼程序的案件实行一审终审，不得提出上诉的方案。但这里必须指出的是，适用小额诉讼程序一审终审的案件，虽不允许当事人提出上诉，但可以申请再审。《民事诉讼法解释》第 426 条规定，“对小额诉讼案件的判决、裁定，当事人以民事诉讼法第二百条规定的事由向原审人民法院申请再审的，人民法院应当受理。申请再审事由成立的，应当裁定再审，组成合议庭进行审理。作出的再审判决、裁定，当事人不得上诉。当事人以不应按小额诉讼案件审理为由向原审人民法院申请再审的，人民法院应当受理。理由成立的，应当裁定再审，组成合议庭审理。作出的再审判决、裁定，当事人可以上诉。”如果法院裁定再审的，人民法院应当组成合议庭进行审理，且作出的再审判决也宜一审终审。

（三）符合费用相当性原则

费用相当性原则是指在当事人利用诉讼程序或法官运用审判制度的过程中，不应使法院或当事人遭受期待不可能之浪费或利益牺牲。① 对小额轻微案件的程序选择既要站在国家立场上，考虑司法资源的投入与产出的关系；又要站在当事人的立场上，考虑诉讼成本上的投入与产出的关系。如果对小额轻微案件仍适用普通程序或简易程序将不可避免地造成司法资源的浪费，使得司法资源无法更多地投向更为复杂的民事纠纷、从而最终导致司法资源的配置失衡。

二、小额诉讼程序的审理②

为强调效率，各国都在小额诉讼程序立法中浸透更多的职权主义色彩。在小额诉讼程序的审理上，法官依职权主导案件审理成为一种常态。

（一）对诉讼请求变化的处理

诉讼程序启动后到诉讼程序结束前，当事人基于对自身利益的最佳判断，有向法院提出变更诉讼请求、增加或减少诉讼请求、提起反诉、扩大诉讼请求的请求对象等权利。对此，普通程序作了一般性规定。但在小额诉讼程序中，如果当事人提出上述请求，应如何处理则应作具体分析。第一，当事人提出变更诉讼请求，应考虑变更诉讼请求后是否导致案件类型发生变化，如果因当事人诉讼请求的变更导致案件由财产类案件变化为人身类案件，则不能适用小额诉讼程序；第二，当事人减少诉讼请求，则意味着当事人请求的财产给付标的价额相比之前更小，既然根据之前的诉讼请求应适用小额诉讼程序，那么举重以明轻，减少诉讼请求后，更应适用小额诉讼程序继续进行审理；第三，当事人增加诉讼请求有两种可能，如果增加后的诉讼请求并未超过小额诉讼程序适用案件的最高标的金额且法律关系未发生变化，则应继续适用小额诉讼程序进行审理。如果增加后的诉讼请求超过小额诉讼程序适用案件的最高标的金额，则除非当事人合意继续适用小额诉讼程序并经法院认为适当者外，不得继续适用小额诉讼程序。第四，当事人提出反诉或扩大请求对象范围一般说明案件性质开始复杂化，此时，已不符合小额诉讼程序适用案件简单这一前提，不得继续适用小额诉讼程序。第五，在具体案件中，不能排除当事人为适用小额诉讼程序而先为一部请求的可能。此时，可考虑参照我国台湾地区“民事诉讼法”第436条之16项的规定“当事人不得为适用小额程序而为一部请求。但已向法院陈明就其余额不另起诉请求者，不在此限。”对此，《民事诉讼法解释》第

---

① 邱联恭：《司法之现代化与程序法》，三民书局有限公司1993年版，第72页。

② 参见江必新主编：《最高人民法院民事诉讼法司法解释专题讲座》，中国法制出版社2015年版，第186~190页。

280条[①]就上诉情形发生时的程序转化问题做了专门规定。

（二）举证、答辩的简化

举证期限是指负有举证责任的当事人应当在法律规定和法院指定的期限内提出证明其主张的相应证据，逾期不举证则承担证据失权的法律后果的一项民事诉讼制度。[②] 设定举证期限有利于防止证据突袭，平等保护当事人诉讼权利，有利于提高诉讼效率，节约当事人诉讼成本，防止诉讼拖延。因此，《民事诉讼法》第65条第一次在立法层面规定了举证期限。由于没有明确规定举证期限的长短。《证据规定》第33条第3款规定了由人民法院指定举证期限的，指定的期限不得少于30日，但第81条规定适用简易程序审理的案件举证期限不受30日限制，至于具体多长时间则没有明确。《最高人民法院关于适用简易程序审理民事案件的若干规定》第22条第一次规定可以当庭举证、协商举证期，但也没有明确规定对适用简易程序的案件，人民法院如何确定确定举证期。《最高人民法院关于适用〈关于民事诉讼证据的若干规定〉中有关举证时限规定的通知》（法发［2008］42号）中再次强调了适用简易程序审理的案件，人民法院指定的举证期限，可以少于30日。

司法实践中，对于“少于30日”的理解不一，有的观点认为，应根据《最高人民法院关于适用简易程序审理民事案件的若干规定》第22条协商举证期标准，即人民法院指定举证期不超过15日。有的观点认为，这实际赋予了法官在举证期限上的自由裁量权，应由法官根据具体案情，自行确定。由于举证期限涉及当事人证据失权，对当事人诉讼权利和实体权利均有重大影响，《民事诉讼法解释》分别对普通程序、简易程序的举证期限作了规定。[③] 相应地，对于简易程序特殊形式的小额诉讼程序而言，也应明确举证期限。考虑到小额诉讼案件是比适用简易程序的案件更简易的案件，对其审理强调的是快审快结，《民事诉讼法解释》第277条将适用小额诉讼程序的案件中当事人协商举证期限和人民法院指定举证期限统一规定为一般不超过7日。另外，该条第三款规定当事人可以放弃举证期并将其作为立

① 《民事诉讼法解释》第280条“因当事人申请增加或者变更诉讼请求、提出反诉、追加当事人等，致使案件不符合小额诉讼案件条件的，应当适用简易程序的其他规定审理。前款规定案件，应当适用普通程序审理的，裁定转为普通程序。适用简易程序的其他规定或者普通程序审理前，双方当事人已确认的事实，可以不再进行举证、质证。”

② 最高人民法院民事审判第一庭著：《民事诉讼证据司法解释的理解与适用》，中国法制出版社2002年版，第193页。

③ 《民事诉讼法解释》第99条第2款规定：“人民法院确定举证期限，第一审普通程序案件不得少于十五日……”；第266条第1款规定：“适用简易程序案件的举证期限由人民法院确定，也可以由当事人协商一致并经人民法院准许，但不得超过十五日。被告要求书面答辩的，人民法院可在征得其同意的基础上，合理确定答辩期间。”

即开庭审理的条件之一。

答辩是被告针对原告、有独立请求权第三人的诉讼请求以及所依据的事实和理由所作出的一种答复和辩驳。学理认为，答辩具有双重属性，既是当事人的一项诉讼权利也是一项诉讼义务。从诉讼权利角度而言，应在尊重当事人程序主体性，允许当事人放弃答辩期选择口头答辩以及与人民法院协商确定答辩期；作为一项诉讼义务，则意味着当事人对答辩期的选择应在法定范围内，并经人民法院同意。根据答辩形式的不同，答辩分为口头答辩和书面答辩两种形式。口头答辩一般是指当庭口头方式进行的答辩。《民事诉讼法意见》第 175 条第一次规定了口头答辩。《经济纠纷案件适用简易程序开庭审理的若干规定》第 3 条规定了“被告口头答辩的，记入笔录，可以当即审理”。《最高人民法院关于适用简易程序审理民事案件的若干规定》第 7 条规定“双方当事人到庭后，被告同意口头答辩的，人民法院可以当即开庭审理……”。由于民事简易程序以审理简单的民事案件为对象，这些案件一般具有事实清楚、权利义务关系明确、争议不大的特征，因此，口头答辩在民事简易程序中占较大比例。被告同意口头答辩的，等于被告自愿放弃了书面答辩和要求给予答辩期的权利。① 这在简易程序和小额诉讼程序中较常见。书面答辩是被告在约定或指定答辩期内通过书面方式所作的答辩。关于书面答辩的答辩期，历次民事诉讼法修改均保留了答辩期为 15 日的规定。由上，应注意：第一，《经济纠纷案件适用简易程序开庭审理的若干规定》第 3 条规定协商确定答辩期最长不得超过 15 天。《民事诉讼法解释》第 277 第 2 款规定被告要求书面答辩的，人民法院可以在征得其同意的基础上合理确定答辩期，但最长不得超过 15 日；第二，《最高人民法院关于民事经济审判方式改革问题的若干规定》第 7 条规定当事人明确表示不提交答辩状、在答辩期届满前已经答辩、同意在答辩期内开庭等三种情形下可以在答辩期满前开庭。《民事诉讼法解释》第 277 条第 3 款规定，当事人到庭后表示放弃举证期和答辩期的，人民法院可立即开庭审理。

（三）审理过程的简化

为确保小额诉讼程序高效性、便捷性落到实处，在案件审理过程中，应赋予法官更多职权主导审理过程。这具体表现在法律文书简单化、审理时间机动化、证据调查即时化等方面。第一，应通过简化法律文书的制作，提高审理的效率。法院可以为当事人提交表格化起诉状，既便于当事人启动诉讼程序，又便于法院节省立案时间。考虑大多数小额案件都事实清楚、法律关系简单，故没必要制作详细的庭审

① 最高人民法院民事审判第一庭编著：《最高人民法院关于简易程序司法解释的理解与适用》，法律出版社 2003 年版，第 87 页。

笔录，只需将双方当事人争议焦点、证据质证情况作一简单记载即可。适用小额诉讼程序审结案件的裁判文书、调解书，也只需列明裁判主文、调解方案即可，而不必书面说明裁判理由。对此，《民事诉讼法解释》第 282 条①作了专门规定。第二，应通过扩大小额诉讼程序案件审理时间，便利当事人进行诉讼。考虑到小额诉讼程序中的当事人一般不愿为此类诉讼放弃工作及其他赚钱机会，应允许当事人向法院申请，由法官根据具体情况决定是否对适用小额诉讼程序的案件在夜间、休息日甚至法定节假日进行审理。对此，《民事诉讼法解释》第 259 条②可以作为依据；第三，应限制调查证据的范围。日本民事诉讼法第 371 条规定，证据调查限于可以即时调查的证据。这主要是为了通过强化法官证据调查的自主权而提高庭审效率。对此，我国台湾地区“民事诉讼法”第 436 条之 14 项则进一步明确了法院不调查证据的范围为“ 一、经两造同意者。二、调查证据所需时间、费用与当事人之请求显不相当者。”以上将证据调查范围限缩在当事人即时提交的证据范围的规定，事实上从反面扩张了法官在认定事实方面的自由裁量权，进而有利于法官提高庭审的效率。

三、附带上诉制度探讨

附带上诉是源于欧洲大陆国家的一项民事诉讼制度，是被上诉人针对上诉人的上诉而提起的上诉，其立法本质在于在追求当事人双方权利平等的同时表达了对效率的关注。我国现行民事诉讼法和相关的司法解释将二审的范围限定在“当事人的上诉请求范围内”，贯彻这个规定造成了民事诉讼中双方当事人的权利失衡，设立附带上诉制度能否缓解此一问题，有待于进一步研究与论证。

附带上诉，是指当事人一方上诉后，被上诉人在上诉期间依附于该上诉而提起的上诉，以及当一方当事人舍弃上诉或者在上诉期间没有提起上诉，当另一方当事人提起上诉后，被上诉人在上诉审程序当中提起的上诉。通常的情况下，各国的民事诉讼都禁止当事人在上诉期间之外提起上诉，但附带上诉中，被上诉人可以不受上诉期间甚至诉讼契约（舍弃上诉的契约）的约束而在上诉期间之外或者舍弃上诉后提起上诉。这个设置具有以下的价值考量：③

（一）平衡双方当事人的利益

附带上诉制度从根本来说是为了矫正上诉程序中实施处分原则所导致的当事人

① 《民事诉讼法解释》第 282 条规定：“小额诉讼案件的裁判文书可以简化，主要记载当事人基本信息、诉讼请求、裁判主文等内容。”

② 《民事诉讼法解释》第 259 条规定：“当事人双方可就开庭方式向人民法院提出申请，由人民法院决定是否准许。经当事人双方同意，可以采用视听传输技术等方式开庭。”

③ 王福华、张玉标：“对设立附带上诉的冷思考”，载《法学论坛》2007 年第 3 期。

的攻防失衡。处分原则的一个重要内容就是诉讼上的请求由当事人特定，当事人声明的事项对法院有拘束力，法院不能依职权在请求的范围之外审理和裁判，否则违背不告不理，成为诉外裁判。如果一方上诉，上诉人可以自由扩张其声明不服的范围，但对方处于纯粹防御之地位，当事人之间的攻防就失去了平衡。特别是在一审中双方各有胜负的时候，若一方当事人基于息事宁人或者诉讼成本的考虑，舍弃上诉或者没有在上诉期间及时上诉，而对方当事人提起上诉，被上诉人就更为不利。此时赋予被上诉人附带上诉的特殊救济手段，则可实现双方当事人之间的平衡。"法律之所以有附带上诉之设，盖系鉴于上诉人于提起上诉后，得自由扩张其不服声明之范围，为期造成当事人获得平等之保护，故许被上诉人附带上诉，使其对于第一审判决亦有求为废弃或变更之机会。"①

（二）弥补不利益变更禁止原则弊端

如果说声明拘束原则是从审理范围上对法院的限制，那么不利益变更禁止原则则是从裁判的结果上对法院的限制。不利益变更禁止原则则是指上诉程序中"上诉法院不允许作出对于上诉人而言比被声明不服的裁判更坏的裁判。这一禁令的目的是为了维护上诉人的'占有状态'。"② 这一原则本来是为了通过保护上诉人的利益来保障上诉审目的的实现，但在另一个方面造成了弊端：上诉人即便败诉也不会因为上诉而损失利益，但被上诉人却可能因为上诉导致负担加重或者利益减损。因为此时法院在无涉公益的情况下，不能做出对上诉人更为不利的裁判，即使发现其应当如此。这对被上诉人来说则有失公平，特别在被上诉人亦有败诉，但基于成本的考量或者出于尽快使得判决确定的考虑而没有上诉的情形，尤其不公。

（三）防止滥诉，便于息讼

附带上诉制度通过权利义务的对等设置来达致当事人利益的平衡，必将促使当事人对自己是否提起上诉的行为进行慎重的思考。对上诉人来说，滥行上诉面临着对方的附带上诉的防御甚至反击，非但不能实现其欲求，反而会造成既得利益的损失。相反，对于另一方当事人来说，由于获得了防御性的保障，即使对一审判决稍有不满，如果不想上诉，也不再担心对方的恶意上诉。这样就可以有效防止了滥诉，便于纠纷的彻底解决；提高了效率，也节约了诉讼成本；保障了正当权利，也维护了裁判的稳定性。

---

① 王甲乙等：《民事诉讼法新论》，台北广益印书局 1983 年版，第 587 页。

② ［德］汉斯—约阿西姆·穆泽拉克：《德国民事诉讼法基础教程》，周翠译，中国政法大学出版社 2005 年版，第 294 页。

四、二审期间当事人的撤诉

撤诉又称诉的撤回，广义上应泛指当事人向法院撤回诉之请求，不再要求法院继续对案件进行审理的诉讼行为。按照不同分类标准可区分为撤回起诉、撤回上诉、撤回本诉、撤回反诉及撤回第三人之诉等。而狭义的撤诉则仅表征为原告撤回起诉，即原告在发动诉讼后又向法院撤回诉讼，使诉讼程序得以终止的行为。当事人撤诉行为是基于其处分原则，是当事人意思自治在诉讼程序上的体现。那么，对于二审程序中当事人的撤诉行为是否可完全贯彻当事人处分原则，是否不受任何限制？对于撤回上诉、撤回起诉以及因和解而撤诉，《民事诉讼法解释》第337、338、339条分别作出了规定。

（一）撤回上诉和因和解而申请撤诉

《民事诉讼法》未对于二审期间当事人是否可以撤回上诉作出规定。依据民事诉讼的相关理论，当事人申请撤回上诉是其行使处分权的体现，应该予以允许。但是，从诉讼经济和节约诉讼成本的角度来看，世界各国和地区的民事诉讼法大都对此予以限制。《民事诉讼法解释》第337条规定："在第二审程序中，当事人申请撤回上诉，人民法院经审查认为一审判决确有错误，或者双方当事人串通损害国家和集体利益、社会公共利益及他人合法权益的，不应准许。"可见，对于当事人申请撤回上诉的，应限于第二审人民法院判决宣告前，而且是否允许上诉人申请撤回上诉的，应该由第二审人民法院进行审查，如果双方当事人串通损害国家、集体或者第三人利益的，人民法院不予准许其撤回上诉，这是为了防止双方当事人串通而损害国家、集体或者第三人的利益。

当事人撤回上诉后是否可以再提起上诉？无论理论界还是实务界均存有不同意见，第一种观点认为，当事人撤回上诉后不得再提起上诉，理由是能够促使当事人慎重对待上诉权，同时也尽量减少当事人通过上诉而故意诉讼的情况。第二种观点认为，在上诉期间届满以前，一审判决、裁定不会自动生效，上诉程序应当从上诉期限届满之日起开始，而非上诉人提起上诉。因此，在上诉期间内上诉人撤回上诉又提起上诉的应视为并未启动程序，只要在上诉期间届满之前即应予允许。[①] 我们赞同后一种观点。

在第二审程序中当事人因和解而申请撤诉的，《民事诉讼法解释》第339条明确规定，"当事人在第二审程序中达成和解协议的，人民法院可以根据当事人的请

---

① 参见张卫平：《民事诉讼法》，法律出版社2009年版，第317页；江伟主编：《民事诉讼法》，高等教育出版社2013年版，第379页；宋朝武主编：《民事诉讼法学》，中国政法大学出版社2012年版，第321页。

求，对双方达成的和解协议进行审查并制作调解书送达当事人；因和解而申请撤诉，经审查符合撤诉条件的，人民法院应予准许。”因当事人和解是双方意思自治的充分体现，而且，通过和解已经化解了纠纷，在此情况下应该充分尊重当事人的意愿。

（二）撤回起诉①

《民事诉讼法》第 145 条第 1 款规定，“宣判前，原告申请撤诉的，是否准许由人民法院裁定。”因该条系针对第一审普通程序中作出的规定，在第二审程序中是否可以适用，即在第二审程序中能否撤回起诉，尤其是原审原告在二审程序中申请撤回起诉的情况，理论界与实务界向来存有争议。肯定意见认为，允许原审原告在第二审程序中撤回起诉，系遵循当事人意思自治原则的应有之义，系其自主行使处分权的表现，无论其在第一审或第二审程序中均得以自由行使；《民事诉讼法》第 13 条第 2 款明确规定，“当事人有权在法律规定的范围内处分自己的民事权利和诉讼权利”；第 174 条则规定，“第二审人民法院审理上诉案件，除依照本章规定外，适用第一审普通程序”，一审普通程序中宣判前原告可申请撤回起诉的规定在二审程序中仍可适用。否定意见认为，诉讼法的公法属性和诉讼程序所具有单向性和不可逆性，民事起诉作为原告引起法院裁判的申请行为，只能在一审程序中行使，撤回起诉的权利亦仅存在于一审诉讼程序中，一审判决的宣判标志着一审诉讼程序的结束，二审程序基于上诉而始，当事人无从撤回起诉；再者，从利益衡量的角度考量，允许原审原告在二审程序中撤回起诉，将可能侵害原审被告的程序利益，尤其当原审原告在二审程序中作为被上诉人撤回起诉时，不仅原审被告支出的诉讼成本无法得到补偿，还可能再次被原审原告起诉，双方权益明显失衡；而且，一审法院已经对当事人的实体争议作出了裁决，如允许当事人在二审程序中撤回起诉，不仅违背诉讼效益原则，亦会对法院判决的严肃性和稳定性造成影响。

《民事诉讼法解释》持肯定观点，主要体现在《民事诉讼法解释》第 338 条规定之中，即“在第二审程序中，原审原告申请撤回起诉，经其他当事人同意，且不损害国家利益、社会公共利益、他人合法权益的，人民法院可以准许。准许撤诉的，应当一并裁定撤销一审裁判。原审原告在第二审程序中撤回起诉后重复起诉的，人民法院不予受理。”主要理由是，认为基于处分原则，对于特定民事纠纷之解决，是否启动或终结诉讼程序，当事人可自主处分其诉讼权利。理论上，通常将当事人行使诉权作为诉讼的起点，将既判力作为诉讼的终点，故撤回起诉作为一种

① 参见江必新主编：《最高人民法院民事诉讼法司法解释专题讲座》，中国法制出版社 2015 年版，第 194 ~ 196 页。

处分权，亦应贯穿于诉讼程序始终，即便是在诉讼程序启动后，只要在判决确定前，若当事人出于各方因素考量不愿再通过诉讼以解决纠纷救济权利，均可向在二审程序中申请撤回起诉。但是，由于程序法的公法属性，为防止原审原告通过在二审程序中随意申请撤回起诉而达到不法目的，审判权可对当事人处分权予以适当的监督和限制，原审原告在第二审程序中申请撤回起诉势必对案涉相关当事人（尤其是在原审被告提起上诉的情况下）的权利义务产生影响，若此时原审被告对原审原告的撤回起诉的申请被动接受而无任何提出异议的权利，双方权益显然有所失衡。而且，此种情况下允许原审原告撤回起诉，无疑有悖诉讼效益原则。故，此种情况下应尊重当事人处分权的前提下，亦应对其撤诉后的再诉权利作出必要限制，即原审原告申请撤回起诉应经其他当事人同意，而且，其撤回起诉后重复起诉的，人民法院不予受理。所以，对于二审程序中，原审原告申请撤回起诉的的权利行使原则上应当予以保障，但也应当客观衡量各方主体的程序利益后作出合理安排。

【典型案例】

中国农业银行哈尔滨市太平支行与哈尔滨松花江奶牛有限责任公司、哈尔滨工大集团股份有限公司、哈尔滨中隆会计师事务所有限公司借款合同纠纷案

上诉人（原审被告）：哈尔滨松花江奶牛有限责任公司。

法定代表人：董平，该公司董事长。

被上诉人（原审原告）：中国农业银行哈尔滨市太平支行。

负责人：王晓明，该行副行长。

原审被告：哈尔滨工大集团股份有限公司。

法定代表人：张大成，该公司董事长。

原审被告：哈尔滨中隆会计师事务所有限公司。

法定代表人：赵志杰，该公司董事长。

〔基本案情〕

上诉人哈尔滨松花江奶牛有限责任公司（以下简称奶牛公司）因与被上诉人中国农业银行哈尔滨市太平支行（以下简称太平农行）、原审被告哈尔滨工大集团股份有限公司（以下简称工大集团）、哈尔滨中隆会计师事务所有限公司（以下简称中隆会计所）借款合同纠纷一案，不服黑龙江省高级人民法院（2006）黑高商初字第20号民事判决，向本院提起上诉。本院依法组成合议庭进行了审理。本案现已审理终结。

原审法院查明：1998年3月3日，哈尔滨松花江奶牛场（以下简称奶牛场）与太平农行签订《最高额抵押担保借款合同》，借款金额1900万元，借款期限自1998

年3月3日至1999年2月28日，利率7.92‰，逾期按日利率万分之四计收利息，奶牛场以自有的办公楼、运输工具及牛舍提供抵押担保，但未办理抵押登记。太平农行如约发放了贷款，借款到期后，奶牛场未履行偿还义务。2001年2月，黑龙江省经济贸易委员会组建黑龙江乳业集团总公司（以下简称黑乳集团），奶牛场隶属于黑乳集团。2003年，黑龙江省政府对黑乳集团进行资产重组，黑龙江省投资总公司（以下简称省国投）委托黑龙江中瑞资产评估有限责任公司（以下简称中瑞公司）对包括奶牛场在内的黑乳集团进行资产评估，奶牛场的净资产为9124.28万元，该评估结论的有效使用期限自2003年6月30日至2004年6月29日。2003年9月22日，工大集团以7900万元对价收购了黑乳集团。2004年5月，工大集团以奶牛场的净资产4750万元出资，与哈尔滨通成投资顾问有限责任公司（以下简称通成公司）共同组建奶牛公司，同年7月12日，中隆会计所依据中瑞公司的评估报告出具验资报告，证明工大集团出资真实。2004年12月，太平农行向奶牛公司发出《债务逾期催收通知书》，对借款本金3515万元（含本案所涉1900万元）及利息进行催收。2006年6月，太平农行再次以《债务逾期催收通知书》向奶牛公司进行催收，本金为3515万元，利息一栏用笔划掉。奶牛公司在两份催收通知书上盖章予以确认。

另查明，2004年7月14日，奶牛场因改制变更为奶牛公司，企业类型、经营范围、注册资本在哈尔滨市工商行政管理局道外分局作了变更登记。

2006年4月28日，太平农行向原审人民法院提起诉讼，称：借款期限届满后，奶牛场未能清偿到期债务；工大集团作为奶牛场的买受人应当以其所有财产包括在奶牛公司的股权承担民事责任；中隆会计所作为股东出资的验资机构，出具验资证明不实，应当在其证明不实的金额范围内，对太平农行承担连带赔偿责任。请求判令：奶牛公司、工大集团、中隆会计所共同偿还欠款1900万元；截至2006年3月20日的利息12208529元、逾期利息4624847.37元、律师费107.5万元及诉讼费。

〔**一审裁判理由与结果**〕

原审法院经审理认为：太平农行与奶牛场签订的《最高额抵押担保借款合同》中的借款部分，是双方当事人真实意思表示，且不违反法律法规的禁止性规定，应认定合法有效，抵押担保部分因未办理抵押物登记，抵押担保未发生法律效力。依照双方签订的借款合同，太平农行如约履行了发放借款的义务。借款到期后，奶牛场未予偿还，应承担违约责任。奶牛场变更为奶牛公司后，尽管企业产权结构、组织形式和名称发生变化，但其债权债务关系仍然存在，改制后的奶牛公司实质是对原奶牛场的延续，故奶牛公司应为承担债务的责任主体。

关于借款数额及利息问题。1998年3月3日，奶牛场向太平农行贷款1900万元并在借据的借款人处签字盖章，奶牛公司不否认其签章的真实性。奶牛公司举示的8

张借据合计1615万元，借款数额、借款时间与本案借款合同均不符。奶牛公司自认欠太平农行累计借款本金为3515万元，奶牛公司举示的8张借据应为其中的另外八笔借款，与本诉1900万元无关，且本诉借款合同与借款凭据的数额及时间相一致，因此，奶牛公司关于借款数额为1615万元，太平农行未完全履行合同义务的主张没有事实依据，本院不予支持。奶牛公司依据2006年6月的《债务逾期催收通知书》上利息一栏被划掉而主张太平农行已放弃了利息的抗辩主张，因奶牛公司未举示其与太平农行达成免息协议的证据，虽然太平农行将利息栏划掉，只能证明未主张利息的具体数额，不能得出免息的结论，银行贷款的法定孳息不能免除。因此，奶牛公司的免息主张该院不予支持。至于利息数额应当按照借款合同约定及人民银行同期、逾期贷款利率标准计算。

关于工大集团、中隆会计所是否存在虚假出资、验资及责任承担问题。2003年，省政府对黑乳集团进行资产重组，省国投委托中瑞公司对奶牛场的资产进行评估，并以评估价格面向市场公开招标，工大集团通过竞标，以7900万元对价取得了黑乳集团的所有权。工大集团以评估后的奶牛场的净资产出资，中隆会计所依据过期12天的资产评估结论出具验资报告，虽存在瑕疵，但太平农行未举示验资报告具有虚假记载、误导性陈述或者重大遗漏的相关证据，根据最高人民法院《关于审理涉及会计师事务所在审计业务活动中民事侵权赔偿案件的若干规定》第二条第二款规定，不能仅凭此证明工大集团虚假出资、中隆会计所虚假验资，且太平农行非因信赖或使用该验资报告受到损失。因此，太平农行主张中隆会计所承担责任，该院不予支持。2003年9月，工大集团整体收购了包括奶牛场在内的黑乳集团，原奶牛场的资产已转移给工大集团，工大集团在《产权整体转让合同》中承诺"承担被购企业全部债务，保证妥善解决被购企业与债权银行的债务关系"。因此，工大集团应履行合同义务，在奶牛公司不能清偿债务时负有清偿责任。1998年3月3日，太平农行发放贷款，履行期限至1999年2月28日。2004年12月，太平农行向奶牛公司催收该笔贷款，虽然诉讼时效期间已经过，但奶牛公司在《债务逾期催收通知书》上盖章确认，视为双方达成新的债务偿还协议，诉讼时效重新起算。至2006年6月太平农行起诉，未超过诉讼时效期间。工大集团关于诉讼时效期间已过的抗辩主张，该院不予支持。关于太平农行请求支付律师费的主张，因双方没有此项约定，太平农行亦未提供其他证据证实，其主张该院不予支持。

综上，太平农行的诉讼请求部分有理，原审法院予以支持。该院依照《中华人民共和国合同法》第二百零六条、第二百零七条之规定，判决：一、被告奶牛公司于本判决生效之日起十日内给付原告太平农行1900万元本金及利息（利息按借款合同约定及中国人民银行同期及逾期贷款利率计算）。二、被告奶牛公司如不能清偿上述债务，由被告工大集团负责清偿。三、驳回原告太平农行的其他诉讼请求。如果未按判决指定的期间履行给付金钱义务，应当依照《中华人民共和国民事诉讼法》

第二百三十二条①之规定，加倍支付迟延履行期间的债务利息。案件受理费160010元，由奶牛公司、工大集团负担。

〔当事人上诉及答辩意见〕

奶牛公司不服原审法院上述民事判决，向本院提起上诉称：一、按照中国人民银行1996年发布的《贷款通则》第29条规定："所有贷款应当由贷款人与借款人签订借款合同。"一审法院认定上诉人奶牛公司与被上诉人太平农行贷款1900万元的事实没有合同依据，同样被上诉人太平农行向上诉人奶牛公司追讨欠款没有合同依据。二、被上诉人太平农行向一审法院提交的双方签订的《最高额抵押担保借款合同》应是无效合同，该合同的成立是以借款合同为前提，约定的主要内容是借款人没有按照借款合同的约定到期履行还款义务的情况下，以抵押物偿还借款人的借款。然而本案涉及的抵押担保合同不但没有以主合同即借款合同为前提，而且约定的内容没有实际履行。抵押担保合同第一项内容是上诉人以办公楼、运输工具、牛舍等物担保1900万元合同的履行，因为双方并没有办理相关的抵押手续，所以该抵押行为无效，抵押合同无效。三、虽然上诉人奶牛公司给被上诉人出具了1900万借款借据，但该款并没有落实到上诉人奶牛公司的账户上，上诉人奶牛公司并没有按照借据的用途购买饲料，按照我国民事权利和义务相一致的原则，上诉人奶牛公司并没有按照约定使用该借款，就没有存在偿还贷款并支付利息的义务。四、上诉人奶牛公司是企业法人，依法应当独立承担民事责任。工大集团2003年的收购行为，并不影响上诉人民事权利能力和行为能力即民事主体资格的存在。被上诉人所诉的1900万元借款是早在收购的五年之前即1998年发生的，与工大集团没有任何关系，工大集团对此不应承担清偿责任。

奶牛公司在二审期间提交以下新证据：一、东风分理处出具给奶牛场的075300873000×××账号下1998年3月的银行对账单，证明奶牛场与太平农行签订的《最高额抵押担保贷款合同》约定的1900万元贷款并未实际履行。该对账单显示：1998年3月6日，075300873000×××账户下"贷方"1900万元，当日"借方"1900万元。也即1900万元资金于1998年3月6日在农行东风分理处的奶牛场账户上一进一出。二、奶牛场的《银行存款日记账》表明1900万元贷款并没有到奶牛场的账户。三、1999年3月的奶牛场与东风分理处的银行对账单一份，该证据显示在奶牛场的账户上存在当日转入资金当日划走的情况，从而欲证明太平农行为了追求业绩，经常违规操作，一进一出，进行空贷。对这一证据，上诉人还提交了奶牛场与太平农行1999年3月份的10份银行借还款凭证加以佐证。综上，奶牛公司请求二审法院撤销原审判决，被上诉人承担本案的全部诉讼费用。

---

① 对应2012年《民事诉讼法》第253条。

被上诉人太平农行答辩称：太平农行向奶牛公司主张偿还借款本息有合同依据，一审判决认定二者之间存在借款合同关系正确，有事实根据。上诉状中的第二项、第三项上诉理由是无理上诉，并且与上诉请求没有关联性。本案中双方签订的《最高额抵押担保借款合同》，对于担保部分，因未办理抵押物登记，抵押担保未生效，一审判决已给予认定。上诉理由第二项所针对的对象并不存在，属无理上诉。上诉理由第三项意图割断奶牛公司与改制更名前的奶牛场二者之间的历史联系，在事实上和法律上都是行不通的。上诉人无权代表原审被告工大集团提出上诉理由，二审依法应当不予审理。奶牛公司二审时提交的银行对账单上没有农行的任何印鉴盖章，其真实性不能确认；奶牛场的《银行存款日记账》是单方形成的，没有证据效力。此外，太平农行提交1997年12月9日的借方传票《中国农业银行借款借据》显示，1997年12月8日奶牛场向太平农行借款1900万元，证明本案诉请的1900万元借款本金，系从1997年陈欠倒贷而来，即银行业内的惯例借新还旧，1900万元确已归奶牛场实际使用。综上，原审判决认定事实清楚，请求二审法院依法维持原判。

原审被告工大集团在本院二审期间称，太平农行要求工大集团承担偿还责任已经超过诉讼时效，工大集团不应承担偿还责任。

〔最高人民法院查明的事实〕

最高人民法院对原审判决所认定的事实予以确认。

〔最高人民法院裁判理由与结果〕

最高人民法院认为：根据当事人上诉、答辩内容，本案二审的争议焦点有三个方面问题：一、奶牛场与太平农行是否实际发生了1900万元的债务；二、如实际发生，奶牛公司是否应当承担奶牛场的此笔债务；三、对于上诉人提出的工大集团不应当承担责任的理由与请求是否属于二审审理范围。

一、奶牛场与太平农行是否实际发生了1900万元债务问题

首先，一审判决中关于奶牛场与太平农行之间1998年3月签订的《最高额抵押担保借款合同》中的借款部分合法有效，抵押担保部分未发生法律效力的认定，本院予以认可。上诉人奶牛公司认为奶牛场与太平农行之间签订的《最高额抵押担保借款合同》是无效合同的主张本院不予支持。关于上诉人提出的1900万元贷款并没有落实到奶牛场的账户上，奶牛场也并未按照约定使用该贷款，因此没有偿还贷款并支付利息义务的主张，本院二审期间，上诉人提交1998年3月的农行东风分理处的对账单和奶牛场单位的《银行存款日记账》表明太平农行在发放贷款后即扣回，该事实系源于太平农行与奶牛场的陈年欠款，由于太平农行与奶牛场长期存在借贷关系，多次发生放款即扣回的情形，不排除以新贷还旧贷的可能。双方之间的债权债务关系除了放款、扣回的事实证明外，当事人的自认也是证明这一关系的重要证

据。奶牛公司曾于2004年12月17日在太平农行对3515万元的本金和15127783.41元利息的《债务逾期催收通知书》上盖公章、法定代表人签字、盖章；于2006年6月13日在太平农行对借款本金3515万元进行再次催收的《债务逾期催收通知书》上盖章。虽然债务人在催款通知单上签字或盖章的行为并不必然表示其愿意履行原债务，但可以表明其认可原债务的存在并确认收到催款通知。此外，中隆会计所提供的两份会计报表，其中资产负债表之短期借款项的数额均为人民币3566万元，这也和太平农行主张的奶牛场欠太平农行的借款总额相一致。并且这一证据的证明力比上诉人提交的《银行存款日记账》具有优势。因此，依据1998年3月3日奶牛场与太平农行签订的《最高额抵押担保借款合同》中的借款部分、1998年3月3日奶牛场在贷款1900万元的借款借据上签字盖章、奶牛公司在《债务逾期催收通知书》上签字盖章的事实，本院认定太平农行和奶牛场之间1900万元的债权债务事实存在。

二、奶牛公司是否应当承担奶牛场的此笔债务

2004年5月，工大集团以奶牛场的净资产出资与通城公司共同组建奶牛公司，属于国有企业改制为公司形式的变更，即：国有企业参入新的股份形成有限责任公司。企业改制后，其权利义务应当由变更后的企业承受。本案二审开庭时奶牛公司认可奶牛场的债务由奶牛公司承担。太平农行向奶牛公司发出债务催收通知书的行为，也表明太平农行作为债权人对此项债务人的变更也予以认可。因此，奶牛公司承担此笔奶牛场的债务双方无争议，本院予以认可。

三、对于上诉人提出的工大集团不应当承担责任的理由与请求是否属于二审审理范围

第二审程序因当事人提起上诉而开始，上诉权是法律赋予当事人的一项诉讼权利，当事人既可以行使也可以放弃。第一审判决后当事人不上诉，表明当事人服从第一审人民法院对他们之间民事权利义务的处理。本案中作为原审被告的工大集团并未在法定期间内向本院提起上诉，只是在向合议庭提交的代理词中表示工大集团不应承担奶牛公司不能清偿太平农行债务时的清偿责任。根据《民事诉讼法》第一百五十一条①的规定，第二审人民法院审理上诉案件，应当对当事人上诉请求的有关事实和适用法律进行审查。因此对于工大集团提出的请求二审应不予审查。奶牛公司在上诉状中提出工大集团不承担责任的主张，因工大集团是独立的企业法人，奶牛公司无权就工大集团是否承担责任提出上诉请求，因此，对奶牛公司提出的工大集团不应当承担责任的请求本院不予审查。

综上，一审判决认定事实清楚，适用法律正确。本院依照《中华人民共和国民

---

① 对应2012年《民事诉讼法》第168条。

事诉讼法》第一百五十三条[①]第一款第（一）项之规定，判决如下：

驳回上诉，维持原判。

二审案件受理费135800元，由哈尔滨松花江奶牛有限责任公司承担。

本判决为终审判决。

① 对应2012年《民事诉讼法》第170条。

第二十章　再审的范围

规则 27：当事人超出原审范围增加、变更的诉讼请求，原则上不属于再审审理范围

——安徽省福利彩票发行中心与北京德法利科技发展有限责任公司营销协议纠纷案①

【裁判规则】

人民法院应当在具体的再审请求范围内或在抗诉支持当事人请求的范围内审理再审案件。当事人超出原审范围增加、变更的诉讼请求，不属于再审审理范围，但涉及国家利益、社会公共利益，或者当事人在原审诉讼中已经依法要求增加、变更诉讼请求，原审未予审理且客观上不能形成其他诉讼的除外。

【规则理解】

一、关于原审范围的界定

民事诉讼一个显著特征是坚持当事人不告不理原则。无论是哪个审级以及审判活动的哪个阶段，人民法院均应围绕当事人提出的诉讼请求进行裁判。可以说，当事人的诉讼请求构成了人民法院的审理范围。人民法院如果超出或者遗漏当事人的诉讼请求裁判，都构成了审判程序违法。从审判监督程序看原审范围，应当理解为原一审当事人提起诉讼的请求范围或者二审当事人提起上诉的上诉请求范围。但是，需要进一步辨析的是，原审范围应以当事人的诉讼请求或上诉请求为准还是以原一、二审裁判主文为准？笔者倾向认为，应以当事人提出的请求为准。理由是：第一，民事诉讼以当事人提出请求而启动，一切诉讼活动均是围绕当事人所提出的诉讼（上诉）请求是否成立而展开，而裁判主文仅为诉讼活动终结的标志，是人民法院对当事人之间诉争的最终裁判意见和当事人之间权利义务划分的标准。第二，当事人提出的诉讼请求以及具体的理由是判断诉是否得以成立以及区别不同的诉的

① 《中华人民共和国最高人民法院公报》2009 年第 9 期。

一个根本性标准，而裁判主文则不能构成这样的标准。第三，如果人民法院裁判主文超出或者遗漏当事人的请求，则构成了审判程序违法。因此可以说，裁判主文应当以当事人提出的请求为限，在二者的关系上，是当事人的诉讼请求限制了裁判的范围，而不是相反。

当事人在原审程序中为了支持其请求而提出的证据，亦应理解为包括在请求范围之内，因为民事诉讼虽然围绕当事人的请求展开，但是需要依附于案件事实进行裁判，而据以认定案件事实的恰恰就是当事人提供的证据（以及特殊情况下法院依职权调取的证据）。人民法院对于当事人提交的诉讼证据应当按照法定程序进行证据交换、庭审质证以及认证，需要逐一说明对于当事人提交的证据是否采信，是否据以认定案件事实并以此为基础进行裁判。人民法院违反证据规定认定案件事实所作出的裁判同样构成了程序违法，属于案件得以再审的法定事由。

另外，当事人提出的诉讼理由是否属于原审的范围，实践中有不同的看法。有观点认为，如果人民法院在裁判中遗漏了对当事人提出的诉讼理由的回应，应当属于程序违法。笔者认为，当事人提出的诉讼理由是当事人或其代理人一方针对案件所提出的对其有利的诉讼观点或者看法，其目的在于说服人民法院作出对其有利的裁判。但是，当事人提出的诉讼理由仍然不属于原审范围，原因在于人民法院作出的裁判理由并非在各方当事人提出的诉讼理由总和当中进行取舍而来；即使当事人没有提出能够说服人民法院的诉讼理由，也不必然导致当事人败诉；即使人民法院作出的裁判当中没有对当事人提出的诉讼理由进行回应，也未必导致当事人的诉讼权利以及实体权利受到损害。

二、再审范围的确定

审理范围是人民法院对哪些事项纳入审理的制度。《民事诉讼法》对一审程序的审理范围并未作过多限制，以尊重当事人处分权为原则，将当事人在法庭辩论终结前变更、增加诉讼请求，提起反诉的情形均纳入了审理范围。对于二审审理范围，《民事诉讼法》第168条则规定：“第二审人民法院应当对上诉请求的有关事实和适用法律进行审查。”《民事诉讼法解释》第323条对此作了进一步解释，除一审判决违反法律禁止性规定或损害国家利益、社会公共利益、他人合法权益等特殊情形外，第二审人民法院围绕当事人上诉请求进行审理。以上规定体现了民事诉讼“不告不理”的处分原则，符合民事诉讼本质属性和基本规律。但《民事诉讼法》没有就再审审理范围作专门规定，鉴于再审对象是生效裁判，当事人的处分权受到更多限制，再审面临更复杂的程序等再审特殊性问题，不能简单套用原一、二审理范围的规则。有观点认为在我国现行民事诉讼法律制度下，审判监督程序的性质决定了再审案件的审理范围——恢复在原终审程序审理范围内审理。即如果原生效裁判是在一审后双方当事人均未上诉而生效的，那么根据《民事诉讼法》的规定案件应当适用一审程序审理，案件应当在当事人请求的范围内审理；如果原生效裁判是在二审后生效的，那么根据《民事诉讼法》的规定应当适用二审程序审理，案件应当在当事人上诉请求的范围内审理。① 笔者认为，与原审范围问题一样，再审范围问题同样需要围绕当事人提出再审请求问题展开。《民事诉讼法解释》第405条规定，“人民法院审理再审案件应当围绕再审请求进行。当事人的再审请求超出原审诉讼请求的，不予审理；符合另案诉讼条件的，告知当事人可以另行起诉。被申请人及原审其他当事人在再审庭审辩论结束前提出再审请求，符合民事诉讼法第二百零五条规定的，人民法院应当一并审理。人民法院经再审，发现已经发生法律效力的判决、裁定损害国家利益、社会公共利益、他人合法权益情形的，应当一并审理。”再审作为第一审或第二审程序的延续，应当继续尊重“不告不理”原则。在已经启动的再审程序中，当事人应当发挥主导性作用，有权决定主张或放弃的事项。当事人只对生效裁判中的部分事项提出再审请求，人民法院对其他事项不予审理。一般说来，人民法院应当在当事人提出的具体的再审请求范围内审理再审案件，而不是恢复到原来一审或者二审的请求范围上来。如果仅仅从请求或者裁判的范围来探讨，那么原审请求与再审请求是何种关系呢？从一般观点上理解，原审请求范围应该涵盖再审请求范围，也就是说，再审请求范围应当小于或等于原审请求范围。即当事人在原审程序中没有提出的请求，不得在再审程序中提出。当事人超出原审范围增加、变更诉讼请求的，同样不属于再审审理范围。但如果当事人在原审诉讼中已经依法要求增加、变更诉讼请求，原审法院未予审理且客观上不能形成其他诉讼的，应当认为原审程序违法，得在再审程序中予以纠正，不能以当事人的请求超出再审范围予以驳回。如果案件涉及国家利益、社会公共利益的，则再审范围不受原审范围拘束，人民检察院可以依法提出抗诉，或者人民法院可以依职权启动再审予以纠正。总之，再审性质上属于对原审的特殊救济程序，再审的对象为生效裁判，审理程序虽然准用原一、二审程序，但并不意味着当然给予了当事人如同原审一样的权利，当事人的再审请求不能超出原审诉讼请求。也就是，按一审程序再审的审理范围不能超出一审，而一审审理范围是根据原告诉讼请求或被告反诉确定的；按二审程序再审的审理范围不能超出二审，而二审的审理范围以上诉请求为限，不能超出一审审理范围。

基于一方当事人申请或者检察机关抗诉进入再审的案件，对方当事人是否可以

---

① 邱星美：“民事再审案件审理范围探讨”，载《法律适用》2006年第12期。

提出再审请求？笔者认为该问题的答案应该是肯定的。理由如下：第一，裁判生效以后，未申请再审或者未申请检察机关抗诉的当事人，未必等于其认可生效裁判，其可能出于诉讼经济或者其他目的没有提出申请，如果不允许对方当事人在再审程序中提出请求，势必引导当事人在裁判生效以后纷纷申请再审，不利于维护生效裁判的稳定性；第二，如果允许对方当事人申请再审，可以针对原申请人的再审申请产生类似民法上面抵销的效果，便于实现当事人之间的实体权利平衡；第三，在民事诉讼“三加一”模式下，如果不允许另外当事人提出再审请求，在人民法院作出再审判决以后，那么就意味着其将失去由法院审查、再审救济的机会，对方当事人再行提出申诉上访，或向上级机关申请检察监督，这将导致对另外当事人明显不公；如果检察机关抗诉，人民法院应当接受，如此一来势必造成当事人的诉累和司法资源的浪费；第四，即便案件已经因再审裁定中止执行，但生效判决并未失去法律效力，仍然拘束案件所有当事人，赋予对方及其他当事人提出再审请求的权利，符合民事诉讼平等保护各方当事人的基本原则；第五，在生效裁判已经进入再审的情况下，不宜重复立案进行再审审查，否则会出现对同一裁判的二次或多次中止执行，也可能出现相矛盾的审查或审理结果；第六，在同一再审程序中针对各方当事人的再审请求进行合并审理，既可避免另外的当事人以申请再审为由拖延再审案件的审理，也可一揽子解决各方争议，节约诉讼资源，增强再审有限性。

没有提出上诉的当事人是否可以申请再审？答案同样是肯定的。一审裁判作出以后，一方当事人虽然认为没有完全实现诉讼目的，但可能出于及早使裁判生效的目的考量没有提出上诉。而我国民事诉讼法又缺乏防御性上诉制度，如果对方当事人提出上诉，显然使得没有提起上诉的当事人处于一种不利的诉讼地位。在二审作出对其更为不利裁判的情况下，应当允许没有提出上诉的一方当事人申请再审，如果被驳回后，仍然可以申请检察机关抗诉或提出检察建议。

以上几种情况均为当事人申请再审或者检察机关抗诉引起再审的再审范围问题。需要注意的是，我国民事诉讼制度的特色在于人民法院也可以依职权启动再审。《民事诉讼法》第198条规定了作出生效裁判的法院院长发现已经发生法律效力的判决、裁定、调解书确有错误的，应当提交审判委员会讨论决定；上级法院发现已经发生法律效力的判决、裁定、调解书确有错误的，有权提审或者指令下级人民法院再审。人民法院依职权启动再审与当事人申请再审后被启动再审以及检察机关抗诉再审主要区别之一在于，前者坚持确有错误标准，后者坚持法定事由主义。而对于依职权再审的错误范围，法律以及司法解释没有限定范围，从文义上理解应当解释为原审范围。因此，可以说人民法院依职权启动再审的，再审范围相当于原审范围。但是也不能作最大化的理解，如果原审经过了上诉审，可以限定在上诉审范围，也就是说，如果原一审存在错误而二审予以弥补的情况，不宜再行依职权启动再审，但涉及国家利益或者社会公共利益的除外。如果一审本身就错误，而二审不仅没有予以纠正，而是予以维护的，人民法院依职权启动再审的审理范围应当限定于一审的审理范围。

关于能否另诉的判断标准，在于对“一事”的界定。对此，《民事诉讼法解释》第247条对构成重复起诉的条件进行了规定：（1）后诉与前诉的当事人相同；（2）后诉与前诉的诉讼标的相同；（3）后诉与前诉的诉讼请求相同，或者后诉的诉讼请求实质上否定前诉裁判结果的。如果再审当事人变更或增加诉讼请求，符合上述条件不构成重复起诉的，则可以另诉，即使再审不将其纳入审理范围，也并未堵塞当事人的救济途径。再审对象是生效裁判，其所审理的基本事实一般限于原审法庭辩论结束前。因此，对原审判决生效后，产生新的事实和法律关系，往往符合另诉的条件，但如新的证据等特殊情形无法另诉，仍应在再审中一并解决。

总之，再审的目的是通过对案件的再次审理，确定原审裁判是否存在错误，进而对原审裁判作出维持或改变的新的裁判。而一个生效裁判必然是在当事人原审诉讼请求已经固定的基础上作出的，当事人的再审具体诉讼请求只有受到原审诉请的限制，才可以使再审得以在原审范围内，通过再次审判确定原审裁判是否存在错误，是否应纠正。如果允许当事人在再审程序中超出原审范围增加、变更诉讼请求，则再审所作的裁判必然改变原裁判的结果，否定了正确裁判的既判力，打破了已经生效裁判确立的法律关系和社会秩序，不符合再审是对原审生效裁判存在的错误进行纠正的救济程序的宗旨。因此，再审审理范围应当受当事人原审诉请限制。当事人超出原审范围增加、变更诉讼请求的，不属于再审审理范围，合议庭可以进行调解，调解不成的，依法不予审理。但是，如果涉及损害国家利益、社会公共利益情形的，即使当事人没有申请增加、变更诉讼请求，人民检察院没有抗诉，人民法院也有义务依职权干预。另外，如果当事人在原审中已经提出或变更了诉讼请求，因原审法院的原因没有审理，而且当事人不可能另诉解决的，在此情形下，因该未经审理的诉讼请求属于当事人已经提出而被原审遗漏的请求，应通过审判监督程序解决，否则当事人没有救济渠道。对原审遗漏的请求，再审人民法院应先行调解，如果调解不成，则应发回原审法院审理。①

司法实践中应当注意的是，再审审理范围由审查时的再审事由转向再审请求。在审查程序中，由于再审事由是启动再审的钥匙，因而应当围绕当事人所主张的再

---

① 何东宁等：《民事再审程序新问题裁判标准》，人民法院出版社2010年版，第213～214页。

审事由进行。进入再审之后，不论是因为程序类再审事由、法律适用类再审事由，还是事实类再审事由，最终均归结到裁判结果处理的正确与否。同时，被申请人及其他当事人有可能提出再审请求或抗辩，法院也有职权审查原裁判是否损害国家利益、社会公共利益以及他人合法权益的情形。因此，当事人的再审请求成为再审审理范围的主导，也是再审裁判必须作出回答和决定的内容，与原裁判相比，再审裁判并不必然对再审申请人更为有利。

【拓展适用】

一、大陆法系代表国家与地区民事再审事由的比较法研究

从世界范围来看，很多国家与地区的民事诉讼制度均对民事再审事由进行了明确规定，但方式并不完全一致，有的分别规定在不同的条文中，有的规定在同一条文中。

（一）德国

德国民事诉讼法根据提出申请所依据的事由，将再审分为无效之诉（又称取消之诉）和回复原状之诉两种形式。无效之诉肯定是为了主张严重的程序瑕疵，而不考虑该瑕疵是否对裁判内容施加了影响，回复原状之诉是为了补救判决基础上的严重瑕疵，以裁判的不正确为基础。①

无效之诉是以原生效判决违反法定程序为正当事由提起的再审之诉。该类无效事由一旦存在，则被声明不服的裁判即被视为存有错误，即使原生效判决在实体上是正确的，也仍得对其提起无效之诉，原判决仍应被取消，且无效事由直接导致再审。从民事再审事由分层理论的角度来看，无效事由即属于绝对性再审事由（程序性再审事由）的范围。根据《德意志联邦共和国民事诉讼法》第 579 条第 1 款的规定，可以提起无效之诉的事由包括以下四种：（1）为判决的法院不是依法律组成的；（2）依法不得执行法官职务的法官参与审判的；（3）法官应该回避且回避申请已经宣告有理由，而法官仍然参与审判的；（4）当事人一方在诉讼中未经合法代理的。②

回复再审之诉的提起理由是原生效裁判存在实体上的错误，损害了当事人的实体权利，故为实体性再审事由。其要求再审事由必须与被声明不服的原生效判决之间存在实体性的因果关系，“待声明不服的判决必须以判决材料中被回复原状理由所攻击的那部分材料为依据，也就是说，该判决被回复原状理由抽走了赖以存在的

---

① ［德］奥特马·尧厄尼希：《民事诉讼法》，周翠译，法律出版社 2003 年版，第 399 页。

② 谢怀栻译：《德意志联邦共和国民事诉讼法》，中国法制出版社 2001 年版，第 137 ~ 138 页。

基础”。[①] 且根据德国民事诉讼法的规定，回复原状之诉具有补助性质，“只有在当事人非因自己的过失而不能在前诉讼程序中，特别是不能用声明异议或控诉的方法，或者不能用附带控诉的方法提出回复原状的理由时，才准许提起”。[②] 根据《德意志联邦共和国民事诉讼法》第 580 条规定，可以提起回复原状之诉的事由包括：对方当事人宣誓作证，判决即以其证言为基础，而该当事人关于此项证言犯有故意或过失违反宣誓义务的罪行；作为判决基础的证书是伪造或变造的；判决系以证言或鉴定为基础，而证人或鉴定人犯有违反其真实义务的罪行；当事人的代理人或对方当事人或其代理人犯有与诉讼事件有关的罪行，而判决是基于这种行为作出的；参与判决的法官犯有与诉讼事件有关的、不利于当事人的违反其职务上义务的罪行；判决是以某一普通法院或原特别法院或某一行政法院的判决为基础时，而这些判决已由另一确定判决所撤销；当事人发现以前就同一事件所作的确定判决，或者发现另一种证书，或者自己能使用这种判决或证书，这种判决和证书可以使自己得到有利的裁判。[③]

（二）日本

受德国民事诉讼法的影响，日本旧的民事诉讼法也将再审之诉区分为无效之诉（取消之诉）和回复原状之诉，后因为二者均以推翻确定判决、请求对原诉讼案件重新审判为目的，且性质、起诉与审理程序也均相同，同属于“再审之诉”，所以于修改民事诉讼法时将二者合一，1998 年 1 月 1 日起实施的日本新民事诉讼法采纳的便是再审之诉说。基于此，日本新民事诉讼法对再审事由的规定并未像德国民事诉讼法那样分为两条，而是将其合为一条——在第 338 条第 1 款中以列举的方式规定了可以提起再审之诉的 10 项事由。与德国民事诉讼再审事由相比较，惟一的不同在于日本民事诉讼法将“对于能影响判决的重要的事项遗漏判断的”也规定为再审事由。[④]

新堂幸司教授认为，“从民事诉讼法第 338 条第 1 项第 1 款到第 3 款所规定的再审事由，完全等同于绝对的上告理由，因此不论这些事由是否对判决内容产生影响，均可以导致再审程序的启动”，故该三项规定诉讼程序存在瑕疵的再审事由应当理解为绝对的再审事由。此外，新堂幸司教授指出，第（4）项至第（8）项所

---

① ［德］罗森贝克等：《德国民事诉讼法》，李大雪译，中国法制出版社 2007 年版，第 1212 页。

② 《德意志联邦共和国民事诉讼法》第 582 条，见谢怀栻译：《德意志联邦共和国民事诉讼法》，中国法制出版社 2001 年版，第 138 ~ 139 页。

③ 参见谢怀栻译：《德意志联邦共和国民事诉讼法》，中国法制出版社 2001 年版。

④ 参见白绿铉译编译：《日本新民事诉讼法》，中国法制出版社 2000 年版，第 114 页。

规定的判决基础资料存在异常缺陷的情形以及第（9）项和第（10）项所规定的判断本身存在缺陷的情形，必须在对判决主文可能产生影响时才允许提起再审，应理解为相对性再审事由。①

（三）法国和其他国家与地区

法国新《民事诉讼法典》将可以提出再审申请的情形减少并严格限制至四种。这四种情形包括：原判决作出后，发现该判决是由对其有利的一方当事人欺诈所致；原判决作出后，发现由于一方当事人所为，一些具有决定性作用的文件、字据被扣留而未提出；发现判决系以其作出后经认定或经裁判宣告属于伪造的文件、字据为依据；发现判决系以其作出后经裁判宣告为伪证的假证明、假证言、假宣誓为依据。② 相较于其他国家而言，法国民事再审事由的规定显得比较简单，范围相对狭窄，四项再审事由均是针对当事人的实体性权利受侵害而作出的相对性再审事由，并无因违反程序事项而提起再审的绝对性再审事由之规定。

我国台湾地区“民事诉讼法”也将民事再审事由区分为绝对的再审事由和相对的再审事由。除了与上述规定之相同或相似的程序、实体方面的事由外，其第496条中还规定了“适用法规显有错误者”、“判决理由与主文显有矛盾者”以及“当事人知他造之住所，指为所在不明而与涉讼者”作为再审的事由。③

（四）比较与分析

将上述国家以及我国台湾地区的民事再审事由相比较，其相同之处在于：（1）在分层理论的层面上，均设置了绝对性再审事由与相对性再审事由，这有利于增强在实践中的可操作性，从而更好地实现再审的目的和价值；（2）绝对性再审事由均为侵犯当事人程序权利损害程序公正性的程序性事由，且可以绝对地导致再审程序的启动。将我国民事再审事由与前述国家和地区的民事再审事由相比较，其不同之处在于：（1）德、日、法民事诉讼法中对再审事由的设定严格遵循再审的补充性原则，严格限制再审程序启动的范围和频率；（2）前述国家和地区均采取列举的方式将再审事由确定化、明确化，无兜底条款的设置，即无复合性的再审事由之规定。④

---

① ［日］新堂幸司：《新民事诉讼法》，林剑锋译，法律出版社2008年版，第666～667页。

② 参见［法］让·文森、赛尔日·金沙尔：《法国民事诉讼法要义》（下），罗结珍译，中国法制出版社2005年版，第1299页注1。

③ 汤维建、韩香：“民事再审事由分层（类型化）理论研究”，载《政治与法律》2012年第2期。

④ 汤维建、韩香：“民事再审事由分层（类型化）理论研究”，载《政治与法律》2012年第2期。

二、再审程序中当事人申请再审事由、提出的理由与诉讼请求的区分

审理范围是一个非常复杂的问题，在司法实践中常常遇到，并且经常将再审事由、当事人提出的理由与诉讼请求相混淆，应当引起重视。再审事由是一种不以提出申请再审的当事人和法官的意志或主观判断为转移而客观存在的事实，我国《民事诉讼法》第200条规定，“当事人的申请符合下列情形之一的，人民法院应当再审：（一）有新的证据，足以推翻原判决、裁定的；（二）原判决、裁定认定的基本事实缺乏证据证明的；（三）原判决、裁定认定事实的主要证据是伪造的；（四）原判决、裁定认定事实的主要证据未经质证的；（五）对审理案件需要的主要证据，当事人因客观原因不能自行收集，书面申请人民法院调查收集，人民法院未调查收集的；（六）原判决、裁定适用法律确有错误的；（七）审判组织的组成不合法或者依法应当回避的审判人员没有回避的；（八）无诉讼行为能力人未经法定代理人代为诉讼或者应当参加诉讼的当事人，因不能归责于本人或者其诉讼代理人的事由，未参加诉讼的；（九）违反法律规定，剥夺当事人辩论权利的；（十）未经传票传唤，缺席判决的；（十一）原判决、裁定遗漏或者超出诉讼请求的；（十二）据以作出原判决、裁定的法律文书被撤销或者变更的；（十三）审判人员审理该案件时有贪污受贿，徇私舞弊，枉法裁判行为的。”即能够引发再审的13种法定情形。再审事由的客观化，既有利于当事人正确依法行使申请再审权利，又便于法院审查决定是否应当受理当事人的再审申请。理由是当事人提出支持其再审事由和请求的根据，并带有主观色彩的说明性内容，包括事实主张、证据资料、法律依据。再审事由与理由之间，最大的区别在于客观性。再审请求，当事人通过法院向对方当事人主张的实体权利，即申请人向再审法院提出案件如何处理的主张。事由、理由、请求三者实质上构成再审之“诉”的三要素。再审请求作为当事人要求法院保护其实体权益的主张，需要通过指明存在某项（或几项）再审事由来启动再审，再审请求和再审事由均依赖于当事人在诉讼中陈述的事实根据即具体理由。当事人的再审请求往往是笼统地请求改判，并不直接指向具体权利。因此，再审法院在确定审理范围时，应注意区分“事由”与“理由”、“请求”与“理由”，避免将“理由”理解为“事由”、“理由”理解为“请求”。若当事人只是概括地要求改判，再审法院应从“理由”中梳理出“请求”。对于抗诉案件而言，审理范围一般会受到原审诉讼请求、当事人申诉请求和抗诉支持请求的限制。民事抗诉再审案件中，申诉人期待利益的上限是其申诉请求全部得到支持。《审判监督程序解释》的规定，将审理范围限定于抗诉支持的当事人请求和已处于审查阶段的再审请求，不允许申诉人增加请求事项，实际上是以公权力强行降低申诉人可期待的诉讼利益；若不允

许申诉人放弃抗诉主张，则无异于强行要求当事人就已无争议的权利义务关系进行争讼。故当事人可以放弃或补充抗诉主张，但抗诉不可以削减当事人的再审请求事项。同时，基于公平的考量，被申诉人也有权在法定期间内通过申请再审而提出请求重新裁决的事项。由于民事抗诉案件仍然是当事人之间的权益争议，归根结底还需由当事人自己提出权利主张和请求裁决事项，以推动诉讼进程和界定诉讼范围。即使检察机关的抗诉主张对当事人有利，当事人也可以放弃请求对该事项的裁决。如果检察机关的抗诉仅以程序性再审事由提起，诉讼的待决事项还需由当事人提出。因此，民事抗诉案件原则上应在当事人请求范围内审理，构成对抗诉主张变更的当事人请求，既可是抗诉时已处于法院审查阶段的具体再审请求，也可是抗诉时已提出申请但尚未在审查阶段的具体再审请求，还可以是申诉人在再审诉讼中提出的请求事项。如果检察机关抗诉范围超越当事人诉讼请求和再审事由的，那么法院可在审理中征询当事人意见，如其在庭审中认可抗诉内容，则将认可的抗诉事由、相关具体理由及证据纳入审理范围。如果当事人在庭审中明确表示不同意抗诉事由的，除了存在违反国家利益或社会公共利益的情形，则不予审理。如果当事人在庭审中放弃某项或全部抗诉支持的诉讼请求和再审事由的，尊重其处分，也不予审理。如果当事人于再审中有权增加请求事项，即使相关请求已被抗诉机关否定，没有支持的，人民法院也应当审理。如果当事人不愿参加再审，人民法院则应终结审理。总之，人民法院审理再审案件，应当事人主张的不超出原审范围的诉讼请求为限予以审理。

三、终结再审审查程序与终结再审审理程序①

（一）终结再审审查程序

在审查再审申请的过程中，常常遇到一些情形，使得审查程序无必要继续进行。而《民事诉讼法》第151条规定，“有下列情形之一的，终结诉讼：（一）原告死亡，没有继承人，或者继承人放弃诉讼权利的；（二）被告死亡，没有遗产，也没有应当承担义务的人的；（三）离婚案件一方当事人死亡的；（四）追索赡养费、抚养费、抚育费以及解除收养关系案件一方当事人死亡的”。上述内容对人民法院审查再审申请期间是否可以终结审查，在哪些情形下可以终结审查未作规定。在总结司法实践经验的基础上，《民事诉讼法解释》第402条明确规定，“再审申请审查期间，有下列情形之一的，裁定终结审查：（一）再审申请人死亡或者终止，无权利义务承继者或者权利义务承继者声明放弃再审申请的；（二）在给付之诉中，

---

① 参见沈德咏主编：《最高人民法院民事诉讼法司法解释理解与适用》，人民法院出版社2015年版，第1061～1077页。

负有给付义务的被申请人死亡或者终止，无可供执行的财产，也没有应当承担义务的人的；（三）当事人达成和解协议且已履行完毕的，但当事人在和解协议中声明不放弃申请再审权利的除外；（四）他人未经授权以当事人名义申请再审的；（五）原审或者上一级人民法院已经裁定再审的。（六）有本解释第三百八十三条第一款规定情形的。”可见，司法解释明确了终结再审审查程序应当作出终结审查的裁定，以及可以终结审查的具体情形。

1. 再审申请人死亡或者终止，无权利义务承继人或者权利义务承继人声明放弃再审申请的。由于再审审查程序的启动是基于再审申请人提出的再审申请，一旦再审申请人死亡或者终止，没有权利义务承继人或者权利义务承继人声明放弃再审申请的，也就意味着失去了主张启动再审程序的权利主体，再审审查程序也失去了继续进行的必要，应当终结审查。需要注意的是，司法解释的规定则不限于自然人的死亡，而且包括法人和其他组织的终止。

2. 在给付之诉中，负有给付义务的被申请人死亡或者终止，无可供执行的财产，也没有应当承担义务的人的。给付之诉是指原告请求被告履行一定给付义务的诉讼，包括金钱给付、物的给付以及行为给付。给付之诉的权利人申请再审的目的是要求被申请人履行给付义务，一旦被申请人死亡或者终止，没有可供执行的财产，也没有应当承担义务的人承接继续给付义务的情形下，再审审查程序的继续进行已无意义。即便启动再审纠正原审裁判的错误，再审申请人的给付请求因义务主体的消亡且无财产可供执行，其启动再审程序的目的亦无法实现。因此，此种情形下应终结审查。

3. 当事人达成和解协议且已履行完毕的，但当事人在和解协议中声明不放弃申请再审权利的除外。当事人在执行程序或者再审审查程序中达成和解协议并履行完毕，意味着当事人通过协商达成新的协议，处分自己合法拥有的权利并通过实际履行的方式了结了原有的纷争。在此情形下，人民法院没有对生效裁判继续进行审查的必要，应终结审查。由于民事诉讼法规定申请再审不影响执行的原则，规定了但书条款，即如果当事人明确表明达成和解协议并不意味着放弃申请再审权利，也就是说虽然当事人达成执行和解协议，但有书面证据表明当事人并非因此而放弃申请再审权利的，则不影响审查程序的继续进行。因此，此种情形下应终结审查。需要指出的是，该第三项规定属于“默示推定无权”，只有法律或者司法解释明确作出规定以后，才产生向后的效力。

4. 他人未经授权以当事人名义申请再审的。实践中，有时会出现他人冒充当事人的代理人，以当事人的名义申请再审的情形，如果裁定驳回该再审申请，将会影响真正的当事人行使申请再审的权利。因此，此种情形下应终结审查。

5. 原审或者上一级人民法院已经裁定再审的。《民事诉讼法》第 199 条规定，“当事人对已经发生法律效力的判决、裁定，认为有错误的，可以向上一级人民法院申请再审；当事人一方人数众多或者当事人双方为公民的案件，也可以向原审人民法院申请再审……”。因此，实践中会出现当事人既向原审人民法院申请再审，又向上一级人民法院申请再审的情形，如果原审人民法院和上一级人民法院均受理了当事人再审申请，原审人民法院或者上一级人民法院先行裁定再审的，则尚未审结案件的人民法院应终结审查。另外，再审审查过程中，还可能出现原审人民法院或者上一级法院基于检察机关提出的抗诉、检察建议或者依职权启动再审的情形，此种情形下亦应终结审查。

6. 有《民事诉讼法解释》第 383 条第 1 款规定情形的。《民事诉讼法解释》第 383 条第 1 款规定，“当事人申请再审，有下列情形之一的，人民法院不予受理：（一）再审申请被驳回后再次提出申请的；（二）对再审判决、裁定提出申请的；（三）在人民检察院对当事人的申请作出不予提出再审检察建议或者抗诉决定后又提出申请的。”根据该条规定，对于有上述三种情形之一的，人民法院对于当事人提出的再审申请应当不予受理。但是，实践中，存在当事人申请再审时故意隐瞒其提出的再审申请曾被有关法院驳回等重要事实，导致案件被受理并进入再审审查程序的情形，或者由于立案环节的疏忽，导致针对再审判决、裁定的再审申请得以受理的情形，也存在再审审查期间，检察机关作出了不予提出再审检察建议或者不予抗诉的决定的情形。人民法院再审审查期间，一旦发现上述情形，即可终止审查程序。

审判实践中应当注意的是：第一，终结审查裁定的效力不同于终结诉讼裁定的效力。终结审查裁定的效力与第一审程序中的终结诉讼裁定有所不同。在第一审程序中终结诉讼时，并不存在确定当事人之间权利义务的法律文书，终结诉讼的裁定作出后，诉讼程序结束。而终结审查裁定作出后，仅仅是结束了人民法院依照审判监督程序启动的审查程序，并不影响已经发生法律效力的裁判的既判力以及执行程序的正常进行。第二，《民事诉讼法解释》第 402 条第 2 项的规定仅适用于给付之诉，在确认之诉中不适用。在确认之诉中，即使被申请人死亡或者终止，仍然可以通过启动再审纠正原审判决的错误，确认正确的法律关系或者法律事实。第三，第 402 条第 3 项规定的和解协议则不仅包括当事人在执行程序中达成的执行和解协议，也包括当事人在再审审查程序中达成的和解协议。第四，《最高人民法院关于适用〈中华人民共和国民事诉讼法〉审判监督程序若干问题的解释》第 25 条第 4 项的规定不再适用。如果争议的内容属于当事人在原审中未提出的请求，则该争议不属于本案的审查范围，应裁定驳回当事人的再审申请，而不是终结诉讼程序。

（二）终结再审程序

在一、二审程序中，原告或上诉人出现撤诉或者应按撤诉情况处理的，法院裁定准许撤诉或者缺席判决；当事人不具有原告主体资格的，裁定驳回起诉；有《民事诉讼法》第151条规定情形之一的，终结诉讼。在再审诉讼中，由于存在着一个已经生效的判决，对于前两种情况无法按原审来处理，那么如何处理以及产生什么样的法律效果，为解决此问题，《民事诉讼法解释》第406条规定，“再审审理期间，有下列情形之一的，可以裁定终结再审程序：（一）再审申请人在再审期间撤回再审请求，人民法院准许的；（二）再审申请人经传票传唤，无正当理由拒不到庭的，或者未经法庭许可中途退庭，按撤回再审请求处理的；（三）人民检察院撤回抗诉的；（四）有本解释第四百零二条第一项至第四项规定情形的。因人民检察院提出抗诉裁定再审的案件，申请抗诉的当事人有前款规定的情形，且不损害国家利益、社会公共利益或者他人合法权益的，人民法院应当裁定终结再审程序。再审程序终结后，人民法院裁定中止执行的原生效判决自动恢复执行。”上述内容是关于终结再审程序情形的规定。

对于“再审申请人在再审期间撤回再审请求，人民法院准许”，以及“再审申请人经传票传唤，无正当理由拒不到庭的，或者未经法庭许可中途退庭，按撤回再审请求处理”，存在不同认识。有观点认为，再审作为特殊的纠错程序，在依法启动后，不应允许当事人的诉讼行为使再审程序终止，使错误的裁判依然存在。我们认为，对当事人而言，诉讼的目的是解决纠纷，在当事人自愿终结诉讼的情况下，对其处分权应予尊重；这样处理也与一、二审处理原则相一致。对于“检察机关撤回抗诉”，有观点认为，对此可以作退卷处理，但在已经因抗诉启动再审的前提下，退卷结案不具有对外效力，无法正式告知当事人；而将此作为终结再审的一种情形，则可以终结裁定送达当事人，完结整个诉讼程序。对于存在《民事诉讼法解释》第402条①规定的前四种情形。这四种情形有可能是在进入再审之前就已经存在但未发现的，对此予以终结，实际上是对不应裁定再审而再审后的补救；也有可能是进入再审之后才出现的，客观上没有必要作出再审判决或者依法不能作出再审

---

①《民事诉讼法解释》第402条规定：“再审申请审查期间，有下列情形之一的，裁定终结审查：（一）再审申请人死亡或者终止，无权利义务承继者或者权利义务承继者声明放弃再审申请的；（二）在给付之诉中，负有给付义务的被申请人死亡或者终止，无可供执行的财产，也没有应当承担义务的人的；（三）当事人达成和解协议且已履行完毕的，但当事人在和解协议中声明不放弃申请再审权利的除外；（四）他人未经授权以当事人名义申请再审的；（五）原审或者上一级人民法院已经裁定再审的。（六）有本解释第三百八十三条第一款规定情形的。”

判决的。需要说明的是，《民事诉讼法解释》第402条关于终结审查的情形共有六项，但第五项、第六项情形只能专门适用于审查阶段的终结。首先，关于“原审或者上一级人民法院已经裁定再审”的情形。在“三加一”框架下，是不会在再审审理阶段出现的，如果极个别案件因依职权再审导致不同法院同时对同一案件再审，那么裁定并案移送；其次，再审审理阶段如果出现（1）再审申请被驳回后再次提出申请的；（2）对再审判决、裁定提出申请的；（3）在人民检察院对当事人的申请作出不予提出再审检察建议或者抗诉决定后又提出申请等情形时，我们可以把案件视为依职权再审，继续审理作出实体裁判，不应作终结裁定。总之，上述情形需要终结再审，法院也应当对原审是否存在损害国家利益和社会公共利益，以及他人合法权益的情形进行审查。

关于对当事人向检察院申请抗诉的再审案件进行终结的问题。该类案件的再审启动主体是检察院，从诉权角度而言，不存在当事人向人民法院申请撤回再审申请，也不存在按撤回再审申请处理的问题。当事人是向检察院申请抗诉，并没有向法院申请再审。但是，当抗诉再审案件出现《民事诉讼法解释》第406条第1款规定情形时，意味着申请抗诉的当事人符合放弃继续通过再审程序主张权利，应与当事人申请再审案件所适用规则基本保持一致。

关于终结再审程序对执行行为影响的问题。不管案件执行到了何种程序，再审终结时，终结裁定的效力即覆盖原来中止执行的再审裁定，执行行为按执行程序的规定继续进行。

另外，人民法院依职权再审的案件，包括因采纳人民检察院再审检察建议而裁定再审的案件，其前提是原判确有错误，但也要区分有无申诉人或申请人。如有，一般情况下可参照上述规定处理；能够查明案情，原判确实需要改判的，也可以作出再审判决。如无，则依法判决。

应当注意的是：终结再审裁定的法律效果类似于维持原判，但对其不能再审，如果将确实不应终结的案件裁定终结，只能通过法院依职权撤销终结裁定，恢复再审审理。

【典型案例】

安徽省福利彩票发行中心与北京德法利科技发展有限责任公司营销协议纠纷案

再审申请人（一审被告、反诉原告，二审上诉人）：北京德法利科技发展有限责任公司。

法定代表人：徐殿禄，该公司董事长。

委托代理人：刘英，云南云电阳光律师事务所律师。

委托代理人：卢法孟，北京市沁润源律师事务所律师。

再审被申请人（一审原告、反诉被告，二审被上诉人）：安徽省福利彩票发行中心。

法定代表人：李玉平，该中心主任。

委托代理人：刘建华，安徽协利律师事务所律师。

委托代理人：范国平，安徽协利律师事务所律师。

〔基本案情〕

北京德法利科技发展有限责任公司（以下简称德法利公司）为与安徽省福利彩票发行中心（以下简称安徽彩票中心）营销协议纠纷一案，不服安徽省高级人民法院（2004）皖民二再终字第12号民事判决，向本院申请再审。本院于2008年10月16日作出（2006）民二监字第20－2号民事裁定，提审本案。本院依法组成合议庭进行了审理。本案现已审理终结。

2001年8月，安徽省社会福利有奖募捐委员会办公室（以下简称安徽募办）向安徽省合肥市中级人民法院提起诉讼，以安徽彩票中心与德法利公司签订《关于安徽省福利彩票宣传营销的协议书》（以下简称《宣传营销协议书》）及《关于安徽省福利彩票宣传营销的补充协议》（以下简称《补充协议》）违反了《中国福利彩票管理办法》以及中福彩〔2000〕13号文关于中国福利彩票实行专营，发行和销售不得对外合作的规定，损害社会公共利益应认定无效为由，诉请判决《宣传营销协议书》及《补充协议》无效。德法利公司反诉称，上述协议系当事人真实意思表示。当事人在电脑票宣传营销方面的合作符合民发〔2001〕105号《关于加强管理扩大发行福利彩票的通知》第十九条规定的精神。上述协议不违反法律、行政法规的禁止性规定，应认定有效。故请求确认《宣传营销协议书》及《补充协议》有效；安徽彩票中心继续履行协议；安徽彩票中心支付德法利公司宣传营销提成费727.3174万元。

安徽省合肥市中级人民法院一审查明：2000年7月15日，安徽彩票中心与德法利公司签订《宣传营销协议书》，约定，安徽彩票中心是福利彩票的承销者、主办者，负责整体工作。德法利公司负责协助其宣传营销方面的事务。安徽彩票中心依据每年的销售总额对德法利公司实行不同的奖惩：销售总额1亿元以下（含1亿元），安徽彩票中心按1亿元底数的4%对德法利公司进行惩罚；销售总额超过1亿、2亿、3亿元时，分别按总额的1%、2%、3%给德法利公司提取营销费；最高提成比例为3%。安徽彩票中心授权德法利公司成立“安徽省福利彩票发行中心宣传营销部”，并以此名义在全省范围内开展工作。德法利公司负责承担电脑福利彩票宣传营销工作的全部费用，在电脑福利彩票正式开通前，先汇入安徽彩票中心指定的银行账户1000万资金作为宣传营销专款，由德法利公司掌握使用。合同期限为10年，即自2000年10月1日至2010年10月1日。同年11月13日，双方又签订《补充协议》，约定，德法利公司每年投入宣传营销费300万元，如有剩余，双方各支配

50%，如有超支，协商解决。安徽彩票中心给德法利公司提取的宣传营销费用，每月或每季末结算一次，年终总结算；安徽彩票中心给德法利公司提取的宣传营销费用的比例，不受上级有关部门发行费用增加或降低的影响。德法利公司违约或擅自终止协议，负担前期已经投入的宣传营销及相关的全部费用，补偿安徽彩票中心从违约之日起后三年的宣传营销费用，退还已收取的宣传营销费；安徽彩票中心违约或擅自终止协议，赔偿德法利公司已经投入的宣传营销及相关的全部费用，补偿德法利公司从违约之日起按照每年销售总额原应提取的宣传营销费用，支付后三年的全部宣传营销费。

合同签订后，德法利公司依据约定在安徽彩票中心的授权下成立"安徽省福利彩票发行中心宣传营销部"，制定宣传方案，与相关媒体签订宣传合同，开展了福利彩票的营销工作。

在合同履行期间，因安徽募办及其上级主管机关对合同合法性提出异议，安徽募办提起诉讼。一审期间，经双方同意，安徽省合肥市中级人民法院委托安徽华安会计师事务所对安徽省福利彩票发行中心宣传营销部 2000 年 8 月初至 2001 年 9 月末支出情况进行了审计，结论为：该经营部累计发生费用为 7148246.21 元。此后，该经营部又继续支出了费用 131011.11 元。

该院还查明：安徽募办系经依法批准设立的事业单位。根据民政部及安徽省民政厅的相关文件精神，2000 年初在其基础上着手改制设立的安徽彩票中心，与其系"一个机构两个牌子"。销售福利彩票是以安徽彩票中心的名义进行，但截止到一审庭审结束时，该中心并未办理相关的登记手续。

〔一审裁判理由与结果〕

安徽省合肥市中级人民法院一审认为：当事人签订的《宣传营销协议书》及《补充协议》主要包含三方面的内容：德法利公司为安徽福利彩票发行提供宣传营销服务；德法利公司每年投入 300 万元营销费用；安徽彩票中心每年在彩票销售总额中按比例给德法利公司提取营销费用。德法利公司投入的营销费用，具有投资性质。德法利公司按彩票销售总额及约定的比例提取营销费用或支付罚金，存在承担盈利和亏损的风险，也已超出劳动报酬的范畴，具有营利性质。这些约定违反了国家对彩票资金使用的有关规定，变相地造成德法利公司介入福利彩票发行销售，违反国家的有关政策法规的规定，损害了社会公共利益，因此，《宣传营销协议书》及《补充协议》应确认无效。德法利公司投入的宣传营销费用，经审计，2000 年 8 月至 2001 年 9 月累计支出费用共计 7279257.30 元，应由安徽募办支付。但德法利公司反诉要求安徽募办继续履行协议，以及依协议给付宣传营销提成费用的诉讼请求于法无据，不予支持。该院于 2003 年 4 月 25 日作出（2001）合民二初字第 153 号判决：确认《宣传营销协议书》及《补充协议》无效；安徽募办返还德法利公司投入的宣传营销费用 7279257.30 元及 2001 年 10 月 1 日后利息（按同期银行贷款利率计算到给付之日止)；驳回德法利公司的反诉请求。本诉案件受理费60110元，反诉案件受理费46575元，审计费30000元，合计136685元，由安徽募办承担56685元，德法利公司承担80000元。

〔当事人上诉及答辩意见〕

德法利公司不服一审判决，向安徽省高级人民法院提起上诉称：一审法院认定德法利公司违规介入福利彩票发行销售的经营领域，《宣传营销协议书》及《补充协议》无效错误。由于安徽募办单方毁约，双方的协议已无法再继续履行，故变更诉讼请求为：撤销一审判决；驳回安徽募办诉讼请求；判令安徽募办赔偿其投入的宣传营销费用7279257.30元；支付其宣传营销提成费用7273174元（计算至2001年9月)；赔偿其经济损失1000万元；安徽募办承担本案一审、二审全部诉讼费用和审计费用。安徽募办答辩称，一审法院认定事实清楚，适用法律正确，请求驳回上诉，维持原判。

〔二审查明的事实〕

安徽省高级人民法院二审查明的事实与一审查明的事实一致。

〔二审裁判理由与结果〕

安徽省高级人民法院二审认为：《宣传营销协议书》及《补充协议》是双方当事人真实意思表示。协议约定德法利公司为福利彩票发行提供营销策划、广告宣传等方面的服务，德法利公司既不参与销售，也不参与资金结算。上述协议内容未违反法律、行政法规的禁止性规定。从其内容看，德法利公司提取的宣传营销费是从发行费用中提取，不影响总额中彩民奖金和福利基金的比例，不存在损害社会公众利益的问题。因此，《宣传营销协议书》及《补充协议》有效。安徽彩票中心擅自终止合同的履行，构成违约，应依约定承担违约责任。由于安徽彩票中心违反约定终止履行义务已超过两年，履行协议的基础已发生重大变化，故合同应予终止。至于德法利公司请求对方支付其宣传营销费用7279257.30元及赔偿经济损失1000万元的诉讼请求，由于德法利公司未在一审反诉中提出，故不属于二审审理范围，德法利公司可另行起诉解决。该院于2003年7月25日作出（2003）皖民二终字第151号判决：撤销（2001）合民二初字第153号判决；确认《宣传营销协议书》及《补充协议》合法有效，终止履行；安徽募办于判决生效后十日内支付德法利公司宣传营销提成费用7273174元（计算至2001年9月)；驳回安徽募办的诉讼请求。一审本诉案件受理费60110元，反诉案件受理费46575元，合计106685元由安徽募办负担；审计费30000元，由安徽募办与德法利公司各负担15000元；二审案件受理费106685元，由安徽募办负担80000元，德法利公司负担26685元。

〔当事人申请再审及答辩意见〕

安徽募办不服上述法院二审判决，以安徽彩票中心名义向安徽省高级人民法院申请再审称：《宣传营销协议书》和《补充协议》应认定无效。1. 该协议内容违反民政部相关规定。《中国福利彩票管理办法》① 第二十四条规定，“福利彩票的发行和经营管理不得对外合作”。双方签订的合同违反了上述规定。虽然民发〔2001〕105 号《关于加强管理扩大发行福利彩票的通知》规定允许有关公司参与协助销售，电脑彩票在营销策划等方面允许有关公司参与合作，但民政部办公厅〔2001〕158 号《对安徽省民政厅关于福利彩票有关规定请求的复函》指出，“允许有关公司在电脑票销售时营销策划等方面参与合作，主要是利用有关专业公司在营销策划方面的专业能力为电脑彩票扩大发行规模提供服务。而且，有关专业公司仅仅是参与合作，提供市场调研、市场咨询、营销策划、广告宣传等方面的策划专业服务，不得进入经营销售领域。”而德法利公司根据协议约定组建销售机构、制定销售方案，对外签订宣传合同，就彩票经营销售进行了一系列活动，其行为已超出专业服务范畴，违反上述文件精神。2. 该协议损害了社会公共利益。民政部办公厅〔2001〕158 号文件指出，专业性公司所获取的报酬只能从发行费中收取，不得从福利彩票销售总额中按比例收取，因为销售总额包括福利基金、资金和发行费三部分，直接从彩票销售总额中提成，减少上述三项资金的比例，与发行福利彩票的宗旨和福利彩票的性质相违背，变相地造成公司介入福利彩票的发行销售，违反国家政策规定。德法利公司依约直接从彩票销售总额中提成，直接参与彩票结算，违反上述规定，侵害社会公共利益，故请求依法改判。

德法利公司答辩称：1.《宣传营销协议书》和《补充协议》符合法律规定，是有效合同。2. 德法利公司仅是协助安徽彩票中心进行销售前的营销策划和广告宣传事务，既不参与彩票销售，也不参与资金结算，并未进入彩票经营销售领域。协议签订后，德法利公司制定了宣传方案，支出了巨额资金，履行了合同义务，安徽彩票中心应给予报酬。德法利公司收取的报酬系从发行费中提取，不损害社会公共利益。综上，请求驳回安徽彩票中心的申诉请求。

安徽省高级人民法院再审认为，发行福利彩票为非盈利的社会公益事业。根据民政部发布的相关文件规定，福利彩票属国家专营，任何单位和个人不得介入福利彩票的发行和销售。有关专业公司通过为电脑彩票销售提供营销策划等方面的专业服务，可收取相应的服务报酬，但只能从发行费中收取，不得从福利彩票销售总额中按比例提取。因为福利彩票销售总额包括彩民奖金、福利基金和发行费，直接从彩票销售总额中提成，将减少上述三项资金的比例，违反福利彩票资金使用的有关政策规定。根据《宣传营销协议书》及《补充协议》的约定，德法利公司每年投入 300 万元营销费用，又从彩票销售总额中按比例提取费用，超出了收取服务报酬的正常范畴，具有投资收益的性质。并且，德法利公司从彩票销售总额中按比例提取营

① 已被 2010 年《民政部关于清理本部门规章、规范性文件的公告》废止。

销费用，这些约定都违反国家政策规定，损害了社会公共利益。经该院审判委员会讨论，该院于2004年8月19日作出安徽省高级人民法院（2004）皖民二再终字第12号民事判决：撤销安徽省高级人民法院（2003）皖民二终字第151号民事判决；维持合肥市中级人民法院（2001）合民二初字第153号民事判决。

德法利公司不服安徽省高级人民法院（2004）皖民二再终字第12号民事判决，向本院申请再审称：一、再审判决认定德法利公司直接从彩票销售总额中按比例提取营销费用，减少彩票销售总额中三项资金的构成比例，变相介入销售领域，违背客观事实。1. 德法利公司按照协议提供的服务符合国家法律法规和国家民政部的规定，是合法有效的服务。民政部办公厅〔2001〕158号《对安徽省民政厅关于福利彩票有关规定请求的复函》指出，允许有关公司在电脑票销售时营销策划等方面参与合作，不得进入经营销售领域。从协议的约定来看，安徽彩票中心是安徽省福利彩票唯一的发行主体。在协议的履行中，德法利公司举行一系列彩票营销宣传活动，完全是在上述复函所说的范围之中，而并未进入经营销售领域。2. 德法利公司按照协议约定的服务报酬的计算方式获取服务报酬，符合双方签订协议的真实意愿，符合法律规定。从协议的体系来看，《补充协议》约定的“安徽彩票中心给德法利公司提取的宣传营销费用，每月或每季末结算一次，”这同样能够印证“按销售总额的比例”仅是对宣传费计算方法的约定。从交易习惯来看，安徽彩票中心与省内数千家销售点签订的《代销协议》也是同样约定“按福利彩票销售总额的7.5%支付代销费。”不能据此认定数千家代销点都是直接从销售总额中扣除代销费，都损害了社会公共利益、协议无效。3. 德法利公司按照协议约定提取的服务报酬不可能减少彩票销售总额中三项资金的构成比例。首先，福利彩票销售总额包括福利金、奖金和发行费。根据《中国福利彩票管理办法》和《社会福利基金使用管理暂行办法》的规定，福利彩票销售资金的实际控制人和支付主体是安徽彩票中心，德法利公司不可能直接从彩票销售总额中直接提取宣传费发行费。其次，安徽彩票中心按照彩票销售总额的15%留存在本中心的发行费可自主支配，宣传营销的费用包含在发行费中。依据协议约定，安徽彩票中心按照销售总额为计算依据向德法利公司支付宣传费的比例为1%－3%，低于发行费。同时《补充协议》约定“安徽彩票中心给德法利公司提取的宣传营销费用的比例，不受上级有关部门发行费用增加或降低的影响”，这也明确了宣传费实际上是由安徽彩票中心按月从发行费向德法利公司结算。德法利公司获取的宣传费是安徽彩票中心从发行费中支付的费用，不可能减少彩票销售总额中三项资金的比例。二、双方在签订协议及履行过程中，没有损害社会公共利益。相反，正是由于德法利公司成功的宣传、营销及巨大的资金投入，才使安徽省的福利彩票销售总额成几倍增长，国家获取了更多的资金发展福利事业，维护了社会公共利益。安徽彩票中心否认协议有效性的根本原因是在发行费用由20%降至15%后，为减少对其利益影响，其在与德法利公司协商降低宣传费比例不成的情形下，遂以损害社会利益的理由主张合同无效。安徽彩票中心与德法利公司的合作完全符合民政部 2001 年第 105 号《关于加强管理扩大发行福利彩票的通知》精神，安徽彩票中心没有任何证据证明德法利公司介入了销售领域，不应判决协议无效。同时，按照《最高人民法院关于适用〈中华人民共和国合同法〉若干问题的解释（一）》（以下简称《合同法司法解释（一）》）第三条关于“人民法院确认合同效力时，对合同法实施前成立的合同，适用当时的法律无效而适用合同法有效的，则适用合同法”规定的精神，在对特定的彩票发行领域有专项规定时，适用新规定合同有效则当然应适用新规定。因此，再审判决适用法律错误。三、因安徽彩票中心违约，导致协议无法继续履行，安徽彩票中心应当依法承担法律责任。故请求撤销安徽省高级人民法院（2004）皖民二再终字第 12 号民事判决；维持安徽省高级人民法院（2003）皖民二终字第 151 号民事判决。

在本院再审庭审期间，德法利公司提交变更诉讼请求申请书，认为，由于安徽彩票中心以损害社会公共利益为由，请求法院确认协议无效，安徽省合肥市中级人民法院一审和安徽省高级人民法院再审也以损害公共利益为由认定协议无效，故本案涉及社会公共利益，符合最高人民法院《关于适用〈中华人民共和国民事诉讼法〉审判监督程序若干问题的解释》（以下简称《审判监督程序的解释》）第三十三条关于损害社会公共利益应允许当事人再审变更诉讼请求的规定，故申请变更一审反诉请求的第二、三项为请求判令安徽彩票中心承担违约责任，赔偿德法利公司垫付的宣传营销费用、补偿德法利公司三年应提取的宣传营销费用并支付德法利公司应提取的全部宣传营销费用共计 35821938.79 元。

被申请人安徽彩票中心答辩称：一、国家对彩票事业实行专营，德法利公司参与国家禁止合作的领域，违反现行规定。1. 基于福利彩票的公益性，我国福利彩票发行、销售实行专营，发行与经营不得对外合作。对此，国务院文件有明确规定。2. 当事人之间订立的合同直接以合作方式介入经营证据确凿，违反国家规定。首先，无论是合同的名称还是合同的内容均明确反映出德法利公司参与福利彩票经营的事实。(1) 涉案协议书的全名为《关于安徽省福利彩票宣传营销的协议书》，名称中仅有“营销”而无“策划”，涉及经营。(2)《宣传营销协议书》的内容更能充分反映德法利公司参与经营的客观事实，如第一条、第二条第 1 款、第三条第 1、5、6、8 款的内容表明，德法利公司参与营销工作的表现为：实施营销方案，协助各销售网点搞好营销工作，条件成熟时逐步建立连锁式营销网络，并从事与福利彩票相关的即开彩票、电视彩票及网络彩票的业务。其次，合同约定涉及经营，违反了国务院文件的规定。在签订本案所涉合同及其补充协议之时，对于福利彩票管理的规定仅有四份：《国务院关于加强彩票市场管理的通知》、《国务院关于进一步加强彩票市场管理的通知》、《中国人民银行关于加强彩票市场管理的紧急通知》① 和《中国福利彩票管理办法》。这四份文件均禁止他人涉及彩票经营，并且严格限制福利彩票的对外合作。根据《中国福利彩票管理办法》第二十二条、第二十三条、第二十四条的规定，2000 年福利彩票要对外合作，必须具备以下条件：1. 经过中福彩中心的批准；2. 合作仅限于彩票印制和硬件设备生产或软件技术开发。除此之外，不得有任何形式的对外合作。本案中，当事人订立的合同既没有经过中福彩中心的批准，又不是仅限于彩票印制和硬件设备生产或软件技术开发，明显违反上述规定，德法利公司引用合同订立后一年多才颁布的民发〔2001〕105 号《关于加强管理扩大发行福利彩票的通知》肯定合同效力，缺乏相应依据。再次，即便是依据该 105 号文件，合同中的约定仍然违反国家政策和制度的规定。民政部规定的是营销策划可以合作，并没有规定营销可以合作，对营销进行合作实际就是参与经营，是被国家明令禁止的行为。3. 合同约定的德法利公司的赢利模式，系典型的投资收益，超过了收取服务报酬的范畴。德法利公司的行为实质上是一种投资行为。二、德法利公司从彩票销售总额中提取收益，严重损害社会公共利益。合同中唯一一次提到发行费是在合同中乙方责权利条款中的第 9 项，德法利公司筹建彩票沙龙的享有 3% 的发行费，由此可以看出当事人订立合同时，明确只有在彩票沙龙筹建时，才从发行费中提取，其他的都在销售总额中提取。《补充协议》第三条明确约定关于“提取宣传营销费用的比例，不受上级有关部门发行费用增加或降低的影响”的规定说明提取的比例与发行费没有关系。德法利公司通过合同将其收益凌驾于福利彩票各项资金之上，必然损害社会公共利益，违反了民办函〔2001〕158 号文件关于不得从福利彩票销售总额中按比例提取的规定。综上，请求维持安徽省高级人民法院再审判决。

〔最高人民法院再审查明的事实〕

最高人民法院对安徽省高级人民法院查明的事实予以确认。

最高人民法院再审期间，德法利公司提交了九份新证据。第一份新证据为财综〔2007〕74 号《财政部 民政部关于湖北省福利彩票发行中心有关问题核查情况的报告》。该报告载明：“按彩票销量的一定比例支付服务费为国际通行做法，也是我国彩票机构普遍采取的结算方式。”因此，就合作项目而言，湖北福彩中心的做法符合《彩票发行与销售管理暂行规定》② 第八条关于“彩票机构可以对外委托电脑系统开发、彩票印制和运输、彩票零售、广告宣传策划等业务”的规定。第二份新证据为《安徽省电脑福利彩票销售合同书》（共三份）。该合同书第三条约定，甲方按照福利彩票销售总额的 8% 向乙方支付代销费。第三份新证据为《关于“重庆风采”电脑

① 已被《中国人民银行关于公布第六批金融规章和规范性文件废止、失效目录的通知》废止。

② 已被《彩票发行销售管理办法》废止。

福利彩票的协作协议书》。《关于"重庆风采"电脑福利彩票的协作协议书》第一、3条载明，销售总额的7%作为代销费。第四份新证据为《电脑型中国福利彩票委托代销书》(共三份)。该代销书第二、2、(7)条载明，电脑型中国福利彩票的劳务费用和营销宣传等补贴费用，由甲方按当月销量的5%向乙方支付。第五份新证据为《电脑福利彩票投注站委托销售协议书》(共二份)。该协议书第六、1条载明，乙方代销费按实际销售额的3%计提。第六份新证据为《建立电脑福利彩票投注站协议书》。该协议书第二、2条规定，代销费用为销售总额的8%。第七份新证据为《辽宁省电脑体育彩票销售协议书》(共二份)。该协议书第一、8条规定，甲方每月按乙方上月实际销售额的8%提取投注站经费，转入乙方的银行储蓄账户。第八份新证据为《山东省设立中国体育彩票投注站协议书》(共二份)。该协议书第一、6条约定，乙方所有彩票销售款归甲方，甲方每月按彩票销售总额的7%向乙方支付佣金。第九份新证据为《关于代理销售中国体育彩票之合同书》(共二份)。该合同书第一、4条约定，发行费：指甲方根据乙方网点销售额，按照一定比例支付给乙方的销售成本费用。根据以上证据，德法利公司证明以下几点：1. 自2000年以来，全国各地彩票(包括福利彩票和体育彩票)销售过程中，对于营销费用，无论采用何种名目，彩票机构均是按彩票销售额的一定比例结算支付。2. 针对本案而言，"按销售总额"一定比例提取费用，只是一种结算的计算方法。虽然采用的是提取的表述，但彩票资金是由彩票中心管理，其本意是由彩票中心按此计算方法结算支付。3. 彩票机构按彩票销量的一定比例结算支付合作企业的营销、宣传费用属于发行费的范围，可由彩票机构自主支配。本案中，福彩中心支付德法利公司的服务费远远低于国务院规定的彩票发行费比例(彩票资金的15%)，不可能减少彩票资金的三项分配比例。4. 安徽福彩中心按约定比例支付德法利公司的营销宣传费用，属于彩票发行、销售的必然成本支出，其目的在于依靠市场机制扩大彩票销售量同时增进社会福利金的积累，根本不存在损害社会公共利益的情形。经本院再审质证，安徽彩票中心对上述证据的真实性不持异议，但认为，投注站直接参与销售，以销售额提取收益属正常，上述证据达不到对方当事人的证明目的。

最高人民法院再审期间，安徽彩票中心提交了两份新证据。第一份新证据为《安徽省福利彩票公益金收支情况公告》。该公告载明，根据民政部统一部署，我省于近两年已安排省内掌握使用公益金7468.5万元投入到718个星光老年之家建设项目。第二份新证据为安徽省民政厅《关于福利彩票公益金使用情况的报告》。安徽彩票中心据此证明其是公益资金的支配、使用主体。经本院再审质证，德法利公司对上述证据的真实性不持异议，但认为，上述证据不能证明全部彩票资金均由安徽福彩中心支配使用。

最高人民法院再审另查明：

《宣传营销协议书》第二条甲方(安徽福彩中心)责权利条款中约定："1. 指导

乙方（德法利公司）的宣传营销工作”。第三条“乙方的责权利”条款中规定：“1. 承担电脑福利彩票宣传营销工作的全部费用……5. 实施已制定的电脑福利彩票的宣传营销方案；6. 协助各销售网点搞好营销工作，并在条件成熟时逐步建立连锁式营销网络……8. 开展与福利彩票相关的业务，如即开彩票、电视彩票、网络彩票等。”

安徽华安会计师事务所对安徽省福利彩票发行中心宣传营销部2000年8月初至2001年9月末支出情况进行审计的审计报告书的附表中载明：凭证号，现付0955；支出日期：2000. 9. 21；摘要：为考察市场布点情况出租车费。

1993年4月18日作出的皖募委字〔95〕第19号《关于转发民政部〈中国福利彩票〉等四个文件的通知》载明：“根据民政部的规定，省、地两级要根据彩票经营管理的特殊性，有条件的，在募办的基础上进行改制。省改制为‘安徽省福利彩票发行中心’；……改制后，募办继续保留，承担着当地募委的办事职能，实行一个机构，两块牌子。”2001年11月30日，安徽省机构编制委员会作出的《关于同意省社会福利有奖募捐委员会办公室更名的批复》载明：“鉴于省社会福利有奖募捐委员会经省政府同意撤销，经研究，同意安徽省社会福利有奖募捐委员会办公室更名为安徽省福利彩票发行中心。其主要职责是：负责全省社会福利彩票的组织、发行、销售和管理工作。”安徽省事业单位登记管理局办法的事业单位法人证书载明，安徽省福利彩票发行中心为事业单位法人，证书有效期为2002年3月5日至2003年3月31日。2001年12月30日，安徽省社会福利有奖募捐委员会办公室提交给合肥市中级人民法院的《关于以‘安徽省社会福利有奖募捐委员会办公室’作为原告的情况说明》载明：“‘安徽省彩票发行中心’在2000年下半年依上述文件挂牌使用，但有关注册手续没有办理，至诉讼时没有取得法人资格。鉴此，我办虽以‘中心’名义与‘德法利’签订了营销协议，但在起诉时合法主体只有‘安徽省社会福利有奖募捐委员会办公室’。”经本院再审质证，德法利公司对上述证据的真实性不存在异议，并认为，上述主体的变更当事人均予认可，不影响本案的实体审理结果。本院认为，基于上述事实，本案诉讼主体发生变更，即：在本案一审起诉之时，由于安徽彩票中心尚未依相关文件规定进行工商注册，取得法人资格，且安徽募办与安徽彩票中心为一套人马、两套机构，故一审依安徽募办的申请，以安徽募办为原告进行了审理。但严格分析，在一审判决作出前，安徽募办已更名为安徽彩票中心，安徽彩票中心也已取得了事业法人机构代码证，具有法人资格，一审法院本应将诉讼主体变更为安徽彩票中心，但由于在一审过程中，安徽彩票中心与安徽募办并未提交变更名称的证据，故一审法院未变更诉讼主体并非自身过错。二审过程中由于仍未提交相应更名证据，故仍以安徽募办为诉讼主体进行审理。在安徽省高级人民法院再审期间，由于安徽募办已被安徽彩票中心取代，故安徽彩票中心作为申请主体申请再审，诉讼主体也依法变更为安徽彩票中心。综上，尽管本案一、二审在主体的列明上具有瑕疵，但这系因当事人未及时提交证据所致，且由于安徽募办与安徽彩票中心本为一套人员、两套机构，安徽募办后又被安徽彩票中心取代，两者为主体承继关系，当事人对上述主体的列明和变更也不存在异议，故上述主体的变更并不影响本案的实体审理结果。

〔最高人民法院裁判理由与结果〕

最高人民法院认为，本案再审争议焦点有以下两个方面：

一、德法利公司再审变更诉讼请求能否得到支持。《审判监督程序的解释》第三十三条规定："人民法院应当在具体的再审请求范围内或在抗诉支持当事人请求的范围内审理再审案件。当事人超出原审范围增加、变更诉讼请求的，不属于再审审理范围。但涉及国家利益、社会公共利益，或者当事人在原审诉讼中已经依法要求增加、变更诉讼请求，原审未予审理且客观上不能形成其他诉讼的除外。"本案系二审终审案件，因此，在再审审理过程中，应按照第二审程序审理。德法利公司虽在原二审审理过程中提出变更诉讼请求，但由于其未在一审反诉中提出，故原二审法院以其不属于二审审理范围，可另行起诉为由未予审理。本院再审审理范围原则上不应超出原审审理范围。本案中，对德法利公司变更诉讼请求是否予以支持的问题只涉及到该公司的个体利益，并不涉及社会公共利益的保护，而且，德法利公司可以就其拟变更的诉讼请求另行提起诉讼获得权利救济，故德法利公司变更诉讼请求并不符合《审判监督程序的解释》第三十三条关于再审可以变更诉讼请求的情形，对其变更诉讼请求的请求，本院不予支持。

二、当事人双方签订的《宣传营销协议书》、《补偿协议》是否有效。当事人争议主要集中在三个方面：

（一）德法利公司是否介入彩票的发行、销售领域，合同是否因之无效问题。第一，关于法律适用问题。《合同法解释（一）》第四条规定，合同法实施以后，人民法院确认合同无效，应当以全国人大及其常委会制定的法律和国务院制定的行政法规为依据，不得以地方性法规、行政规章为依据。因此，在本案合同效力的认定上，不应以行政规章的规定为认定依据。但在法律、行政法规没有规定，而相关行政主管部门制定的行政规章涉及到社会公共利益保护的情形下，可以参照适用其规定，若违反其效力性禁止性规定，可以以违反《中华人民共和国合同法》第五十二条第（四）项的规定，以损害社会公共利益为由确认合同无效。福利彩票是为筹集社会福利事业发展资金而发行的取得中奖权利的凭证。发行福利彩票的宗旨是"扶老、助残、救孤、济贫"，其目的是为社会福利事业和社会保障事业筹集更多资金，具有公益性。鉴于该性质和目的，民政部是国务院批准在全国发行中国福利彩票的唯一政府职能部门，其他任何部门和地方无权擅自发行福利彩票。因此，国发〔1993〕34号《国务院关于进一步加强彩票市场管理的通知》第三条规定："企事业单位或者个体工商户一律不得发行、经营彩票或变相彩票"。民办发〔1994〕34号《中国福利彩票管理办法》第二十四条规定："福利彩票的发行和经营管理不得对外合作"。之后，为贯彻落实国务院第84次总理办公会议提出的“加强监管、整顿机构、改进工作、降低发行费用，适度扩大发行，提高筹资比例，新增加法人资金收入主要用于补充社会保障基金”的要求，民政部报请国务院同意，经研究制定下发了民发〔2001〕105号《关于加强管理扩大发行福利彩票的通知》。该通知规定：“电脑票在营销策划、技术服务、设备提供或维护等方面，允许有关公司参与合作。”该通知同时规定，“原有民政部关于福利彩票工作的文件中与此相冲突的以本通知为准。”在本案纠纷一审诉讼期间，2001年9月4日，民政部办公厅作出的民办函〔2001〕158号《对安徽省民政厅关于福利彩票有关规定请求的复函》对《关于加强管理扩大发行福利彩票的通知》的前述出台背景进行了说明，该复函同时指明：“本规定允许有关公司在电脑票销售时营销策划等方面参与合作，主要是利用有关专业公司在营销策划方面的专业能力为电脑彩票扩大发行规模提供服务。而且，有关专业公司仅仅是参与合作，提供市场调研、市场咨询、营销策划、广告宣传等方面的策划专业服务，不得进入经营销售领域。”根据国发〔2001〕35号《国务院关于进一步规范彩票市场管理的通知》[①] 关于“财政部负责起草、制定国家有关彩票管理的法规、政策；管理彩票市场，监督彩票的发行和销售活动”的授权规定，财政部2002年3月1日颁发的财综〔2002〕13号《彩票发行与销售管理暂行规定》第八条规定：“彩票机构可以对外委托电脑系统开发、彩票印制和运输、彩票零售、广告宣传策划等业务。”本案诉争的《宣传营销协议书》和《补充协议》订立于2000年，履行期限跨越〔2001〕105号《关于加强管理扩大发行福利彩票的通知》生效之时，二审判决作出时间为2003年7月25日。根据法律适用的基本原则，原则上应适用行为之时的法律和行政法规的规定认定合同效力，但如果在终审判决作出之前，根据新颁布的法律、行政法规的规定认定合同有效而根据原有法律、行政法规认定无效的，根据从宽例外、持续性行为例外的基本法理，应适用新颁布的法律、行政法规的规定认定合同效力。如果根据查明的事实，《宣传营销协议书》和《补充协议》约定的内容仅是属于前述规定允许的专业公司在市场调研、市场咨询、营销策划、广告宣传等方面的策划专业服务中参与合作，而未进入经营销售领域的，则应适用前述协议颁布之后的法律、行政法规的规定，认定上述协议有效；如果合作超出了前述规定的合作范围，导致德法利实质介入福利彩票的发行和销售，则也根据前述规定认定上述协议无效。第二，德法利公司是否实质介入福利彩票的发行和销售。关于《宣传营销协议书》名称中营销两字的理解，有参与销售和协助进行营销宣传策划两种。关于合同中约定的德法利公司的义务范围中的制定、实施营销方案，协助各销售网点搞好营销工作，条件成熟时逐步建立连锁式营销网络，并从事与福利彩票相关的即开彩票、电视彩票及网络彩票的业务的理解，也有参与销售和协助进行营销宣传

① 已被2015年《国务院关于宣布失效一批国务院文件的决定》废止。

策划两种。究竟应作何理解，应结合合同目的、合同中其他条款以及德法利公司实质从事的法律行为的性质进行分析。根据该协议书引言和第一条的表述，安徽福彩中心聘请德法利公司协助进行宣传营销工作，安徽彩票中心是福利彩票的承销者、主办者，负责整体工作。德法利公司负责协助其宣传营销方面的事务。由此可见，福利彩票的承销者是安徽彩票中心，德法利公司只负责协助其宣传营销方面的事务。在本院再审庭审过程中，除安徽华安会计师事务所作出的审计报告书附表中载明的一笔德法利公司为考察市场布点情况所付出租车费的证据外，安徽彩票中心并无其他证据证明德法利公司在实际的工作中参与了彩票的发行和销售。而该证据既可以理解为是协助营销策划、考察网点，也可以理解为德法利公司亲自进行布点营销，从事销售行为，在无其他证据佐证的情形下，不能当然理解为其证明德法利公司实质参与了销售活动。因此，安徽彩票中心并无充分证据证明德法利公司实际参与销售活动，《宣传营销协议书》及其《补充协议》不应因此认定无效。德法利公司关于协议有效的再审理由成立，本院予以支持，安徽省高级人民法院的再审认定不当，应予纠正。

（二）当事人双方约定提成费为销售总额的3%，是否属于变更福利彩票销售资金各费用比例，损害社会公共利益的行为。《中国福利彩票管理办法》第十八条规定："福利彩票销售总额为彩票资金。彩票资金分解为奖金、管理资金、社会福利基金。其中奖金不得低于彩票资金的50%，管理资金不得高于彩票资金的20%，社会福利资金不得低于彩票资金的30%"。中国福利彩票发行中心中彩字〔2000〕13号文件规定，彩票资金扣除奖金和社会福利基金后为发行收入。发行收入用于支付电脑彩票的成本支出和经营费用。民发〔2001〕105号《关于加强管理扩大发行福利彩票的通知》第四（十二）部分规定："根据国务院决定，从2001年起，彩票资金分割比例调整为：奖金不低于50%，福利金不低于35%，发行费用不高于15%"。根据民政部民办函〔2001〕158号《对安徽省民政厅关于福利彩票有关规定请示的复函》的规定，专业性公司所获取的报酬只得从发行费中提取，不得从福利彩票销售总额中按比例提取，是因为销售总额包括福利金、奖金和发行费三部分，直接从彩票销售总额中提成，减少了上述三项资金的比例，与福利彩票发行的宗旨和性质相违背，变相地造成了公司介入福利彩票的发行销售，违反规定。本案中，德法利公司所获得的报酬显然是其协助安徽彩票中心进行销售宣传、策划而得的报酬，因此，其应属于发行费用的范畴。从《补充协议》关于"宣传营销提成费用的比例不受上级有关部门发行费用增加或降低的影响"约定的文义也可以推出，彩票销售总额只是计算德法利公司宣传营销提成费用的依据，营销提成费用应按约定比例从销售总额用途中的发行费用中提取。发行费在福利彩票资金分配比例中，在2000年前占彩票销售总额20%，2001年做出调整后该比例变更为15%。当事人双方约定的提成比例的上限为销售总额的3%，该比例仅占全部发行费用的一部分，并未影响到其他两部分资金的提取比例，不会损害社会公共利益。再者，财综〔2007〕74号《财政部、民政部关于湖北省福利彩票发行中心有关问题核查情况的报告》也载明，按彩票销量的一定比例支付服务费为国际通行做法，也是我国彩票机构普遍采取的结算方式。综上，德法利公司从销售总额的发行费用中提取相关营销提成费用的约定应解释为其从发行费中提取相应的提成费用，符合该费用的使用目的，并未影响到福利彩票销售资金中其他两类资金的比例，不存在损害社会公共利益的情形，故安徽彩票中心关于该约定变更福利彩票销售资金各费用比例，损害了社会公共利益的答辩理由不能成立，本院不予支持。

（三）提成费用的约定是否过高，是否有违劳动报酬的本质，是否影响合同效力问题。依据《宣传营销协议书》和《补充协议》的约定，德法利公司每年投入宣传营销费用和付出相关劳动进行宣传策划工作，故有权获得相应劳动报酬。当然，该报酬应与投入相应，在投入和收入明显悬殊的情形下，应予适当调整。前述财综〔2007〕74号《财政部、民政部关于湖北省福利彩票发行中心有关问题核查情况的报告》也载明，湖北福彩中心在签订协议时缺乏前瞻性和预见性，低估了彩票市场的快速发展，导致穗彩公司可能获利较多的不合理因素，应当进行整改。因此，如果本案存在继续履行的可能性，在合同依约履行的情形下，能否完全按照合同的约定提取比例计算之后的劳动报酬，需考量投入和收入的数额，以公平原则进行衡量。但就本案而言，由于安徽彩票中心已不履行合同达两年多时间，合同已不存在继续履行的可能性，应予解除。因此，应根据德法利公司已投入的费用和其要求给付的报酬之间是否相差悬殊，是否有违公平原则进行确定。根据审计报告所做结论，2000年8月初至2001年9月末，安徽省福利彩票发行中心宣传营销部累计发生费用为7148246.21元。此后，该经营部又继续支出了费用131011.11元。现德法利公司要求给付其宣传营销提成费用7273174元（计算至2001年9月），应认定其支出与诉请要求给付的费用相差并不悬殊，公平合理。

综上，《宣传营销协议书》及《补充协议》是双方当事人真实意思表示，不违反法律、行政法规的效力性禁止性规定，应认定有效。安徽彩票中心单方终止合同的履行，已构成根本违约，合同应予解除。德法利公司在一审提起反诉，请求安徽募办继续履行协议，以及依协议给付宣传营销提成费用。其虽在本院再审期间变更诉讼请求，但由于该变更的诉讼请求超出了原审审理范围，且不属于应作为再审审理范围的特殊情形，故对其再审变更的请求，本院不予支持，其可另案解决。安徽省高级人民法院二审判决认定事实清楚，适用法律准确，应予维持。安徽省高级人民法院的再审判决适用法律错误，应予纠正。本院依据《中华人民共和国民事诉讼法》第一百五十三条①第一款第（二）项、第一百八十六条②之规定，判决如下：

---

① 对应2012年《民事诉讼法》第170条。

② 对应2012年《民事诉讼法》第207条。

一、撤销安徽省高级人民法院（2004）皖民二再终字第12号民事判决；

二、维持安徽省高级人民法院（2003）皖民二终字第151号民事判决。

上述给付义务，限自本判决送达之日起十日内履行。逾期给付，则按照《中华人民共和国民事诉讼法》第二百二十九条①的规定处理。

本判决为终审判决。

规则28：再审应当限于原审的审理范围，而不能超出原审范围进行裁判

——中国有色金属工业长沙勘察设计研究院与海南省汇富房地产开发公司长沙公司、海南省汇富房地产开发公司合作建房合同纠纷案②

【裁判规则】

依照审判监督程序，对案件进行再审的基础，是已经发生法律效力的判决、裁定确有错误，或者有证据证明已经发生法律效力的调解书违反调解自愿原则或调解协议的内容违法。纠正原审错误是再审的基本功能。因此，再审应当限于原审的审理范围，而不能超出原审范围进行裁判。

【规则理解】

一、审判监督程序与再审程序的概念辨析

在我国的民事诉讼理论以及司法实践中，审判监督程序与再审程序的概念常常并行出现，有关这两个概念的关系问题，理论和司法实务上有两种不同观点：一种观点认为审判监督程序就是再审程序，这两个概念是同一制度的两个不同称谓，持这种观点者在阐述审判监督程序的概念或再审程序的概念时，同时阐明“审判监督程序又称再审程序”或“再审程序又称审判监督程序”。另一种观点认为审判监督程序与再审程序不同，严格讲它们是两种不同的程序。持这种观点者又可以再分为两种有区别的观点，第一种观点认为：“审判监督程序和再审程序虽然紧密关联，但是两者之间有着明确的界限，彼此不能混同……审判监督程序乃是开启再审程序必备的前置程序，它的全部作用集中表现为引起再审程序的发生与进行，但其本身并不能够直接使确有错误的生效裁判得到纠正；再审程序则是审判监督程序的后续

① 对应2012年《民事诉讼法》第253条。

② 《中华人民共和国最高人民法院公报》2006年第11期，最高人民法院（2006）民一终字第28号民事判决书。

程序，它的开启必须以审判监督程序的进行为前提，使它具有使确有错误的生效裁判得到纠正的独特功能。”第二种观点认为：“审判监督程序是设在再审程序之中，为引起再审程序而设立的程序”，“再审程序是审判监督程序的继续和应产生的结果，而审判监督程序是再审程序的前提和基础”。①

笔者认为，从我国的民事诉讼法立法体例上看，审判监督程序应当包括再审程序，我国的民事诉讼法设专章规定了审判监督程序。在审判监督程序中具体又包括审查程序以及再审审理程序。审查程序解决的是生效裁判是否进入再审程序的问题，根据现行的民事诉讼法规定，案件启动再审的途径包括当事人申请再审或者申诉、作出生效裁判的法院的院长发现或上级法院发现以及检察院抗诉三种途径。生效裁判经过审查程序裁定再审以后，再审程序按照一审或者二审程序进行开庭审理并作出新的裁判。因此可以说再审程序解决的是当事人的再审请求与理由是否成立、原生效裁判是否应予改判的问题。上述两个程序共同构成了我国民事诉讼法的审判监督程序。

二、民事再审之诉的诉讼标的

一般来说，民事再审之诉具有双重目的，一为撤销或变更原裁判，二为就原诉讼重新进行审理并重新作出裁判。由于民事再审之诉的这种双重目的性，学界对其诉讼标的产生争议，由此形成了二元诉讼标的说和一元诉讼标的说。对民事再审之诉诉讼标的构成的不同认识，影响到民事再审程序的设计和适用，进而影响到当事人的重大程序利益和实体利益。

（一）二元诉讼标的说

最初，德国、日本以及我国台湾地区均以二元诉讼标的说为通说。该说认为，民事再审之诉的诉讼标的，除原诉讼标的外，再审之诉本身另有其诉讼标的，即废弃原确定裁判的形成权。再审之诉首先以废弃原裁判为目的，属于诉讼法上形成之诉。另外，原诉讼也存在诉讼标的，通常为实体法上的法律关系或权利关系。二元诉讼标的说又包括以下几种学说：一是旧诉讼标的说。该学说认为不同的再审理由，构成不同的再审之诉的诉讼标的，即再审之诉的诉讼标的因再审事由的不同而不同。二是新诉讼标的说（又称一分支说）。该学说认为再审理由只是诉讼中的攻击防御方法，并非诉讼标的，再审之诉的诉讼标的为再审申请人所主张的请求法院将原确定裁判予以废弃的声请。三是二分支说，又称诉的声明及事实理由合并说。该学说认为，诉的声明和再审事由共同构成诉讼标的，只要再审之诉中诉之声明和

---

① 邱星美：“民事再审案件审理范围探讨”，载《法律适用》2006年第12期。

再审理由二要素中的任一项不同，即构成不同的诉讼标的。二元诉讼标的说体现了再审之诉的阶段性和双重目的性，为重新审理原诉讼提供合理的理论依据。

（二）一元诉讼标的说

一些德、日学者在批判二元诉讼标的说的基础上，提出了一元诉讼标的说。该学说认为，不应将再审诉讼视为撤销原判决之诉讼与对原判决重新审理的诉讼两者复合的诉讼，而应将再审诉讼视为类似上诉程序的诉讼，即对于原确定终局判决声明不服而请求将原判决撤销或变更的诉讼方法。不认为该阶段具有独立的诉讼标的，而应将再审诉讼程序作为一个整体来考察，再审诉讼的诉讼标的就是原诉讼的诉讼标的。

笔者认为，从再审之诉的诉讼价值、诉讼目的以及诉讼程序规定看，二元诉讼标的说有其合理内容。无论如何再审之诉不同于一、二审诉讼，其面临的是一个确定的生效裁判，再审之诉势必要对该生效裁判的正确与否作出判断，因此该确定的生效裁判亦应视为再审之诉的诉讼标的。坚持二元诉讼标的说，并不意味着认为再审之诉不是一个整体，无论审查再审事由是否成立还是围绕再审请求与理由的正确与否，都要在生效裁判的稳定性与正确性两种衡平价值之间进行衡量。

三、民事再审之诉的对象

民事再审之诉的对象，是指根据民事诉讼法律规定，适格的诉讼主体可以对之提起再审之诉的确定裁判的种类和范围。我国民事诉讼法规定，再审程序的对象是已经发生法律效力的判决、裁定以及调解书。“已经发生法律效力”的判决、裁定所指的就是法院作出的终局判决和裁定。我国民事诉讼法针对调解书规定了再审程序启动主体包括人民法院、人民检察院以及案件当事人，但是三者在针对调解书得以启动再审之诉的情形并不完全相同。

（一）针对生效判决的再审

在我国民事诉讼中，生效判决一般包括一、二审法院依照普通程序、简易程序以及特别程序、再审程序作出的判决，但是不能理解为对法院作出的所有判决都可以提起再审。对于二审判决后的案件，当事人是可以申请再审的，但是对于一审判决生效的案件，当事人是否可以申请再审，应当区分不同情况，当事人如果未提起上诉而在一审判决生效以后申请再审，应当充分说明其正当理由，否则不应予以启动再审。一般意义上理解，实行一审终审的判决不可以提起再审，因为，非讼程序审理的非讼事件一般不涉及实体权益之争，特别程序、督促程序、公示催告程序、破产程序的性质均为非讼程序，程序功能并非解决民事权益争议。如我国民事诉讼法所规定的按特别程序审理的案件即选民资格案件，宣告公民失踪、死亡案件，认定公民无民事行为能力、限制行为能力案件，认定财产无主的案件、确认调解协议案件，实现担保物权案件，及按公示催告程序等作出的除权判决均不可以启动再审程序。如此理解的理由在于法院适用特别程序审理的非讼事件一般不涉及实体权益之争，而再审之诉作为上诉审程序的补充，在现行立法对非讼事件实行一审终审制的框架下，当然应当理解为不得启动再审。因此，《民事诉讼法解释》第 380 条规定，“适用特别程序、督促程序、公示催告程序、破产程序等非讼程序审理的案件，当事人不得申请再审。”应当注意的是，《民事诉讼法》第 186 条、第 190 条、第 193 条分别对宣告失踪、宣告死亡案件，认定公民无民事行为能力、限制民事行为能力案件，认定财产无主案件，出现新情况后，人民法院做出新判决，撤销原判决做了规定，并未就特别程序裁判确有错误如何救济的问题做出规定。基于特别程序的性质系非讼程序，不适用再审，《民事诉讼法解释》第 374 条对于特别程序案件的救济程序作了专门规定，即“适用特别程序作出的判决、裁定，当事人、利害关系人认为有错误的，可以向作出该判决、裁定的人民法院提出异议。人民法院经审查，异议成立或者部分成立的，作出新的判决、裁定撤销或者改变原判决、裁定；异议不成立的，裁定驳回。对人民法院作出的确认调解协议、准许实现担保物权的裁定，当事人有异议的，应当自收到裁定之日起十五日内提出；利害关系人有异议的，自知道或者应当知道其民事权益受到侵害之日起六个月内提出。”对于再审判决、裁定，依据《民事诉讼法解释》第 383 条第 1 款的规定，当事人提出再审申请的，人民法院不予受理，即“当事人申请再审，有下列情形之一的，人民法院不予受理：（一）再审申请被驳回后再次提出申请的；（二）对再审判决、裁定提出申请的；（三）在人民检察院对当事人的申请作出不予提出再审检察建议或者抗诉决定后又提出申请的。”应当注意的是，此次司法解释删除了过去关于依照审判监督程序审理后维持原判的案件当事人不得申请再审的规定，对于再审判决、裁定申请再审的问题，不再区分该再审判决、裁定是维持原判还是改判，均应按照上述司法解释的规定不予受理。

另外，《民事诉讼法》第 179 条同时规定：“人民法院在依照本章程序审理案件的过程中，发现本案属于民事权益争议的，应当裁定终结特别程序，并告知利害关系人可以另行起诉”。也就是说，在特别程序中如果法院认为涉及民事权益之争的，即终结特别程序，有利于当事人实体权益的保障。

2012 年修改的《民事诉讼法》第 162 条规定了小额的简单民事案件实行一审终审制，没明确该类案件发生错误时如何救济，是否适用再审程序。对于此类案件当事人能否申请再审问题，有观点认为当事人不得申请再审。理由是针对事实清楚、权利义务关系明确、争议不大并且数额较小的简单的民事案件，裁判的效率性相比较于裁判的公正性更为重要，即使为了某一方当事人实体利益的公正考量，也不宜将另一方当事人拉入无休无止的诉讼当中去。如果为了片面追求判决的公正性，可能对于任何一方当事人所消耗的资源要远远大于其可能得到的诉讼利益以及实体利益。在不允许该类案件当事人提起上诉的情况下，如果再行允许其申请再审甚至启动再审程序，显然违背了法律本意和立法目的。民事诉讼法司法解释起草小组研究认为：首先，依据《民事诉讼法》第207条规定，再审程序应当准用原审程序进行，原判一审生效的按一审程序，二审生效的按第二审程序。小额案件比较简单，都是一审终审的。因此，如果该类案件的申请再审由上一级人民法院审查，实际起到了移审的效果，提审时还要适用二审程序审理，显然与此类案件应当一审终审的要求明显不符。其次，《民事诉讼法解释》第426条第2款规定因适用小额程序不当而再审，由原审法院采用第一审程序再审，作出的裁判可以上诉，符合这类案件的基本要求和正常做法。如果直接由上级法院按照第二审程序再审，作出的裁判为终审裁判，当事人无法行使上诉权，不利于保护当事人的上诉权。再次，从人民法院审理小额诉讼案件的情况来看，由于此类案件事实清楚争议不大，当事人对裁判不服申请再审的比例非常低，由原审法院另行组成合议庭审查并决定是否再审，完全可以纠正错误，确保裁判公正。因此，《民事诉讼法解释》第426条规定，“对小额诉讼案件的判决、裁定，当事人以民事诉讼法第二百条规定的事由向原审人民法院申请再审的，人民法院应当受理。申请再审事由成立的，应当裁定再审，组成合议庭审理。作出的再审判决、裁定，当事人不得上诉。当事人以不应按小额诉讼案件审理为由向原审人民法院申请再审的，人民法院应当受理。理由成立的，应当裁定再审，组成合议庭审理。作出的再审判决、裁定，当事人可以上诉。”应当注意的是，当事人申请再审的管辖法院为原审人民法院；适用的再审事由仍然是《民事诉讼法》第200条明确的十三项事由；根据小额诉讼程序设立初衷以及简便快捷的功能，采用一裁终局。对于不应当适用小额诉讼程序而原审予以适用的案件，因其剥夺了当事人的上诉权，属适用法律确有错误情形，当事人可以仅以此为由向原审人民法院申请再审，再审时应当按照普通民事案件的一审程序予以再审。对该类再审裁判，当事人可以提出上诉。

（二）针对生效裁定的再审

在我国民事诉讼中，裁定是法院对民事诉讼中的程序问题以及个别实体问题所作出的具有诉讼法上约束力的判定。根据《民事诉讼法》第154条规定，在裁定适用的十一种情形中，当事人可对不予受理、驳回起诉、管辖权异议3种裁定提起上诉。学理上认为，对于不具有终结诉讼程序之功能，而仅具有诉讼指挥、执行处分功能的裁定，如对财产保全和先予执行的裁定、中止或终结诉讼的裁定、中止或终结执行的裁定、补正裁判文书笔误的裁定、不予执行仲裁裁决和不予执行公证机关赋予强制执行效力的债权文书等裁定不能成为再审程序的对象。对不予受理和驳回起诉的裁定，虽然对诉讼程序是否启动具有重大影响，但由于这两种裁定已赋予了当事人上诉救济权，因此，也不应准许当事人对其提起再审。管辖问题乃法院内部职权分工的结果，法律已经赋予了当事人上诉权，故对管辖权异议的裁定同样不能成为再审程序的对象。① 笔者倾向认为，不予受理和驳回起诉的裁定是终局性裁定，涉及案件当事人是否享有诉权的问题，裁定生效后即产生当事人不得再以同样的请求、事由起诉的既判力，具有终结诉讼之功能，一旦存在错误，则损害当事人请求司法救济的诉权，如果当事人不能享有再审申请权利，将会不利于一部分案件当事人诉讼权利以及实体权利的保障。因此，涉及当事人的基本程序保障，就不予受理和驳回起诉的裁定，应当允许当事人申请再审。《民事诉讼法解释》第381条规定，“当事人认为发生法律效力的不予受理、驳回起诉的裁定错误的，可以申请再审。”而管辖权异议裁定从性质上说属于中间裁判，并不具有终局性。2007年《民事诉讼法》修改时将案件“管辖错误”作为申请再审的法定事由，而2012年修正的《民事诉讼法》则在第200条有关申请再审事由中取消了“管辖错误”的再审事由。因此，对于2013年1月1日之前受理的未结案件，当事人依据2007年《民事诉讼法》第179条第1款第7项“违反法律规定，管辖错误的”情形申请再审，区分下列情形处理：（1）对生效判决申请再审且未主张其他再审事由的，可以该情形不属于法定再审事由为由，裁定驳回；（2）对管辖权异议裁定申请再审，案件尚未作出生效裁判且该裁定确有错误的，依照《民事诉讼法》第200条第6项的规定裁定再审；（3）对管辖权异议裁定申请再审，案件已经作出生效裁判的，告知当事人依法对生效裁判申请再审，裁定终结审查。

审判实践中应当注意，发回重审、中止诉讼等其他针对诉讼程序问题作出的非终局性裁定，并未影响当事人基本诉讼权利和实体权利义务，不能申请再审。对于按自动撤回上诉的裁定能否申请再审的问题，因为当事人可以直接针对一审判决申请再审获得救济，若允许对按自动撤回上诉的裁定申请再审，则已经生效甚至执行完毕的一审判决又变为不生效，程序难以操作，司法解释未规定对该类裁定可以申请再审。

（三）针对民事调解书的再审

根据《民事诉讼法》第198条规定，“各级人民法院院长对本院已经发生法律效力的裁判、裁定、调解书，发现确有错误，认为需要再审的，应当提交审判委员

---

① 蔡武：“对我国民事诉讼法再审程序的分析”，载《综合来源》2010年第8期。

会讨论决定。最高人民法院对地方各级人民法院已经发生法律效力的判决、裁定、调解书，上级人民法院对下级人民法院已经发生法律效力的判决、裁定、调解书，发现确有错误的，有权提审或者指令下级人民法院再审。”第201条规定，“当事人对已经发生法律效力的调解书，提出证据证明调解违反自愿原则或者调解协议的内容违反法律的，可以申请再审。”第208条规定，最高人民检察院对各级人民法院、上级人民检察院对下级人民法院已经发生法律效力的调解书发现损害国家利益、社会公共利益的，应当提出抗诉。从上述规定可以看出，人民法院发现调解书确有错误的，可以再审；当事人提出证据证明调解违反自愿原则或者调解协议的内容违反法律的，可以申请再审；人民检察院发现调解书损害国家利益、社会公共利益的，应当提出抗诉，检察机关不能对其他情形提出抗诉，这与当事人享有处分权相关。应当注意的是，《民事诉讼法解释》第384条规定，“当事人对已经发生法律效力的调解书申请再审，应当在调解书发生法律效力后六个月内提出。”调解书申请再审期限为调解书生效后六个月内，不适用《民事诉讼法》第205条规定，即当事人应在裁判生效后六个月内提出再审申请，如果有该法第200条规定的四种特定事由，即有新的证据，足以推翻原判决、裁定的；原判决、裁定认定事实的主要证据是伪造的；据以作出原判决、裁定的法律文书被撤销或者变更的；发现审判人员在审理该案件时有贪污受贿，徇私舞弊，枉法裁判行为的，从知道或应当知道之日起六个月内提出再审申请。

【拓展适用】

一、审判监督程序的衡平价值

（一）裁判的公正性与裁判的稳定性的衡平价值

法院判决一经生效，民事争议便定纷止争，裁判便具有拘束力、确定力、形成力和执行力。在现代社会里，维护法的安定性乃是法治原则导出的必然结果。在此意义上，法院和当事人均受确定裁判的拘束，即使裁判有错误，亦应遵从。相对法的不安定性而言，在具体案件上忍受错误判决的危险，其危害要小得多。[①] 从另一方面看，根据各国立法通例，对已经发生法律效力的判决和裁定，如果存在危害当事人利益或者违反社会公共利益的情形，仍可以通过进入审判监督程序予以纠正。但如果法院能够随时、随意地否定自己或下级人民法院作出的确定判决，将会大大影响司法的权威，使得讼争的法律关系又处于不稳定状态。因此，在确定裁判的公正性与稳定性之间，需要找寻一个恰当的利益平衡点，一方面确保法的公正性的最

---

① 孙桂宏：“谈审判监督程序制度的衡平价值”，载《广东法学》2001年第4期。

终实现，另一方面也要充分考量裁判的稳定性。在满足纠正错误裁判的需要与维护裁判的稳定性之间求得平衡，在两者的极限之内寻求解决方案，是审判监督制度必须斟酌的重要因素。

（二）裁判的公正性与诉讼效率的衡平价值

公正与效率是司法的主题，即使公正是司法所追求的终极目标，没有效率的司法也是让人无法忍受的，“迟到的正义并非真正的正义。”审判监督程序同样需要考量公正与效率二者之间的利益平衡。再审程序的启动必定延长了案件的审理期限，使得讼争的法律关系难以确定，这种情况有悖于诉讼效率的目标，因此从制度设计的角度看，不能为了追求绝对的诉讼正义而无休止、无原则地一味让案件进入再审，因为不能总为所谓的纠错而无休止地就某一民事争端开启和进行审判程序，否则就会导致审判程序的及时性和终局性受到不应有的牺牲，判决的既判力不存在，判决没有权威性、严肃性。审判监督程序不讲诉讼效率，多次再审，即使当事人最终取得正确判决，但这种公正是苦涩的。审判监督程序中，既要满足纠正错误裁判的需要，又要满足诉讼效率需要，应当做到同时兼顾。在二者出现矛盾时，应力求在二者的极限之内合理地调和与平衡，力争以最快的速度求得正确的裁判，实现个案公正和体现社会公正。

（三）实体正义与程序正义的衡平价值

审判监督程序的制度价值在于纠正生效裁判的错误，生效裁判的错误包括实体性错误与程序性错误。“但程序正义的实现，即使消极地实现（通过纠正违反程序正义的错误，保障程序正义的实在化）都要受到各种条件和因素的限制。程序正义的实现是相对的，这种相对性主要体现在实现的成本与实现价值的平衡上。程序正义的实现与诉讼的经济性（包括物质上的经济性和时间上的经济性）存在着天然的紧张关系。再审纠错是事后救济，而纠错必然有各方的物质、精力和时间上的投入。”① 因此，我们需要考量实体性错误与程序性错误在审判监督程序中引起生效裁判进入再审的利益平衡，我国的民事诉讼法一直将生效裁判的程序性错误作为案件进入再审的一个法定事由，但是不是所有的程序性错误均能够导致案件进入再审呢？“如果某一程序瑕疵没有对申请人的实体权益造成任何损害，或该程序瑕疵与裁判结果没有因果关系，则将当事人各方拖进再审，不仅没有任何诉讼利益，反而使当事人各方承受更大的牺牲，这不仅加大了当事人的成本，也挤占了有限的司法资源。因此，在确定再审事由时候，必须考虑程序正义实现的成本与实现

---

① 江必新：“民事再审事由：问题与探索——对《民事诉讼法》有关再审事由规定的再思考”，载《法治研究》2012 年第 1 期。

价值的平衡。”① 笔者认为，程序性错误之所以成为生效裁判得以再审的法定事由之一，其原因在于程序性的制度设计在民事诉讼制度当中有其特殊的制度价值，有些程序性规定是当事人实体权利得以实现的诉讼保障，有些问题很难在究属当事人的程序性权利抑或实体性权利之间作出泾渭分明的区分。另外，民事诉讼的制度设计是整个实体法规定得以实现的制度性保障，舍弃程序性制度，实体性权利如果受到侵害将无从获得救济。因此，不能得出程序性制度是实体性规定的辅助性规定的结论。但是，也不能得出所有的程序性错误都应当得到纠正的结论，不能不加限制地盲目追求绝对的公正，对那些虽然存在一定程序性瑕疵，但对当事人实体权益无实质性影响或者不可能有实质性影响的案件，不宜启动再审，否则将会人为地浪费诉讼资源，影响法律关系的稳定性。

二、对检察机关抗诉范围限制性规定的梳理

最高人民法院自 1995 年以来对人民检察院的抗诉范围方面作出的限制性规定进行了梳理，具体情况如下：

序列	施行时间	最高人民法院批复	主要内容
1	1995 年 8 月 10 日	《关于对执行程序中的裁定的抗诉不予受理的批复》　法复［1995］5 号	针对执行程序中裁定的抗诉，不予受理
2	1995 年 10 月 6 日	《关于人民检察院提出抗诉按照审判监督程序再审维持原裁判的民事、经济、行政案件，人民检察院再次提出抗诉应否受理问题的批复》　法复［1995］7 号	再次抗诉仅由原提出抗诉的上级检察院提出的，法院才予以受理，提高了抗诉机关的级别
3	1996 年 8 月 8 日	《关于检察机关对先予执行的民事裁定提出抗诉人民法院应当如何审理问题的批复》　法复［1996］13 号	针对先予执行裁定的抗诉不符合民事抗诉“事后监督”的特点，故应以书面通知退回抗诉书
4	1996 年 8 月 13 日	《关于在破产程序中当事人或人民检察院对人民法院作出的债权人优先受偿的裁定申请再审或抗诉应如何处理问题的批复》　法复［1996］14 号	针对破产程序中债权人优先受偿裁定的抗诉，不予受理
5	1997 年 8 月 2 日	《关于对企业法人破产还债程序终结的裁定的抗诉应否受理问题的批复》　法释［1997］2 号	针对企业法人破产还债程序终结裁定的抗诉，不予受理

① 江必新：“民事再审事由：问题与探索——对《民事诉讼法》有关再审事由规定的再思考”，载《法治研究》2012 年第 1 期。

续　表

6	1998 年 8 月 5 日	《关于人民法院发现本院作出的诉前保全裁定和在执行程序中作出的裁定确有错误以及人民检察院对人民法院作出的诉前保全裁定提出抗诉人民法院应如何处理的批复》　法释［1998］17 号	针对人民法院作出的诉前保全裁定提出抗诉，不予受理
7	1998 年 9 月 5 日	《关于人民法院不予受理人民检察院单独就诉讼费负担裁定提出抗诉问题的批复》　法释［1998］22 号	针对人民检察院单独就诉讼费负担裁定提出抗诉的，不予受理
8	1999 年 2 月 13 日	《关于人民检察院对民事调解书提出抗诉人民法院应否受理问题的批复》　法释［1999］4 号	针对民事调解书提出的抗诉，不予受理
9	2000 年 7 月 15 日	《关于如何处理人民检察院提出的暂缓执行建议问题的批复》　法释［2000］16 号	针对人民法院生效民事判决提出暂缓执行的建议，没有法律依据
10	2000 年 7 月 15 日	《关于人民检察院对撤销仲裁裁决的民事裁定提起抗诉人民法院应如何处理问题的批复》　法释［2000］17 号	针对撤销仲裁裁决民事裁定提起的抗诉，不予受理
11	2000 年 12 月 19 日	《关于人民检察院对不撤销仲裁的民事裁定提出抗诉人民法院应否受理问题的批复》　法释［2000］46 号	针对不撤销仲裁民事裁定提出的抗诉，不予受理
12	2001 年	《关于人民检察院对人民法院再审裁定终结诉讼的案件能否提出抗诉的请示的复函》　［2001］民立他字第 19 号	再审申请主体不合格已裁定终结诉讼，案件无法审理。

上述批复中除法复［1995］7 号是关于同一案件再次抗诉的抗诉机关级别问题之外，其余均是关于抗诉机关抗诉范围的批复意见。我们可以对上述批复进行分类：(1) 抗诉内容不属于人民法院审判活动范围。一是执行活动不属于审判活动，对执行中的裁定抗诉没有法律依据，即 1995 年 8 月 10 日《关于对执行程序中的裁定的抗诉不予受理的批复》（法复［1995］5 号）、2000 年 7 月 15 日《关于如何处理人民检察院提出的暂缓执行建议问题的批复》（法释［2000］16 号）；二是司法

行政行为不属于审判活动，人民法院对于当事人就诉讼费的负担的决定，不是对当事人权利义务争议的处理，属于司法行政行为。即1998年9月5日《关于人民法院不予受理人民检察院单独就诉讼费负担裁定提出抗诉问题的批复》（法释［1998］22号）。(2) 抗诉内容不属于已生效的判决、裁定的。调解书不属于生效的判决、裁定，检察机关只能对生效的判决、裁定提出抗诉，除此之外的，不能抗诉，即1999年2月13日《关于人民检察院对民事调解书提出抗诉人民法院应否受理问题的批复》（法释［1999］4号）。(3) 抗诉的案件法院尚未审理终结。民事诉讼法对具体的检察抗诉权内容规定在审判监督程序之中，人民检察院对人民法院生效判决、裁定提出抗诉实施法律监督，是案件终结后的“事后监督”。按审判监督程序规定予以审理的案件，必须是在程序上和实体上都已审理终结，发生法律效力的案件，仅仅就案件审理过程中有关程序所作的裁定，只是解决诉讼阶段性中的某些程序问题，有的不对实体问题作出处理，有的不是最终的裁定，当事人可以通过其他的途径予以救济，无需通过抗诉进入再审解决，不能成为审判监督的对象。即1996年8月8日《关于检察机关对先予执行的民事裁定提出抗诉人民法院应当如何审理问题的批复》（法复［1996］13号）、1998年8月5日《关于人民法院发现本院作出的诉前保全裁定和在执行程序中作出的裁定确有错误以及人民检察院对人民法院作出的诉前保全裁定提出抗诉人民法院应如何处理的批复》（法释［1998］17号）。(4) 对特别程序的裁定提出抗诉，且抗诉的内容是法律规定当事人不得上诉或不得申请再审的裁定。民事诉讼法将特别程序规定在第一审程序、简易程序、第二审程序和审判监督程序之后，由于程序性质的不同，在立法体例也作了不同的安排，可以理解立法原意没有将上述特别程序的裁定列入抗诉的范围，法律规定人民法院对特别程序所作出的裁定，当事人不得上诉或不得申请再审，故这类裁定不能成为抗诉的对象。即1996年8月13日《关于在破产程序中当事人或人民检察院对人民法院作出的债权人优先受偿的裁定申请再审或抗诉应如何处理问题的批复》（法复［1996］14号）、1997年8月2日《关于对企业法人破产还债程序终结的裁定的抗诉应否受理问题的批复》（法释［1997］2号）、2000年7月15日《关于人民检察院对撤销仲裁裁决的民事裁定提起抗诉人民法院应如何处理问题的批复》（法释［2000］17号）、2000年12月19日《关于人民检察院对不撤销仲裁的民事裁定提出抗诉人民法院应否受理问题的批复》（法释［2000］46号）。(5) 人民检察院抗诉后将无法审理的案件。再审申请主体不合格已裁定终结诉讼，人民检察院对该裁定抗诉后将导致案件无法审理。即《关于人民检察院对人民法院再审裁定终结诉讼的案件能否提出抗诉的请示的复函》（［2001］民立他字第19号）。

上述情形说明：[①] 一是法检两院在抗诉范围上存在分歧；二是法院对于检察机关的抗诉具有立案审查权，对于检察机关提起民事抗诉依据不足的，人民法院可按不予受理处理。2012 年《民事诉讼法》修改后，对于执行程序中所涉及的裁定，民事诉讼法只规定了检察机关有权进行监督；但就监督的方式并没有作出明确的规定，根据《最高人民法院　最高人民检察院关于对民事审判活动与行政诉讼实行法律监督的若干意见（试行）》[②] 的规定，检察机关对于执行程序中的裁定只能以检察建议的方式予以监督，并不能以抗诉的方式提出。对于调解的监督，民事诉讼法已明确规定，检察机关只能就调解书中存在损害国家利益和社会公共利益的情形提出抗诉或检察建议；对于存在其他情形的，并不能抗诉和提出检察建议。由于法律的规定与相关司法解释的规定存在一定的差异，因此，对上述司法解释的规定也有必要进行清理。

三、民事诉讼法解释对检察监督范围的规定[③]

《民事诉讼法解释》第 413 条规定，"人民检察院依法对损害国家利益、社会公共利益的发生法律效力的判决、裁定、调解书提出抗诉，或者经人民检察院检察委员会讨论决定提出再审检察建议的，人民法院应当受理。"上述规定是关于检察机关依职权监督民事诉讼的解释。人民检察院依职权监督民事诉讼的范围，涉及《民事诉讼法》第 208 条第 1 款、第 2 款的理解，以及该条与第 209 条的关系问题。

（一）对检察机关依职权监督的解释

在执行《民事诉讼法》第 209 条以及第 208 条的司法实践中，有关方面出现了不同的理解。有观点认为，根据《民事诉讼法》第 209 条的文字表述，其中规定的法院纠错先行、检察监督在后是给当事人使用的。也就是说，当事人可以在三种情形下向人民检察院申请检察建议或者抗诉，至于检察机关本身并不受是否有法院纠错先行的限制，其可以适用《民事诉讼法》第 208 条，随时提出检察监督。我们认为，2012 年《民事诉讼法》修改的目的之一就是解决终审不终，就是在二审之外设置法院和检察院各过滤一道，最终不再向当事人提供程序性保障。至于《民事诉讼法》第 208 条中具有的检察机关依职权监督的规定，应当限定在合理的范围内，否则《民事诉讼法》第 209 条的努力便付之东流。

---

① 何东宁、程似锦："检察机关对民事裁定提出抗诉标准的考量"，载景汉朝主编：《审判监督指导》2012 年第 4 期。

② 最高人民法院　最高人民检察院《关于印发〈关于对民事审判活动与行政诉讼实行法律监督的若干意见（试行）〉的通知》（高检会［2011］1 号）。

③ 参见江必新主编：《最高人民法院民事诉讼法司法解释专题讲座》，中国法制出版社 2015 年版，第 284～287 页。

在民事诉讼法司法解释起草后，征求意见中，全国人大法工委意见认为：“征求意见稿第四百零四条规定了人民检察院提出抗诉或者检察建议的条件。根据民事诉讼法第二百零八条的规定，人民检察院可以依职权提出抗诉或者检察建议。征求意见稿第一款第六项的规定是否妥当，建议进一步研究。对其他条件，建议征求最高人民检察院意见。”经对各方意见研究后，采纳了法工委和各单位的意见，对原条文分解为三条，即用两条分别就检察抗诉和再审检察建议的受理审查作了规定，另外一条即《民事诉讼法解释》第413条，则明确规定对于损害国家利益、社会公共利益的判决、裁定、调解书，检察机关可以依职权监督。该规定是对《民事诉讼法》第208条中依职权监督范围的解释，即只要是确实损害了国家利益、社会公共利益，无论是民事调解书，还是民事判决书、民事裁定书，检察机关均可监督；检察机关监督方式上，不限于再审检察建议，还可以提出抗诉。符合民事诉讼法的规定和最高人民法院及最高人民检察院关于再审检察监督工作的共识。

（二）关于国家利益、社会公共利益

一般认为，国家利益就是指满足或者能够满足国家生存发展为基础的各方面需要并且对国家在整体上具有好处的事物，比如外交需要等。社会公共利益是指不特定范围的广大公民所能享受的利益。

应当注意的是：第一，损害国家利益、社会公共利益是指损害了概括的、不特定多数人的利益。有观点认为，执法不严、适用国家法律错误也属于损害国家利益、社会公共利益的内容。我们认为，损害国家利益、社会公共利益不应理解为“违反法律”或者“适用法律错误”。第二，对于《民事诉讼法解释》第413条的适用，没有法院纠错先行的限制，即抗诉或再审检察建议来院时，不必审查是否符合《民事诉讼法》第209条的要求。

（三）对检察机关不可以监督范围的解释

《民事诉讼法解释》第414条规定，“人民检察院对已经发生法律效力的判决以及不予受理、驳回起诉的裁定依法提出抗诉的，人民法院应予受理，但适用特别程序、督促程序、公示催告程序、破产程序以及解除婚姻关系的判决、裁定等不适用审判监督程序的判决、裁定除外。”上述规定是对再审检察监督案件范围的解释。根据《民事诉讼法》和最高人民法院先前若干司法解释的规定，对检察机关可以再审监督的案件范围作了梳理，进一步明确了检察机关可以对哪些判决和裁定进行监督，增加了司法实践的可操作性。

1. 不可以再审检察监督的案件范围。虽然民事诉讼法规定对人民法院的生效裁判，检察机关可以再审监督，但并非对人民法院作出的生效裁判一律可以进行再审监督。依案件的性质或者法律的规定不宜适用审判监督程序案件的生效裁判，当事人不得申请再审，检察机关也不适宜进行再审监督。因此，《民事诉讼法解释》第414条规定，对人民法院发生法律效力的适用特别程序、督促程序、公示催告程序、破产程序以及解除婚姻关系的判决、裁定等，人民检察院不得进行再审监督。《民事诉讼法》第202条明确规定对解除婚姻关系的判决当事人不得申请再审，这是基于婚姻关系解除后即允许当事人另行结婚，进行再审将严重影响社会关系稳定，因此，人民检察院也不得抗诉。适用特别程序、督促程序、公示催告程序、破产程序作出的判决、裁定，都是非讼程序的判决、裁定，不适用审判监督程序，这是民诉法的基本原理。非讼程序的裁判发生错误的，都依单独程序进行救济，对此《民事诉讼法》和《民事诉讼法解释》有专门规定。因此，对非讼程序的裁判，当事人不得申请再审，人民检察院也不得进行检察监督。

2. 对人民法院生效裁定再审监督的范围。裁定是依民事诉讼法对程序事项进行处理后使用的文书形式。裁定从其性质上来讲，只涉及程序事项，不涉及当事人的实体权利，因此不具有既判力，一般不适用审判监督程序进行救济。但对于不予受理裁定、驳回起诉裁定，因为其产生的效果涉及当事人的基本诉权，有必要进行特别的保护，所以对上述两类裁定允许适用审判监督程序，检察机关可以进行再审监督。应当注意的是，现已排除管辖权异议裁定的检察监督。因为，管辖制度本质上是一种分配制度，过分强调管辖错误事由，因其理论前提是“司法保护假定”，实际上是对司法公正性的彻底否定。在2012年《民事诉讼法》修法过程中，立法机关删除了管辖错误事由。从立法本意出发，可以排除管辖权异议裁定可以申请再审以及抗诉。

【典型案例】

中国有色金属工业长沙勘察设计研究院与海南省汇富房地产开发公司长沙公司、海南省汇富房地产开发公司合作建房合同纠纷案

上诉人（原审原告）：中国有色金属工业长沙勘察设计研究院。

法定代表人：杨传德，该院院长。

被上诉人（原审被告）：海南省汇富房地产开发公司长沙公司。

负责人：付晓华，该公司经理。

被上诉人（原审被告）：海南省汇富房地产开发公司。

法定代表人：唐宇光，该公司总经理。

被上诉人（原审第三人）：湖南雄新建筑有限公司。

法定代表人：周奇飞，该公司总经理。

〔基本案情〕

原审原告中国有色金属工业长沙勘察设计研究院（以下简称长勘院）与原审被告海南省汇富房地产开发公司长沙公司（以下简称汇富长沙公司）、海南省汇富房地产开发公司（以下简称汇富公司）合作建房合同纠纷一案，湖南省高级人民法院于1998年3月19日作出（1997）湘民初字第7号民事调解书，已经发生法律效力。案外人中国东方资产管理公司长沙办事处（以下简称东方资产公司长沙办事处）提出异议。湖南省高级人民法院于2004年9月8日作出（2004）湘高法民监字第148号民事裁定，决定对该案进行再审。在此期间，湖南雄新建筑有限公司（以下简称雄新公司）受让东方资产公司长沙办事处的债权，并申请参加诉讼。湖南省高级人民法院依法另行组成合议庭，追加了雄新公司为本案第三人，并于2006年2月21日作出（2004）湘高法民再字第148号民事判决。上诉人长勘院不服该判决，向本院提起上诉。本院依法组成合议庭，于2006年7月6日对本案进行了开庭审理。长勘院的委托代理人金义元、杨万林，雄新公司的委托代理人车宁、龚自平到庭参加诉讼，汇富长沙公司和汇富公司经本院传票传唤未到庭。本案现已审理终结。

湖南省高级人民法院再审查明，1994年11月25日，长勘院与汇富长沙公司签订一份《合作建房合同》约定，长勘院用其行政划拨取得的位于长沙市韶山北路81号的7.928亩土地的使用权，作为投资与汇富长沙公司合作建房。同年12月16日，长勘院与国土管理部门签订了该宗土地使用权的出让合同，并按规定缴纳了土地出让金。与此同时，长勘院应汇富长沙公司的要求，申请将该土地使用权转让至汇富长沙公司名下，国土管理部门审查后办理了有关该宗土地的红线图及出让、转让手续，并给汇富长沙公司颁发了该宗土地的国有土地使用权证。1994年12月28日，长勘院与汇富长沙公司正式签订了《合作共建“金富大厦”合同书》约定，长勘院提供建设用地，汇富长沙公司承担全部与建设相关的资金，并约定了对所建房屋的分配、违约责任等内容。合同签订后，长勘院依约进行了建设用地上的房屋拆迁安置等工作，汇富长沙公司则投入了部分建设资金，着手拆迁补偿、工程前期立项、报建、组织勘察，设计及部分基础基建工程、水电增容等方面的工作。合作期间，汇富长沙公司另行租借了长勘院部分办公用房，尚欠长勘院部分房租、水电费。此后，由于汇富长沙公司后续建设资金不能到位，合建工程于1996年7月停工，双方多次协商未果。长勘院于1997年8月4日向湖南省长沙市中级人民法院提起诉讼。汇富长沙公司提出管辖异议，湖南省高级人民法院对该案进行提审。经湖南省高级人民法院原审主持调解，双方当事人于1998年3月19日自愿达成如下协议：1. 因汇富长沙公司主体资格不符等方面的原因，其与长勘院所签订的合作建房合同、土地使用权转让协议及与此相关的有关合同（协议）均无效，汇富长沙公司无条件返还长勘院韶山路81号7.928亩土地的使用权，并将合作项目有关的所有资料一并移交长勘院。2. 该土地上合建项目的基坑现有工程移交长勘院。此调解协议之前汇富长沙公司在该项目上的债务（包括基坑土方、土建、设计等款项）均由汇富长沙公司承担。3. 汇富长沙公司现在租用的长勘院办公用房内的空调、办公桌等办公家具全部折款冲减其所欠长勘院的部分房租、水电费。此外，汇富长沙公司另行赔偿长勘院300万元经济损失。4. 案件受理费122910元，财产保全费10万元，由汇富长沙公司负担。5. 汇富公司对上述协议中汇富长沙公司的义务承担连带责任。该调解书经双方签收发生法律效力后，长勘院申请执行，该土地于1998年9月从汇富长沙公司过户到长勘院名下。长勘院对该土地进行开发，修建了商品房对外出售，土地使用权已分摊到各住户的名下。

湖南省高级人民法院再审另查明，1995年3月，汇富长沙公司在建设"金富大厦"项目过程中，以"金富大厦"项目的土地为长沙高新技术开发区金海股份有限公司海口公司长沙分公司（以下简称金海长沙公司）借中国银行长沙市分行300万元和100万元贷款的两份《借款合同》进行担保，并办理了抵押登记手续。由于金海长沙公司没有归还借款，中国银行长沙市分行向湖南省长沙市天心区人民法院提起诉讼。该院于1997年12月22日对两起借款合同纠纷案分别作出（1997）天经初字第354号和367号民事判决，判决认定抵押有效，由金海长沙公司偿还借款本金400万元及利息，长沙高新技术开发区金海股份有限公司海口公司负连带清偿责任；汇富长沙公司在抵押担保的范围内承担连带责任。各方当事人均未上诉，判决已发生法律效力。2000年6月，该债权从中国银行长沙市分行剥离到东方资产公司长沙办事处。截止2000年3月31日，该债权本金为400万元，利息为1964290.36元。2004年12月，东方资产公司长沙办事处以公开拍卖方式，将此债权转让给雄新公司，雄新公司提供成交拍卖确认书、支付拍卖价款凭证、本息清单，表明其向拍卖行支付佣金10.8万元，以360万元成交价购买了8901509.5元的债权。

湖南省高级人民法院再审还查明，汇富公司于1993年初成立，主管部门为中国国民党革命委员会海南省委员会，注册资金2000万元，法定代表人唐安云。1997年5月，该公司将法定代表人变更为唐安云之弟唐宇光。2003年11月，汇富公司因未年检被海南省工商局吊销营业执照。汇富长沙公司的开办单位为汇富公司，其注册资金500万元没有到位，负责人唐安云，后变更为付晓华。2001年8月，汇富长沙公司被长沙市工商局吊销营业执照。以上两公司的负责人因涉嫌诈骗犯罪，现均下落不明。

东方资产公司长沙办事处向湖南省高级人民法院提出异议称：1. 争议土地已对申诉人设立了抵押，申诉人有优先受偿的权利。本案的处理结果与申诉人有法律上的利害关系，法院应通知其参加诉讼；2. 调解书处理该土地损害了申诉人的利益。

雄新公司在受让了东方资产公司长沙办事处的债权后，向湖南省高级人民法院请求：1. 作为第三人参加本案诉讼；2. 判令长勘院赔偿因抵押权无法实现的损失8901509.5元。

〔一审裁判理由与结果〕

湖南省高级人民法院再审认为，长勘院与汇富长沙公司在原审中达成调解协议，依约由汇富长沙公司将韶山路81号7.928亩土地使用权返还给长勘院。而在调解返还之前，汇富长沙公司已经以该土地为金海长沙公司的债务设置了抵押，且该抵押经湖南省长沙市天心区人民法院（1997）天经初字第354号和367号民事判决确认有效。现雄新公司受让了对金海长沙公司的债权，在本案中主张对该土地的抵押权。因抵押权是附着在物上的权利，随抵押物的转移而转移，抵押权人可在抵押物上行使优先受偿权。长勘院所接受汇富长沙公司返还的土地上已附着了汇富长沙公司所设置的抵押，并且，不因为抵押物的转让而影响抵押权的效力，故雄新公司向长勘院行使追及权，符合法律规定，依法应予支持。由于长勘院已将土地进行了开发，修建了商品房对外出售，土地使用权已分摊到各住户的名下，变卖土地已不现实，长勘院应依法承担代替债务人清偿全部抵押债务的义务，使汇富长沙公司的抵押债务依法得以履行，并在清偿抵押债务后长勘院依法享有向汇富长沙公司追偿的权利。同时，长勘院与汇富长沙公司、汇富公司对双方合作建房合同纠纷所达成的调解协议，是当事人的真实意思表示，内容符合法律规定，该院予以确认。但因为该调解书对汇富长沙公司返还长勘院的土地所涉及的抵押债权未予处理，故依法在对返还土地的调解协议予以确认的同时，还应对土地上的抵押债权予以处理，才能依法公平保护土地上各方当事人的合法权益。依照《中华人民共和国民法通则》第八十九条（二）项及最高人民法院《关于贯彻执行〈中华人民共和国民法通则〉若干问题的意见》（试行）第一百一十二条、《中华人民共和国民事诉讼法》第一百八十条、第一百三十条[①]之规定，经湖南省高级人民法院审判委员会讨论决定，判决：（一）维持湖南省高级人民法院（1997）湘民初字第7号民事调解书；（二）由长勘院代汇富长沙公司承担对雄新公司抵押债权的清偿责任。长勘院在清偿抵押债务后，可依法向汇富公司和汇富长沙公司追偿。

〔当事人上诉及答辩意见〕

上诉人长勘院不服一审判决，向本院提起上诉称：1. 本案土地使用权转移本身不合法，其收回土地使用权是依法进行的；2. 一审判决本身存在矛盾，原调解书既然被维持，则其不应对第三人承担赔偿责任，且一审判决第二项不确定、不具体，无法履行。故请求撤销一审判决第二项。本院开庭审理前，长勘院向本院递交追加当事人申请书和补充上诉状，申请追加中国国民党革命委员会海南省委员会、中国

① 对应2012年《民事诉讼法》第201、144条。

建设银行海南省分行、海南从信会计师事务所和湖南高新实业股份有限公司为本案第三人，并请求判决对汇富公司、汇富长沙公司、长沙高新技术开发区金海股份有限公司海口公司的法人人格予以否认，判决汇富公司、汇富长沙公司的债务由中国国民党革命委员会海南省委员会清偿，中国建设银行海南省分行、海南从信会计师事务所、湖南高新实业股份有限公司对汇富公司、汇富长沙公司的债务承担连带清偿责任。庭审中，长勘院另提出：本案系适用审判监督程序审理的案件，原审中并未涉及土地使用权抵押的内容，再审程序中追加雄新公司为第三人不当；其与雄新公司之间没有直接的法律关系，且雄新公司不属于有独立请求权第三人，其不应对雄新公司承担责任。

被上诉人雄新公司答辩称：1. 本案土地使用权已设置合法抵押且被湖南省长沙市天心区人民法院的生效判决确认，长勘院受让土地使用权后，应依法承担土地使用权已抵押的担保责任；2. 一审判决明确、具体，无矛盾之处；3. 一审没有遗漏当事人，长勘院提出的追加当事人及相应的诉讼主张，不属于本案审理的范围。针对长勘院庭审中提出的主张，雄新公司答辩称：本案再审的原因是原审调解书侵害了作为抵押权人的雄新公司的利益，雄新公司加入到再审程序中并无不当；原审调解书关于抵押物转移的约定是对抵押权人的直接侵害，土地使用权转移不能妨碍抵押权人的权利，故一审判决长勘院对雄新公司承担责任是正确的。

〔最高人民法院查明的事实〕

最高人民法院二审查明的事实与一审法院查明的事实相同。

〔最高人民法院裁判理由与结果〕

最高人民法院认为，本案一审程序系湖南省高级人民法院基于审判监督程序提起，因此，本案的审理范围应当受原审审理范围的限制。由于原审调解协议达成前，雄新公司受让的抵押权已经湖南省长沙市天心区人民法院（1997）天经初字第354号和367号生效民事判决确认，基于抵押权的追及效力，抵押权人可以向抵押物的最终受让人追偿，故该项抵押权已经获得可以在执行程序中实现的法律依据。原审中，长勘院与汇富公司、汇富长沙公司之间的合作建房合同纠纷并不涉及土地抵押权的内容。故一审判决在维持原审调解协议的同时，对抵押权作出处理，超出了原审的审理范围。

由于雄新公司是基于其申请，由一审法院通知参加诉讼，根据《中华人民共和国民事诉讼法》第五十六条①的规定，其诉讼地位为无独立请求权第三人。一审判决判令一审原告长勘院向无独立请求权第三人雄新公司承担责任，违反了民事诉讼“不告不理”原则。

---

① 对应2012年《民事诉讼法》第56条。

关于长勘院二审期间提出的“申请追加中国国民党革命委员会海南省委员会等为本案第三人、请求判决对汇富公司、汇富长沙公司、长沙高新技术开发区金海股份有限公司海口公司的法人人格予以否认，判决汇富公司、汇富长沙公司的债务由中国国民党革命委员会海南省委员会清偿，中国建设银行海南省分行、海南从信会计师事务所、湖南高新实业股份有限公司对汇富公司、汇富长沙公司的债务承担连带清偿责任”的主张，亦超出了本案审理范围。

综上，本案原调解已生效数年，并非确有错误，应予维持。再审判决适用法律错误，应予撤销。依照《中华人民共和国民事诉讼法》第一百五十三条①第一款第（二）项之规定，判决如下：

一、撤销湖南省高级人民法院（2004）湘高法民再字第148号民事判决；

二、维持湖南省高级人民法院（1997）湘民初字第7号民事调解。

二审案件受理费122910元，由湖南雄新建筑有限公司负担。

本判决为终审判决。

---

① 对应2012年《民事诉讼法》第170条。

第二十一章　调解书的再审

规则 29：人民法院发现已生效的调解书确有错误，认为应当必须进行再审的，可以按照审判监督程序进行再审

——武汉中联证券劳动服务公司与港澳祥庆实业返还财产纠纷案①

【裁判规则】

对于已经发生法律效力的调解书，当事人虽然没有申请再审，但损害了国家利益、公共利益和案外人的合法权益，人民法院发现确有错误，认为应当进行再审的，人民法院可以按照审判监督程序进行再审。

【规则理解】

一、法院调解的内涵及特点

法院调解属于民事诉讼制度范畴，在民事纠纷解决机制中占有重要的地位。

（一）法院调解的内涵

法院调解，又称诉讼调解，是指在人民法院审判人员的主持下，诉讼各方当事人经过自愿、平等的协商，就争议的民事权益达成协议，以解决纠纷、终结诉讼程序的诉讼活动。《民事诉讼法》第 9 条规定："人民法院审理民事案件，应当根据自愿和合法的原则进行调解；调解不成的，应当及时判决"。诉讼调解被确定为民事诉讼法的基本原则。

（二）诉讼调解的特点

调解除了诉讼调解外，还包括人民调解和行政调解。诉讼调解与人民调解、行政调解相比，具有如下特点：

第一，诉讼调解是一种诉讼活动，可以在民事诉讼活动中各个阶段进行，包括起诉、开庭审理前准备阶段，法庭调查和辩论阶段、上诉阶段等。无论当事人是否

---

① 《中华人民共和国最高人民法院公报》2007 年第 5 期，最高人民法院（2005）民四提字第 1 号民事判决书。

达成调解协议，法院调解活动的进行与以调解方式结案都属于诉讼调解的范畴。

第二，诉讼调解是人民法院行使审判权与当事人行使处分权的两相结合。人民法院审判组织处于中立地位，为当事人提供信息，主导当事人进行意见交换，各方当事人及其他诉讼参与人共同参与到诉讼调解活动中。诉讼调解过程中，当事人的处分权居于核心地位，当事人各方应当平等协商，互谅互让。

第三，诉讼调解是人民法院的法定结案方式之一，也是人民法院行使审判权的方式之一，调解与判决一样，都是法院解决民事争议的重要方式，调解协议生效后，与生效判决具有相同的法律效力。调解达成协议的，人民法院应当制作调解书，调解书经双方当事人签收后，即具有法律效力。对不需要制作调解书的协议，应当记入笔录，由双方当事人、审判人员、书记员签名或者盖章后，即具有法律效力。一方当事人拒不履行的，另一方当事人可以申请人民法院强制执行。因此，诉讼调解与人民调解委员会的人民调解、行政机关的行政调解以及仲裁机关的仲裁调解等有着本质的区别。

二、诉讼调解的基本原则

所谓诉讼调解的基本原则，是指人民法院和当事人在法院调解活动中应当共同遵守的基本行为准则。根据《民事诉讼法》第 9 条、第 93 条、第 96 条，以及《民事诉讼法解释》第 145 条的规定，法院调解应当遵循以下基本原则：

（一）自愿原则

自愿是调解的本质特征，人民法院在民事诉讼中必须坚持在当事人自愿的基础上进行调解，不得违背当事人的意愿强制、施压调解。自愿包括程序上的自愿和实体上的自愿，程序上的自愿是指在民事诉讼活动中，各方当事人均同意选择以法院主持调解的方式解决民事纠纷，或者选择在诉讼程序中的某一阶段进行调解。实体上的自愿是指各方当事人就争议的民事权益内容经过协商，对调解协议内容取得一致同意的结果，充分反映当事人的意愿。应当注意的是，调解自愿并非是绝对的，主要限制来自以下方面：第一，来自案件性质方面的限制。《民事调解规定》第 2 条规定，以下案件人民法院不予调解：（1）特别程序、督促程序、公示催告程序、破产还债程序的案件；（2）婚姻关系、身份关系确认案件；（3）其他依案件性质不能进行民事调解的案件。第二，来自诉讼效率的限制。《民事诉讼法》以及《民事诉讼法解释》规定了案件审理期限制度。调解也不是审理全部民事案件的唯一程序，对于各方当事人都自愿选择以调解方式结案但经过长时间的协商与调解不能达成调解协议的案件，人民法院应坚持“调解不成，及时判决”的原则，及时处理，依法判决，防止案件“久调不决”。《民事诉讼法解释》第 145 条对此作出了明确规定，即“人民法院审理民事案件，应当根据自愿、合法的原则进行调解。当事人一方或者双方坚持不愿调解的，应当及时裁判。人民法院审理离婚案件，应当进行调解，但不应久调不决。”

（二）合法原则

合法是法院调解的基本要求，人民法院主持调解应当以事实为依据，以法律为准绳，调解程序、调解方式和调解内容都应当符合法律规定，不得损害国家利益、社会公共利益和他人合法权益。合法包括程序意义上的合法与实体意义上的合法。程序意义上的合法是指人民法院主持的调解活动应当按照《民事诉讼法》和相关司法解释的规定进行。实体意义上的合法是指双方当事人达成的调解协议内容不得违反法律的禁止性规定，不得侵害国家利益、社会公共利益和他人合法权益。《民事调解规定》第 12 条规定：“调解协议具有下列情形之一的，人民法院不予确认：（一）侵害国家利益、社会公共利益的；（二）侵害案外人利益的；（三）违背当事人真实意思的；（四）违反法律、行政法规禁止性规定的”。

（三）事实清楚、分清是非原则

事实清楚、分清是非原则是诉讼调解的基础。所谓事实清楚、分清是非原则，是指人民法院对案件进行调解应当以案件事实清楚和是非责任分清为基础。诉讼调解的重点在于以理服人、用事实说话，在民事诉讼调解的过程中，如果作为中立第三方的法院主持人员对案件事实判断不清，对相关信息掌控不全，就无法有的放矢地对双方当事人进行法制宣传，不能客观公正地提出调解建议，难以引导和促使各方当事人在自愿的基础上进行协商，最终导致“和稀泥”现象的出现，严重阻碍调解程序的进行。在司法实践中，诉讼调解应当注意事实清楚与查明事实的区分。调解中的事实清楚，是指查清的案件事实已经达到能够使法官内心对于各方当事人的是非有了基本的判断，并不要求法官对所有的事实都查得水落石出，尤其在细节问题上，并不要求达到与裁判相同的标准，而查明事实则是对作出裁判的要求。

三、人民法院对确有错误的生效调解书依职权再审

人民法院对受理的民事案件进行调解，由于当事人的诉讼欺诈或恶意串通，不可避免地会导致案件在调解书生效后发现确有错误的情形，影响生效调解书的执行。人民法院对于确有错误的生效调解书，可以依职权决定再审，通过审判监督程序予以纠正。

（一）对“确有错误”的把握

根据《民事诉讼法》第 198 条的规定，人民法院依职权再审，不必遵从该法关于当事人申请再审法定事由的设定，是否再审，需要人民法院审查认为“确有错误”后予以决定。对于如何把握“确有错误”，我们认为人民法院依职权再审的“确有错误”标准应当接近或等同于再审改判的标准①，人民法院制作的生效调解书中出现的一般性瑕疵，如果不影响调解协议的法律效力和调解书的执行，不能认定为确有错误，没有必要发动再审。但是对于人民法院因为违背调解基本原则而作出的生效法律文书，往往会导致调解书“确有错误”，该错误属于根本性、原则性、实质性的错误，需通过再审程序予以纠正。主要体现在：

1. 调解违背自愿原则。如法官为了结案，以判压调，导致一方当事人接受了协议内容显失公平的调解，最后该当事人不同意履行调解协议。

2. 调解协议内容违反法律的强制性、禁止性规定。如人民法院审理某买卖合同纠纷，调解协议约定：确认双方买卖法律禁止交易物品的协议有效，由被告给付原告货款。

3. 调解协议内容损害国家利益。如人民法院审理某合作合同纠纷案，调解协议约定：被告于某年某月某日之前交付原告一份涉及国家秘密的文件。

4. 调解协议内容损害社会公共利益的，如调解协议约定：原告同意从事严重污染环境企业的被告从原告屋前向河道里排污。

5. 调解协议内容损害案外人的利益，如人民法院审理房屋买卖合同纠纷案，调解协议约定：被告将其租用的案外人的房屋过户给原告。

另外，有观点认为，实践中存在的由于调解协议内容不明确而导致生效调解书无法得到执行的情形，也属于调解书确有错误之情形。该观点认为，如果错误能补正，则应予补正；如补正不了，则应启动再审程序予以再审。

（二）对人民法院依职权再审生效调解书的制度评价

很多学者提出，人民法院依职权再审违背了民事诉讼程序的基本规律，也与其作为审判机关的性质不符②，不少学者和司法实务部门人士提出，应当取消依职权再审③。对于生效调解书，由于以调解方式结案是当事人选择的，调解协议的内容是当事人自愿达成的，无论从程序上讲，还是从实体上讲，调解都是当事人的真实意思表示，是当事人对自己的私权利作出的处分，不论调解协议是否具有可执行性，是否违反法律规定或发生侵害行为，都由当事人自己承担相应责任，民事诉讼

---

① 参见江必新主编：《新民事诉讼法理解适用与实务指南》，法律出版社 2012 年版，第 723 页。

② 参见李浩：“民事再审程序改造论”，载《法学研究》2000 年第 5 期。

③ 参见江必新主编：《新民事诉讼法理解适用与实务指南》，法律出版社 2012 年版，第 720 页。

法赋予了当事人申请再审的权利，当事人是否对确有错误的生效调解予以纠正也应当由其自己来决定，人民法院没有必要予以干涉，没有必要依职权启动再审。笔者不赞同该观点，人民法院依职权对生效民事调解书进行再审，对完善纠错机制、保障权利救济、维护社会公共利益都具有积极的意义。

第一，法院调解的性质决定了人民法院对当事人达成的调解协议负有司法审查的责任。法院调解是人民法院审判权与当事人处分权的两相结合，人民法院与诉讼当事人应当共同遵守《民事诉讼法》规定的法院调解基本原则，当事人达成的调解协议需经过人民法院的依法确认后才能产生法律效力，因此，一份协议内容确有错误的生效调解书，不仅是当事人的意思表示，还反映了人民法院对该协议内容所持态度。人民法院作为审判机关，如果对一份确有错误的生效法律文书持认可态度，则有违立法宗旨，有损司法权威，有必要设计人民法院依职权再审制度。

第二，对于确有错误的生效调解，民事诉讼再审制度从申请权利救济的角度规定了当事人或案外人可以申请再审，同时规定了当事人或案外人申请再审的限制条件，如申请再审的期限、申请再审的法定事由等，从外部法律监督的角度规定了人民检察院可以抗诉，但只规定人民检察院对损害国家利益、社会公共利益的生效调解书可以抗诉。如果当事人或案外人丧失了申请再审的机会，或是没有找到申请再审的法定事由，或是当事人没有再审利益而不申请再审，生效调解书的确有错误的情形不符合人民检察院应当抗诉的特定情形，或是人民检察院不知道该确有错误调解书的存在，无从提出抗诉，此情形下，只有人民法院依职权启动再审，才有纠正确有错误的调解书的可能。应该明确的是，检察机关提出对调解书确有错误的检察建议，人民法院决定再审，也是依职权启动再审。

第三，人民法院依职权对生效调解书进行再审，符合司法环境的现实需要。民事诉讼法实施过程中，一些民事主体采用欺诈、胁迫、恶意串通等手段，通过调解方式损害国家利益、社会公共利益、他人合法利益的情况时有发生。为了制止这种不良现象，需要明确规定人民法院可以对调解书申请再审，这是一种迫切的现实需要，故《民事诉讼法》将生效调解书正式纳入人民法院依职权再审的范围。

（三）人民法院依职权对调解书再审的限制

人民法院依职权对生效调解书进行再审，必须依法进行。

1. 根据《审判监督程序解释》第30条规定，当事人未申请再审、人民检察院未抗诉的案件，人民法院发现原调解协议有损害国家利益、社会公共利益等确有错误情形的，应当依照民事诉讼法的相关规定提起再审。根据该规定，对于确有错误的生效调解书，如果当事人已经申请再审或人民检察院已经提出抗诉的，人民法院不能以依职权启动的方式进行再审。因此，人民法院依职权对生效调解书进行再审，具有两项实质性的要求，一是生效调解书确有错误，二是对确有错误的生效调解书，当事人没有申请再审，人民检察院也没有提出抗诉。

2. 根据《民事诉讼法》第198条的规定，对本院生效调解书发现确有错误，认为需要再审的，由本院院长提交审判委员会讨论决定，不能由院长直接决定。最高人民法院对地方各级法院的生效调解书，上级法院对下级法院的生效调解书，发现确有错误的，有权提审或者指令下级人民法院再审，下级人民法院不能以其没有发现错误或本院不认为属于确有错误为由拒绝再审。这是人民法院对生效调解书依职权进行再审的程序性要求。

3. 人民法院对已经生效的解除婚姻关系的调解案件不能依职权启动再审。其理由是：婚姻关系属于人身关系，人民法院作出解除婚姻关系的调解书一旦生效，男方或女方任何一方都可以与他人再婚，再婚关系不可能强行解除，因此，法律不允许对已经发生法律效力的解除婚姻关系的调解书进行再审。当事人如果感情没有破裂而调解离婚，在任何一方没有再婚而又自愿复婚的情况下，可以到婚姻机关进行复婚登记。《婚姻法》为感情未完全破裂而被调解离婚的当事人提供了救济渠道，对解除婚姻关系的调解进行再审没有实际意义。

【拓展适用】

人民检察院是国家的法律监督机关，有权对人民法院作出的生效民事调解书依法进行监督，该监督属于事后监督，监督方式有抗诉和再审检察建议两种。人民检察院依法对生效调解书抗诉，可以启动人民法院对生效民事调解书的再审程序。

一、人民检察院对生效调解书的监督

（一）检察监督的法定范围

《民事诉讼法》规定人民检察院可以对生效调解书实施法律监督，扩大了人民检察院对人民法院审判工作的监督范围，但并不是可以对所有情形的生效调解书进行监督。《民事诉讼法》将人民检察院对生效调解书的监督范围限定于损害国家利益和社会公共利益的生效民事调解书，一方面体现了立法对人民检察院干预人民法院审判权和当事人处分权的限制，另一面体现了立法对国家利益和社会公共利益的重视与保护。同时，《民事诉讼法解释》第413条规定，“人民检察院依法对损害国家利益、社会公共利益的发生法律效力的判决、裁定、调解书提出抗诉，或者经人民检察院检察委员会讨论决定提出再审检察建议的，人民法院应予受理。”什么是国家利益和社会公共利益？在学理上，一般认为，国家利益就是指以满足或者能够满足国家生存发展为基础的各方面需要并且对国家在整体上具有好处的事物，如外交需要等。社会公共利益是指不特定范围的广大公民所能享受的利益。在法律上，还没有定义国家利益、社会公共利益的具体条文，我们认为，损害国家利益、社会公共利益指的是影响宏观利益的情形，不能做狭隘的理解，比如，有的人将违反了国家的法律理解为损害了国家利益和社会公共利益，是不妥当的[①]。

（二）不属于检察监督范围的理由

《民事诉讼法》未将违反自愿原则、违反法律强制性、禁止性规定以及协议内容损害案外人利益的生效调解列入可抗诉的范围，主要理由有：

1. 对于调解书是否违反自愿原则和违反法律强制性、禁止性规定，一般需要对案件进行实质审查和听取双方当事人意见后才能查清，特别是违反自愿原则的，只有当事人自己知道。这种情形应由人民法院对当事人再审申请进行审查，以避免人民检察院轻易抗诉而启动再审程序，从而使违背诚信原则的当事人止步于再审程序启动之前。

2. 检察机关法律监督的主要任务应当关注于损害国家利益、社会公共利益的生效裁判。对于调解违反自愿原则、调解协议内容违反法律强制性、禁止性规定及损害案外人利益的事由，相关当事人和案外人可以向人民法院申请再审寻求救济，人民检察院不宜介入。

3. 民事诉讼是平等诉讼主体之间的纷争，诉讼主体应当平等地参与诉讼活动，人民检察院作为公权力机关，必须平衡好检察监督权与当事人处分权之间的关系，对调解结案的案件不宜干预过度。

此外，人民检察院对于涉及人身关系的生效调解案件，如解除婚姻关系的案件不应实行法律监督，因为此类案件已经不可能得到纠正，或者予以纠正会导致违反社会公德的情形发生。

二、人民检察院对生效调解书的监督方式

（一）抗诉

抗诉，是指人民检察院对人民法院已经发生法律效力的裁判认为确有错误，依法提请人民法院对案件进行重新审理的诉讼行为。根据《民事诉讼法》第208条第1款的规定，最高人民检察院发现各级人民法院已经发生法律效力的民事调解书，上级人民检察院发现下级人民法院已经发生法律效力的民事调解书，有损害国家利益和社会公共利益的，有权提出抗诉。由此可以看出，人民检察院对生效调解书抗诉必须具备以下要件：1. 民事调解书已经生效，且有损害国家利益和社会公共利益的情形；2. 由最高人民检察院对各级人民法院或上级人民检察院对下

① 参见江必新主编：《新民事诉讼法理解适用与实务指南》，法律出版社2012年版，第786页。

级人民法院提出；3. 具有提请人民法院对案件重新审理的意思表示。上述要件缺一不可。

根据《民事诉讼法》第211条的规定，对于人民检察院提出抗诉的案件，接受抗诉的人民法院应当自收到抗诉书之日起30日内作出再审的裁定。根据该规定，只要人民检察院对生效调解书提出再审抗诉，人民法院经审查符合法定条件的就应当决定再审；同时明确对人民检察院抗诉决定再审审查的期限是30日，以避免检察院提出抗诉后人民法院不能及时启动再审的可能。基于该条规定，可能有人会产生这样的疑问，人民检察院对案件提出抗诉有不符合法定情形时，人民法院也必须裁定再审吗？我们认为，人民检察院的抗诉出现抗诉对象错误，抗诉事项不具有可抗诉性，或案件已经启动再审情形等可从程序上找出不予受理的理由外，都应当裁定再审，对案件进行实体审理。其理由在于：抗诉是法律赋予检察机关的一项法律监督权，抗诉理由是否成立，是否应当支持，应是裁定再审之后再审法院根据查明事实与相关法律规定作出裁判。人民法院对人民检察院的抗诉裁定再审，与支持人民检察院的抗诉主张不是一回事。

（二）检察建议

检察建议，是指同级人民检察院监督同级人民法院采用的一种工作层面的沟通机制，检察建议不涉及案件当事人。根据最高人民法院、最高人民检察院《关于对民事审判活动与行政诉讼实行法律监督的若干意见（试行）》第7条和《民事诉讼法》第208条第2款的规定，地方各级人民检察院对同级人民法院生效调解书损害国家利益和社会公共利益的，可以向同级人民法院提出再审检察建议，需具备的要件包括：1. 民事调解书已经生效，且有损害国家利益和社会公共利益的情形；2. 各级人民检察院对同级人民法院提出；3. 需经本院检察委员会讨论决定，并报上级人民检察院备案；4. 作出建议人民法院对案件重新审理的意思表示。上述要件缺一不可。同时规定，人民法院收到再审检察建议后，应当在3个月内进行审查并将审查结果书面回复人民检察院。人民法院认为需要再审的，应当通知当事人。人民检察院认为人民法院不予再审决定不当的，可以提请上级人民检察院提出抗诉。

（三）抗诉与检察建议的区别

由上可以看出，抗诉与检察建议之间的一个重要区别在于，抗诉产生的法律后果是人民法院对符合抗诉条件的案件启动再审程序，检察建议并不必然产生再审法律后果，只有人民法院认为检察建议正确，的确需要再审的，才依职权启动再审程序。《民事诉讼法》对人民检察院对生效调解书的抗诉范围作了明确规定。对于人民检察院违反法律关于抗诉范围的规定，针对民事调解书确有错误的其他情形提出抗诉的，人民法院应当依照《最高人民法院关于人民检察院对民事调解书提出抗诉人民法院应否受理问题的批复》（法释［1999］4号）的精神，不予受理。人民法院在处理该类案件时要重点把握好对损害国家利益和社会公共利益的认定。

【典型案例】

武汉中联证券劳动服务公司与港澳祥庆实业返还财产纠纷案

原审原告：武汉中联证券劳动服务公司。

法定代表人：丁道纯，该公司经理。

原审被告：港澳祥庆实业。

法定代表人：郑炎光，该公司董事长。

委托代理人：关安平，北京市安平城律师事务所律师。

委托代理人：彭学军，北京市安平城律师事务所律师。

〔基本案情〕

原审原告武汉中联证券劳动服务公司（以下简称中联公司）与原审被告港澳祥庆实业（以下简称澳门祥庆）返还财产纠纷一案，湖北省高级人民法院于1996年11月7日作出（1996）鄂经初字第73号民事调解书，已经发生法律效力。因当事人澳门祥庆申请再审，湖北省高级人民法院经再审于2001年3月23日作出（2001）鄂高法监二民再字第10号民事调解书，后又因案外人澳门富昌地产提出异议，湖北省高级人民法院对本案进行第二次再审并于2003年9月5日作出（2003）鄂高法监二民再字第5号民事裁定书。本院经复查，于2005年7月15日作出（2005）民四监字第19号民事裁定，对本案进行提审。本院依法组成合议庭，于2005年11月17日公开开庭审理了本案。澳门祥庆的法定代表人郑炎光及其委托代理人关安平、彭学军到庭参加诉讼，中联公司经本院合法传唤，无正当理由未到庭应诉。本案现已审理终结。

湖北省高级人民法院经一审查明：1994年11月16日，澳门祥庆与中联公司签订一份合作开发石家庄火车站空调候车厅协议，约定：1994年11月底，澳门祥庆出资11000000元，中联公司出资9000000元，投资款18个月收回，按年利率25%计息；收回投资款后，其余8年零6个月的石家庄火车站候车大厅项目的营业收入，按澳门祥庆55%，中联公司45%进行分配。协议签订后，中联公司依约将投资款9000000元汇到澳门祥庆。1995年4月5日，澳门祥庆以其名义又与石家庄火车站华通总公司签订合作经营合同，共同经营石家庄火车站候车大厅，澳门祥庆占其股份45%。1996年3月23日，澳门祥庆向中联公司出具《股权转让书》称："我公司所欠中联公司投资本金和投资回报款12375000元，如果在1996年6月30日以前不能按期归还，我公司愿将石家庄火车站候车大厅项目所占45%的股份全部转让给中联公司所有。"因澳门祥庆未履行义务，中联公司于1996年8月27日以澳门祥庆为被告向湖北省高级人民法院提起诉讼，要求澳门祥庆偿付投资本金9000000元人民币和约定的投资回报款3375000及其逾期利息。

〔一审裁判理由与结果〕

在审理过程中，经湖北省高级人民法院主持调解，双方当事人达成如下协议：一、澳门祥庆于1996年12月31日前偿付中联公司投资本金9000000元，投资回报款3370000元，逾期利息810000元，共计13180000元。逾期不付，则按《民事诉讼法》第二百三十二条执行。二、案件受理费81885元，其他诉讼费8115元，财产保全费62395元，共计142395元，中联公司承担71197.50元，澳门祥庆承担71197.50元。诉讼费、财产保全费共计142395元，已由中联公司预交，澳门祥庆按应承担的款额于1996年12月31日前付给中联公司。湖北省高级人民法院于1996年11月7日作出（1996）鄂经初字第73号民事调解书，对上述协议予以确认。

〔当事人申诉理由〕

此后，澳门祥庆以湖北省高级人民法院（1996）鄂经初字第73号调解书内容违法等为由，向湖北省高级人民法院申请再审。湖北省高级人民法院于2001年3月12日作出（2001）鄂高法监二民字第70号民事裁定书，决定对（1996）鄂经初字第73号案进行再审。

〔原审法院再审查明的事实及处理〕

湖北省高级人民法院再审确认了一审查明的事实。案件审理过程中，经湖北省高级人民法院主持调解，双方当事人自愿达成如下协议：一、解除澳门祥庆与中联公司所签订的《关于合作开发石家庄火车站候车大厅的协议》，注销武汉银庆物业有限公司；二、澳门祥庆向中联公司返还本金人民币9000000元，并支付相应的资金占用费及其他补偿费人民币4740000元；三、中联公司向澳门祥庆据实返还从石家庄冀庆服务有限公司和更名后的石家庄冀昌服务有限公司获取的全部收益和资金（含原审执行款），该款项澳门祥庆与中联公司于本调解书生效后一个月内进行清算，中联公司不享有上述服务公司的股权。四、上述第二、三项相抵后，不足或超出部分的款项从本协议生效之日起，按人民银行一年期流动资金同期贷款利率分段计算资金占用费，清算完毕后，澳门祥庆因上述服务有限公司股权变更发生的问题，由澳门祥庆负责。五、原审诉讼费、财产保全费、执行费由中联公司负担（已履行），再审诉讼费人民币68700元由澳门祥庆负担。湖北省高级人民法院于2001年3月23日作出（2001）鄂高法监二民再字第10号民事调解书，对上述协议予以确认。湖北省高级人民法院在该调解书中同时表述：本调解书经双方当事人签收后，即具有法律效力，该院（1996）鄂经初字第73号民事调解书和该院（1997）鄂执字第5－1号、5－2号民事裁定书即视为撤销。

〔执行程序中的处理〕

因在执行（2001）鄂高法监二民再字第10号民事调解书时案外人提出异议，湖北省高级人民法院又于2002年6月28日作出（2002）鄂高法监二民字第54号民事裁定书决定对该案再审。湖北省高级人民法院经过再次再审又作出（2003）鄂高法监二民再字第5号民事裁定，其查明：该院（1996）鄂经初字第73号民事调解书发生法律效力后，澳门祥庆未依约履行该调解书确定的义务。该院在执行中将澳门祥庆在原石家庄冀庆旅行服务有限公司45%的股权强制转让给中联公司。1997年5月26日，中联公司与澳门富昌地产达成协议，约定将上述企业45%的股权有偿转让给澳门富昌地产。同年7月，该院裁定将上述企业45%的股权变卖给澳门富昌地产。另查明，前述澳门富昌地产于1991年成立，以纳税人翁文雄名义登记于澳门财税厅，其营业税档案编号为52286，已于1998年4月结束营业，翁文雄于1998年4月死亡。向该院提出异议的澳门富昌地产是于2001年4月成立，以纳税人翁德慧名义登记于澳门财税厅，营业税档案编号为98349，该澳门富昌地产（以下简称新富昌地产）与前述澳门富昌地产（以下简称老富昌地产）之间无法律上的财产承接关系。湖北省高级人民法院认为：在该院执行中参与本案的老富昌地产与本案有法律上的利害关系，已于1998年4月结束营业。而向该院提出异议的新富昌地产并未参与本案的审理与执行，与本案没有法律上的利害关系，其于2001年9月向该院提出异议系冒用持牌人为翁文雄且已结束营业的老富昌地产的名义。该院（2002）鄂高法监二民字第54号民事裁定书认定事实有误。经该院审判委员会讨论决定，依据《中华人民共和国民事诉讼法》第一百四十条①第一款第十一项、《最高人民法院关于适用〈中华人民共和国民事诉讼法〉若干问题的意见》第109条②并参照《最高人民法院关于适用〈中华人民共和国民事诉讼法〉若干问题的意见》第201条③的规定，裁定如下：撤销该院（2002）鄂高法监二民字第54号民事裁定书和（2003）鄂高法监二民再字第5-1号民事裁定书。

〔最高人民法院提审查明的事实〕

本院提审期间，对于湖北省高级人民法院（1996）鄂经初字第73号民事调解书查明的事实，澳门祥庆除对其中“中联公司依约将投资款9000000元汇到澳门祥庆”的表述认为属于笔误提出异议外，对其他事实均无异议。对于汇款部分的事实，澳门祥庆主张9000000元中联公司先汇到武汉银庆物业有限公司，而不是直接汇到澳门祥庆，但澳门祥庆对于其占用该款项的事实予以认可。故对于（1996）鄂经初字第73号民事调解书确认的事实，除其中表述中联公司依约将投资款9000000元汇到澳门祥庆属于笔误外，其他事实均有相关证据证明，当事人亦无异议，本院予以确认。对于汇款的事实，本院查明中联公司将9000000元先汇到武汉银庆物业有限公司，后该笔款项被澳门祥庆占用。

---

① 对应2012年《民事诉讼法》第154条。

② 对应《民事诉讼法解释》第168条。

③ 对应《民事诉讼法解释》第407条。

本院还查明以下事实：澳门祥庆的法定代表人郑炎光于1996年11月5日代表澳门祥庆签署了（1996）鄂经初字第73号案的调解协议。中联公司于1996年11月11日签收了湖北省高级人民法院（1996）鄂经初字第73号民事调解书。李国强于1996年11月12日代表澳门祥庆签收了（1996）鄂经初字第73号调解书。李国强签收调解书时向人民法院提交了一份授权委托书，该委托书写明："兹委托本公司副总经理李国强先生为全权代表，负责处理有关武汉中联证券劳动服务公司诉本公司的合作开发工程合同纠纷的调解活动。"委托书落款处加盖了澳门祥庆的印章，同时有董事长郑炎光的签字。

因澳门祥庆未履行（1996）鄂经初字第73号民事调解书中确定的义务，中联公司向湖北省高级人民法院申请执行。湖北省高级人民法院在执行过程中于1997年3月4日做出（1997）鄂执字第5-1号民事裁定书，裁定书载明申请执行人为中联公司，被执行人为澳门祥庆，湖北省高级人民法院裁定将澳门祥庆在石家庄冀庆旅行服务有限公司的红利（截止至1997年2月28日）提取、支付给中联公司，以抵偿部分债务；将澳门祥庆在石家庄冀庆旅行服务有限公司所占有的45%股权，从1997年3月1日起转让给中联公司所有，以抵偿债务。此后，中联公司又申请将湖北省高级人民法院裁定归其所有的澳门祥庆的股权变卖给老富昌地产。湖北省高级人民法院于1997年9月14日做出（1997）鄂执字第5-2号民事裁定书，裁定将澳门祥庆在原石家庄冀庆旅行服务有限公司所占有的45%权益，变卖给老富昌地产，以抵偿债权人中联公司的债务。上述裁定作出后，当事人办理了审批、变更登记等手续，老富昌地产取得了合作企业的股权。

澳门祥庆因不服湖北省高级人民法院（1996）鄂经初字第73号民事调解书，于2000年4月5日向湖北省高级人民法院提出申诉，其申诉理由是：（1）澳门祥庆从未签收过该调解书，亦未委托或指定任何他人签收过该调解书，尽管调解书经李国强凭一份无明确委托事项的授权委托书签收，但其签收属越权代理，并不对澳门祥庆产生法律效力，该调解书并未生效，对本案的执行无法定依据。（2）中联公司请求澳门祥庆偿付的9000000元系双方合资兴办武汉银庆物业有限公司而向该公司的投资，中联公司就该款项提起诉讼无合同依据和法律依据，应予驳回。

另查明：湖北省高级人民法院为执行（2001）鄂高法监二民再字第10号民事调解书，于2001年9月21日作出了（2001）鄂执字第16-1号裁定书，裁定将老富昌地产在石家庄冀昌旅行服务有限公司（原石家庄冀庆旅行服务有限公司）所占有的45%的股权执行回转给澳门祥庆所有。

新富昌地产及翁德慧因对湖北省高级人民法院（2001）鄂高法监二民再字第10号民事调解书及（2003）鄂高法监二民再字第5号民事裁定书存在异议，向本院反映称：1. 富昌地产在石家庄冀昌旅行服务有限公司的股权系合法取得，富昌地产已经支付了股权转让金，股权应受法律保护。富昌地产的股权取得和澳门祥庆与中联公司之间的财产返还纠纷不存在法律上的因果关系。2. 湖北省高级人民法院在2001年再审时，在未告知富昌地产的情况下直接作出了涉及到处分富昌地产名下股权的(2001) 鄂高法监二民再字第10号调解书，处分他人合法权益，属内容违法，应予以撤销。澳门祥庆申请再审也已经超过了两年的诉讼时效。3. 湖北省高级人民法院在执行中作出相应执行回转的裁定，是执行了案外人的财产，严重侵犯了富昌地产的民事权益和诉权。4. 新富昌地产与老富昌地产虽然在澳门财政厅分别登记，但新富昌地产事实上承接了老富昌地产的所有权利义务，有权承接上述合作企业的外方股权。退一步说，翁德慧作为翁文雄的合法继承人，以继承人的身份也完全有权主张老富昌地产的股权。湖北省高级人民法院（2003）鄂高法监二民再字第5号民事裁定驳回新富昌地产的异议，对翁德慧以继承人身份提出的异议置之不理，缺乏法律依据。

〔**最高人民法院裁判理由与结果**〕

本院经审理认为：湖北省高级人民法院一审作出（1996）鄂经初字第73号民事调解书后，在执行过程中，老富昌地产依法取得了原澳门祥庆在内地合作企业的股权，并办理了相关的审批、变更登记手续，成为了合作企业的股东。老富昌地产的持牌人翁文雄于1998年去世，老富昌地产已经于1998年4月结束营业。新富昌地产于2001年4月成立，持牌人为翁德慧。新富昌地产未能提供充分的证据证明其在法律上承接了老富昌地产的权利义务，故不能认定新富昌地产与本案存在法律上的利害关系。老富昌地产因（1996）鄂经初字第73号调解书的执行参与到本案中来，本案的再审结果特别是执行措施的采取，与老富昌地产存在法律上的利害关系。老富昌地产已经结束营业，其持牌人翁文雄去世。根据翁文雄之妻（翁德慧之母）余彩婵的声明书、相关的身份证明材料、在澳门初级法院的遗产管理人声明笔录等，可以认定翁文雄之女翁德慧系翁文雄的合法继承人，且其接受其他继承人的委托暂管相关财产，故翁德慧是与本案有利害关系的案外人，有权就老富昌地产的相关权益向人民法院反映有关情况。且即使案外人与本案无利害关系，但根据其反映的情况，上级人民法院发现下级人民法院作出的法律文书确实存在错误，仍须予以纠正。根据本院（93）民他字第1号《关于民事调解书确有错误当事人没有申请再审的案件人民法院可否再审的批复》的规定，对已经发生法律效力的调解书，人民法院如果发现确有错误，而又必须再审的，当事人没有申请再审，人民法院根据民事诉讼法的有关规定精神，可以按照审判监督程序再审。

本院《关于适用〈中华人民共和国民事诉讼法〉若干问题的意见》第204条①规定，当事人对已经发生法律效力的调解书申请再审，适用民事诉讼法第一百八十二条的规定，应在调解书发生法律效力后二年内提出。（1996）鄂经初字第73号民

① 对应2012年《民事诉讼法》第384条。

事调解书的两方当事人分别在1996年11月11日和12日签收了调解书，该调解书生效时间为1996年11月12日。澳门祥庆未在法律规定的两年期限内申请再审。卷宗材料显示其仅于2000年4月5日向湖北省高级人民法院提出申诉。澳门祥庆的申诉理由是：（1）澳门祥庆从未签收过该调解书，亦未委托或指定任何他人签收过该调解书，尽管调解书经李国强凭一份无明确委托事项的授权委托书签收，但其签收属越权代理，并不对澳门祥庆产生法律效力，该调解书并未生效，对本案的执行无法定依据。（2）中联公司请求澳门祥庆偿付的9000000元系双方合资兴办武汉银庆物业有限公司而向该公司的投资，中联公司就该款项提起诉讼无合同和法律依据，应予驳回。根据查明的事实，本案中郑炎光作为澳门祥庆的董事长、法定代表人，代表该公司于1996年11月5日在（1996）鄂经初字第73号案的调解协议上签字。此后，郑炎光又以董事长身份于1996年11月7日出具了一份委托书，该委托书写明："兹委托本公司副总经理李国强先生为全权代表，负责处理有关武汉中联证券劳动服务公司诉本公司的合作开发工程合同纠纷的调解活动。"委托书落款处加盖了澳门祥庆的印章，同时有董事长郑炎光的签字。该份委托书的内容充分表明李国强有权代表澳门祥庆签收调解书。（1996）鄂经初字第73号调解书已经双方当事人签收生效，澳门祥庆的第（1）点申诉理由不能成立。澳门祥庆与中联公司之间合作开发石家庄火车站候车大厅项目并未实际进行，澳门祥庆又与他人签订了共同经营石家庄火车站候车大厅的合作经营合同，且将中联公司的9000000元资金占用。中联公司依据合作开发协议，以澳门祥庆为被告向人民法院提起诉讼，要求其返还款项，而非要求武汉银庆物业有限公司返还投资。澳门祥庆与中联公司在自愿的基础上达成调解协议，澳门祥庆承诺返还其占用的相关款项，人民法院出具调解书予以确认，符合法律规定。澳门祥庆的第（2）点申诉理由亦不能成立。湖北省高级人民法院对（1996）鄂经初字第73号民事调解书决定再审，但无论是决定再审的裁定还是在经过再审后作出的（2001）鄂高法监二民再字第10号民事调解书，均未阐明决定再审的理由及（1996）鄂经初字第73号调解书如何违法，再审缺乏事实和法律依据。

湖北省高级人民法院对（1996）鄂经初字第73号民事调解书再审后做出的（2001）鄂高法监二民再字第10号民事调解书，除对原调解书的内容全部予以维持外，增加了一项内容即要求中联公司将从石家庄冀昌服务有限公司（原石家庄冀庆服务有限公司）取得的全部收益和资金（含原审执行款）返还给澳门祥庆，中联公司不享有在该合作企业的股权。而该项中所指的执行款是中联公司因执行（1996）鄂经初字第73号调解书而取得的。（2001）鄂高法监二民再字第10号民事调解书在维持（1996）鄂经初字第73号民事调解书内容的同时，又确认中联公司将原执行款返还澳门祥庆，内容存在矛盾，是非不清，违反了《中华人民共和国民事诉讼法》

第八十五条①有关人民法院审理民事案件，应根据当事人自愿的原则，在事实清楚的基础上，分清是非，进行调解的规定。本案中联公司作为原告提起诉讼，要求被告澳门祥庆承担责任，且一审及再审时，澳门祥庆均未提起反诉。湖北省高级人民法院再审后作出的（2001）鄂高法监二民再字第10号民事调解书，却对作为原告的中联公司返还被告澳门祥庆款项的内容予以确认，程序上存在问题，违反了不告不理这一民事诉讼的基本原则。且即使执行中存在问题，亦应通过执行程序解决，而不应作为申请再审的理由通过审判监督程序解决。《中华人民共和国民事诉讼法》第八十九②条第一款明确规定："调解达成协议，人民法院应当制作调解书。调解书应当写明诉讼请求、案件的事实和调解结果。"根据该规定，调解书是解决当事人之间实体争议的法律文书。本院法释〔1998〕17号《关于人民法院发现本院作出的诉前保全裁定和在执行程序中作出的裁定确有错误以及人民检察院对人民法院作出的诉前保全裁定提出抗诉人民法院应当如何处理的批复》第一条也明确规定："人民法院院长对本院已经发生法律效力的诉前保全裁定和在执行程序中作出的裁定，发现确有错误，认为需要撤销的，应当提交审判委员会讨论决定后，裁定撤销原裁定。"因此，人民法院在执行程序中所作裁定是否应予撤销不应在调解书中作出表述。湖北省高级人民法院在（2001）鄂高法监二民再字第10号民事调解书中表述该院为执行（1996）鄂经初字第73号调解书所作（1997）鄂执字第5－1号、5－2号民事裁定书视为撤销，违反法律规定。老富昌地产根据（1996）鄂经初字第73号民事调解书及相关执行的裁定依法取得了原澳门祥庆在内地合作企业的股权，湖北省高级人民法院在未阐述任何理由的情况下，即在（2001）鄂高法监二民再字第10号调解书中表述原执行裁定视为撤销，否定了老富昌地产取得股权的合法依据，损害了老富昌地产的合法权益。

综上，湖北省高级人民法院（1996）鄂经初字第73号民事调解书并不存在违法的情形，澳门祥庆的申诉理由不能成立。湖北省高级人民法院在未指明（1996）鄂经初字第73号调解书存在何种错误的情况下即决定再审，对该案进行的再审缺乏事实和法律依据，且其经再审后作出的（2001）鄂高法监二民再字第10号民事调解书，在实质上确认了（1996）鄂经初字第73号民事调解书中曾经确认的内容后，在被告澳门祥庆未提出反诉的情况下，又对原告中联公司向被告澳门祥庆返还因执行（1996）鄂经初字第73号民事调解书所取得的执行款的内容予以确认，违背了《民事诉讼法》第八十五条应该在分清是非的基础上进行调解的规定，亦违反了民事诉讼中不告不理这一基本原则。同时，湖北省高级人民法院在调解书中明确表述该院在执行（1996）鄂经初字第73号民事调解书时所作裁定视为撤销，违反法律规定，

① 对应2012年《民事诉讼法》第93条。

② 对应2012年《民事诉讼法》第97条。

超出了调解书的适用范围。湖北省高级人民法院虽作出（2002）鄂高法监二民字第54号民事裁定书决定对（2001）鄂高法监二民再字第10号案进行再审，但其再审后并未对案件实体问题进行处理，而又作出（2003）鄂高法监二民再字第5号民事裁定书撤销了（2002）鄂高法监二民字第54号民事裁定书，程序上存在问题。本院依据《中华人民共和国民事诉讼法》第八十五条、第一百七十七条、第一百八十四条①之规定，判决如下：

一、撤销湖北省高级人民法院（2003）鄂高法监二民再字第5号民事裁定书和（2001）鄂高法监二民再字第10号民事调解书；

二、维持湖北省高级人民法院（1996）鄂经初字第73号民事调解书的法律效力。

本判决为终审判决。

① 对应2012年《民事诉讼法》第93、198、205条。

第二十二章　案外人申请再审

规则30：案外人可以通过另行提起诉讼解决其与案件一方当事人之间的债权债务关系的，其不能作为再审申请的主体

——兰州正林农垦食品有限公司与林柏君、郑州正林食品有限公司债务纠纷案①

【裁判规则】

案外人在可以通过另行提起诉讼解决其与案件一方当事人之间的债权债务关系，且案件双方当事人在人民法院主持下达成调解协议、人民法院作出的调解书不涉及案外人与案件一方当事人之间的债权债务关系的情况下，对人民法院作出的调解书申请再审的，不符合法律关于案外人提起再审申请的规定，应予驳回。

【规则理解】

一、民事诉讼法关于案外人申请再审权利的规定

《民事诉讼法》在2007年修订时新增了案外人执行异议的规定，该法第204条②规定："执行过程中，案外人对执行标的提出书面异议的，人民法院应当自收到书面异议之日起十五日内审查，理由成立的，裁定中止对该标的的执行；理由不成立的，裁定驳回。案外人、当事人对裁定不服，认为原判决、裁定错误的，依照审判监督程序办理；与原判决、裁定无关的，可以自裁定送达之日起十五日内向人民法院提起诉讼。"从该条规定看，对案外人的权利救济实际上包含了三种方式。第一种方式是案外人异议声明。在执行过程中，案外人对执行标的提出书面异议的，人民法院应当自收到书面异议之日起十五日内审查，理由成立的，裁定中止对该标的的执行，理由不成立的，裁定驳回。这种异议声明是由案外人就执行标的提

① 《中华人民共和国最高人民法院公报》2011年第4期，最高人民法院（2010）民申字第1276号民事裁定书。

② 2012年《民事诉讼法》第227条。

起的，属于案外人异议制度。第二种方式是审判监督程序。案外人、当事人对人民法院作出的裁定不服，认为原判决、裁定错误的，依照审判监督程序办理。该种救济方式的适用前提是案外人异议的理由是认为执行根据即原生效判决、裁定有错误。直接涉及原判决、裁定的错误，需要通过审判监督程序来解决。第三种是案外人异议之诉。案外人的异议与原判决、裁定无关的，可以自人民法院裁定送达之日起十五日内向人民法院提起诉讼。

在三种案外人救济制度中，第二种方式是案外人申请再审权利的规定，突破了之前民事诉讼法限定申请再审主体为案件当事人的规定，为案外人申请再审提供了法律依据。《民事诉讼法解释》第423条规定："根据民事诉讼第二百二十七条规定，案外人对驳回其执行异议的裁定不服，认为原判决、裁定、调解书内容错误且损害民事权益的，可以自执行异议裁定送达之日起六个月内，向作出原判决、裁定、调解书的人民法院申请再审"，强调案外人申请再审以其提出执行异议为前置条件。此外，该条还规定案外人申请再审向作出原判决、裁定、调解书的人民法院提出，并未遵循《民事诉讼法》第199条的规定原则应上提一级管辖的规定，主要是考虑到案外人申请再审与第三人撤销之诉两种救济程序非常接近，而第三人撤销之诉规定由原审人民法院管辖，故在征得全国人大法工委同意后，规定了案外人申请再审可以向原审人民法院提出。

二、对案外人申请再审条件的理解

（一）案外人申请再审必须已提出执行异议为前提条件

针对《民事诉讼法》第227条建立的案外人申请再审制度，《审判监督程序解释》第5条作了扩张解释。该条规定："案外人对原判决、裁定、调解书确定的执行标的物主张权利，且无法提起新的诉讼解决争议的，可以在判决、裁定、调解书发生法律效力后二年内，或者自知道或应当知道利益被损害之日起三个月内，向作出原判决、裁定、调解书的人民法院的上一级人民法院申请再审。在执行过程中，案外人对执行标的提出书面异议的，按照民事诉讼法第二百零四条[①]的规定处理"，使案外人申请再审条件宽泛化，包括案外人对执行标的主张权利且无法提起新的诉讼解决争议的情形。由于我国民事诉讼法没有明确规定判决效力的具体内涵，导致实践中对何种情形构成"无法提起新的诉讼解决争议"的认识十分混乱。首先，从审判监督即再审程序的价值和功能看，再审程序是为适应克服错误裁判、实现权利救济的客观需求，在审级制度之外构建的非常规救济机制。案外人申请再审的主旨

① 即2012年《民事诉讼法》第227条。

是推翻损害其利益的生效裁判，并非通过再审判决为案外人设定权利义务关系。原生效裁判即使通过再审程序被撤销，案外人受到侵害的实体权利义务关系仍然需要通过另行诉讼加以判定。因此，在能够通过其他更为合适的救济机制，例如，案外人另行起诉或适用第三人撤销之诉的情形，就不应发动再审程序。① 其次，判决效力一般包括形式效力和实质效力两个方面，前者包括判决的拘束力和形式上的确定力；后者包括既判力、执行力和形成力。其中既判力又称判决的实质确定力，我国通说认为，既判力是指确定的终局判决内容的判断所具有的基准性和不可争性效果，② 即具有前诉拘束后诉的法律效果，表现为“一事不再理”的“消极效力”和先决事项拘束此后其他诉讼中法官判断的“积极效力”两个方面。一般认为，既判力的主观范围是当事人，即判决效力只及于当事人，而不能及于未参加诉讼的第三人，这是既判力的相对性原则。在既判力相对性原则下，案外人不受生效判决效力的约束，其完全可以基于其固有地位另行诉讼。第三，在特定情形下，判决的既判力会扩张至案外人。例如，针对特定物给付所做的判决，如果案外人是特定物的所有权人，则生效判决将对案外人就特定物实现所有权产生阻碍。再如，共同共有关系中因为不可归责于己的原因未能参加诉讼的共有人、代位权诉讼中未被列为第三人的债务人，也会受到生效判决的约束。又如，实践中出现的虚假诉讼，当事人之间恶意串通制造虚假债务，不当减少债务人的责任财产，导致合法债权人的债权受到侵害。在上述情形下，案外人即使无法通过另行诉讼予以救济，也可以通过第三人撤销之诉进行救济。因此，《民事诉讼法解释》第 423 条重新回归到《民事诉讼法》第 227 条划定的界限，修改《审判监督程序解释》第 5 条的规定。是十分必要而且及时的。

（二）案外人必须在法定期限内申请再审

《审判监督程序解释》第 5 条第 1 款规定，案外人可以在判决、裁定、调解书发生法律效力后二年内，或者自知道或应当知道利益被损害之日起三个月内，向作出原判决、裁定、调解书的人民法院的上一级人民法院申请再审。而我国《民事诉讼法》第 205 条规定：“当事人申请再审，应当在判决、裁定发生法律效力后六个月内提出；有本法第二百条第一项、第三项、第十二项、第十三项规定情形的，自知道或者应当知晓之日起六个月内提出。”两者对案外人申请再审的时间规定并不相同。《民事诉讼法解释》第 423 条明确案外人申请再审的期限为执行异议裁定送达之日起 6 个月内，消除了之前司法解释与《民事诉讼法》不协调的地方。

---

① 肖建国：“论案外人申请再审的制度价值与程序设计”，载《法学杂志》2009 年第 9 期。

② 常怡：《民事诉讼法学》，中国政法大学出版社 2008 年版，第 71 页。

三、民事再审案件案外人的诉讼地位

根据《审判监督程序解释》第42条的规定，因案外人申请人民法院裁定再审的，人民法院经审理认为案外人应为必要的共同诉讼当事人，在按第一审程序再审时，应追加其为当事人，作出新的判决；在按第二审程序再审时，经调解不能达成协议的，应撤销原判，发回重审，重审时应追加案外人为当事人。案外人不是必要的共同诉讼当事人的，仅审理其对原判决提出异议部分的合法性，并应根据审理情况作出撤销原判决相关判项或者驳回再审请求的判决；撤销原判决相关判项的，应当告知案外人以及原审当事人可以提起新的诉讼解决相关争议。《民事诉讼法解释》沿用《审判监督程序解释》第42条的规定，第424条规定："根据民事诉讼法第二百二十七条规定，人民法院裁定再审后，案外人属于必要的共同诉讼当事人的，依照本解释第四百二十二条第二款规定处理。案外人不是必要的共同诉讼当事人的，人民法院仅审理原判决、裁定、调解书对其民事权益造成损害的内容。"第422条第2款规定"人民法院因前款规定的当事人（即必须共同进行诉讼的当事人）申请而裁定再审，按照第一审程序再审的，应当追加其为当事人，作出新的判决、裁定；按照第二审程序再审，经调解不能达成协议的，应当撤销原判决、裁定，发回重审，重审时应追加其为当事人。"也就是说，依被遗漏的必要共同诉讼人申请而启动再审时，应当依据所适用程序的不同，作出不同的处理。按照第一审程序再审的，应当追加其为当事人。按照第二审程序再审的，应当首先进行调解。调解不成的，应撤销一、二审裁判，将案件发回重审，并在重审时追加被遗漏的必要共同诉讼人为当事人。但如经再审审理，认为该案外人不属于必要共同诉讼当事人的，则仅审理案外人对原判决提出异议的判项，是否确实侵害了案外人的权利，并根据审理情况决定是否撤销原判决相关判项。

四、当事人的权利义务受让人不属于可以申请再审的案外人

裁判文书生效后权利义务发生转移主要有两种情况：一是因当事人死亡或者终止而发生的权利义务概括转移；二是因签订合同等民事行为而发生权利义务的特定转移。《审判监督程序解释》第41条规定："……原审案件当事人死亡或者终止的，其权利义务承受人可以申请再审并参加再审诉讼"。理论和司法实践对此类情形下当事人的法定承继者享有申请再审权利的认识是一致的。

但是对于当事人基于自身意思表示将诉讼标的的权利义务转让给案外人，案外人是否代替原当事人对生效裁判享有申请再审的权利，理论和实务中存在一定争议。大陆法系有当事人恒定主义与诉讼承继主义两种不同的立法例。当事人恒定主义要求再审当事人原则上限于原审当事人，其他人不能作为再审当事人，着重保护程序安定。最高人民法院于2011年1月公布的《关于判决生效后当事人将判决确认的债权转让债权受让人对该判决不服提出再审申请人民法院是否受理问题的批复》① 认为，判决生效后当事人将判决确认的债权转让，债权受让人对该判决不服提出再审申请的，因其不具有申请再审人主体资格，人民法院应依法不予受理。该批复采当事人恒定主义模式，对特定承继持否定态度，确保案外人申请再审主体资格的有限性。

《民事诉讼法解释》第375条吸收了上述司法解释以及《审判监督程序解释》41条的内容，规定："当事人死亡或者终止的，其权利义务承继者可以根据民事诉讼法第一百九十九条、第二百零一条的规定申请再审。判决、调解书生效后，当事人将判决、调解书确认的债权转让，债权受让人对该判决、调解书不服申请再审的，人民法院不予受理。"

【拓展适用】

一、生效调解书的效力

在我国，法院调解是指在法官的主持下，双方当事人就发生争议的民事权利义务关系自愿进行协商，达成协议，解决纠纷的诉讼活动。②《民事诉讼法》第93条规定："人民法院审理民事案件，根据当事人自愿的原则，在事实清楚的基础上，分清是非，进行调解。"第97条规定："调解达成协议，人民法院应当制作调解书……调解书经双方当事人签收后，即具有法律效力。"《民事诉讼法》第三编"执行程序"第234条规定："人民法院制作的调解书的执行，适用本编的规定。"调解书是法院对调解协议作出确认的文书，被赋予与判决同等的效力，其不仅具有终结诉讼程序和终局确定当事人权利义务关系的效力，而且构成法院强制执行的依据。一方当事人不履行生效调解书确定的法律义务时，对方当事人可以请求人民法院依照执行编的有关规定执行。如前所述，判决的形式效力分为判决的拘束力和形式上的确定力，实质效力分为既判力、执行力和形成力。因此，生效调解书具有拘束力、形式确定力和执行力当无疑问。但是生效调解书是否具有既判力？大陆法系的德国及日本民事诉讼法学界通说都不承认生效调解书具备拘束后诉中法官判断的积极效力，对其是否有消极效力则存在较大争议。③ 我们认为，调解书一旦生效，意味着法院对当事人争议的诉讼标的作出了终局裁判，当事人不得就同一诉讼标的再行起诉，因此，调解书具有以消极效力形式表现的既判力。但是，就积极效力而

---

① 最高人民法院法释［2011］2号。

② 江伟：《民事诉讼法原理》，中国人民大学出版社1999年版，第528页。

③ ［日］高桥宏志：《重点讲义民事诉讼法（上）》，东京有斐阁2005年版，第684页。

言，尽管《民事诉讼法》要求庭后调解建立在查明事实、分清是非的基础上，并要求调解书写明案件的事实，但实践中调解书一般不写明查明的事实。调解协议的达成也往往是当事人妥协让步的结果，且调解书的内容可能超出或窄于当事人的诉讼请求。这些都意味着人民法院确认调解协议而做出的调解书并不一定与当事人实际权利义务关系相符。因此，我们倾向于认为调解书不应具有拘束后诉中法院不得再为相异判决的积极效力。

二、调解书的再审事由

由于调解书本质上是对调解协议的确认，对于当事人意思自治，一般应当予以尊重。《民事诉讼法》第201条规定："当事人对已经发生法律效力的调解书，提出证据证明调解违反自愿原则或者调解协议的内容违反法律规定的，可以申请再审。经人民法院审查属实的，应当再审。"因此，生效调解书的申请再审与生效判决、裁定的申请再审事由有很大区别，不适用《民事诉讼法》第200条规定的再审事由。对调解书申请再审的事由，首先考虑自愿性因素，是否符合当事人真实意思表示，是否存在违反自愿原则的强制调解；其次考虑合法性因素，调解协议内容是否违反法律的强制性规定。《民事诉讼法解释》第409条第1款规定："人民法院对调解书裁定再审后，按照下列情形分别处理：（1）当事人提出的调解违反自愿原则的事由不成立，且调解书的内容不违反法律强制性规定的，裁定驳回再审申请……"，其中将《民事诉讼法》第201条的"调解协议的内容违反法律"强调为"违反法律强制性"，突出了审查调解书的合法性，表述更为精确。此外，如发现调解书损害案外人合法权益的，则应通过第三人撤销之诉或者案外人申请再审程序处理。

三、第三人撤销之诉与案外人申请再审制度的关系

在2012年《民事诉讼法》修订过程中，有关机关就案外人权益救济问题提出了立法建议，建议在审判监督程序中增加案外人申请再审的规定。为此设计的两项备选方案为：一是就案外人申请再审做一般规定："与诉讼标的或者裁判结果有法律上利害关系的案外人，因不能归责于本人的事由未参加诉讼，有证据证明发生法律效力的判决、裁定、调解书损害其合法权益的，可以向原审人民法院申请再审。但案外人可以通过执行程序或者提起新的诉讼实现其合法权益的除外。"二是规定："与诉讼标的或者裁判结果有法律上利害关系的案外人，因不能归责于本人的事由未参加诉讼，有证据证明发生法律效力的判决、裁定、调解书损害其合法权益的，可以向原审人民法院申请再审。但案外人可以通过提起新的诉讼实现其合法权益的除外"，同时删除《民事诉讼法》原第204条"认为原判决、裁定错误的，依照审判监督程序办理”的表述。[①] 立法机关最后未采纳上述立法建议，在《民事诉讼法》修改时对原第204条未作修改，仅将条文序号变更为第227条。但针对案外人权益因生效裁判受到侵害的情况，新增了第三人撤销之诉制度。《民事诉讼法》第56条规定：“对当事人双方的诉讼标的，第三人认为有独立请求权的，有权提起诉讼。对当事人双方的诉讼标的，第三人虽然没有独立请求权，但案件处理结果同他有法律上的利害关系的，可以申请参加诉讼，或者由人民法院通知他参加诉讼。人民法院判决承担民事责任的第三人，有当事人的诉讼权利义务。前两款规定的第三人，因不能归责于本人的事由未参加诉讼，但有证据证明发生法律效力的判决、裁定、调解书的部分或者全部内容错误，损害其民事权益的，可以自知道或者应当知道其民事权益受到损害之日起六个月内，向作出该判决、裁定、调解书的人民法院提起诉讼。人民法院经审理，诉讼请求成立的，应当改变或者撤销原判决、裁定、调解书；诉讼请求不成立的，驳回诉讼请求。”《民事诉讼法》第56条第3款规定的第三人撤销之诉是全新的独立诉讼制度，但就其内容看，也是以生效裁判错误作为实体条件，成为与案外人申请再审并列的纠错程序，且案外人不能另行提起诉讼实现权利救济是两种制度共同的前提。案外人或第三人如果可以通过另行提起诉讼解决其与案件一方当事人之间的债权债务关系，则不能通过纠错程序解决。人民法院应当告知案外人或第三人另行提起诉讼，以维护生效裁判的既判力。

那么案外人申请再审和第三人撤销之诉该如何有效区分呢？我们认为，两者之间启动要件存在不同。根据《民事诉讼法》第56条第3款的规定，第三人撤销之诉必须符合如下启动要件：一是属于《民事诉讼法》第56条第1、2款规定的第三人。二是该第三人因为不能归责于本人的事由未参加诉讼，未能行使其程序权利。例如，在虚假诉讼损害第三人合法权益的情形，第三人往往不知道诉讼的存在，故无法参加诉讼。但如果第三人已经知晓诉讼存在或收到法院参加诉讼通知，无正当理由不参加诉讼的，其程序权利已经受到保障，不符合第三人撤销之诉的条件。三是有证据证明生效判决、裁定、调解书的部分或者全部内容错误，损害其民事权益。目前主流意见认为，第三人撤销之诉主要有以下几类：（1）当事人恶意串通进行虚假诉讼，损害第三人利益；（2）第三人对原判决、裁定、调解书所处分的财产具有物上请求权；（3）原诉遗漏了必要的共同诉讼当事人，损害该第三人的利益。[②] 四是自知道或者应当知道其民事权益受到损害之日起六个月内提起诉讼。而

---

① 江必新主编：《最高人民法院关于适用民事诉讼法审判监督程序司法解释理解与适用》，人民法院出版社2008年版，第60页。

② 王胜明主编：《中华人民共和国民事诉讼法释义》，法律出版社2012年版，第122页。

案外人申请再审以执行异议被驳回为前提条件。但实践中，由于案外人申请再审程序的适格案外人的范围界定较为模糊，并不排除案外人享有申请再审的权利，但又符合第三人撤销之诉的条件。为此，《民事诉讼法解释》制定过程中，对厘清两种制度的倾向性意见为，按照启动程序的先后，当事人只能选择相应的救济程序。如果案外人先启动执行异议程序的，对执行异议不符的，按照《民事诉讼法》第227条的规定救济，案外人只能申请再审，而不能再提起第三人撤销之诉。如果先启动第三人撤销之诉程序，即使在执行程序中又提出异议，第三人撤销之诉继续进行，当事人不能再根据《民事诉讼法》第227条的规定申请再审。[①]

此外，我们认为，今后有必要通过完善第三人撤销之诉制度使之进一步区别于案外人申请再审制度。第三人撤销之诉制度发端于法国，[②] 我国台湾地区“民事诉讼法”2003年1月修订时借鉴创设了该制度。从创设的背景看，该制度源于上世纪80年代起，对于法定诉讼担当的判决效力扩张至被担当人的固有理论遭受质疑，认为被担当人未参加诉讼，无从适时提出攻击或防御，却受到败诉判决效力的拘束，与保障诉讼权利的立法意旨不符。例如，代位诉讼中代位债权人和次债务人进行诉讼的判决效力及于债务人，而诉讼担当人（代位债权人）与被担当人（债务人）两者间的利害关系未必一致，债务人却需因代位债权人的败诉而蒙不测损害。再如，部分共有人恢复共有物之诉，不必经其他共有人的同意或授权，如获败诉判决，未参与诉讼的其他共有人需受不利益判决效力的拘束。反之，如果认为既判力不能扩张到其他共有人，则会形成同一纷争再度诉讼的局面。[③] 为解决纷争，保障程序权利，兼顾公平，我国台湾地区于2003年修订“民事诉讼法”时增设第三人撤销诉讼制度（第507条之1），同时增设法院依职权通知制度（第67条之1）。一方面，旨在充足判决效力主观范围由当事人扩张及于第三人的正当化基础。为使有法律上利害关系的第三人能知悉诉讼而有及时参与诉讼的机会，赋予法院适时主动将诉讼事件和进行程度通知该第三人的职权。另一方面，赋予第三人符合一定要件时可选择通过撤销之诉动摇终局判决的效力。根据我国台湾地区“民事诉讼法”第507条之1的规定，一是要求提起第三人撤销诉讼的原告必须是对原判决有法律上利害关系的第三人，即必须是固有利益因原判决而受影响的案外人；二是该第三人

---

① 沈德咏主编：《最高人民法院民事诉讼法司法解释理解与适用》，人民法院出版社2015年版，第1123页。

② 《法国民事诉讼法》第582条规定第三人为其本人利益，有权提出撤销之诉，作为诉讼主体提出撤销判决或请求改判的诉请。参见罗结珍译：《法国新民事诉讼法典》，中国法制出版社1999年版。

③ 许士宦：《新民事诉讼法》，北京大学出版社2013年版，第332~333页。

非因可归责于己的事由而未参加诉讼；三是如果能够通过其他法定程序请求救济，不能适用撤销之诉这一特别救济程序。我国台湾地区“民事诉讼法”还明确了第三人撤销之诉的目的在于除去原判决对该第三人不利部分的效力，而非全面否定原判决的效力。因此，法院就第三人撤销之诉所为的撤销或变更原判决的判决，原则上仅具有相对效力，即原判决在原审诉讼当事人之间仍有效力。仅在维持原判决在原当事人间的效力导致第三人因原判决所生之不利益难以得到充分救济时，才使原判决在原当事人间亦失去效力（第507条之4）。[①]《民事诉讼法》第56条规定的第三人撤销制度借鉴吸收了我国台湾地区的该项制度，但两者设计中的第三人范围并不相同，故还需根据自身司法实践的情况完善第三人撤销制度，通过司法解释进一步明确第三人撤销诉讼的原告适格范围、第三人撤销之诉的判决效力范围，使第三人撤销之诉制度与执行异议之诉制度及案外人申请再审制度彻底区分开来，方才不致诉讼程序叠床架屋，增添当事人及法院的负担。

【典型案例】

兰州正林农垦食品有限公司与林柏君、郑州正林食品有限公司债务纠纷案

再审申请人：兰州正林农垦食品有限公司。

法定代表人：郭耀鹏，该公司董事长。

委托代理人：储宁宇，上海市丁纪铁律师事务所律师。

再审被申请人（一审原告）：林柏君（PAI CHUN LIN BROWN），女，美利坚合众国公民。

委托代理人：张其函，北京市高界律师事务所律师。

再审被申请人（一审被告）：郑州正林食品有限公司。

法定代表人：林垦，该公司董事长。

委托代理人：张其函，北京市高界律师事务所律师。

〔基本案情〕

再审申请人兰州正林农垦食品有限公司（以下简称兰州正林）因与再审被申请人林柏君、郑州正林食品有限公司（以下简称郑州正林）债务纠纷一案，不服河南省高级人民法院2008年11月14日做出的（2008）豫法民三初字第2号民事调解书，向本院申请再审。本院依法组成合议庭对本案进行了审查，现已审查完毕。

林柏君因与郑州正林债务纠纷一案，于2008年10月6日向河南省高级人民法院提起诉讼，请求判令：1. 林柏君与郑州正林以及兰州正林三方于2008年7月31日所签《债权转让协议》合法有效；2. 被告郑州正林立即按照《债权转让协议》的约

① 杨建华：《民事诉讼法要论》，台湾三民书局有限公司2009年版，第523～524页。

定向原告林柏君偿还欠付人民币 99406235.82 元；3. 诉讼费用由被告负担。

经当事人申请，河南省高级人民法院于 2008 年 11 月 14 日主持调解，双方当事人经协商自愿达成如下调解协议：1. 双方确认：截至 2008 年 7 月 16 日，郑州正林拖欠林柏君人民币 99 406 235.82 元没有偿还且已经超过双方约定的还款期限。2. 因郑州正林资金和经营困难，没有能力在约定的期限内以现金向林柏君清偿上列欠款，郑州正林自愿以截至 2008 年 7 月 31 日为基准日的郑州正林全部资产的评估值为依据，将所欠林柏君的全部欠款转为郑州正林的股权，自股权变更登记的法律手续完成之日起，林柏君成为郑州正林的股东，不再享有债权人的权益，转而享有郑州正林股东的权益，林柏君同意以债权转股权的方式实现债权的清偿。3. 债权转股权完成之后，林柏君持有郑州正林的股份为：林柏君的债权数额占郑州正林全部资产基准日评估值的百分比，即为林柏君享有的股权数额。4. 债权转股权的法律手续，及郑州正林因债转股而增加的注册资本等，均根据中国外商投资企业等法律的相关规定办理。郑州正林负责办理完成相关的法律手续，所发生的费用由郑州正林负担。5. 如果因政策法律的障碍或郑州正林的原因，而导致在 180 日内无法完成债权转股权的法律手续的，则郑州正林承诺在该期间届满后 30 日内以现金清偿或以其全部实物资产作价抵偿所欠林柏君的全部欠款。6. 本调解协议经由人民法院司法确认后生效。

〔一审裁判理由与结果〕

河南省高级人民法院认为，林柏君系美国加利福尼亚州公民，因债务纠纷在中华人民共和国人民法院所提诉讼属于中华人民共和国人民法院受理的涉外民商事案件，应适用中华人民共和国的程序法律规范。该院作为所诉被告住所地人民法院受理本案，符合《中华人民共和国民事诉讼法》涉外民事诉讼程序的特别规定以及最高人民法院关于涉外民商事案件诉讼管辖的相关规定。因双方同意适用中华人民共和国法律，故本案应以中华人民共和国实体法律规范作为本案的准据法。经审查，双方自愿达成的上述协议，不违反中华人民共和国的法律规定，该院予以确认。该院根据上述调解协议制作（2008）豫法民三初字第 2 号民事调解书，并经双方当事人签收。

〔当事人申请再审的理由及答辩意见〕

兰州正林不服原审调解书，向本院申请再审，请求：1. 依法撤销河南省高级人民法院作出的（2008）豫法民三初字第 2 号民事调解书；2. 追加兰州正林参加诉讼，依法驳回林柏君的诉讼请求。其主要理由是：

一、有关本案的重要事实。兰州正林系台商独资企业，是由林垦、郭耀鹏等 8 名台商于 1991 年投资成立。2007 年 8 月 23 日，公司全体股东召开董事会，形成《董事会决议》，决定："林垦任期已满，经全体股东表决，决定由董事郭耀鹏任董事长"。郑州正林是由 7 名台商（其中包括郭耀鹏与林垦两个家族成员）于 2006 年 1

月共同投资成立，林垦为法定代表人。2008 年 7 月 31 日，林垦（代表兰州正林）、姜重旭（林垦的表哥，代表郑州正林）与林柏君（林垦的胞姐，系美国加利福尼亚州公民）假借申请人的名义，使用林垦未交回的申请人的公章，签订了所谓的三方《债权转让协议》。《债权转让协议》约定：将申请人持有的被申请人郑州正林 99 406 235.82 元人民币的债权全部无偿转让给林柏君，申请人不再享有对郑州正林的债权，并以郑州正林的全部资产向林柏君提供担保，郑州正林 30 日内不能清偿，林柏君有权以郑州正林担保的全部资产抵偿，或将林柏君的债权全部转为郑州正林的股权，林柏君成为郑州正林的股东，享有股东的权利。林柏君于 2008 年 10 月 6 日向河南省高级人民法院提起诉讼。河南省高级人民法院受理该案后，于 2008 年 11 月 3 日向郑州正林送达起诉状副本及应诉通知书。11 月 14 日在没有征得郑州正林其他股东同意，也没有董事会决议的情况下，郑州正林、林柏君的两位代理人在河南省高级人民法院的主持下，达成了所谓的调解协议。同日，该调解协议经（2008）豫法民三初字第 2 号民事调解书加以确认。该民事调解书的内容和《债权转让协议》的内容基本一致。

二、（2008）豫法民三初字第 2 号民事调解书，违背事实和法律，依法应当撤销。

1. 郑州正林、林柏君于 2008 年 7 月 31 日签订的《债权转让协议》是伪造的、无效的。兰州正林从未作出要将 99 406 235.82 元人民币的债权转给林柏君的决定，更没有作出无偿转让给林柏君的决定。兰州正林及其法定代表人郭耀鹏从未授权林垦或其他人去签订所谓的三方《债权转让协议》。三方《债权转让协议》签订之时即 2008 年 7 月 31 日，林垦已不再担任兰州正林董事长，林垦无权代表兰州正林对外行使权力，更无权决定债权转让等重大事项。

2. 林垦与其胞姐林柏君、表哥姜重旭，恶意串通，签订所谓的三方《债权转让协议》，以合法形式掩盖非法目的，侵占兰州正林的财产，严重损害了申请人的合法权益。

3. 河南省高级人民法院在主持调解时，置林柏君提出的确认三方签订的《债权转让协议》合法有效的第一诉求于不顾，对三方《债权转让协议》是否合法有效不作任何审查，最终导致无效的《债权转让协议》为法院的调解书所确认。

〔最高人民法院裁判理由与结果〕

本院认为：林柏君作为本案原审原告，所提出的诉讼请求有二，一是确认郑州正林、兰州正林及林柏君三方签订的《债权转让协议》合法有效；二是由原审被告郑州正林立即按《债权转让协议》的约定向林柏君偿还 99 406 235.82 元人民币。在原审诉讼中，林柏君与郑州正林所达成的调解协议，对第一项诉讼请求未予涉及，仅对第二项诉讼请求形成合意。因兰州正林未参加本案诉讼，亦未在调解协议上签字盖章，无论林柏君与郑州正林达成调解协议的动机与意图如何，无论其是否以

《债权转让协议》为基础而达成调解协议，对兰州正林均无约束力，原审法院所做出的调解书当然亦对兰州正林不发生法律效力。如果郑州正林确对兰州正林负有债务，郑州正林不能以该调解书作为免除其对兰州正林所负债务的依据，亦不能以该调解书作为兰州正林将债权转让给林柏君的依据。因此，该调解书客观上不能产生损害兰州正林债权的后果。如果兰州正林认为其对郑州正林享有债权，可以另行提起诉讼予以解决。至于《债权转让协议》是否存在恶意串通，是否以合法形式掩盖非法目的，均可在另行提起的诉讼中审理解决。再者，本案原审调解书对《债权转让协议》效力未作确认，可视为林柏君放弃了第一项诉讼请求，而第二项诉讼请求与兰州正林无涉，兰州正林是否参加诉讼均不影响其诉讼权利与民事权利。

综上，兰州正林作为原审调解书的案外人，在可以通过另行提起诉讼解决其与郑州正林之间的债权债务关系，且原审调解书未对兰州正林与郑州正林的债权债务关系进行认定及处分的情况下，对原审调解书申请再审不符合《中华人民共和国民事诉讼法》第二百零四条①、《最高人民法院关于适用〈中华人民共和国民事诉讼法〉审判监督程序若干问题的解释》第五条规定的案外人提起再审申请的情形。本院依照《中华人民共和国民事诉讼法》第一百八十一条②第一款之规定，裁定如下：

驳回兰州正林农垦食品有限公司的再审申请。

---

① 对应2012年《民事诉讼法》第227条。

② 对应2012年《民事诉讼法》第204条。

第二十三章　执行强制管理

规则31：人民法院在执行中为保障抵押物的正常经营，可委托相关机构对其进行托管

——中国银行、中国银行东京分行、日本樱花银行、日本第一劝业银行香港分行、日本三井信托银行与奥林匹克饭店有限公司仲裁裁决执行案①

【裁判规则】

在执行中为不影响抵押物的正常使用收益，人民法院可采用“托管方式”执行，委托机构使用管理抵押物的收益，应用以抵偿债务人的债务。

【规则理解】

一、执行强制管理的内涵及法律特征

（一）执行强制管理的涵义

执行强制管理，亦称强制管理，其涵义有广义和狭义之分。广义上的强制管理是指在金钱债权的执行程序中，执行法院依其职权选任管理人对已查封、扣押、冻结的被执行人的不动产、动产及股权强制实施管理行为，并以管理所取得的收益使债权得到清偿的执行活动。狭义上的强制管理，是指执行法院依职权选任管理人对已查封的被执行人所有的不动产强制实施管理行为，并以管理所得收益抵偿债务的活动。狭义上的强制管理其对象仅限于不动产，尤其是房屋等不动产；而广义上的强制管理其对象基本上不受限制，只要该对象能够产生收益。② 强制管理属于强制执行措施的一种，其法律依据是《民事诉讼法解释》第492条，根据该条规定，被执行人的财产无法拍卖或变卖的，经申请执行人同意，且不损害其他债权人合法权益和社会公共利益的，人民法院可以将该项财产作价后交付申请执行人抵偿债务，

① 《中华人民共和国最高人民法院公报》1999年第5期。

② 李炎：“执行强制管理的法律问题”，载《人民司法》2001年第2期。

或者交付申请执行人管理。申请执行人拒绝接收或管理的，退回被执行人。据此，笔者认为《民事诉讼法解释》采强制管理的广义概念。

（二）强制管理的法律特征

用益物权是所有权权能分离形成的他物权，而强制管理是以使用收益为目的，不转移债务人对财产的所有权，强制获得了财产所有权的部分权能。其与用益物权在权利的来源上有所不同，但两者获得的所有权权能和行使目的基本相一致。强制管理具有以下特征：

1. 强制管理一般仅适用于不动产。以不动产的使用收益作为执行对象，目的在于获取不动产物权之使用价值偿债，不要求不动产有现实的收益，只要财产权的使用收益权能尚存即可。

2. 强制管理制度不剥夺债务人对不动产的支配权，管理期限届满，应将被管理的不动产交还被执行人。

3. 当执行债权金额不大，而不动产价值巨大时，实施管理制度能够兼顾债权人和债务人双方的利益，可为债务人节省评估、拍卖费用。

4. 强制管理针对的是不动产使用收益权的执行。因管理制度执行的是不动产的孳息，强制执行的过程受不动产使用收益量的影响，使用收益量越大，执行时间越短。据此，强制管理的本质特征是以使用收益为目的，将财产转移占有于管理人，不改变财产的所有权归属，强制获得财产所有权的部分权能，相当于物权法上的用益物权。“强制管理通过强制分离财产所有权的权能，使债权人的所有权成为一种观念的存在”。[①]

（三）强制管理的适用条件

强制管理仅于不动产不可或不宜拍卖时才可适用。“有禁止让与或有高额抵押权存在，致普通债权人无拍卖实益或须待其价格上涨后拍卖等情形者，虽不可或不宜进行拍卖程序，但仍可实施强制管理，以其收益清偿债权人之债权”。[②] 因此，强制管理适用须符合下列条件：1. 须发生在金钱债权的执行过程中。在关于物和行为的请求权的执行中，因执行标的是生效法律文书指定的物的交付或行为的履行，非经当事人协商一致，不得任意变更，一般不发生强制管理的情形。2. 被执行人对强制管理的财产必须具有自物权或用益物权，被执行人具有担保物权如抵押权、留置权就不能成为强制管理的对象。3. 被执行财产须能产生一定数额的收益。

---

① 梁慧星：《中国物权法研究》，法律出版社1998年版，第584页。

② 杨与龄：《强制执行法论》，中国政法大学出版社2002年版，第460页。

二、强制管理的执行程序

（一）强制管理执行程序的启动

强制管理执行措施的启动方式有两种，一是依申请执行人的申请，人民法院经审查同意而启动；二是人民法院依职权而启动。人民法院启动须事先征得申请执行人的同意，由申请执行人作出愿意接受强制管理措施相应的法律后果之意思表示。因为债权人申请强制执行的目的在于实现生效法律文书所确定的债权，由于强制管理过程与拍卖、变卖其他财产等措施的持续时间相对较长，管理收益状况不确定，采取这种执行方式存在一定的风险，因此执行法院不宜径行采取，须尊重当事人的意愿，取得申请执行人的同意。应当注意的是，无论以哪种方式启动，都要保证强制管理措施的启动符合执行经济原则，防止启动强制管理措施给当事人造成不必要的损失。

（二）强制管理人的选定

管理人是指受人民法院委托对被执行人的财产进行管理、收益，使民事强制执行依据所确定的债权得到清偿的机构或人员，一般要求具有相应的从业资质或资格。人民法院决定采取强制管理措施后，应当及时选定管理人。从不同国家和地区的规定来看，一般规定包括债权人在内的任何自然人、法人、非法人团体都可以接受委任成为执行财产的管理人。我国台湾地区的“强制执行法”规定管理人责任重大，应严于选任，必要时得商请自治团体、工会、商会派员任之，若选任律师或会计师为管理人时，非有正当理由不得拒绝。《日本民事执行法》第 94 条第 2 款规定，信托公司、银行及其他法人可以成为管理人。德国的法律甚至认为在特殊情况下债务人也可以成为管理人。例如《德国强制拍卖及强制管理法》第 150 条就农民使用之农地、林地及花木苗圃，规定应选任债务人为管理人，并同时选任监督人，以兼顾农业之经营。然而，根据我国法律规定，只有债权人本人才能管理执行财产。不仅如此，各国和各地区在选任管理人时都较为慎重严谨。例如我国台湾地区“强制执行法”第 105 条规定，“执行法院得命管理人提供担保”以防管理人的过错造成财产的损失。此外，还规定管理人享有占有使用执行财产并有权收益的同时，对其职权亦加以限制，皆规定管理人必须根据执行法院的指示行动并受其监督，向其作结算报告等，在管理人不胜任或管理不适当时，执行法院得依职权或当事人声请撤换管理人。由此可见，强制管理中管理人在受命管理时，其享有的权利和承担的义务是相均衡的，管理人必须尽到善良人的注意义务。

通常情况下，强制管理的管理人由执行法院主持选任，选任方式可采取竞标方式，将不动产强制管理后的收益和管理费用制作成标，中标者当选。管理人主体可为自然人与法人，一般为案外人，但也不排除将执行债权人或者执行债务人选定为管理人；对选定的管理人，执行法院可以责令其提供担保；当事人认为管理人选任不当的，可以提出异议，是否重新选任，由执行法院决定。一般情况下，管理人的主要职责与权利义务，包括下列五个方面：[①]（1）接管不动产。执行法院发出强制管理裁定后，管理人即可接管不动产，不动产为执行债务人占有的，可以在执行法院协助下强制接管；不动产为第三人非法占有的，可以通过执行法院强制其交出。（2）管理人应当针对不动产的管理需要，及时实施管理行为并收取收益。（3）管理人必须履行善意管理不动产的义务，如果怠于行使管理权或者滥用管理权给当事人造成损失的，应当承担赔偿责任。（4）管理人接管不动产后，应当定期或逐月、逐季向执行法院提交财务报告，汇报收支情况。当事人对管理人提交的财务报告有异议，可以向执行法院提出。（5）获得报酬。管理人受命管理不动产，有权获得报酬，而且该报酬应当在不动产收益中优先扣除。

（三）强制管理的执行裁定

人民法院决定对被执行人的财产采取强制管理措施的，应当制作执行裁定书，送达当事人、管理人和其他相关人员，以落实执行公开原则，接受执行监督。裁定书的内容一般应当载明如下事项：（1）管理人，包括管理人的名称、住所地、法定代表人等自然情况。（2）标的物，包括强制管理的财产性质、数量、位置、现有法律状态等。（3）被执行人的义务，责令被执行人将标的物移交管理人，禁止被执行人干涉管理事务和处分管理收益。（4）其他事项。如针对标的物对被执行人负有给付义务的第三人，令其向管理人履行给付义务；令管理人将收益交至法院指定的银行账户；管理期限等。对强制管理涉及不特定第三人的，裁定书作出后还应当张贴公告，使不特定的第三人避免妨碍管理人进行管理。

（四）强制管理的终结

管理人接收管理财产，履行管理职责，所得的收益足以清偿强制执行的债权总额和被执行人应负担的相关费用时，强制管理的目的已经达到，或发现不动产收益扣除管理费用和其他必要开支后无余款可供清偿，执行法院应当终结强制管理。强制管理终结后，管理人应当向执行法院提交最终财务报告，并由执行法院将强制管理的财产以及强制管理期间取得的剩余收益返还给被执行人或进入其他执行程序。强制管理在下列情况下应当终结：（1）债务已经以强制管理期间的收益获得清偿。（2）被执行人以金钱方式或以其他财产抵债方式自动履行全部债务，或者已与债权

---

① 戴玉龙：“强制管理之于不动产执行的困惑与突破——兼论债权实现与被执行人生存权之平衡”，载《法律适用》2008 年第 11 期。

人达成执行和解协议，债权人提出撤回执行申请。(3) 实施强制管理的标的物因故灭失或因故丧失、部分丧失使用价值不能再行取得收益，或收益仅够抵扣管理费用及其他必要费用，无余款用以清偿债权。(4) 实施强制管理的标的物经执行法院认可已由拍卖机构拍出或由当事人自行变卖成功，所得款项足以偿债。(5) 出现了《民事诉讼法》第257条规定的应当终结执行的其他情形。人民法院终结强制管理措施时，也应当制作民事裁定书，送达当事人。强制管理终结后，其法律上的效果主要有：一是强制管理程序终结，应由执行法院为撤销强制管理之处分。二是执行法院应解除管理人的职务，并通知管理人。三是债务人恢复对不动产的管理和收益权。四是撤销强制管理。“这是向将来发生效力，管理人在撤销前所为之行为，仍继续有效。”①

【拓展适用】

一、委托管理协议

（一）委托管理协议的订立主体

执行法院选定管理人后，应当就管理人的职责、权利义务事项与管理人签订委托强制管理协议。委托管理协议的订立主体是执行法院与管理人，而不是申请执行人或被执行人。主要理由在于：第一，强制管理是人民法院在执行程序中采取的执行措施，属于公权力行为，执行法院应当作为管理协议的委托方，体现了其作为执行机关主导执行工作的身份，符合执行程序原理。第二，由于申请执行人和被执行人对执行财产存在利害关系，无论哪一方作为管理协议的委托方，都有可能会带来一些不必要的争议。第三，人民法院作为委托一方订立委托管理协议，对委托管理的事项直接知悉，当管理人违反委托管理协议时，可以依据执行工作的相关规定，直接责令管理人予以纠正或赔偿损失，使案件得到公正高效的执行。

（二）管理人的权利和义务

管理人的权利与义务是委托强制管理协议的核心内容。管理人的主要权利应包括：(1) 管理人应有独立行使管理的权利，其独立意味着管理行为独立于申请执行人和被执行人。特别是法律上要明确禁止被执行人干涉管理事务，其目的在于保障执行程序的顺利进行。(2) 管理人对已受强制管理的财产，有管理、收益及将非金钱收益变现的权利。管理人应当针对不动产的管理需要，及时实施管理行为并收取收益。如对土地上的果树或其他农作物进行管理，收取天然孳息；或者将房屋出租，收取租金；或者将不动产开设的酒店、旅馆进行管理经营，创收利润。如果不

---

① 杨与龄：《强制执行法论》，中国政法大学出版社2002年版，第463~471页。

动产为第三人合法占有的，可以向第三人收取收益，对不动产的非金钱收益，管理人有变价权。(3) 管理人的报酬权。即管理人为进行强制管理，可以接受费用预支及报酬，而且该报酬应当在不动产收益中优先扣除。报酬数额以中标时的数额为准。被执行人若对该报酬数额有异议，可向执行机构提出，由执行机构核定。管理人的义务应包括：(1) 接受执行法院监督的义务。管理人进行管理事务，应当以善良管理人的身份履行其职责，并接受执行法院的监督，对执行法院负责。如果管理人未尽管理之职责，申请执行人、被执行人或利害关系人也可以提出异议，申请执行法院对其采取监督措施。管理人因执行职务遇有障碍或者抗拒的，可以请求执行机构予以排除。(2) 进行财务报告的义务。强制管理的财务账目，管理人应于每月提交执行法院。执行法院认为有必要时，可以随时要求管理人提交。强制管理终结时，管理人应向执行法院提交最终的财务报告。同时，管理人还应当将财务报告提交执行当事人。提交的目的是为了执行法院和当事人审核。执行当事人对管理人提交的财务账表和财务报告有异议的，可以向执行机构提出，由执行机构核定。(3) 交付收益的义务。管理人对强制管理的收益，应在扣除管理费用及其他必要费用后，及时交付申请执行人，并告知被执行人。当事人对所交数额有异议的，可以向执行法院提出。(4) 提供担保的义务。为保证管理人尽职尽责，适当地履行管理义务，并且在造成当事人损失时能予以赔偿，执行法院在选任管理人时，可命令管理人提供适当的担保。至于担保的数额可依照民事诉讼法中有关担保规定办理。①

二、处理委托管理协议应当注意的事项

(一) 管理期限的确定

订立委托管理协议时，应当根据执行案件的标的和使用管理财产的收益大小合理确定管理期限。

1. 合理确定管理期限的意义在于：第一，督促管理人发挥主观能动性，做到人尽其才，物尽其用，争取最大利润。第二，缩短案件执行期限，防止执行案件久拖不结。

2. 委托管理期限超过执行期限的处理。由于强制管理是一种附有终期的法律行为，管理人对标的物所享有的权利是设定存续期间的权利，只能在执行法院指定的期间内存在，期限届满权利即归于消灭。同时，根据《执行规定》第 107 条的规定，人民法院执行生效法律文书，一般应当在立案之日起 6 个月内执行结案，但中

---

① 童兆洪主编：《民事强制执行新论》，人民法院出版社 2007 年版，第 115 页。

止执行的期间应当扣除。确有特殊情况需要延长的，由本院院长批准。委托管理的期限不属中止执行期间，一般不应超过6个月的执行期限。但确实需要超过6个月的，执行案件应按相关规定报告院长审批延长执行期限。

（二）委托管理协议终止的处理

委托管理协议终止时，执行法院应当要求管理人将管理的财产如数返还。

1. 要求返还的理由。第一，基于委托管理协议的性质。委托管理协议在一定意义上除了具有《合同法》规定的委托合同的性质外，还具有保管合同的性质。《合同法》第365条规定，保管合同是保管人保管寄存人交付的保管物，并返还该物的合同。据此，管理人对人民法院交由管理的被执行人的财产具有返还义务。第二，基于执行案件的客观需要。强制管理执行措施与强制拍卖执行措施的根本不同在于强制管理是以财产的使用价值及其收益作为执行对象，执行的是财产孳息而不涉及财产所有权本身，强制拍卖则是针对财产本身的交换价值而实施的变价行为，直接涉及财产所有权本身。强制管理措施执行终结，需将管理的被执行人的财产所有权予以返还。

2. 返还不能的处理。委托管理协议终止，管理人如对管理财产返还不能，应当折价赔偿。但折价时应考虑财产在使用过程中的磨损与折旧，公平合理地赔偿。人民法院应当将赔偿款支付给被执行人。

【典型案例】

中国银行、中国银行东京分行、日本樱花银行、日本第一劝业银行香港分行、日本三井信托银行与奥林匹克饭店有限公司仲裁裁决执行案

申请执行人：中国银行、中国银行东京分行、日本樱花银行、日本第一劝业银行香港分行、日本三井信托银行。

被执行人：奥林匹克饭店有限公司。

〔基本案情〕

被执行人奥林匹克饭店有限公司是中国体育服务公司与香港嘉兴（中国）投资有限公司合资设立的法人。该公司为兴建奥林匹克饭店，曾于1987年3月20日与申执行人中国银行、中国银行东京分行、日本樱花银行、日本第一劝业银行香港分行、日本三井信托银行等5家银行组成的银团签订贷款协议，约定中国银行等5家银行组成的银团签订贷款协议，约定中国银行等5家银行向奥林匹克饭店有限公司发放50亿日元的贷款；同时还签订了“抵押协议”，约定将奥林匹克饭店作为贷款的抵押物以及贷款方提供贷款额度的先决条件之一。中国银行等5家银行已经按照贷款协议的约定履行了全部放款义务，但是奥林匹克饭店有限公司没有按时偿还到期贷款本息。双方当事人就如何履行“抵押协议”发生争议，因协商未成，中国银行等5家银行遂依据“抵押协议”中的仲裁条款向中国国际经济贸易仲裁委员会申请仲裁。

〔仲裁裁决意见〕

中国国际经济贸易仲裁委员会裁决：1. 申请人中国银行等5家银行与被申请人奥林匹克饭店有限公司于1987年3月20日签订的“抵押协议”有效；2. 申请人有权按照有关法律的规定，对协议规定的担保权益实行处分，用处分担保权益所得的款项偿付被申请人截止1994年9月20日应付申请人的款项总计57.18亿余日元和上述金额自1994年9月20日至实际支付日止按申请人与被申请人于1987年3月20日签订的“贷款协议”中所确定的利率支付利息；3. 被申请人应付申请人律师费及保全费合计人民币32.99万余元；4. 本案仲裁费18.58万余美元和人民币97.15万余元，应由被申请人承担。

仲裁裁决生效后，由于被执行人奥林匹克饭店有限公司未履行裁决内容，申请执行人中国银行等5家银行遂依照《中华人民共和国民事诉讼法》第二百一十七条①第一款的规定，向北京市第一中级人民法院申请执行，请求法院准许其接管奥林匹克饭店，实现经仲裁裁决认定的有效“担保权益”，以便用处分“担保权益”所得款项偿付被执行人所欠的本金和利息。

〔法院裁判理由与结果〕

北京市第一中级人民法院经审查认为：仲裁裁决中的所谓“处分担保权益”，就是要实现抵押物权，因此强制执行的内容应当是将作为抵押物的奥林匹克饭店的动产、不动产全部交付给申请执行人。该院为了在执行中不影响饭店的正常经营，又能顺利地完成饭店财产的清点核实工作，保证饭店移交，决定采用“托管方式”执行。即委托北京六合兴饭店管理公司进驻奥林匹克饭店，在指定期间内完成核查饭店资产的工作，并代为经营管理。

1998年11月18日，北京市第一中级人民法院根据六合兴饭店管理公司的报告，认定核查工作已经完成，遂将奥林匹克饭店的全部资产正式移交给申请执行人中国银行等5家银行。至此，这起标的巨大的申请执行案执行终结。

---

① 对应2012年《民事诉讼法》第237条。

第二十四章 执行和解

规则32：一方当事人不履行或不完全履行和解协议的，另一方当事人可以申请人民法院执行生效判决

——吴梅与四川省眉山西城纸业有限公司买卖合同纠纷案①

【裁判规则】

民事案件二审期间，双方当事人达成和解协议，人民法院准许撤回上诉的，该和解协议未经人民法院依法制作调解书，属于诉讼外达成的协议。一方当事人不履行和解协议，另一方当事人申请执行一审判决的，人民法院应予支持。

【规则理解】

一、执行和解的内涵

所谓执行和解，是指在执行程序中，双方当事人在自愿的基础上，经过平等协商，就生效法律文书所确认的法律关系的实现程度和方式形成协议，并将该协议提交人民法院，以和解协议的履行替代原生效法律文书的执行，从而终结案件强制执行程序的法律行为。执行和解的理论基础是基于当事人的意思自治，法律规定当事人所享有的处分权在执行程序中的具体体现。执行和解是当事人对生效法律文书所确定的给付内容、数额、方式以及期限等方面予以的变更，更加符合当事人的实际情况，有利于权利人的权利得以及时实现；有利于增进当事人之间的理解，消除矛盾，构建和谐；有利于节约执行成本，符合诉讼经济原则；有利于提升司法的权威和公信力，在一定程度上化解执行难。

二、执行和解协议成立的条件

（一）执行和解协议成立的条件

执行和解作为一种法律行为，是执行中当事人通过协议变更原生效法律文书确

---

① 《中华人民共和国最高人民法院公报》2012年第2期，最高人民法院第一批指导性案例2号，最高人民法院审判委员会讨论通过2011年12月20日发布。

定的内容，以协议的履行代替生效法律文书的执行，因此，执行和解协议的成立必须具备以下条件：（1）和解协议的主体必须是双方当事人即申请执行人和被执行人。（2）和解协议的达成须在执行程序中进行。（3）和解协议必须是双方当事人真实的意思表示。（4）和解协议的内容必须合法，不得损害国家利益、社会公共利益和第三人的合法权益，不得违反法律法规的强制性规定。（5）和解协议一般应采用书面形式提交人民法院，或由人民法院记入笔录，并由双方当事人签字或盖章。

（二）司法实践中应当注意的问题

司法实践中对于执行和解协议的成立，应当注意以下几点：

1. 协议变更的内容。根据《执行规定》第86条第1款的规定，变更内容主要包括履行义务的主体、履行的标的物及其数额、履行方式和履行期限。实践中，主要表现为以下几类：（1）义务的部分免除，即申请执行人放弃部分权利。（2）履行期限的宽限，即申请执行人放弃期限利益，允许被执行人对全部义务或部分义务的履行期限延长。（3）履行方式的变更，即双方当事人约定以物抵债、劳务抵债、债权转股权等方式履行义务，通过义务抵债履行金钱给付义务。（4）变更被执行主体，即约定由案外第三人自愿承担义务。①

2. 和解协议的形式。根据《执行规定》第86条第2款的规定，和解协议一般应当采取书面形式。执行人员应将和解协议副本附卷。无书面协议的，执行人员应将和解协议的内容记入笔录，并由双方当事人签名或者盖章。可见，现行法律、司法解释关于和解协议的形式，并未作出强制性要求，由于和解协议通常变更生效法律文书的内容，重新确定当事人之间的权利义务关系，一般情况下采取书面形式为好，有利于协议内容的固定和明确。如果没有书面协议的，也可以通过制作笔录，记载当事人达成协议的内容。经过法院记入笔录后，协议内容作为证据的证明效力得以提高。《民事诉讼法解释》第466条规定："申请执行人与被执行人达成和解协议后请求中止执行或者撤回执行申请的，人民法院可以裁定中止执行或者终结执行。"第467条规定："一方当事人不履行或者不完全履行在执行中双方自愿达成的和解协议，对方当事人申请执行原生效法律文书的，人民法院应当恢复执行，但和解协议已履行的部分应当扣除。和解协议已经履行完毕的，人民法院不予恢复执行。"有学者认为法律规定"执行员应当将协议内容记入笔录，由双方当事人签名或者盖章"是和解协议成立的形式要件，和解协议必须要有执行人员参与并应将和解协议的内容记入笔录，方能生效。②

---

① 童兆洪主编：《民事执行调查与分析》，人民法院出版社2005年版，第416~417页。

② 王利明："关于和解协议的效力"，载王利明主编：《判解研究》（总第4辑），人民法院出版社2001年版，第48页。

然而，从条文本身分析，达成协议唯一的条件是双方当事人自行和解，而将协议内容记入笔录，由双方当事人签名或者盖章，是执行人员在协议成立后“应当”做的行为。如果执行人员未按法律要求将协议内容记入笔录，由双方当事人签名或者盖章，并不影响已成立的和解协议的效力。而且，执行人员将协议内容记入笔录的前提是当事人自行和解达成协议，由此，在执行人员记录之前，协议已经达成。①

3. 人民法院对于和解协议的审查。应注意：（1）对促成和解协议要注意尊重当事人的意愿，不能搞强制性和解。对于法院提出方案，双方当事人都予以同意的，不应视为强制性和解。（2）对于和解协议应限于形式性的审查，主要审查双方当事人达成和解协议是否出于自愿、是否存在欺诈或胁迫的情形、协议的内容是否违反法律的强制性规定、是否损害国家利益、公共利益和第三人的合法权益等。（3）对于和解协议的法律效力予以释明，避免当事人产生不必要的误会，确保当事人的合法权益。

4. 人民法院不宜裁定确认和解协议，但当事人协议以物抵债，仅需要法院以裁定书确认产权转移的除外。因为：（1）裁定确认该协议内容，将在实质上限制当事人变更、终止和解协议的权利，侵犯了当事人的意思自治；（2）在当事人反悔和解协议或不履行时，将无法与现行法律关于恢复执行原生效法律文书的规定相协调；（3）如若协议内容违法，则该确认裁定也将相应违法，进而使法院处于非常被动和尴尬的境地。②

三、执行和解的法律效力

执行和解属于一种执行方式，其作为执行程序中的法律行为，无论其程序效力或是实体效力，不仅及于当事人双方，而且还基于行使执行权的人民法院。《民事诉讼法解释》第466条规定：“申请执行人与被执行人达成和解协议后请求中止执行或者撤回执行申请的，人民法院可以裁定中止执行或者终结执行。”第467条规定：“一方当事人不履行或者不完全履行在执行中双方自愿达成的和解协议，对方当事人申请执行原生效法律文书的，人民法院应当恢复执行，但和解协议已履行的部分应当扣除。和解协议已经履行完毕的，人民法院不予恢复执行。”有学者认为其法律效力具有两重性：一方面它是当事人变更或消灭某种民事法律关系，从而实现法律文书确定的实体权利的民事行为；另一方面，这种和解由于发生在执行程序中，一经人民法院

---

① 汤维建、许尚豪：“强制执行的契约化趋势——以执行和解为分析中心”，载最高人民法院执行工作办公室：《强制执行指导与参考》（总第14辑），法律出版社2006年版，第111页。

② 江必新主编：《新民事诉讼法执行程序讲座》，法律出版社2012年版，第54页。

确认并实际得以履行，它又是当事人为消灭与人民法院之间业已存在的诉讼法律关系，从而结束执行程序的诉讼行为。① 具体而言，执行和解协议具有以下效力：

（一）程序上的效力

1. 执行和解协议达成后至履行完毕这一阶段，将产生执行程序中止的效力。中止执行后，因当事人反悔而不履行或不完全履行和解协议的，人民法院不得终结执行程序，而应依当事人的申请，恢复原生效法律文书的执行。但是，和解协议的达成并不能当然、自动地中止、终结执行程序。因为执行和解体现的是公权力（民事执行权）对私权利（当事人处分权）的容让，而不是私权利对公权力的制约，在民事执行程序中，私权利并不能制约公权力的运行方向。② 为了体现公权力对私权利的容让，同时根据处分原则的要求，人民法院应当尊重当事人通过和解协议对其权利义务作出的重新安排，对于执行中当事人达成和解的，应当允许其申请中止执行。因此，《民事诉讼法解释》第466条作出了相应规定。

2. 根据《民事诉讼法解释》第467条规定和《执行规定》第87条的规定，当事人之间达成的和解协议履行完毕的，人民法院即可作执行结案处理，执行程序终结，产生终结执行的效力。但这种执行程序的终结并非自然终结，而是仍须经当事人申请。和解协议履行完毕，即可认为原生效法律文书所确定的内容已经得到实现，如果一方当事人再反悔而申请恢复执行的，另一方可以和解协议履行完毕为由进行抗辩，人民法院不予恢复。但《民事诉讼法》第230条规定的因欺诈、胁迫等达成的和解协议除外。

（二）实体上的效力

1. 执行和解可变更当事人之间的实体权利义务关系。履行完毕的执行和解，具有消灭当事人之间由生效法律文书所确定的权利义务关系的效力。执行中的和解是权利人对其权利的自由处分，是当事人对原生效法律文书确定权利义务关系的约定变更。该和解协议履行完毕，其约定变更的内容在实体上生效，原生效法律文书的内容被视为全部实现，当事人之间的权利义务关系归于消灭。如果该和解协议不履行或未履行完毕，则其对原生效法律文书内容的变更不产生效力，当事人之间的权利义务关系仍未消灭。因此，法院依当事人申请可恢复执行原生效法律文书，只是已经履行的部分应予扣除。但并非所有的执行和解都必然变更当事人之间的实体权利义务关系，执行和解也不以实体权利义务关系的变更为要件。因为，执行和解

---

① 金俊银："对执行和解若干问题的探讨"，载《法律适用》2005年第9期。

② 谭秋桂、陈浩："民事执行和解若干问题分析"，载最高人民法院执行工作办公室：《强制执行指导与参考》（总第14辑），法律出版社2006年版，第137～138页。

既包括当事人对自己实体权利的处分，也包括对程序权利的处分，如果双方当事人仅就程序权利的处分达成一致，并约定不变更实体权利义务关系，即债务人承诺按照执行依据确定的期限、方式、内容履行义务，债权人借此同意申请法院中止执行，那么，此种执行和解显然没有变更当事人之间的实体权利义务关系。①

2. 执行和解导致原生效法律文书的申请执行时效中断。《民事诉讼法解释》第468条明确规定，“申请恢复执行原法律文书，适用《民事诉讼法》第二百三十九条申请执行期限的规定。申请执行期间因达成执行中的和解协议而中断，其期间自和解协议约定履行期限的最后一日起重新计算。”应当注意：2007年《民事诉讼法》的修改将申请执行期限的性质由不变期间变更为时效，《最高人民法院关于适用〈中华人民共和国民事诉讼法〉执行程序若干问题的解释》第28条进而明确规定，申请执行时效因当事人双方达成和解协议而中断。从中断时起，申请执行时效期间重新计算。据此，当事人申请恢复执行原法律文书的期限，从执行和解协议约定的最后履行期限的最后一日起重新计算，在该申请期限内，双方当事人未申请恢复执行的，法院应当裁定终结执行。

四、执行和解与诉讼和解的区别

虽然执行和解与诉讼和解都是当事人在平等、自愿的条件下，对自己民事权利的处分，但民事案件进入执行程序之后当事人达成的和解，不同于当事人在审判程序中达成的诉讼调解，也不同于当事人在诉讼外达成的和解。两者存在区别：②

1. 存在的程序阶段不同。诉讼中调解发生于诉讼系属中，存在于审判程序，而执行和解是在执行程序中达成，发生在诉讼系属终结之后的执行程序中；

2. 目的不同。诉讼中调解以终止争执为目的，即当事人之间对于权利或法律关系主张存在不一致的情况下达成。而执行和解中，不存在对权利义务的争议，其以终结强制执行为目的；

3. 对象不同。诉讼中的调解指向的对象是当事人的诉讼标的，即双方诉讼争议的民事法律关系，是对尚未依法确认的民事权利的处分，而执行和解协议所解决的对象是法律文书确定的执行标的，是对已经依法确认的民事权利的处分。

4. 性质不同。诉讼中的调解是人民法院代表国家对民商事案件依法行使审判权的一种职能活动，而执行和解则是当事人对自己的诉讼权利和实体权利依法处分的行为。

---

① 江必新主编：《新民事诉讼法执行程序讲座》，法律出版社2012年版，第55页。

② 最高人民法院民事诉讼法修改研究小组编著：《〈中华人民共和国民事诉讼法〉修改条文理解与适用》，人民法院出版社2012年版，第521～522页。

司法实践中应当注意的问题是：执行和解协议是当事人在执行程序中所达成的和解协议，而非执行程序外所达成的和解协议。当事人在执行程序开始前的和解是否属执行和解，应根据不同情形来确定。强制执行程序终结后的和解，不属于执行和解，不能适用法律有关执行和解效力的规定。如果是当事人在强制执行程序终结后所进行的和解，此时由于强制执行的失权，和解所约定的债务已归为自然债务，非经法定程序确认，不具有强制执行的效力，无法恢复执行原生效法律文书。如果是当事人在执行程序开始前所达成的和解，则要看当事人是否提交人民法院予以确认，如果业经人民法院确认并制作了调解书，在当事人不自动履行时，权利人可以申请人民法院强制执行调解书所确认的法律关系，如果仅是当事人之间达成的协议，并未经人民法院确认并制作了调解书，在当事人不予履行的情况下，申请执行人可在法定时效内申请人民法院依法强制执行原生效法律文书。如果案件在二审期间，双方当事人达成和解协议，人民法院准许撤回上诉的，该和解协议未经人民法院依法制作调解书，属于诉讼外达成的协议。一方当事人不履行和解协议，另一方当事人申请执行一审判决的，人民法院应予支持。

五、原生效法律文书的恢复执行

（一）恢复执行的条件

1. 存在法定情形。《民事诉讼法》第230条第2款规定，申请执行人因受欺诈、胁迫与被执行人达成和解协议，或者当事人不履行和解协议的，人民法院可以根据当事人的申请，恢复对原生效法律文书的执行。上述规定将恢复执行的情形扩大到三种，除当事人不履行和解协议的情形外，增加了申请执行人因受欺诈或受胁迫与被执行人达成和解协议两种情形。

（1）申请执行人受欺诈、胁迫。法律之所以作出这样的规定，是因为真实意思表示是当事人达成执行和解协议的基础，也往往是申请执行人做出某种妥协或让步后的结果，因此，有必要对其利益予以特殊保护。针对实践中被执行人通过欺诈、胁迫等手段，与申请执行人达成和解协议，借此逃避债务、拖延履行等情形，应赋予申请执行人一定的救济途径。

依民法原理，当事人行为在意思表示有瑕疵、违反法律强制性规定或有悖于公序良俗时，不能发生预期的法律效果，即所谓“不完全法律行为”，法律对于不完全法律行为，依照其瑕疵的性质以及违背的程度，给予不同评价，区分为“无效”、“撤销”及“效力未定”三种。① 我国《合同法》针对无效合同和可撤销合同分别

① 王泽鉴：《民法总则（增订版）》，中国政法大学出版社2001年版，第476页。

作出了规定，其中第54条规定的就是可撤销合同的情形，该条第2款规定，一方以欺诈、胁迫的手段或者乘人之危，使对方在违背真实意思的情况下订立的合同，受损害方有权请求人民法院或者仲裁机构变更或者撤销。但在执行和解中，由于现行法律对和解协议的效力未予明确，故在申请执行人受欺诈、胁迫与被执行人达成和解协议之情形，并未采取撤销之诉的救济模式，而是在执行程序中与当事人不履行和解协议做一体化处理，直接赋予申请执行人申请恢复执行原法律文书的权利。① 根据文义解释，在法律规定的上述两种情形下，申请执行人可以随时申请恢复原生效法律文书的执行。但应注意两个问题：第一，人民法院在和解协议的达成阶段应着重审查是否出于双方当事人的自愿，是否存在欺诈或胁迫的情形，以防止程序的反复与司法资源的浪费。第二，在审查恢复对原生效法律文书的执行阶段，严格审查标准。对于在和解协议已经履行完毕的情况下，能否申请恢复，应该更加严格地掌握恢复执行的条件，避免申请执行人借口受到欺诈或胁迫而谋求不正当的利益。

（2）当事人不履行和解协议。由于1991年《民事诉讼法》第211条第2款规定，一方当事人不履行和解协议的，人民法院可以根据对方当事人的申请，恢复对原生效法律文书的执行。为了实现双方当事人的利益平衡，2012年《民事诉讼法》删去了“一方”和“对方”的限制，根据《民事诉讼法》230条的规定，当事人不履行和解协议的，人民法院可以根据当事人的申请，恢复对原生效法律文书的执行 。应当注意的是和解协议约定由第三人代被执行人履行义务的情形，即履行义务的主体发生了变更。在第三人不履行或不完全履行义务时，不宜直接裁定追加该第三人为被执行人，强制执行其财产。因为，这不仅违背了现行法律关于恢复执行原法律文书的规定，也不符合合同相对性的基本原理。我国《合同法》第65条规定：“当事人约定由第三人向债权人履行债务，第三人不履行债务或者履行债务不符合约定，债务人应当向债权人承担违约责任。”在和解协议约定由第三人代为履行义务的情形下，该协议实质为涉他契约，协议的当事人双方仍然是申请人与被执行人，第三人并不因该协议的订立而负给付义务。同时，该协议并无强制执行效力，而第三人是在和解协议中接受代为履行义务的，故法院不得执行其财产或追加其为被执行人，除非第三人为履行和解协议而向法院提供了执行担保。

2. 当事人申请。根据《民事诉讼法》第230条规定，恢复原生效法律文书执行需要当事人的申请。从法律条文的修改来看，在申请主体上去掉了“一方”与“对方”的限制，也可以理解为在申请执行人不履行生效判决的情形下，也可以申请恢复对于原生效法律文书的执行。应当注意的是，虽然申请执行人受欺诈、胁迫的情

① 江必新主编：《新民事诉讼法执行程序讲座》，法律出版社2012年版，第57页。

形下可以恢复原生效法律文书执行，但只是规定了由当事人申请，并未限制是哪一方当事人。我们可以理解为前提是申请执行人受到欺诈或胁迫而达成的和解协议，所以，申请恢复者一般应是申请执行人。当然，也不排除被申请人存在上述情形。

3. 在法律规定的申请执行时效期间内申请。《最高人民法院关于适用〈中华人民共和国民事诉讼法〉执行程序若干问题的解释》规定，申请执行时效因当事人双方达成和解协议而中断。从中断时起，申请执行时效期间重新计算。笔者认为，上述规定并不合理，因为双方达成和解协议的内容可能是分期履行，如果时效从双方达成和解协议时开始重新计算，有可能超过法律规定的申请执行期间，故申请执行期间因达成执行中的和解协议而中断，根据《民事诉讼法解释》第 468 条的规定，申请执行期间应自和解协议所定履行期限的最后一日起重新计算。当事人应注意在重新计算的申请执行的时效期间内提出恢复执行的申请。

（二）恢复执行后的处理

当事人在履行过程中发生任何反悔，只要没有完全履行执行和解协议，都不能产生和解协议在实体上消灭生效法律文书所确定的权利义务关系的效力，从而不能在程序上终结执行。根据《民事诉讼法解释》第 467 条规定，一方当事人不履行或者不完全履行和解协议，经对方当事人申请，人民法院恢复对原生效法律文书的执行后，对于和解协议已履行的部分应当扣除。而《民事诉讼法》第 230 条所规定的内容，对于执行中的和解协议与恢复强制执行之间的关系予以了一定的明确，即将和解协议是否得到实际履行作为是否恢复强制执行的前提。和解协议已经实际履行的，视为原判决已经得到实际履行。和解协议未履行的，则可申请恢复执行；已经履行的不能恢复执行。但就申请执行人受欺诈或胁迫所签订和解协议情形下的恢复执行，法律规范并未将申请期限局限于和解协议履行完毕前，如申请执行人在和解协议履行完毕后申请恢复对于原生效法律文书的执行，如何处理已履行的和解协议与原生效法律文书的关系，需要进一步的研究。当然在执行的司法实践中，应当注意两个问题：

第一，对于和解协议是否得到实际履行应当予以审查，最高人民法院于 2003 年 12 月 1 日给山东省高级人民法院的［2003］执他字第 4 号复函中予以明确。该函认为：“当事人之间在执行前达成的和解协议，具有民事合同的效力，但协议本身并不当然影响债权人申请强制执行的权利。债权人在法定的申请执行期限内申请执行的，人民法院应当受理。但你院请示的案件中，负有担保责任的被执行人提出，因债权人与主债务人等四方达成和解协议（简称四方协议），并且在其向人民法院申请解除保全查封时，明确表示调解书中确定的债务已经全部履行完毕，因此本案不能强制执行。鉴于我国目前尚无债务人异议之诉制度，执行法院应当在实际开始执行前对此予以审查核实。如果四方协议确实已经履行了，则说明原调解书确定的债务已经消灭，不能再以该调解书为依据强制执行；否则可以强制执行。”①

第二，案件有多名被执行人，达成和解协议后，部分被执行人已履行义务，若恢复执行原生效法律文书，已履行债务的被执行人如何承担责任问题。对此问题可分不同的情形进行讨论②：一是如果和解协议是申请执行人在受到欺诈、胁迫的情况下与被执行人达成的，无论和解协议是否已经履行，和解协议均不能产生固有的程序效力和实体效力，若人民法院根据申请执行人的申请，恢复对原生效法律文书的执行，在先行扣除已履行部分的债务后，各被执行人仍应按原生效法律文书的主文内容对未履行部分承担责任。二是如果和解协议不存在欺诈、胁迫的情形，而是因当事人不履行和解协议的约定而恢复原生效法律文书执行的，则要区分原生效法律文书所确认的各被执行人承担债务的方式。（1）如法律文书确认各被执行人所承担的债务是独立的，不承担共同或连带责任，在部分被执行人依约履行了协议所约定的自己所应承担的责任后，履约被执行人与申请执行人之间，原由生效法律文书所确定的权利义务关系消灭，申请执行人只能申请法院按原生效法律文书恢复对其他被执行人的执行，不应再恢复对已履约的被执行人的执行，以体现诚实信用的法律原则。（2）如果原生效法律文书确认各被执行人承担的是共同或连带责任，作为一方当事人，各被执行人均有义务对全部债务承担清偿责任，任何一个被执行人的不履行或不完全履行，均应视同该方当事人不履行和解协议，恢复执行后按原生效判决确定的内容继续承担共同或连带的给付义务。

【拓展适用】

一、执行和解协议的性质

执行和解协议是在执行程序中，双方当事人通过平等协商，就变更执行依据所确定的给付标的、标的物及其数额、履行期限、履行方式等所达成的合意。它体现了当事人的合意，以原执行根据所确定的法律关系内容为客体，对执行程序产生一定的影响，可以成为一种阻却执行的事由。关于执行和解协议的性质，目前理论界尚未有统一的认识，主要有三种观点：第一种观点是私法行为说，认为执行和解纯粹是私法上的法律行为，和解协议属于私法上的契约，其效力完全等同于一般民事

---

① 黄金龙：“山东远东国际贸易有限公司诉青岛鸿荣金海湾房地产有限公司一案执行和解问题请示案”，载最高人民法院执行办公室编：《执行工作指导》2004 年第 1 辑，人民法院出版社 2004 年版，第 50 页。

② 最高人民法院民事诉讼法修改研究小组编著：《〈中华人民共和国民事诉讼法〉修改条文理解与适用》，人民法院出版社 2012 年版，第 527 页。

协议。有学者认为和解协议类似于实践性合同,[①] 其效力存在于履行完毕之后，还有人称其为附生效条件的合同,[②] 即以协议内容的完全适当履行作为生效条件。第二种观点是诉讼行为说，认为执行和解属于诉讼行为，执行和解协议本身属于诉讼契约。执行和解协议是对当事人诉讼权利的处分，若其得到了履行，则当事人放弃执行申请权；否则，执行申请人可申请执行。[③] 第三种观点是一行为两性质说，认为执行和解是和解契约与诉讼行为两者的结合体。执行和解有双重属性，既是当事人双方间存在的私法上的和解契约，又是当事人之间以及当事人和法院之间存在的诉讼行为。[④] 由于三种不同观点下和解协议的效力呈现出不同的特点，导致执行和解协议未得到履行时的争议救济途径也有所不同，各种学说存在一定的不足,[⑤] “私法行为说”片面地强调了执行和解协议的独立性，忽略了其追求终结执行程序的目的，割裂了执行和解协议与执行程序之间的内在联系；“诉讼行为说”理顺了执行和解协议与执行程序之间的关系，但是，只能适用于执行机构兼具审判、执行职能的法院机构体系下，在实行审执分立的法院机构体系中存在无法跨越的障碍；“一行为两性质说”既考虑了执行和解协议以变更执行依据的实体关系为内容，同时考虑其与执行程序的衔接；但在执行机构不具有充分的审判职能或对执行和解协议的公力介入不够的情况下，当事人达成的执行和解协议被赋予强制执行力有违诉讼法基本理论。[⑥] 我国台湾地区的学者对此有两种主张。[⑦] 主张诉讼行为说者认为，执行契约能直接发生强制执行法（诉讼法）上的效力，不仅执行当事人应受其拘束，强制执行机关于执行之际，更应注意执行契约之内容而受其约束。强制执行机关不得为违反执行契约内容之执行，否则，执行当事人得以执行违反为理由，向执行法院为申请或声明异议，执行机关应将其违反执行契约内容之执行为撤销或更正。主张私法行为说者认为，执行契约系私法（民法）上之契约，其契约之效力，

① 黄金龙：《关于人民法院执行工作若干问题的规定实用解析》，中国法制出版社2000年版，第262页。

② 肖建国、赵晋山：“民事执行若干疑难问题探讨”，载《法律适用》2005年第6期。

③ 徐继军：“论执行和解的效力与性质”，载《法律适用》2006年第9期。

④ 韩波：“执行和解争议的法理分析”，载《法学》2002年第9期。

⑤ 范小华：“执行和解协议的效力分析及完善立法建议”，载《河北法学》2008年第6期。

⑥ 一般认为，诉讼和解之所以具有与司法裁判一样的既判力和执行力，不是因为和解是当事人之间形成了合意，而是因为这种合意经过了审判机关的审查和确认。因此，即便是在诉讼过程中，如果当事人私下和解并达成协议，但没有经过审判机关的审查和确认并制作调解书，而是由原告撤诉，则体现双方合意的和解协议并不具有既判力和执行力。

⑦ 转引自金俊银：“对执行和解若干问题的探讨”，载《法律适用》2005年第9期。

仅能发生实体法上之拘束力，不能在强制执行法上产生拘束力。从而强制执行机关于强制执行时，不受执行契约之约束。强制执行机关违反执行契约内容所为之执行，不构成违法行为。执行当事人如故意违反执行契约之约定，请求执行机关强制执行的，当事人负有民法上债务不履行的责任，执行机关并无任何责任可言。依此学说，对于违反执行契约之强制执行，其救济方法，仅能由被害人依债务不履行损害赔偿请求方法，请求损害赔偿，被害人不能直接利用强制执行法有关声明异议之方法请求为救济。

笔者认为，根据《民事诉讼法》第230条的规定，“在执行中，双方当事人自行和解达成协议的，执行员应当将协议内容记入笔录，由双方当事人签名或者盖章。申请执行人因受欺诈、胁迫与被执行人达成和解协议，或者当事人不履行和解协议的，人民法院可以根据当事人的申请，恢复对原生效法律文书的执行。”从上述规定可以看出，执行和解协议一方面改变了执行依据的内容，但其法律效力低于作为执行依据的原生效法律文书，不具有强制执行力；另一方面意味着执行申请人放弃或者暂时放弃依照执行依据强制执行的权利，因此，执行和解存在具有私法行为与诉讼行为两种属性。具体理由如下：第一，执行程序是实现生效法律文书所确认的债权人债权的制度，债权人对于执行债权，仍然具有支配权和处分权，而债权人和债务人达成的执行和解协议，正是债权人处分债权的意思表示，只是其在执行阶段达成的合意，是在原生效法律文书基础上的合意，是区别于一般和解协议的特殊和解协议；但本质上是一种契约行为，只要和解协议真实合法，就具有合同的性质。第二，执行和解协议是区别于一般和解协议的特殊和解协议，主要体现在程序上：对于达成的和解协议，执行法院要进行形式审查，对于真实、合法的和解协议，执行人员应当将其内容记入笔录，由双方当事人签名或盖章，并且做中止或终结执行程序处理；对于违法的、有违社会公序良俗的协议，人民法院不得认可，在程序上也不产生中止或终结执行程序的效力，体现了国家意志对执行和解协议的干预。第三，执行和解协议与原生效法律文书之间并不完全对立，但执行和解协议并没有替代原生效法律文书。执行和解协议是双方当事人以消灭生效法律文书确定的权利义务为目的而订立的，只是变更了原生效法律文书确定的权利义务关系。因为由法律文书确定的权利与其他方式设立的民事权利在本质上都是当事人的权利，当事人在法律规定的范围内有权处分，当事人对自己权利的处分并不应因法院的裁判而被否定。我们可以理解为，执行和解协议的内容是债权人对原生效法律文书确定的执行债权予以部分放弃或处分的产物。第四，执行程序是为了保障和实现民事权利而存在。当事人请求法院启动执行程序，表明当事人为了实现自己的民事权利已由私力救济转向公力救济的轨道，基于当事人作为民事诉讼程序中处分私权利的主体，其既有对自己实体权利的处分权，同时也享有程序权利的处分权。当事人在执行中达成和解协议（如债权人放弃部分权利），只是对作为执行根据的生效法律文书确定的权利进行修正或变通，这种修正或变通不是为了放弃权利，而是实现生效法律文书已经确定的权利的一种方法，是为了更好的实现自己的权利。同时，如果在执行程序中，当事人处分了自己的民事权利（如全部放弃自己的权利）以及诉讼权利（如撤回执行申请），执行程序将失去其强制执行的意义。因此，当事人也可以对公力救济的诉讼权利作出处分，不能仅以执行程序的特殊性就否定执行和解的效力。第五，从执行中和解协议与恢复强制执行之间的关系看，执行和解协议是否得到实际履行应作为是否恢复强制执行的前提。执行和解是在当事人之间以及当事人和法院之间存在的诉讼行为，以追求执行程序终结为目的，其形成和履行必然会产生诉讼法上的效力，执行和解协议是否实际履行直接被视为原判决是否实际履行，直接影响执行程序是否终结，如果执行和解协议达成且通知执行机构，则视为申请执行人提出暂缓执行或中止执行；如果执行和解协议经法院执行人员确认并实际履行，法院将裁定终结执行程序，消灭与法院之间业已存在的诉讼法律关系。如果一方当事人（义务方）不履行执行和解协议，法院不能强制执行和解协议，则对方当事人（权利方）有权选择恢复原执行依据的执行或者选择通过审判程序赋予执行和解协议强制执行力。总之，执行和解行为就其法律性质而言，既具有当事人变更或消灭某种民事法律关系，从而实现法律文书确定的实体权利的民事行为性质；又具有一经人民法院执行人员确认并实际得以履行，消灭当事人与人民法院之间业已存在的诉讼法律关系，结束执行程序的诉讼行为性质。

二、执行和解协议的执行力

关于执行和解协议是否具有执行力，目前理论界有四种观点：[①] 第一种观点认为，执行和解协议本身不具有执行力。“一方当事人不履行和解协议的，人民法院可以根据对方当事人的申请，恢复对原生效法律文书的执行”。[②] 第二种观点认为，双方当事人达成和解协议，明确约定原生效法律文书不再执行，并请求执行法院确认的，执行法院经审查，认定和解协议系自愿、合法的，可以裁定对原生效法律文书终结执行，并认可该和解协议具有执行力。该协议送达当事人后即生效。一方当事人不履行该和解协议，对方当事人可以申请执行该和解协议内容。第三种观点认

① 李科：“论执行和解协议之执行力”，载《政治与法律》2008 年第 11 期；金俊银：“对执行和解若干问题的探讨”，载《法律适用》2005 年第 9 期；俞旭东：“浅析执行和解”，载《综合来源》2007 年第 5 期。

② 见《民事诉讼法》第 230 条第 2 款。

为，应当将和解协议分为一般和解协议和特殊和解协议。一般的和解协议即现行民事诉讼法规定的和解协议，一方当事人不履行的，对方当事人可以申请执行原生效法律文书；特殊和解协议即双方当事人明确约定以其代替原生效法律文书的和解协议。双方当事人达成和解协议的，执行法院裁定终结执行。一方当事人不履行特殊和解协议的，对方当事人可以另行起诉。第四种观点认为，基于对于执行和解性质的不同理解，将直接导致执行和解协议的不同效力。① 一是如果将和解定性为“私法行为”，则对和解的效力一般是持否定态度的；由于作为执行依据的生效法律文书是一种公权性质的国家权力，其既判力是确定的，则作为纯粹私法行为的执行和解协议的效力明显低于原生效法律文书，和解协议不能替代判决。二是如果将执行和解定性为“诉讼行为”，则对和解的效力一般持肯定态度；因为执行和解协议与原生效法律文书处于同等的效力层次，法律既然承认了和解行为为诉讼行为，也就是说法律上赋予了和解在解决争议上与判决同等的效力，从而执行和解协议便具有了代替原生效法律文书的效力。三是如果将和解定性为“一行为两性质”，对执行和解效力的认定则是一种有一定限制的肯定说；它一方面认可双方当事人在执行程序中的意思表示，将其与诉讼行为相提并论，而另一方面又要求法院予以一定程度的介入，如对和解协议进行一定的审查，从而赋予符合条件的和解协议以诉讼法上的效果，使和解协议能够在符合一定条件时起到替代原生效法律文书而成为执行依据的效力。

执行和解协议是否具有执行力或应否赋予执行力与执行和解行为本身的性质密切相关。是否赋予和解协议执行力，关键在于执行和解行为本身是公法行为还是私法行为，国家公法意志是否介入当事人的合意过程、结果及表现形式等方面。②

（一）执行和解协议是否具有执行力问题

笔者认为，在我国现行的民事诉讼法律体系和司法框架下，执行与审判一起构成解决纠纷的全部过程。执行和解协议虽为当事人真实意思的合致，但并非国家基于公权力作出的法律文书，其不具有与确定判决同样的效力。因为，执行和解是一种特殊的附条件的民事法律行为，为履行、变更、消灭生效法律文书所确定之内容而订立，是债权人通过和解协议的方式处分已经法定程序所确定的权利的一种方式，它发生在执行阶段，而此时当事人之间的争议已经得到终局性的解决。在审判

---

① 韩萌：“执行和解：定位与到位——论执行和解制度的完善”，载《中国律师》2006年第10期。

② 汤维建、许尚豪：“论民事执行程序的契约化——以执行和解为分析中心”，载《政治与法律》2006年第1期。

程序结束、判决发生既判力之后，和解协议并不是对生效法律文书的否定，也不是与生效法律文书的执行无关的独立的民事合同，而是一种特殊的、以实现法律文书确定的内容为目的的执行方式。它作为执行程序中的一种私力救济方法，只是公力救济的一种补充，其效力不能高于公力救济，也不能代替生效法律文书所确定的权利义务。[①] 在我国台湾地区的执行实务中，对执行和解协议的效力，与大陆现行的民事诉讼法规定也有相似之处。在执行理论上认为，债权人的强制执行请求权为公法上的权利，不能以权利人的意思而为处分，亦不因其抛弃而消灭，也不因当事人间所订抛弃强制执行请求权之特约而丧失。如当事人在执行中成立和解，债权人表示抛弃强制执行请求权之全部或一部分，或由债权人撤回强制执行之申请者，其强制执行请求权均不因此而丧失，仍得依原执行名义，请求强制执行。如其和解为消灭或妨碍债权人请求之事由，债务人也只能依法提起债务人异议之诉，以排除其执行。[②]

（二）合法有效的和解协议能否直接被赋予强制执行效力问题

笔者认为，第一，执行和解协议不能取代已生效法律文书的效力。执行和解只是修正和变通原执行依据所确定权利义务的内容，并不能改变或消灭执行依据的效力。因为和解协议本质上是当事人对私权的处分，在达成和解协议的过程中，不存在国家公权力的干预。执行和解对执行机构的拘束力，只体现为执行机构暂时停止执行程序，以示对当事人私权的尊重，并不可直接依据和解协议强制执行。如果赋予和解协议以执行力，就意味着私人之间达成的协议可以消灭国家基于公权力作出的法律文书的效力，显然与法理相悖；第二，人民法院执行员将和解协议内容记入笔录的行为，并非法院对和解协议的审查和确认，仅仅是一种形式上的要求，其目的是警示和便于查证，并没有赋予和解协议既判力和执行力的法律后果。如果一方当事人不履行和解协议时只能走恢复原执行依据的执行或者通过审判程序赋予执行和解协议强制执行力的救济途径，可见现行法律没有直接赋予执行和解协议具有强制执行力进而取代原执行依据；第三，只有法律规定的生效法律文书才具有执行力，法律并非赋予任何文书以强制执行力。一般的民事合同不经审判、仲裁、公正或其他方式是不能取得强制执行力的。由于执行根据是由法律明确规定的，执行和解协议不是执行根据；如果一方不履行协议规定的内容，人民法院不能依照当事人的申请直接执行和解协议；第四，虽然执行和解协议可对执行程序产生一定影响，但达成执行和解协议不能终结执行程序，只可以产生中止执行程序的法律后果。而

① 金俊银："对执行和解若干问题的探讨"，载《法律适用》2005 年第 9 期。

② 杨与龄编著：《强制执行法论》，中国政法大学出版社 2002 年版，第 6 页。

根据《民事诉讼法解释》第466条规定："申请执行人与被执行人达成和解协议后请求中止执行或者撤回执行申请的，人民法院可以裁定中止执行或者终结执行"。只有当事人达成和解协议，请求人民法院中止执行的，人民法院才可以裁定中止执行，当事人申请撤回执行的，人民法院才可以裁定终结执行。因为，尽管执行和解协议的履行和原执行依据的执行不可并行，但《民事诉讼法》和最高人民法院《民事诉讼法解释》《执行规定》均没有将当事人达成和解协议的情形作为人民法院应当裁定中止执行的情形。

（三）和解协议能否由法律直接赋予执行力问题

一般而言是可以的，但不符合执行根据（执行名义）的基本要求，即只有公权力机关或法律授权之人为确定私权，而于其职权范围内作成，并已发生法律效力的公权力之文书，始得为执行名义。① 对于双方在执行程序中真实、合法的意思表示应当承认其有效性，赋予强制执行的效力，大陆法系国家有实例，如《法国民事执行程序法》第3条规定：仅有以下所列，是构成执行根据……3）经法官与诸当事人签署的和解笔录的节本……②当然经过程序设定，使和解协议成为公文书，也是可能的，但赋予执行法院类似于裁判的权力似有不妥。③ 尽管执行裁判权实质上是审判权的组成部分。

三、执行和解协议的可诉性

一方当事人不履行执行和解协议的情况下，另一方当然有权根据《民事诉讼法》第230条的规定申请恢复对原生效法律文书的执行，但也存在当事人无法恢复执行程序或者更愿意履行执行和解协议的情形。由于执行和解协议并不具有直接的强制执行力，实践中有权利人就执行和解协议另行诉讼，以获得胜诉判决作为执行依据。对于执行和解协议是否具有可诉性的问题，主要有正反两种观点：一种观点认为，和解协议尽管也是当事人之间变更权利义务的约定，但与一般程序外的实体协议不同，在性质上属于程序性协议，不具有可诉性。当和解协议不能履行时，只能根据对方当事人的申请，恢复原来的执行程序，而不能针对和解协议提起诉讼，否则必然导致纠纷解决成本的提高和司法资源的浪费。另一种观点认为，执行和解是诉讼外和解，具有当事人自主解决纠纷的性质，其本质上属于设立、变更、终止民事权利义务的私法契约，只要当事人之间关于和解协议本身存在争议，当然可以

---

① 杨与龄编著：《强制执行法论》，中国政法大学出版社2002年版，第51页。

② 转引自程政举："民事执行和解问题研究"，载《河南省政法管理干部学院学报》2005年第2期。

③ 金俊银："对执行和解若干问题的探讨"，载《法律适用》2005年第9期。

通过诉讼解决。可见，第一种观点对执行和解协议持诉讼行为说，强调维护诉讼经济，而第二种观点则持私法行为说，注重保障民事权利，这就涉及效率与公正之间的平衡问题。问题的核心在于执行和解协议的独立性问题，即是否形成了新的、不为既判力所涵盖的债权债务关系。

（一）从和解协议的性质上分析

如前所述，民事执行和解具有诉讼行为和私法行为的双重属性。就诉讼行为而言，自然要考虑司法成本和既判力的问题，对于重复起诉的滥用诉权行为予以抑制。但从执行和解实务来看，并不是只有权利人的容忍和减让，当事人往往本着一揽子解决纠纷的想法，就原生效法律文书未涉及的权利义务一并予以约定和处分，其内容常常超出既判力的范围。就私法行为而言，和解协议并不仅是原债权债务关系的延续，而是当事人在原合同的基础上所设立的一种新的债的关系。尽管和解协议与原合同债务具有密切联系，但毕竟是两个不同的合同关系，具有一定的独立性，两者在合同的性质、内容及当事人等方面均可能存在根本区别。[①] 执行和解协议同样是当事人协商一致就其权利义务所进行的约定，这种约定与一般的合同行为并无二致。体现当事人的真实意思，合法有效的契约行为是权利义务人之间的“法锁”，具有相当于法律的拘束力。当事人应当诚实缔约并严格守约，任何恶意违约的行为均应受到法律的谴责和制裁，另一方有权起诉请求其强制履行。这就使认为执行和解协议仅是程序性协议，是否履行完全取决于当事人的自愿，一方当事人可以随意不履行而无需承担任何责任，最坏的后果无非是恢复执行而已的观点不攻自破。诚实信用原则是民法尤其是债法领域中的“帝王条款”，要求民事主体在从事民事活动时，应诚实守信，以善意的方式履行其义务，不得滥用权利及规避法律或合同规定的义务，并要求维持当事人之间的利益以及当事人利益与社会利益之间的平衡。[②] 诚信原则不仅是基本的商业道德，是信用经济的基础，也是民事诉讼的基本原则。一方当事人随意违反约定而不受任何惩罚，是现代法治社会所不能容忍的。此时应当赋予非违约方以选择权，使其一方面可以选择申请恢复原生效法律文书的执行，撤销在执行和解协议中所作出的减让和处分；另一方面可以选择就执行和解协议中所约定的原生效法律文书未涉及的部分起诉追究债的不履行责任，并在获得胜诉判决后取得强制执行的依据。该两项选择权既可以择一行使，也可能先后

① 参见王利明：“关于和解协议的效力”，载王利明：《民商法研究》第5辑，法律出版社2001年版，第440~442页。

② 王利明：《民法总则研究》，中国人民大学出版社2003年版，第122页。

甚至同时行使，这表明申请恢复执行程序并不意味着执行和解协议便自然失效。[①] 但无论如何选择，债权人的债权如果已经实现，就不能重复主张权利，因为其同样应遵循诚信原判，不能通过滥用权利谋取不正当利益。债权人选择申请恢复原判执行的，如果原生效法律文书所确定的债权通过强制执行程序已经获得了实现，则执行和解协议中约定的相应债权归于消灭，债权人不得据此重复主张权利。同样，执行和解协议变更了执行标的后，如果债权人选择就执行和解协议另诉主张权利的，一旦获得胜诉判决，将产生先后两份不同的执行依据。由于债权人另诉的行为表明其已放弃原生效法律文书所确定的权利，故对于在先的判决应裁定终结执行，转为执行在后的判决所确定的权利义务。如果执行和解协议中增加了案外人作为担保人，则在债务人不履行债务时，债权人既可以申请恢复对原判的执行，又可以依据执行和解协议另诉要求担保人承担担保责任。当然，原债和担保之债其中之一获得清偿，则另一项债务也归于消灭。

（二）从诉的要素上分析

执行和解协议是对原生效法律文书所确定的权利义务的一种变更或补充，既可能由权利人作出减让以换取义务人的主动履行，也可能由当事人补充约定原生效法律文书未涉及的事项以一揽子解决纠纷。就执行和解协议另诉主张权利的主要限制在于不能够违反禁止重复起诉的诉讼法基本原则。诉，指的是特定原告对特定被告、向法院提出的审判特定实体权利主张的请求。一个完整的诉由诉的标的、诉的主体、诉的原因三项要素构成，此三项要素使某一个诉特定化，从而与其他诉区别开来。[②] 就诉讼标的而言，如果执行和解协议中变更了执行标的或者补充约定了原生效法律文书未涉及的标的，当事人就这些新的标的起诉主张权利的，由于已经超出了既判力的客观范围，自然不受其约束。例如，当事人在执行中达成了以物抵债协议，抵偿行为一旦履行完毕，人民法院将裁定终结执行程序，原债的关系视为消灭。此后，债权人如果认为以物抵债的标的物质量不合格的，可以就该以物抵债协议另诉要求债务人承担瑕疵担保责任，这与原生效判决的既判力并不冲突。就诉讼当事人而言，如果执行和解协议中就案外人的权利义务进行了约定，并得到后者的签章认可，该案外人亦受合同约定的拘束。和解协议当事人之间一旦就该协议的履行发生实体权利争议并提起诉讼，由于超出了既判力的主观范围，亦不受其束缚。例如，案外人在执行和解协议中为债务的履行提供担保的，如果债务人不履行债

---

① 参见王利明："关于和解协议的效力"，载《民商法研究》第5辑，法律出版社2001年版，第446～449页。

② 江伟主编：《民事诉讼法》，中国人民大学出版社2008年版，第27～29页。

务，而债权人又希望担保人承担担保责任的，应通过另行起诉担保人的方式主张权利，此时执行和解协议便是提起诉讼和确定当事人之间权利义务的依据。就诉讼请求及事实理由而言，生效法律文书涉及的仅是当事人之间在法庭调查和法庭辩论终结前的法律关系，在执行和解过程中，由于存在权利的减让、处分、变更和补充，发生了新的事实，就这些新的事实所产生的新的争议，已经超出了既判力的时间范围。民事法律关系并非静止不动，既判力只有针对某一特定时间点上的民事法律关系所作的判断才有意义，在此时间点之后，民事法律关系可因法律事实而变动，在其变动之后出现的新的主张将不受前诉判决既判力的约束，对之当事人可以另行诉讼。① 因此，就执行和解协议的履行发生实体权利争议，以该协议中的约定为据起诉主张权利的，如果诉的主体要素、客体要素或者原因要素与原生效法律文书并不相同，则应认定该诉属于一个新的诉讼，不违反一事不再理和禁止重复起诉的原则。前诉中认定的事实应作为后诉中的免证事实，除非有相反的证据予以推翻，否则人民法院可直接进行认定。前诉中针对实体权利义务所作出的判决对于后诉具有预决的效力，② 即后诉法院应受前诉判决的约束，其所作判决应以前诉判决为基础，不能作出与前诉判决相互矛盾或重复的判决。

（三）从法律规定上分析

《民事诉讼法》并未就执行和解协议的可诉性问题作出明确规定，该法第230条采取了“在执行中，双方当事人自行和解达成协议的，执行员应当将协议内容记入笔录，由双方当事人签名或者盖章。申请执行人因受欺诈、胁迫与被执行人达成和解协议，或者当事人不履行和解协议的，人民法院可以根据当事人的申请，恢复对原生效法律文书的执行”的表述。其中“可以”一词的运用，表明了诉讼法对此问题的态度，即赋予一方当事人在对方不履行执行和解协议的情况下向人民法院申请恢复原生效法律文书的执行的权利，但并未就此否定当事人依据执行和解协议另行起诉的权利。诉权系公民的宪法性权利，对该权利的限制应以法律的明文规定为限。在既无法律明文禁止，又无充分且正当理由的情况下，不宜否定和剥夺公民的诉权。执行和解协议是当事人之间协商一致，就原生效法律文书所确定的权利义务所达成的变更或补充协议，具有合同的性质，对签约当事人均具有法律上的约束力。在执行和解协议中如果约定了原生效法律文书未涉及的内容，而权利人又希望按此内容履行，根据“法无禁止即为许可”的权利行使规则，其当然有权以此为诉

① 田平安主编：《民事诉讼法学研究》，高等教育出版社2008年版，第280页。

② 参见江伟主编：《中国民事诉讼法专论》，中国政法大学出版社1998年版，第165～166页、第174～175页。

因提起诉讼，以期获得强制执行的依据。这种对权利的选择与处分，人民法院应当予以尊重。

（四）从司法实践上分析

实践中就执行和解协议另行起诉的情况并不鲜见，且最高人民法院在对有关个案的答复中已经开始明确和解协议的可诉性。1997 年 4 月 16 日，最高人民法院作出法复［1997］4 号《关于超过诉讼时效期间当事人达成的还款协议是否应当受法律保护问题的批复》，指出超过诉讼时效期间，当事人双方就原债务达成的还款协议，属于新的债权、债务关系，该还款协议应受法律保护。1999 年 4 月 21 日，最高人民法院执行办公室作出［1999］执他字第 10 号《关于如何处理因当事人达成和解协议致使逾期申请执行问题的复函》，指出双方当事人于判决生效后达成还款协议，并不能引起法定申请执行期限的更改，但债权人可以以债务人不履行还款协议为由向有管辖权的人民法院提起诉讼。2002 年 1 月 30 日，最高人民法院立案庭作出［2001］民立他字第 34 号《关于当事人对人民法院生效法律文书所确定的给付事项超过申请执行期限后又重新就其中的部分给付内容达成新的协议的应否立案的批复》，指出当事人就人民法院生效裁判文书所确定的给付事项超过执行期限后又重新达成协议的，应当视为当事人之间形成了新的民事法律关系，当事人就该新协议向人民法院提起诉讼的，只要符合《民事诉讼法》立案受理的有关规定的，人民法院应当受理。从上述规定可以看出，司法实践中人民法院对于认可当事人因执行和解协议而享有诉权持相当谨慎的态度，最高人民法院的批复中为新诉设定了相对单一的条件，即限于超过执行期限后又重新达成协议的情形，其中蕴含了对《民事诉讼法》中所规定的申请执行原判决的救济方式进行补充的浓厚意味。①近年来，也逐渐明确就执行和解协议的履行本身发生实体权利争议的，在不违背禁止重复起诉原则的情况下，可以提起新的诉讼解决争议。1995 年 2 月，最高人民法院经济庭（内设执行组）作出经他［1995］2 号《关于当事人在执行中达成和解协议且已履行完毕的不应恢复执行的函》，指出和解协议履行完毕后，债权人提出和解协议中确定的以物抵债的标的物质量不合格的，应当通过另行诉讼解决。2011 年，最高人民法院在就某民事案件的再审申请进行审查的过程中，针对执行和解协议是否具有可诉性的问题，书面征求了该院立案一庭和执行局的意见。最高人民法院立案一庭答复认为：执行和解协议属于当事人就其权利义务达成的新协议，应视为当事人之间形成了新的民事法律关系，当事人就执行和解协议所变更标的部分另行起诉的，由于诉的标的不同，不违反一事不再理及禁止重复起诉的原则，人民法院可以

① 杨国香等："执行和解协议纠纷解决机制探析"，载《人民司法》2011 年 2 月。

立案受理。即在此情况下，权利人有两种程序选择权，一是申请恢复对原判的强制执行；二是放弃原判执行，另诉要求履行执行和解协议。最高人民法院执行局答复认为：根据《民事诉讼法》的规定，当事人不履行执行和解协议时，原则上应恢复原生效法律文书的执行。但考虑到个案特殊情况，如果执行和解协议中约定的债权一部分已经实现，另一部分存在实体权利争议，而且该实体权利争议无法在执行程序中解决，又不能恢复原生效法律文书的执行，在这种确有必要的情况下当事人可以通过另诉解决，在取得新的生效法律文书作为执行依据后，原生效法律文书应当依法裁定终结执行。

可见，执行和解协议是否具有可诉性，其关键在于执行和解协议的性质——是否属于当事人之间就其权利义务达成的新协议，以及当事人之间是否形成了新的民事法律关系。前文中已对该问题进行了论述，基于执行和解协议具有私法行为的属性，可以视为在原合同基础上设立了新的、独立的债权债务关系，因履行执行和解协议而产生的争议属于一般民事纠纷的范畴，具有可诉性。但这种可诉性并非不受任何限制，已为生效法律文书所确定的权利义务关系，当事人不得再行重复主张。故此，片面否定执行和解协议可诉性的诉讼行为说，以及片面强调其可诉性的私法行为说，均没有充足的正当性基础，仍然应当坚持一行为两性质说，在兼顾程序经济和既判力约束的同时，注重对当事人合法权益的保障。一方不履行执行和解协议，另一方可就执行和解协议另诉解决纠纷，主要发生于以下两种情形：一是在申请执行期间已经过或者其他无法恢复原判执行的情况下，由于生效法律文书所确定的实体权利因程序的瑕疵而未能实现，权利人可以在诉讼时效期间内以执行和解协议为据另行起诉主张权利。二是执行和解协议对原生效法律文书进行了变更或者补充约定，权利人据此就原生效法律文书未涉及的部分起诉主张权利的，由于该部分并不为原生效法律文书的既判力所涵盖，人民法院可以立案和审理。

综上所述，执行和解具有诉讼行为和私法行为的双重属性，执行和解协议属于当事人就其权利义务达成的新协议，应视为当事人之间形成了新的民事法律关系。执行和解协议虽不具有直接的强制执行效力，但在一方当事人拒不履行的情况下，如果无法恢复原生效法律文书的执行或者协议中约定了原生效法律文书未涉及的部分，则另一方当事人可以以执行和解协议为诉因另行起诉追究债的不履行责任。

四、执行和解中的担保

（一）涵义

执行和解中的担保是指在执行和解协议中，由担保人为被执行人提供担保，约定在和解协议履行期限届满后，被执行人不履行和解协议时，由担保人承担责任的行为。执行和解协议中设立担保的目的在于帮助被执行人全面履行执行和解协议，产生执行和解在程序上终结执行程序、在实体上消灭原生效法律文书所确定的权利义务关系的效力。

（二）担保协议的效力

担保债务从属于执行和解协议中约定的主债务，执行和解协议的法律性质不具有强制执行力，其中的担保协议自然也不具有强制执行的效力，担保人不履行担保义务，申请执行人只能申请恢复原生效法律文书的执行，不能对担保人申请强制执行，应当注意与执行担保相区分。

（三）担保人履行担保责任后的追偿

担保人承担担保责任后，能否行使追偿权？根据《担保法》第 31 条的规定，其有权向被担保人即被执行人进行追偿。但追偿程序不由执行法院在执行案件中处理，应当另行解决，因为担保人承担担保责任后，执行和解协议得到全面履行，执行程序终结。

五、执行和解协议中第三人担保不能将其追加为被执行人

被执行人未履行和解协议，恢复执行后人民法院可否直接裁定和解协议中的担保人代为履行？亦即在和解协议中由担保人提供担保的，履行期限届满后，被执行人不履行，债权人申请恢复执行后，申请执行人申请恢复执行时追加担保人为共同被执行人的，人民法院可否直接裁定由和解协议中的担保人代为履行？该问题的实质是执行和解中担保人的法律责任问题。对此，在执行实践中，存在两种不同的认识。第一种意见认为，不能直接裁定由担保人代为履行，也不能追加担保人为被执行人。其理由是恢复执行后据以执行的是原生效法律文书。第二种意见认为，可以直接裁定由担保人代为履行。其理由是，对申请人在法定的申请恢复执行期限内申请恢复执行，担保真实有效的，执行法院经审查，可以直接裁定担保人在担保范围内承担责任。笔者同意第一种意见。其理由在于：

1. 执行和解中的担保与执行担保不同。《民事诉讼法》第 231 条规定，在执行中，被执行人向人民法院提供担保，并经申请执行人同意的，人民法院可以决定暂缓执行及暂缓执行的期限。被执行人逾期仍不履行的，人民法院有权执行被执行人的担保财产或者担保人的财产。此为执行担保。执行和解协议中的担保不属于执行担保。对于执行担保，《民事诉讼法解释》第 471 条规定，“被执行人在人民法院决定暂缓执行的期限届满后仍不履行义务的，人民法院可以直接执行担保财产，或者裁定执行担保人的财产，但执行担保人的财产以担保人应当履行义务部分的财产为限”。如被执行人在暂缓执行期限内未履行执行根据所确定的义务，法律明确规定执行法院可直接执行担保财产或担保人的财产，可以追加该担保人为被执行人。而执行和解协议中的担保则既可能是担保人为被执行人的债务而向申请执行人提供的担保，也可能是担保人为申请执行人的案外债务人的债务而向申请执行人提供的担保。[①] 但都不是向执行法院提出的担保。而执行和解协议中的担保，是对和解协议所确定的债务的担保，现行法律及司法解释并没有规定可直接执行担保人的财产。

2. 执行和解协议不具有强制执行的效力。基于现行法律规定，人民法院的执行依据是生效的法律文书，而执行和解协议并不是法定的执行依据，不能改变或消灭执行依据的效力。因为执行和解只是改变原执行依据所确定权利义务的内容，并且执行和解对执行机构的拘束力，体现为执行机构暂时停止执行程序，以示对当事人私权的尊重，而不是执行机构可以直接依据和解协议予以强制执行。如果赋予和解协议以执行力，就意味着私人之间达成的协议可消灭国家基于公权力作出法律文书的效力，显然有悖法理。同时，和解协议一旦没有履行，债权人申请恢复执行的仍是原执行依据，执行和解协议不具有强制执行的效力。

3. 执行和解中的担保与执行和解协议具有从属性。执行和解协议是主契约，执行和解协议的担保是从契约。案外人担保的债务内容是和解协议约定的债务内容。申请执行人与被执行人通过协商一致，以和解协议的方式，或者变更了原生效法律文书确定的债务数额，或者变更了生效法律文书确定的债务履行的期限和方式，亦即设定了新的不同于原生效法律文书的权利义务内容，故和解协议约定的权利义务内容不能等同于生效法律文书确定的权利义务内容。这种担保实际上是案外人对和解协议约定的债务内容进行担保而非对生效法律文书确定的债务内容进行担保，担保协议从属于和解协议，是和解协议的从协议，其效力存在和消灭的前提均附随于和解协议。因此，当执行和解协议约定的履行期限届满后，一方当事人不履行或不完全履行和解协议，另一方当事人申请人民法院恢复执行原执行依据时，和解协议的效力即行终止，和解协议担保也即行终止。

4. 担保协议与执行和解协议同样没有强制执行效力。和解协议作为私法合同没有强制执行力，其从属的担保协议亦必然没有强制执行力，可以说担保协议的效力及强制执行力均与和解协议“共命运”，完全受制于和解协议。在执行程序中，当事人就法律文书确定的权利义务关系达成和解协议，并在执行和解协议中由第三人提供担保的，是当事人对其权利进行了自愿、自由的处分，这种处分的结果是在原权利义务关系基础上，当事人之间形成了新的权利义务关系，第三人提供了担保，它具有独立性，并不因当事人反悔、执行和解效力终止而当然无效。如果当事

---

① 金俊银：“对执行和解若干问题的探讨”，载《法律适用》2005年第9期。

人反悔而不履行和解协议时，申请人只能申请法院恢复执行原生效法律文书；对于第三人提供担保所形成新的法律关系，应由当事人以此为据，向法院提起新的诉讼。因此，债权人、债务人与第三人签订的执行和解协议是三方主体间为履行生效民事判决所作的真实意思表示，是三方自愿协商的结果，该约定不违背法律的禁止性规定，是有效的，故该三方和解协议是一个有效的民事合同。债务人没有严格、全面履行三方和解协议，导致债权人申请法院强制执行该生效民事判决，但并不影响三方和解协议的效力。因此，在三方和解协议中第三人为债务人向债权人作出的保证并不因债权人申请法院强制执行生效民事判决而解除或无效。如果债务人没有履行三方和解协议，法院应依债权人的申请对生效民事判决强制执行，对三方和解协议中的保证的约定，因为涉及的是第三人，并非是债务人自身，所以，债权人可以根据三方和解协议约定另行起诉第三人，要求其承担保证责任。

六、执行和解和执行担保竞合时担保人的法律责任

执行实践中存在执行和解和执行担保竞合的情形，即双方当事人既达成执行和解协议，案外人又向执行法院提供执行担保，这涉及当事人的处分自由与司法执行权的关系问题。当事人请求法院启动执行程序表明一项债权的实现已由私力救济转向公力救济的轨道。在这种情况下，当事人可以对公力救济的诉讼权利作出处分。由于执行程序是为了保障和实现民事权利而存在的，如果在执行程序中，当事人处分了自己的民事权利和诉讼权利，执行程序自然也就失去了意义。因此，不能仅以执行程序的特殊性就否定执行和解的效力。在执行实践中，与债权人完全放弃自己的权利相反，当事人在执行中达成和解协议，是为了更好地实现自己的权利。他之所以在执行和解时让步并不是为了放弃，而是一种以退为进的策略，并通过这种途径使其权利最大程度地得以实现。执行和解的过程，在实践操作的层面上体现了两面性，一方面是申请执行人与被执行人协商沟通的过程，另一方面执行法院往往积极介入其中，包括对第三人担保的审查认可，从而导致和解协议达成时，执行担保亦即成立。在这种执行和解与执行担保竞合的状态下，为依法保护申请人的权益，同时避免担保人规避法律而不直接、有效地承担执行担保的法律责任，法官应选择让担保人承担执行担保的法律后果。即人民法院直接执行担保财产或裁定执行担保人即参与执行和解的第三人、经协议变更的新履行义务主体的财产。这样不违反既判力原理，也有利于促使当事人达成和解时尽量要求义务人提供担保，从而防止义务人以执行和解为名，行拖延执行逃避债务之实。①

---

① 江必新、刘璐：《民事执行重大疑难问题研究》，人民法院出版社2010年版，第359～361页。

七、对和解协议达成前已采取强制执行措施的处理

司法实践中，常常出现法院对被执行人财产采取强制执行措施之后，当事人达成和解协议的情形。在和解协议达成后、履行完毕前，执行法院对已采取的查封、扣押、冻结等强制执行措施应当如何处理？理论上和实践中有两种不同观点。第一种观点认为，为保障申请执行人的合法权益，执行法院应当继续保持查封原状，直到和解协议履行完毕。① 第二种观点认为，执行和解是当事人为了结束执行程序，自愿协商解决纠纷的行为，所以，当事人达成和解协议后，法院就应当终止执行活动，已采取的强制执行措施也应该撤销。② 笔者认为，在现行法律制度下，当事人达成执行和解协议本身并不直接发生强制执行的效力，和解协议达成后，执行程序并不当然暂缓、中止或终结。基于强制执行程序的不停止原则，除申请执行人同意解除强制执行措施，或者和解协议履行完毕当事人申请终结执行之外，即便是在当事人申请暂缓、中止执行的情形下，法院亦不应解除已采取的强制执行措施。这不仅有利于促进当事人积极履行和解协议，也为将来恢复执行原生效法律文书提供了可能。但依据《最高人民法院关于人民法院民事执行中查封、扣押、冻结财产的规定》有关查封、扣押、冻结期限及续行查封、扣押、冻结的规定，查封、扣押、冻结措施期限届满，当事人不申请续行查封、扣押、冻结的，人民法院可不续行查封、扣押、冻结，执行措施自然解除，查封、扣押、冻结的效力消灭。

【典型案例】

吴梅与四川省眉山西城纸业有限公司买卖合同纠纷案

〔基本案情〕

原告吴梅系四川省眉山市东坡区吴梅收旧站业主，从事废品收购业务。约自2004年开始，吴梅出售废书给被告四川省眉山西城纸业有限公司（简称西城纸业公司）。2009年4月14日双方通过结算，西城纸业公司向吴梅出具欠条载明：今欠到吴梅废书款壹佰玖拾柒万元整（￥1970000.00）。同年6月11日，双方又对后期货款进行了结算，西城纸业公司向吴梅出具欠条载明：今欠到吴梅废书款伍拾肆万捌仟元整（￥548000.00）。因经多次催收上述货款无果，吴梅向眉山市东坡区人民法院起诉，请求法院判令西城纸业公司支付货款251.8万元及利息。被告西城纸业公司对欠吴梅货款251.8万元没有异议。

一审法院经审理后判决：被告西城纸业公司在判决生效之日起十日内给付原告

---

① 刘柱、妥宪斌："完善执行和解制度的几点思考"，载《人民司法》2002年第4期。

② 郭占湘等："当议执行和解"，载《律师世界》2001年第7期。

吴梅货款251.8万元及违约利息。宣判后，西城纸业公司向眉山市中级人民法院提起上诉。二审审理期间，西城纸业公司于2009年10月15日与吴梅签订了一份还款协议，商定西城纸业公司的还款计划，吴梅则放弃了支付利息的请求。同年10月20日，西城纸业公司以自愿与对方达成和解协议为由申请撤回上诉。眉山市中级人民法院裁定准予撤诉后，因西城纸业公司未完全履行和解协议，吴梅向一审法院申请执行一审判决。眉山市东坡区人民法院对吴梅申请执行一审判决予以支持。西城纸业公司向眉山市中级人民法院申请执行监督，主张不予执行原一审判决。

〔裁判结果〕

眉山市中级人民法院于2010年7月7日作出（2010）眉执督字第4号复函认为：根据吴梅的申请，一审法院受理执行已生效法律文书并无不当，应当继续执行。

〔裁判理由〕

法院认为：西城纸业公司对于撤诉的法律后果应当明知，即一旦法院裁定准予其撤回上诉，眉山市东坡区人民法院的一审判决即为生效判决，具有强制执行的效力。虽然二审期间双方在自愿基础上达成的和解协议对相关权利义务做出约定，西城纸业公司因该协议的签订而放弃行使上诉权，吴梅则放弃了利息，但是该和解协议属于双方当事人诉讼外达成的协议，未经人民法院依法确认制作调解书，不具有强制执行力。西城纸业公司未按和解协议履行还款义务，违背了双方约定和诚实信用原则，故对其以双方达成和解协议为由，主张不予执行原生效判决的请求不予支持。

第二十五章　股权的执行

规则 33：人民法院可依法强制公司收购控股股东的公司股份，并以收购款顶抵控股股东所欠公司债务

——江苏省无锡市南长区房地产经营公司、上海浦东国有资产投资管理有限公司与广东恒通集团股份有限公司强制收购持有的股份以抵顶其债务执行案①

【裁判规则】

一般情况下，公司是不能收购本公司股票的，但在特殊情况下，法律允许公司按照法定程序收购公司的股票。控股股东实施侵害公司利益的行为，为制裁股份公司内部发生的侵权行为，由人民法院强制公司收购股东持有的公司股份。公司的控股股东的财产为所持有的公司股份且无法变现时，人民法院可依法强制公司收购，并以收购款顶抵控股股东所欠公司债务。完成收购后，公司依法注销该部分股份。

【规则理解】

一、股权强制执行的法理分析

（一）股权的性质

股权是股东因其出资而取得的，依法定或公司章程规定的规则和程序参与公司事务并在公司中享有财产权益，具有转让性的权利。如何认识股权的性质，对正确界定公司财产关系的属性和准确适用股权强制执行措施有重要的影响。然而，在理论界和司法实务界对股权的性质存在不同的学说。第一种为所有权说。该说认为，股权是物权，更确切地说是所有权，是一种二重结构的所有权，即股东享有所有权，公司法人也享有所有权。公司法人所有权并不是对股东所有权的否定，只是股东所有权表现为收益权和处分权。② 第二种为债权说。该说认为，从公司取得法人

---

① 《中华人民共和国最高人民法院公报》2001 年第 6 期。

② 康德瑄："股权性质论辩"，载《政法论坛》1994 年第 1 期。

资格时起，公司实质上就成了财产所有权的主体。此时股东对公司的唯一权利仅仅是收益，这是股东所有权向债权的转化。[①] 第三种为社员权说。该说认为，股权是社员权，股东转移财产所有权，以形成独立的法人所有权，同时，股东也相应地取得一定的权利，以解决其物质利益等法律问题。换句话说，“股东享有社员权作为产权交换的代价。”[②] 第四种为独立民事权利说。该说认为，股东一旦完成出资并伴有公司设立的事实，股东即丧失了其对出资财产的所有权。此时，“公司享有法人财产所有权，股东享有股权，而股权是不同于所有权的独立的民事权利。”[③] 从上述学说的特点可以看出，所有权说、债权说、社员权说在诠释股权性质时都存在着不能自圆其说的理论缺陷，无法为对股权性质的探讨提供令人信服的解答。而独立民事权利说则突破了传统理论中以财产权的物权、债权两分法对股权研究的局限，将股权作为一种独立的权利来对待，使我们对股权性质的认识有了一个质的飞跃，值得借鉴。因为，从股权的具体权能看，“股权以财产权为基本内容，但又不同于债权和所有权，它还包含有公司内部事务管理权等非财产权内容。”[④] 可见，股权有其独特的内容，无法以现有的权利类型去解释。股权既不是所有权，也不是债权，更不是所谓物权特性、债权特性以及社员权特性的简单相加，而是一种与物权、债权并列的新型财产权，是一种独立的权利类型，兼具自益权能与共益权能的双重属性。[⑤] 其中自益权是股权的基本方面，收益是股东对公司投资的主要预期利益，是股东向公司投资的基本动机所在，也是股东的终极目的。而共益权是确保股东获得财产利益的手段，是自益权的体现和保障，这两种权利契合在一起构成股权完整的权利体系。[⑥] 因此，可以将股权的性质理解为：第一，股权是一种私权利。法律可分为公法和私法，权利亦可分为公权与私权。由于公司法界于公法与私法之间，其股权的行使也受到一定的限制，但总的来说，股权是基于民法和公司法、证券法等商事法律而产生和享有的权利，以意思自治和私法自治为原则的基本特性未变。第二，股权为一种特殊的社员权，有别于物权。因为股东出资应依法办理财产转让手续，这种手续的办理，无论从实践看还是从物权法的原则看，都会发生所有

---

① 钱明星：“论公司财产与公司财产所有权、股东股权”，载《中国人民大学学报》1998 年第 2 期。

② 储育明：“论股权的性质及其对我国企业产权理论的影响”，载《经济法制》1990 年第 2 期。

③ 范健：《商法》，高等教育出版社 2002 年版，第 162 页。

④ 赵旭东：《公司法》，高等教育出版社 2003 年版，第 285 页。

⑤ 陈国利：“股权强制执行问题初探”，载《法治研究》2007 年第 7 期。

⑥ 范健：《商法》，高等教育出版社 2002 年版，第 159 页。

权的转移，股东因出资而丧失了所有权，这种失去的所有权转由公司享有。股权亦非债权，债权是债法上所规定的，或当事人间约定的特定权利和义务关系，是基于特定当事人之间互负一定的给付义务，而股权是由公司法规定的一种成员权。① 第三，股权既含有财产权利，也含有非财产权利。股权是股东基于其出资在法律上对公司所享有的权利，包括财产性权利和公司事务参与权，是一种独立的民事权利。公司作为营利性组织，其目的之一是追求利益的最大化，而股东则享有直接从公司获得经济利益的财产性权利。为了确保财产性权利，法律和公司章程一般都会规定股东参与公司经营管理权利，属于非财产性权利。股权的性质决定了法院对其进行强制执行所采取的执行方式、程序及法律的适用等都有别于对物权和债权的强制执行。

（二）股权的可执行性

一项权利之所以能被执行，是因为它具备成为强制执行标的的条件。作为执行标的应具备四个条件：第一，具有财产价值。只有具有财产价值的权利，才可能满足清偿债权人债权的需要。如不具有财产性的内容，就不可能成为强制执行的标的，如名誉权、荣誉权等人身权利。第二，具有可转让性。具有财产价值的权利是其成为执行标的的前提条件和物质基础，要成为执行标的还必须能够把体现在该项权利上的财产价值予以转移，通过转移来满足债权人的利益，具有可转让属性。第三，不属于法律规定不得强制执行的财产。既不属于实体法上禁止转让、让与、查封的财产，如毒品、淫秽品等；也不属于程序法上禁止转让查封的财产，如保障债务人及由其抚养的家属生存的生活必需品、已被查封的财产等。第四，不属于在性质上不适于强制执行的财产。如不属于有违社会公序良俗的财产、不属于债务人所有的财产、不属于与债务人的身份存在不可分割的关系的财产。

股权是股东因其出资而取得的参与公司事务并在公司中享有财产权益，具有转让性的权利，“兼具有请求权和支配权的属性，具有资本性和流转性。”② 可见，股权具备成为强制执行标的的条件，具有可执行性。理由如下：第一，财产性是股权的最基本属性。股权中既含有财产性权利，也含有非财产性权利，两者相互关联，都是股权不可或缺的权能。其中，非财产性权利是实现财产性权利的手段，而财产性权利则是一种目的性权利，在股权中居于核心地位。股东因其出资行为，以实物或金钱为载体，将其出资转化为公司的注册资本，股权是出资财产所有权转让的对

① 巫文勇：“民事强制执行中有关股东权益处置问题研究”，载《河北法学》2010 年第 3 期。

② 江平、孔祥俊：“论股权”，载《中国法学》1994 年第 1 期。

价，资本性使股权具有价值与价格，股权在变价时又可以金钱形式量化，因此股权具有典型的财产性。根据强制执行理论，凡具有财产价值者，均可为执行的标的物。第二，股权具有可转让性。股权的资本性决定了股权的非身份性与可转让性，股东与他人合意，可按股权的经济价值转让给他人，他人因而成为股东而享有股权。因此，股权通过可转让性实现其价值的最大化。我国公司法设专章规定了有限责任公司的股权转让。股权的转让以出资或股份的转让为标志。转让股权因股东可以取得相应对价，能够成为用于偿付债务的有效手段，强制股权转让的方法，可以作为对股东债权人的一种救济手段。第三，根据我国现行法律的规定，在总体上允许股权的自由流通和变现，如《公司法》第 72 条规定，人民法院依照法律规定的强制执行程序转让股东的股权时，应当通知公司及全体股东，其他股东在同等条件下有优先购买权。其他股东自人民法院通知之日起满 20 日不行使优先购买权的，视为放弃优先购买权。《执行规定》第 54 条规定，“……对被执行人在有限责任公司中被冻结的投资权益或股权，人民法院可以依据《中华人民共和国公司法》第三十五条①、第三十六条②的规定，征得全体股东过半数同意后，予以拍卖、变卖或以其他方式转让。不同意转让的股东，应当购买该转让的投资权益或股权，不购买的，视为同意转让，不影响执行……”。人民法院也可允许并监督被执行人自行转让其投资权益或股权，将转让所得收益用于清偿对申请执行人的债务。总之，根据上述法律和司法解释，股权并不属于法律规定不得强制执行或在性质上不适于强制执行的财产。

二、执行股权的原则

股权强制执行的基本原则如同对其他财产的执行一样，对股权的强制执行也需遵循民事强制执行的一般原则。同时，由于股权性质的特殊性，在执行股权的过程中还必须遵循股权执行所要求的特有原则。执行股权应适用两项原则：

1. 启动股权执行程序前要适用财产除尽原则。即人民法院应当在债务人没有其他财产可供执行或者其他财产不足以清偿债务时，才对债务人的股权进行执行，其理由在于：第一，股权中的财产权利与非财产权利很难剥离，如果将股权强制转让给第三人，有可能破坏公司的人合性。第二，股权不同于一般财产，其价值难以准确评估，股权难于变现，执行起来比较棘手。第三，股权属于无形资产，执行须经冻结、评估、拍卖、通知其他股东优先受偿、通知工商部门协助执行等诸多事项，涉及的部门、人员多，执行程序复杂，周期长，不利于债权人尽早实现债权。

---

① 2013 年《公司法》第 34 条。

② 2013 年《公司法》第 35 条。

据此，执行股权须以债务人的其他财产除尽为前提。

2. 在执行过程中应适用财产保护原则。一是股东的优先受偿权是法定权利，要注意处理好其他股东在同等条件下对被执行股权所享有的优先受让权。根据《公司法》第 71 条第 3 款规定：经股东同意转让的股权，在同等条件下其他股东有优先购买权。两个以上股东主张行使优先购买权的，协商确定各自的购买比例；协商不成的，按照转让时各自的出资比例行使优先购买权。因此，在执行有限责任公司的股权时必须严格履行法律规定的其他股东同意转让程序和优先购买程序。另外，对外资企业股权执行时其他合资方的优先购买权我国相关法律也有明确规定。在对公司股权进行强制执行时，要严格依照法律的规定操作，尽量满足其他股东的意愿，对其他股东因身份而确定的优先购买权应予充分保障。二是股东的出资与股东基于出资所享有的股权是两个不同的概念，股东出资后公司设立，股东的出资已成为公司的注册资金，是其承担民事责任的基础，且财产权归属于公司，《公司法》第 35 条规定：公司成立后，股东不得抽逃出资。因此，人民法院在执行被执行人的股权或投资权益的过程中，不能执行债务人股东在公司的出资，可通过转让等其他的方式执行，否则构成侵权。

三、执行股权的措施

根据《民事诉讼法》第 242 条规定，“被执行人未按执行通知履行法律文书确定的义务，人民法院有权向有关单位查询被执行人的存款、债券、股票、基金份额等财产情况。人民法院有权根据不同情形扣押、冻结、划拨、变价被执行人的财产。人民法院查询、扣押、冻结、划拨、变价的财产不得超出被执行人应当履行义务的范围。人民法院决定扣押、冻结、划拨、变价财产，应当作出裁定，并发出协助执行通知书，有关单位必须办理。”可见，强制执行股权最常用的措施是冻结和变价转让，其中变价程序包括评估、拍卖和变卖等方式，与强制执行其他财产权的措施基本相同。不同的是，《最高人民法院关于人民法院民事执行中拍卖、变卖财产的规定》第 4 条第 3 款规定，对被执行人的股权进行评估时，人民法院可以责令有关企业提供会计报表等资料；有关企业拒不提供的，可以强制提取。第 33 条规定，在执行程序中拍卖上市公司国有股和社会法人股的，适用《最高人民法院关于冻结、拍卖上市公司国有股和社会法人股若干问题的规定》。

（一）股票的扣押、冻结

所谓扣押，是指人民法院采取的强制扣留被执行人的财产，限制其占有和处分的一种措施。对于被扣押的财产，人民法院可以自己保管，也可以委托有关单位和个人保管，费用由被执行人负担。所谓冻结，是指对被执行人在有关单位的财产，人民法院采取不准其提取或转移的执行措施，主要是针对被执行人在银行等金融机构中的存款或财产性权利而采取的一种控制性措施。实施冻结后，非经人民法院通知，任何单位和个人不得提取和转移。通说认为，查封和扣押是两个不同的概念，二者的区别主要在于是否移动财产。一般来说，查封是对执行标的物加贴封条，不准债务人移动，即就地查封；扣押则要将执行标的物转移至其他场所，即异地扣押。[①] 根据《执行规定》第52条规定，“对被执行人在其他股份有限公司中持有的股份凭证（股票），人民法院可以扣押，并强制被执行人按照公司法的有关规定转让，也可以直接采取拍卖、变卖的方式进行处分，或直接将股票抵偿给债权人，用于清偿被执行人的债务。”据此，对股票的执行通常要先予以扣押。对股票的扣押、冻结，主要是通过一定方式将股票有效控制并进行公示，股票的表现形式不同，扣押、冻结的程序和方法也不相同。[②] 从表现形式上，可以将股票分为实物券式股票和簿记券式股票。

1. 关于对实物券式股票的扣押或冻结。所谓实物券式股票是指由国家证券管理部门指定的印刷机构依一定格式印制的表现为特定纸张载体的股票。传统意义上的股票多表现为实物券式股票。由于实物券式股票属于“特殊动产”，可对查找到的实物券式股票，由执行法院作出扣押裁定，直接予以扣押，转移股票的占有，同时向有关股份公司发出协助执行通知书，通知其不得办理被扣押股票的转移手续，不得向被执行人支付股息和红利。

2. 关于对簿记券式股票的扣押或冻结。所谓簿记券式股票是指由证券发行人依法定统一格式制作，由证券监管部门指定的机构托管，记载股东权益的书面名册。簿记券式股票具有无纸化特征，股份有限公司向社会公开发行的股票一般采簿记券式，以在证券登记结算机构记载股东账户的方式发行股票。目前我国上市公司股票均为电子化的簿记券式股票，上市公司流通股实行双层托管、存管和集中统一的登记体制，即投资者委托证券公司代为保管证券，证券公司再委托中国证券登记结算有限责任公司集中保管其客户的证券，中国证券登记结算有限责任公司对存管的全部证券，直接以投资者名义集中登记。即在这种保管、登记体制下，投资者持有的实际上仅为股票托管的凭证，而非实际的权利凭证。因此，对该类股票实际上无法进行“实物”扣押，而必须通过有关单位办理登记的方式予以冻结。依据有关

---

① 参见江伟主编：《民事诉讼法学原理》，中国人民大学出版社1999年版，第855页；柴发邦主编：《民事诉讼法学新编》，法律出版社1992年版，第459页；孙加瑞：《强制执行制度概论》，中国民主法制出版社1999年版，第457页。

② 江必新主编：《新民事诉讼法专题讲座》，法律出版社2012年版，第274～275页。

法律和司法解释的规定，人民法院冻结时应作出裁定，送达当事人，并应制作协助执行通知书，连同裁定书副本一并送达协助执行人；同时，还应书面通知有关公司，由其将冻结情况在股东名册中进行登记。

3. 办理冻结登记手续应注意的问题。依据最高人民法院、最高人民检察院、公安部、中国证券监督管理委员会四部门联合发布的《关于查询、冻结、扣划证券和证券交易结算资金有关问题的通知》规定，对于簿记券式股票的冻结需要办理登记手续，要根据不同的股票种类确定协助执行人。（1）该通知第 9 条第 1 款规定：对于在证券公司托管证券的冻结，执行法院既可以在托管的证券公司办理冻结登记，也可以在证券登记结算机构办理冻结登记。即对该类证券的冻结，有关的证券公司和证券登记结算机构均为协助执行人，如果两家法院在不同交易日分别前往两个不同部门办理冻结手续的，时间在先者为有效冻结，时间在后者为轮候冻结。但证券公司毕竟处于结算的前端，为鼓励执行机关尽量到证券公司办理冻结手续，对于不同执法机关在同一交易日分别在证券公司、证券登记结算机构对同一笔证券办理冻结手续的，证券公司协助办理的为在先冻结。（2）因证券登记结算机构处于结算的后端，对其协助执行义务的要求不同于证券公司。根据该通知第 10 条的规定，证券登记结算机构受理冻结要求后，应当在受理日对应的交收日交收程序完成后根据交收结果协助冻结。证券公司受理冻结要求后，则应当立即停止证券交易，冻结时已经下单但尚未撮合成功的应当采取撤单措施。冻结后，根据成交结果确定的用于交收的应付证券和应付资金可以进行正常交收。同时，证券公司应当根据成交结果计算出同等数额的应收资金或者应收证券交由执法机关冻结或者扣划。（3）由于上市公司非流通股的存管体制不同于流通股，因其不能公开上市交易，故不存在托管于证券公司的问题，而是直接存管于证券登记结算机构。因此，对上市公司非流通股冻结时，协助执行人应为证券登记结算机构，而非证券公司。在证券公司成为被执行人的情况下，其自营投资购买的股票也可以作为执行标的。因证券公司的自营股票均托管在证券登记结算机构，因此，《关于查询、冻结、扣划证券和证券交易结算资金有关问题的通知》第 9 条第 2 款规定，冻结证券公司自营股票的，由证券登记结算机构协助办理登记手续。冻结未在证券公司或其他托管机构托管的证券的，其协助执行人也应为证券登记结算机构。（4）对非上市公司簿记券式股票的冻结，应根据其实际由何种机构托管，选择确定相应的协助执行人。此外，《最高人民法院关于冻结、拍卖上市公司国有股和社会法人股若干问题的规定》中对上市公司国有股和社会法人股的冻结方式和程序作出了具体规定，执行实践中对上市公司国有股和社会法人股的冻结，应严格依照该司法解释的规定操作。

（二）股票的变价

所谓变价，是指执行法院将查封、扣押、冻结的被执行人财产，依法定程序和方式变换为价款，以清偿债务。变价方式主要有拍卖、变卖两种，也有人将以物抵债和强制管理视为变价方式。《民事诉讼法》第247条规定，被执行人逾期不履行的，人民法院应当拍卖被查封、扣押的财产；不适于拍卖或者当事人双方同意不进行拍卖的，人民法院可以委托有关单位变卖或者自行变卖。据此，对扣押、冻结的股票进行变价时，应区分不同情形采取不同的变价方式。①

1. 对于上市公司的流通股的变价。因上市公司的流通股在证券交易所公开上市交易，市场机制本身足以确保形成合理的价格，因此，无须经过拍卖程序，而应由相关的证券公司协助执行，通过证券交易所直接予以变卖。根据《最高人民法院关于冻结、扣划证券交易结算资金有关问题的通知》（法［2004］239号）第5条第2款的规定，人民法院执行流通证券，可以指令被执行人所在的证券公司营业部在30个交易日内通过证券交易将该证券卖出，并将变卖所得价款直接划付到人民法院指定的账户。执行实践中，为防止大宗流通股的变卖引发恐慌性抛盘，影响股市稳定，可以分次拆细变卖或请求证券交易所协助采取对敲买卖方式进行变卖。②此外，根据《证券法》第86条的规定，通过证券交易所的证券交易，投资者持有或者通过协议、其他安排与他人共同持有一个上市公司已发行的股份达到5%时，应当在该事实发生之日起3日内，向国务院证券监督管理机构、证券交易所作出书面报告，通知该上市公司，并予公告；在上述期限内，不得再行买卖该上市公司的股票。投资者持有或者通过协议、其他安排与他人共同持有一个上市公司已发行的股份达到5%后，其所持该上市公司已发行的股份比例每增加或者减少5%，应当依照前款规定进行报告和公告。在报告期限内和作出报告、公告后2日内，不得再行买卖该上市公司的股票。据此，在对大宗股票进行变卖时，执行法院应注意要求有关当事人按照《证券法》的有关规定进行报告和公告。

2. 对于非上市公司股票或上市公司国有股、社会法人股的变价。因非上市公司股票或上市公司国有股、社会法人股没有公开的交易价格，因此，其变价应遵循拍卖优先原则。具体拍卖程序与其他动产、不动产的拍卖程序基本相同。根据《最高人民法院关于冻结、拍卖上市公司国有股和社会法人股若干问题的规定》的规定，对于上市公司国有股、社会法人股的变价，被执行人在限期内提供了方便执行

① 江必新主编：《新民事诉讼法专题讲座》，法律出版社2012年版，第276～277页。

② 参见杜岩："论对股票的强制执行"，载最高人民法院执行工作办公室编：《强制执行指导与参考》（总第7集），法律出版社2003年版，第314页。

的其他财产，应当首先执行其他财产。其他财产不足以清偿债务的，方可执行其持有的国有股或社会法人股。对国有股和社会法人股的变价，必须进行拍卖。执行法院裁定拍卖的，应当于委托拍卖之前将法律文书送达股权持有人或者所有权人并书面通知上市公司，并告知该国有股份持有人 5 日内报主管财政部门备案。拍卖之前，人民法院应当委托具有证券从业资格的资产评估机构对股权价值进行评估。拍卖保留价应当按照评估值确定，第一次拍卖最高应价未达到保留价时，应当继续进行拍卖，每次拍卖的保留价应当不低于前次保留价的90%。经三次拍卖仍不能成交时，人民法院应当将所拍卖的股权按第三次拍卖的保留价折价抵偿给债权人。人民法院可以在每次拍卖未成交后主持调解，将所拍卖的股权参照该次拍卖保留价折价抵偿给债权人。拍卖过程中，竞买人已经持有的该上市公司股份数额和其竞买的股份数额累计不得超过该上市公司已经发行股份数额的30%。如竞买人累计持有该上市公司股份数额已达到 30% 仍参与竞买的，须依照《证券法》的相关规定办理，在此期间应当中止拍卖程序。拍卖成交后，人民法院应当向证券交易市场和证券登记结算公司出具协助执行通知书，由买受人持拍卖机构出具的成交证明和财政主管部门对股权性质的界定等有关文件，向证券交易市场和证券登记结算公司办理股权变更登记。

四、股权的强制转让①

（一）对被执行人在有限责任公司股权的转让

根据《执行规定》第 54 条第 2 款、第 3 款，《公司法》第 71 条、第 72 条和第 73 条的规定，股东向股东以外的人转让股权，应当经其他股东过半数同意。对被执行人在有限责任公司中的股权进行转让时，应当通知该公司及其全体股东，并书面征求其他股东的意见。其他股东在接到书面通知起满 30 日未答复的，视为同意转让。经股东同意转让的股权，在同等条件下，其他股东有优先购买权。其他股东在接到人民法院按强制执行程序转让股东股权的通知之日起满 20 日不行使优先购买权的，视为放弃优先购买权。此时，人民法院对被执行人在有限责任公司的股权或投资权益予以拍卖、变卖或者以其他方式转让，其他股东对执行提出异议的，不影响执行。

（二）对被执行人在股份有限公司中股权的转让

1. 对非上市公司股权或投资权益的执行。记名股票的转让，由股东以背书方式或法律、行政法规规定的其他方式转让，并由公司将受让人的姓名或名称及住所

① 参见陈国利："股权强制执行问题初探"，载《法治研究》2007 年第 7 期。

记载于股东名册。需注意公司董事、监事、经理所持本公司股票的转让，要按照公司法的有关规定执行。无记名股票的转让由股东在证券交易场所将该股票抵偿债权人后即发生法律效力，也可采取拍卖、变卖的方式变现。采取上述方式，均需对转让股份的价格进行评估。①

2. 对上市股份有限公司法人股和内部职工股的处分与非上市股份有限公司股票的处分应该相同。但上市股份有限公司的社会公众股（俗称流通股）在处分方式上和其他股票的处分有着很大的差异，这种差异主要是由流通股的可流通性、可变现性所决定的。法院在处分这类股票时，只要委托相关证券公司随行就市抛售所扣押的股票即可②。采取上述方式转让，无需对转让股份的价格进行专门的评估。

（三）对被执行人在中外合资、合作经营企业股权的转让

根据《执行规定》第55条的规定：对被执行人在中外合资、合作经营企业中的投资权益或股权，在征得合资或合作他方的同意和对外经济贸易主管机关的批准后，可以对冻结的投资收益或股权予以转让。需要注意的是，在征得合资或合作他方的同意和对外经济贸易主管机关的批准后对投资收益或股权进行转让时，“其他投资者或股东没有优先购买权，人民法院可以直接裁定予以转让。”③ 如果被执行人除在中外合资、合作经营企业中的股权以外别无其他财产可供执行，其他股东又不同意转让的，人民法院可以不经过对外经济贸易主管机关批准，直接强制转让被执行人的股权，但此时应保护其他投资者或股东的优先购买权。

（四）对被执行人在独资企业中股权的转让

根据《执行规定》第54条第1款规定：被执行人在其独资开办的法人企业中拥有的投资权益被冻结后，人民法院可以直接裁定予以转让，以转让所得清偿其对申请执行人的债务。实践中，如果被执行人在其独资开办的企业中的投资权益的价值大于应当执行的债权及执行费用数额的，执行时可以将该投资权益划分出份额，将其中部分份额予以转让。而申请执行人享有被执行人的独资公司部分或全部投资权益后，独资公司的经营行为仍受相关法律、法规的约束，公司债权人利益亦受到

---

① 唐龙生等：“论对被执行人股权的执行”，载上海市第二中级人民法院网，http：//www. shezfy. com/spyj/xsyt_ view. aspx? id =3124，最后访问日期2013年10月15日。

② 陈云良：“对股权的执行”，载中国法院网，http：//www. chinacourt. org/public/detail. php? id =25284&k_ title =对股权的执行 &k_ content =&k_ author =，最后访问日期2013年12月21日。

③ 陈云良：“对股权的执行”，载中国法院网，http：//www. chinacourt. org/public/detail. php? id =25284&k_ title =对股权的执行 &k_ content =&k_ author =，最后访问日期2013年12月21日。

法律保护。公司债权人可以申请执行公司的具体财产，而申请执行人只享有对该公司的投资权益。

（五）对一人有限责任公司中股权转让

《公司法》将一人有限责任公司作为一种独立的公司类型在法律上作出了明确规定，使一人有限责任公司也将从法律的规定变成市场经济中现实的组织形态，实实在在地进入经济生活的各个领域。对于一人有限责任公司股权的执行将成为执行工作不得不面临的新课题。我国《公司法》并没有限制一人有限责任公司转让部分股权的规定，但一人有限责任公司如果转让部分股权，就不再是一人有限责任公司，其相关的权利义务关系也将发生根本性的变化。关于公司组织形式发生变更的法律问题，我国《公司法》没有明确规定，笔者认为应按照新设公司的相关规定进行。而按照新设公司的相关规定操作则可能因人合不能致使新的组织形式的公司根本无法成立，造成买受人利益受损。因此，对一人有限责任公司的股权进行执行时亦应当参照非一人有限责任公司，以整体拍卖为原则，部分拍卖为例外。对一人有限责任公司的股权部分执行时，具体操作可以参照对独资企业中股权或投资权益执行的相关规定。执行的结果，可能导致一人有限责任公司所有人的变更，也可能因此成为合资企业或一般有限责任公司。同时，也应当对一人有限责任公司股权全部执行的限制予以注意，如前所述，对一人有限责任公司股权执行应当以整体执行为原则，但此原则亦应有所限制。《公司法》第58条规定，一个自然人只能投资设立一个有限责任公司。该一人有限责任公司不能投资设立新的一人有限责任公司。因此，在对一人有限责任公司股权全部转让时，如果受让人本身就是一人有限责任公司的股东，则该项转让应为禁止。①

五、公司收购股份的强制

强制公司收购股份是人民法院针对特殊的执行案件所采取的一种特殊执行方式，不具有普遍适用性。股份回购即公司收购本公司的股份，是指股份有限公司按照一定的价格，以公司拥有的资金从股东手中买回本公司的股份。为了维持公司资本结构的稳定，《公司法》第142条规定，公司不得收购本公司股份。但该法同时规定，有下列情形之一的除外：（1）减少公司注册资本；（2）与持有本公司股份的其他公司合并；（3）将股份奖励给本公司职工；（4）股东因对股东大会作出的公司合并、分立决议持异议，要求公司收购其股份的。该法律规定的除外情形为人民法院以强制公司收购本公司股权的方式来强制债务人履行债务提供了法律支撑。

---

① 何骧："有限责任公司股权强制执行的新问题研究"，载《贵州社会科学》2010年第3期。

在人民法院执行公司其他股东要求债务人股东偿还其对公司债务的民事案件中，债务人股东只有股权别无其他财产可以用来偿还其对公司债务，且债务人的该部分股权无人同意接受、其他股东作为申请执行人同意执行债务人股权的情况下，人民法院可以采取强制公司回购股份的执行方式。此情形下，公司回购股份，减少注册资金，并不损害公司和其他股东的利益。应注意的是，公司收购本公司的股份，注册资本减少，公司应当按《公司法》的规定履行相关程序，注销该部分股份。《公司法》第177条规定，公司需要减少注册资本时，必须编制资产负债表及财产清单。公司应当自作出减少注册资本决议之日起10日内通知债权人，并于30日内在报纸上公告。债权人自接到通知书之日起30日内，未接到通知书的自公告之日起45日内，有权要求公司清偿债务或者提供相应的担保。第179条第2款规定，公司减少注册资本，应当依法向公司登记机关办理变更登记。据此，人民法院通过强制公司收购本公司股份的执行程序完成后，为防止因公司注册资金减少给公司债权人带来损害，还应当强制公司履行相关程序和办理工商登记。

六、实体法中对股份转让的限制性规定不适用于强制执行

我国《公司法》第141条的规定，发起人持有的本公司股份，自公司成立之日起1年内不得转让。执行过程中，如果扣押、冻结了实体法限制转让的股份，就必然会面临是否受上述实体法规定的限制，是否可以采取强制拍卖、变卖的问题。对此，理论和实践中有两种不同观点：第一种观点认为，对实体法中限制处分的股份，执行中可以冻结，但必须在限制解除后才能进行拍卖。第二种观点则认为，实体法中对股份转让的限制，仅系限制权利人的自由转让，为保护债权人的利益，不能限制在执行程序中进行拍卖。① 最高人民法院执行工作办公室在2000年1月给福建省高级人民法院《关于执行股份有限公司发起人股份问题的复函》中指出，《公司法》第147条中关于发起人股份在3年②内不得转让的规定，是对公司创办者自主转让其股权的限制，其目的是防止发起人借设立公司投机牟利，损害其他股东的利益。人民法院强制执行不存在这一问题。被执行人持有发起人股份的有关公司和部门应当协助人民法院办理转让股份的变更登记手续。为保护债权人的利益，该股份转让的时间应从人民法院向有关单位送达转让股份的裁定书和协助执行通知书之日起算。该股份受让人应当继受发起人的地位，承担发起人的责任。③ 这一复函显

---

① 参见杨与龄：《强制执行法论》，法律出版社2002年版，第370页。

② 2007年《公司法》第142条，2013年《公司法》第141条已将时限修改为1年。

③ 参见最高人民法院执行工作办公室编：《强制执行指导与参考》（总第3辑），法律出版社2003年版，第201页。

然采纳了上述第二种观点，复函的意见可以作为办理类似案件的参考。[①]

【拓展适用】

实践中，经常出现空股股权和隐名股权，统称为特殊股权，其特殊性表现在实际出资金额与登记出资金额不符、实际出资人与登记的出资人不符等方面。对这类特殊股权人民法院可否强制执行，需要予以明确。

一、对空股股权的执行

（一）空股股权的涵义

所谓空股股权，即通常所说未缴付资本的股权。[②] 对于空股股权，不能一律认为存在瑕疵，分两种情况：一种情形是在授权资本制下，投资人可按比例分期缴付出资中的尚未缴付出资，此情形的空股股权属于正常现象。另一种情形是在实收资本制下，公司法本身没有空股股权存在的法律空间，但因股东虚假出资或抽逃出资出现的空股股权，此情形的空股股权属于违法情形。根据2004年《公司法》第26条规定，有限责任公司的注册资本为在公司登记机关登记的全体股东认缴的出资额。公司全体股东的首次出资额不得低于注册资本的20%，也不得低于法定资本的最低限额，其余部分由股东自公司成立之日起2年内缴足；其中，投资公司可以在5年内缴足。2013年12月28日第十二届全国人民代表大会常务委员会第六次会议决定对《公司法》作出修改，将《公司法》第26条修改为："有限责任公司的注册资本为在公司登记机关登记的全体股东认缴的出资额。法律、行政法规以及国务院决定对有限责任公司注册资本实缴、注册资本最低限额另有规定的，从其规定。"将第23条第2项"股东出资达到法定资本最低限额"修改为："有符合公司章程规定的全体股东认缴的出资额。"可见，通过对《公司法》的修改，此条将有关最低注册资本制度予以了废除。2013年《公司法》的修订，除法律另有规定外，取消了对公司注册资本的管制，已经将公司的注册资本事宜，完全交由股东自治。认缴出资的股东是否履行出资义务，不再构成评判股东地位的考虑因素，股东的地位的取得，仅以股东认缴出资的生效意思表示为必要，彻底否定了过去过分强调法定的最低注册资本，强调以股东出资是否达到了最低注册资本门槛作为是否维持股东有限责任的唯一标准的做法。当然2013年《公司法》实施前尚未处理的，应按行为时法律规定处理。

（二）空股股权的特征及可执行性分析

空股股东的特征有：1. 空股股权虽没有缴足全部出资，但其具有股权的全部

---

① 江必新主编：《新民事诉讼法专题讲座》，法律出版社2012年版，第278页。

② 虞政平："股权转让协议效力审查"，载《法律适用》2003年第9期。

特征，包含股权中财产所有权和参与公司经营权等项权利内容。2. 空股股权凝聚公司创办人的劳动价值，这些劳动价值附着于公司，只要公司在经营，有利润，空股股权也可分红利。3. 空股股权作为一个投资机会，本身也有价值，对于寻找投资机会的人而言，以购买空股股权之后补足出资的办法比从头开始设立公司更快捷、更方便、更廉价，可以省略寻找合作伙伴、办理设立手续及组合资产等过程。4. 空股股权可以转让变现为货币。

人民法院强制执行的目的是实现申请执行人的债权，要求强制执行的标的物必须具有价值。空股股权虽属于未缴付资本的股权，但其作为一项财产具有独立性，具有一定的价值，可以转让，可以变现为货币，且其所有权人的主体明确，因此，具有可执行性。实践中关于空股股权因没有足额出资而不能对其强制执行的观点是错误的。

（三）对空股股权执行中应当注意的问题

第一，对空股股权价值的确定不能等同于空股股权所注明的资本额，其价值大小需要经过评估，评估中应考虑未缴付的出资额、公司的成长前景等因素。

第二，空股股权转让后不能任由空股股权予以持续，应当强制受让空股的股东承担补足出资的义务，而不能强制作为被执行人的原股东承担补足出资的责任。其理由为：1. 根据《公司法司法解释三》第 1 条规定，为设立公司而签署公司章程、向公司认购出资或股份的人，为公司的发起人或股东。就公司股东地位的取得条件，应以投资者“签署公司章程”、“认购出资或者股份”为必要，其是否有成立公司或认缴出资的意思表示，并不以投资者是否“应缴出资或者认购股份”为必要，股东未履行出资义务并不实质影响投资者因认缴出资而成为公司股东。除公司股东资格被解除或终止外，其作为公司股东有继续履行出资的义务。2. 执行时强制转让的就是空股股权，价值评估时考虑了未缴足资本的状况，如果要求原股东补足出资，则不能称为实质意义上的空股股权强制转让，也不符合等价交换原则。3. 要求原股东补足出资也不具有可行性。原股东作为被执行人，如果还有其他财产，应当先用于清偿债务。在原股东连执行债务都不能清偿的情况下不可能具备补足出资的能力。4. 受让人同意受让空股股权，其取得空股股权后即成为公司的一个股东，与公司利益相连，要求受让人承担补足责任，充实公司资本，对公司、对受让人均不构成损害，因为如果任凭空股股权一直“空”下去，既不利于公司的发展，也破坏公司法制度。同时，根据《公司法司法解释三》第 17 条第 1 款的规定，有限责任公司的股东未履行出资义务，经公司催告缴纳出资而在合理期限内仍未缴纳出资的，公司可以通过股东会决议解除该股东的股东资格。

二、对隐名股权的强制执行

（一）隐名股权的涵义

隐名股权是指认购出资的实际投资人依据口头或书面协议委托他人代其持有的股权。隐名股东在公司章程、股东名册或公司登记材料上不作记载，具有一定的隐蔽性。隐名股权在实践中较为常见，我国承认隐名股权的合法性，但坚持股权代持协议合法有效这一前提，任何意在规避法律的代持股协议（如因不得为股东才让他人代持等），皆不能作为隐名股东诉请显名的证明依据。①《公司法司法解释三》第25条对此予以明确。

（二）有关隐名股权的规定

《公司法司法解释三》第25条至第28条对股权代持协议的效力、隐名股东的投资权益、隐名股权变更股东登记的条件、名义股东对隐名股东的义务、名义股东对公司的责任以及隐名股权的转让等作出了明确的规定。上述规定表明，司法解释对隐性股权所持的理论观点为，一方面，当名义股东与隐名股东之外的第三人发生法律关系时，股权以登记为准，此时隐名股权具有共享共责的法律特性，这样有利于维护公司治理的稳定以及明确对外关系。另一方面，当名义股东与隐名股东发生股权争议时，以双方签订的代持协议为准，其理由是既然双方签订的合同是有效的，就应受《合同法》的保护和制约。当然，隐名股东要求显名时，需征得公司其他过半数股东的同意。此种学说可以理解为“有条件的承认说”。

（三）隐名股权的强制执行

人民法院强制执行隐名股权，首先要对该股权的财产所有权人进行确认，确保被执行的财产属于被执行人的财产。由于隐名持股仅仅发生于隐名者与显名者之间，仅此两者之间就股份持有达成交易而已，公司并非明知，因此确认隐名股权最直接、最有效的方法是向公司章程、股东名册或公司登记材料上记载的名义股东进行调查，调查是否存在代持股协议以及代持股协议的内容，以确认隐名股权的实际持有人及其所持隐名股权财产份额。实践中，由于名义股东与隐名股东之间存在一定的利益关系，名义股东有可能拒绝接受调查或接受调查时不说实话，此种情形下，执行法院可以通过调查公司的财务资料、股东会决议等，确定是否属于隐名股权。应当注意的是，确认隐名股权必须找到相应的证据。

（四）执行隐名股权应注意的问题

1. 查明隐名股权被强制执行前是否已经发生转让。人民法院对被执行人的隐

---

① 虞政平：“股东资格的法律确认”，载《法律适用》2003年第8期。

名股权应当强制执行，才能保障申请执行人的合法权益。但由于隐名股权在强制执行前已被转让给第三人，受让人未及时到公司登记机关办理变更登记。在这种情况下，如果受让人对隐名股权的转让没有过错，且已经在股东名册上有登记，执行法院应当考虑如何充分保护受让人的利益。当然，人民法院可以释明，告知受让人可以根据《民事诉讼法》第227条的规定，提出执行异议，并根据人民法院对其异议处理的情况，告知受让人、当事人可以提出异议之诉的方式予以救济。

2. 强制执行股权后如何办理股权过户登记。强制执行股权一般采用股权拍卖、变卖的变价方式，其实质还是股权转让。由于人民法院作出的执行法律文书具有确权的法律效力，受让人持执行法律文书就能到股权登记机关申请办理过户手续。由于隐名股权在登记机关的登记权利人是名义股东，因此，执行法律文书应载明，隐名股权属于隐名股东所有，将名义股东名下的股权过户至受让人名下等内容。

3. 被执行人为名义股东时，人民法院对隐名股权也应当进行强制执行。因为股权登记具有公示效力，隐名股东与名义股东之间的代持股权协议属于内部约定，对外不发生法律效力，不能对抗第三人。人民法院执行隐名股权后，隐名股东可以依据代持协议向名义股东进行追偿。

【典型案例】

江苏省无锡市南长区房地产经营公司、上海浦东国有资产投资管理有限公司与广东恒通集团股份有限公司强制收购持有的股份以抵顶其债务执行案

申请执行人：江苏省无锡市南长区房地产经营公司。

法定代表人：陆锁宝，该公司经理。

申请执行人：上海浦东国有资产投资管理有限公司。

法定代表人：张哲，该公司董事长。

申请执行人：江苏省无锡新江南实业股份有限公司。

法定代表人：张少杰，该公司董事长。

被执行人：广东恒通集团股份有限公司。

法定代表人：杨博，该公司董事长。

〔基本案情〕

原告江苏省无锡市南长区房地产经营公司（以下简称南长公司）、上海浦东国有资产投资管理有限公司（以下简称浦东公司）和被告广东恒通集团股份有限公司（以下简称恒通公司），都是第三人江苏省无锡新江南实业股份有限公司（以下简称新江南公司）的股东。在新江南公司8000万元的股本金中，恒通公司持有4400万元的股份，为新江南公司的控股股东；南长公司持有1450万元股份，浦东公司持有400万元股份，其余股份由各小股东占有。恒通公司派张少杰出任新江南公司的董事长、法定代表人，并由张少杰提名任命恒通公司的石桂祥为新江南公司总经理。

1998年8月20日，被告恒通公司和第三人新江南公司签订了一份《债权债务处理协议书》，确认至1998年6月30日，恒通公司欠新江南公司3971万元。恒通公司以其在深圳上水径工业区的第13号厂房，第9号、第10号、第12号宿舍楼等共计17897.04平方米的房产，作价40352784元给新江南公司冲抵债务，房产与债务冲抵后的余额642784元，作为房产过户费用。

协议签订后，因第13号厂房被海南省高级人民法院查封，被告恒通公司将其他房产过户给第三人新江南公司。1999年5月6日，新江南公司第二届四次董事会决议：责成经营班子对恒通公司抵债的房产组织评估。评估后如价值缩水，以恒通公司的股权冲抵。新江南公司委托无锡恒茂房地产中介评估行（以下简称恒茂行）进行了评估。经评估，恒通公司的抵债房产，价值为2516.88万元。据此，新江南公司的非控股股东认为：恒通公司利用担任新江南公司董事长、总经理的优势地位，将评估价值仅为2516.88万元的房产，作价4035万余元给新江南公司抵债，损害了新江南公司和他们的利益，遂决定起诉恒通公司侵权。但由于恒通公司是新江南公司的控股股东，新江南公司无法在董事会上形成起诉恒通公司的决议，非控股股东遂委托南长公司、浦东公司作为他们的代表，对恒通公司提起侵权诉讼。诉讼期间，恒通公司对恒茂行的评估报告提出异议，法院又委托深圳市宏厦房地产交易评估有限公司（以下简称宏厦公司）重新评估。宏厦公司以1998年8月20日（即恒通公司与新江南公司签订协议之日）的基准价进行了评估。扣除已被海南省高级人民法院查封并已执行给他人所有的房产，其余恒通公司给新江南公司抵债的房产，评估价为119.74万元。此次的评估费用19800元，由南长公司、浦东公司垫付。

案经无锡市中级人民法院审理认为：被告恒通公司给第三人新江南公司抵债的房产，实际价值仅为1119.74万元，根本不能抵偿其欠新江南公司的3971万元债务。恒通公司利用自己在新江南公司的控股地位，用以物抵债、低值高估的方法为本公司牟取非法利益，给新江南公司造成2851.26万元的损失，侵害了新江南公司以及其他非控股股东的权益。恒通公司与新江南公司于1998年8月20日签订的债权债务处理协议，其中有关恒通公司以房产作价抵偿新江南公司债务的条款，违背了公平和诚实信用的原则，应认定为无效。恒通公司对其侵权行为给新江南公司造成的损失，应负赔偿责任。据此判决：

一、被告恒通公司于本判决生效之日，给付第三人新江南公司2851.26万元及利息（自1998年8月20日起按同期银行逾期贷款利率计算）。

二、被告恒通公司于本判决生效之日，给付原告南长公司和浦东公司垫付的房产评估费19800元。

案件受理费152573元、财产保全费125000元，合计277573元，由被告恒通公司负担。

恒通公司不服一审判决提起上诉。后因该公司未按期交纳二审案件受理费，江苏省高级人民法院裁定：本案按自动撤回上诉处理，原审判决即发生效力。

一审判决生效后，被告恒通公司没有自觉履行判决所确定的给付义务。2000 年 11 月 10 日，原告南长公司、浦东公司和第三人新江南公司向无锡市中级人民法院申请执行。

接到执行申请后，无锡市中级人民法院依法立案，并向被执行人恒通公司送达了执行通知书。执行中了解到，除持有的新江南公司股份以外，恒通公司再无其他财产可供执行，遂于 2001 年 1 月 16 日查封了恒通公司持有的 4000 万股新江南公司股份，并委托无锡普信会计师事务所对该股份的价值进行评估。经评估，新江南公司的股份，每股净资产约为 0.92 元。

2001 年 4 月 16 日，无锡市中级人民法院委托无锡华东拍卖行有限公司拍卖查封的 4000 万股新江南公司股份。拍卖未成交，该股份也无法变卖。

至此，被执行人恒通公司所欠申请执行人新江南公司的全部本金和利息，以及所欠新江南公司以及新江南公司非控股股东垫付的诉讼费、财产保全费、执行费、评估费等，已达 36426331 元。

无锡市中级人民法院经研究认为：被执行人恒通公司所欠主要是申请执行人新江南公司的债务，而现在执行回来的只是恒通公司持有的 4000 万股新江南公司股份，该股份目前无法拍卖和变卖，只有由新江南公司收回以抵顶恒通公司欠其的债务。《中华人民共和国公司法》第一百四十九条①规定：“公司不得收购本公司的股票，但为减少公司资本而注销股份或者与持有本公司股票的其他公司合并时除外。”“公司依照前款规定收购本公司的股票后，必须在 10 日内注销该部分股份，依照法律、行政法规办理变更登记，并公告。”“公司不得接受本公司的股票作为抵押权的标的。”从此条规定可以看出，一般情况下，公司是不能收购本公司股票的，但在特殊情况下，法律允许公司按照法定程序收购公司的股票。新江南公司如果收购了恒通公司所持的股份，恒通公司在新江南公司的股份才能注销，新江南公司的资本也必然会减少，从而符合了法律对收购本公司股票的特殊要求。但是要做到这一步，必须经新江南公司的股东大会同意授权。恒通公司至今仍然是新江南公司的控股股东，新江南公司无法在股东大会上作出这样的决议。为维护法律的尊严，规范和完善股份公司制度，依法保护股份公司所有股东的合法权益，制裁股份公司内部发生的侵权行为，只能由人民法院强制新江南公司收购恒通公司持有的新江南公司股份。据此，无锡市中级人民法院依照《中华人民共和国民事诉讼法》第一百四十条②第一款

---

① 对应 2013 年《公司法》第 142 条。

② 对应 2012 年《民事诉讼法》第 154 条。

第（十一）项的规定，于2001年4月28日裁定：

以新江南公司对恒通公司享有的36426331元债权作为收购款，强制收购恒通公司持有的39593838股新江南公司股份。收购后，新江南公司依法相应减少其注册资本并注销股份。

无锡市中级人民法院的这一裁定发生法律效力后，被执行人恒通公司所欠申请执行人新江南公司的债务已清偿。恒通公司所持有的新江南公司股份也相应地由4400万股减为4576162股。新江南公司注销股份的法律手续已办理完毕，并已召开了新一届的股东大会，选举、组成了新的董事会和经营班子。目前，新江南公司的经营状况良好。

第二十六章　公证债权文书的执行

规则 34：处理不予执行公证债权文书的案件，应当审查公证债权文书的内容是否确有程序和实体错误

——重庆德艺房地产开发有限公司与重庆华信资产管理有限公司、重庆恒通房地产发展有限公司执行裁定复议案①

【裁判规则】

人民法院在审查处理不予执行公证债权文书的案件时，应当全面审查公证债权文书的内容是否确有错误，包括审查程序问题和实体问题；实体审查的对象原则上应限定于被赋予强制执行效力的公证债权文书本身，而不涉及公证债权文书形成的基础事实。

【规则理解】

一、赋予强制执行力的公证债权文书的内涵

所谓债权文书，是指双方当事人之间债权债务关系明确、行使权利和履行义务的方法具体，双方当事人的意思表示一致，对有关给付内容无异议的权利性文书。② 公证是国家公证机关根据当事人的申请，依照法定程序证明法律行为、有法律意义的文书和法律事实真实、合法存在的一种非诉讼活动。而公证文书是由依法设立的公证机关根据当事人的申请，依法定的程序作出的，证明法律行为、有法律意义的文书和事实的真实性、合法性的证明文书。债权文书经过公证机关按照公证程序进行公证，是一种记载经由公证机关证明的债权债务关系的法律文件，具有证据的效力，但不具有强制执行力。为了使公证债权文书能够得到执行，《公证法》第 37 条第 1 款规定，对经公证的以给付为内容并载明债务人愿意接受强制执行承诺的债权

---

① 《中华人民共和国最高人民法院公报》2011 年第 11 期，最高人民法院（2011）执复字第 2 号民事裁定书。

② 江必新主编：《新民事诉讼法理解适用与实务指南》，法律出版社 2012 年版，第 903 页。

文书，债务人不履行或履行不适当的，债权人可以依法向有管辖权的人民法院申请执行。公证机关可以对债权文书依法赋予法律上强制执行力的特殊职能，该公证文书即为赋予强制执行力的公证债权文书。赋予强制执行力的公证债权文书，有利于发挥公证制度的法律作用，敦促当事人主动履行义务，快速解决纠纷；有利于降低当事人实现债权的成本，便利权利人如期实现权利；有利于疏减法院讼源，节约司法资源，减少不必要的诉讼案件进入法院审判程序。

二、赋予强制执行力的公证债权文书的条件和范围

一般的公证文书一般只涉及两种法律关系，一是债权人与债务人之间的基础法律关系；二是公证机关与当事人之间的既存法律关系的证明与被证明关系。当公证文书的功能由证明、依据扩张到执行力时，这种具有强制执行力的公证债权文书至少会涉及三种法律关系，即实体关系、证明关系和执行关系。因此，赋予强制执行力的公证债权文书需要对两个方面的内容进行公证。一是公证当事人之间的债权债务关系；二是公证债务人不履行债务自愿接受法院强制执行的意思表示，需公证的两项内容可以合并起来在一次公证程序中完成，也可以分成两次公证程序来完成。为了使赋予强制执行效力的公证债权文书具有实际法律效果，确保执行依据的准确性、合法性和可执行性，《公证法》和《公证程序规则》对赋予强制执行效力的公证债权文书的条件与范围作出了规定。

（一）赋予强制执行力的公证债权文书的条件

根据《最高人民法院、司法部关于公证机关赋予强制执行效力的债权文书执行有关问题的联合通知》第1条的规定，赋予强制执行力的公证债权文书应当具备以下条件：第一，债权文书具有给付货币、物品、有价证券的内容；第二，债权债务关系明确，债权人和债务人对债权文书有关给付内容无疑义；第三，债权文书中载明债务人不履行义务或不完全履行义务时，债务人愿意接受依法强制执行的承诺。

（二）公证机关赋予强制执行力的债权文书的范围

公证机构办理具有强制执行效力的债权文书公证，债权文书应当以给付为内容。根据《最高人民法院、司法部关于公证机关赋予强制执行效力的债权文书执行有关问题的联合通知》第2条的规定，公证机关赋予强制执行力的债权文书的范围为：（1）借款合同、借用合同、无财产担保的租赁合同；（2）赊欠货物的债权文书；（3）各种借据、欠单；（4）还款（物）协议；（5）以给付赡养费、扶养费、抚育费、学费、赔（补）偿金为内容的协议；（6）符合赋予强制执行效力条件的其他债权文书。同时，符合上述联合通知规定未经公证的债权文书，当事人就履行过程中出现的争议或者违约订立新的协议，并就新的协议共同向公证机构申请办理

具有强制执行效力债权文书公证的，公证机构可以受理，但应当要求当事人提供原债权真实、合法的证明材料，并对证明材料采取适当的方式进行核实。

三、公证债权文书的执行启动

（一）申请执行的主体

《民事诉讼法》第238条第1款规定，对公证机关依法赋予强制执行效力的债权文书，一方当事人不履行的，对方当事人可以向有管辖权的人民法院申请执行，受申请的人民法院应当执行。公证债权文书执行程序的启动主体应当是公证债权文书中的一方当事人，公证机关和人民法院均不能主动启动执行程序。作为启动主体的一方当事人一般是债权人，有时也可以是债务人，比如公证债权文书记载的欠款利息高于银行贷款利息，债权人为了得利息，拒不接受债务人清偿债务，在此情况下，债务人可以申请人民法院强制执行。还有一种情况，公证债权文书之外的第三人是否可以申请执行公证债权文书？笔者认为，在一定的条件下是可以的。比如，当债权人怠于要求债务人履行公证债权文书所确定的债务，且对该债权人的债权人造成损害时，该债权人的债权人就可以依据《合同法》第73条的规定行使代位权，前提条件是该债权人对其债权人所负的债务成立，且有权机关对该笔债权债务赋予了强制执行力。

（二）执行证书

对于公证机关依法赋予强制执行力的公证债权文书，人民法院应当予以执行。但是公证债权文书作出后由于当事人的部分履行可能会使人民法院应当执行的债务金额及其他事实发生变化。《最高人民法院、司法部关于公证机关赋予强制执行效力的债权文书执行有关问题的联合通知》规定，具有强制执行效力的债权文书要通过执行程序实现执行力，必须出具执行证书。公证机关签发执行证书应当注明被执行人、执行标的和申请执行的期限。债务人已经履行的部分，在执行证书中予以扣除。因债务人不履行或不完全履行而发生的违约金、利息、滞纳金等，可以列入执行标的。如公安机关未签发执行证书，是否人民法院就不予受理？我们认为，公证债权文书被赋予强制执行力的条件，相关的法律和司法解释已进行了明确，主要是具有给付内容，债权债务关系明确，债务人承诺愿意接受强制执行。执行证书仅仅是公证机关出具的一种证书，如果公证机关已赋予了公证债权文书的强制执行力的，双方当事人对此并无异议，申请人（债权人）向人民法院申请执行时，人民法院可以受理。但正常情况下，人民法院受理此类执行案件需债权人提供原公证书和执行证书。

（三）申请执行的期限

《民事诉讼法》第239条规定，申请执行的期间为二年。申请执行时效的中止、中断适用法律有关诉讼时效中止、中断的规定。前款规定的期间，从法律文书规定履行期间的最后一日起计算；法律文书规定分期履行的，从规定的每次履行期间的最后一日起计算；法律文书未规定履行期间的，从法律文书生效之日起计算。由于公证债权文书的执行还涉及执行证书的出具，实践中存在对申请执行期限是从原公证书确定的履行期限届满之日起计算，还是从债权人申请取得执行证书之日起算的问题。由于赋予强制执行效力的公证债权文书作为执行依据时，公证机关签发执行证书并不构成对申请执行期限的变更，且《公证程序规则》第55条明确规定执行证书应当在法律规定的执行期限内作出。据此，申请执行期限应当从原公证书确定的履行期限届满之日起计算。但有一种例外，即对于《公证程序规则》施行前的公证债权文书，其申请执行期限应当如何起算？《最高人民法院关于赋予强制执行效力的公证债权文书申请执行期限如何起算问题的复函》对此有明确意见：司法部《公证程序规则》第55条明确执行证书应当在法律规定的执行期限内出具，该《公证程序规则》自2006年7月1日起施行，在司法部《公证程序规则》施行前，债权人申请执行期限可理解为从公证机关签发执行证书后起算。

（四）执行管辖法院

《民事诉讼法》第224条第2款的规定，法律规定由人民法院执行的其他法律文书，由被执行人住所地或者被执行的财产所在地人民法院执行。由于执行管辖不属于私权利范畴，法律没有规定当事人可以约定执行管辖，也没有规定公证机关可以确认当事人约定执行管辖，因此，一般情况下，人民法院对公证债权文书不能依据当事人的约定予以立案执行。对于有多名被执行人或多处被执行财产的，可以由任一被执行人住所地或任一被执行财产所在地的人民法院执行。当事人在符合法律规定的管辖法院之间有约定的，应当从其约定；没有约定的，由最先立案的执行法院管辖。

四、公证债权文书执行的实施

公证债权文书的具体执行步骤适用《民事诉讼法》关于执行通知和对以给付金钱、物品或者有价证券为执行内容所采取的执行措施的相关规定。

（一）对公证债权文书的审查

人民法院对任何法律文书立案执行，都要进行审查，审查是否符合立案条件。人民法院对公证债权文书的审查，包括形式上的审查和实质上的审查。形式上的审查主要是指对执行材料是否齐全，是否有执行证书，公证债权文书中记载的内容是否符合前述的执行条件、是否属于本院管辖等。实质上的审查主要是指对公证债权文书中所记载的债权的合法性进行审查，审查当事人之间是否涉嫌以合法形式掩盖非法目的，是否恶意规避法律或损害国家利益、社会公共利益和他人的利益，公证程序是否违法等。对于符合执行条件的，予以立案执行，对于不符合执行条件，裁定不予执行。人民法院在审查处理不予执行公证债权文书的案件时，应当全面审查公证债权文书的内容是否确有错误，包括审查程序问题和实体问题；实体审查的对象原则上应限定于被赋予强制执行效力的公证债权文书本身，而不涉及公证债权文书形成的基础事实。

（二）执行通知

《民事诉讼法》第240条规定，执行员接到申请执行书或者移交执行书，应当向被执行人发出执行通知，并可以立即采取强制执行措施。该规定保留了执行通知制度，取消了限期履行的内容，有利于克服限期履行制度产生的弊端。

（三）执行措施

根据《担保法》第2条的规定，在借贷、买卖、货物运输、加工承揽等经济活动中，债权人认为需要以担保方式保障其债权实现的，可以依法设定担保。担保方式为保证、抵押、质押、留置和定金。据此，当事人发生债权债务申请公证，公证债权文书记载的债权债务除主债务外，还有可能存在设定有担保的从债务。但无论是主债务还是从债务，均应符合公证债权文书的执行条件，即执行标的仅限于被执行人的金钱、物品、有价证券等财产，不包括行为。根据《民事诉讼法》和执行工作的相关司法解释，人民法院对金钱的执行方式可以采取冻结、扣划的方式；对物品可以采取查封、扣押和变价的方式，对有价证券可以采取冻结和变价的方式，其中变价方式包括拍卖和变卖。当事人拒不履行公证债权文书中确定的主债务，也不履行从债务的，经人民法院执行通知，可以根据具体情况，对被执行人的财产或提供的担保物，采取冻结、扣划、查封、扣押、拍卖、变卖等不同的强制执行措施。

【拓展适用】

一、公证债权文书的裁定不予执行

《民事诉讼法》第238条第2款规定，公证债权文书确有错误的，人民法院裁定不予执行，并将裁定书送达双方当事人和公证机关。公证债权文书的裁定不予执行，是人民法院针对当事人提出的公证债权文书执行申请所作出不予执行的结论，以裁定书方式作出。申请执行人服从裁定的，可以按照《公证法》的相关规定，要求作出公证书的公证机关进行复查，或者就公证书有争议的内容向人民法院提起诉讼。根据《执行规定》第130条规定，上级法院发现下级法院在执行中作出的裁定、决定、通知或具体执行行为不当或有错误的，应当及时指令下级法院纠正。据此，申请执行人对不予执行裁定不服的，可以向上级法院申请执行监督，通过人民法院的执行监督程序，实现权利救济。但当事人提出异议的，应当依据相关规定在期限内提出，即《民事诉讼法解释》第481条规定，“当事人请求不予执行仲裁裁决或者公证债权文书的，应当在执行终结前向执行法院提出。”

二、公证债权文书执行中的案外人异议

公证债权文书执行中，案外人提出的异议一般体现在对执行标的提出异议，根据执行标的的主体，可分为对公证机关作出公证债权文书和对人民法院的执行标的两种情形提出异议。

（一）案外人对公证债权文书提出异议

对于案外人就公证债权文书本身提出异议的，如果认为公证债权文书存在瑕疵或者不真实等，人民法院应当暂缓执行，对当事人提出的异议进行审查。经审查，认为案外人异议不成立的，人民法院继续执行；认为案外人异议成立的，人民法院撤销或终结执行案件，不再执行。

（二）案外人对执行标的提出异议

案外人对人民法院的执行标的提出异议，人民法院按照《民事诉讼法》第227条的规定，应当自收到书面异议之日起15日内审查，理由成立的，裁定中止对该标的执行；理由不成立的，裁定驳回，继续执行。案外人对驳回异议的裁定不服，可以自裁定送达之日起15日内向人民法院提起诉讼。《民事诉讼法解释》第465条第2款规定，“驳回案外人执行异议裁定送达案外人之日起十五日内，人民法院不得对执行标的进行处分。”案外人就执行标的提起诉讼的案件立案后，人民法院应当根据《民事诉讼法解释》第315条规定执行，即“案外人执行异议之诉审理期间，人民法院不得对执行标的进行处分。申请执行人请求人民法院继续执行并提供相应担保的，人民法院可以准许。被执行人与案外人恶意串通，通过执行异议、执行异议之诉妨害执行的，人民法院应当依照民事诉讼法第一百一十三条规定处理。申请执行人因此受到损害的，可以提起诉讼要求被执行人、案外人赔偿”。

三、公证债权文书与生效裁判的执行冲突

由于公证机关作出的公证债权文书、仲裁机关作出的生效裁决书和人民法院作出的生效法律文书都可以作为人民法院强制执行的依据，因此，公证债权文书的执行与其他法律文书发生冲突的情形不可避免，主要体现在执行标的上。对于可能存在的公证债权文书与人民法院生效裁判冲突的情形，执行法院应根据冲突的不同起因采取不同的解决方式，而不能简单地以人民法院的裁判效力高于公证债权文书来加以解决。根据冲突的起因，可以将冲突分为以下两种情况：（1）执行公证债权文书交付特定物与人民法院判决给付指向的同一特定标的物引起的冲突。这种因物权归属引起的冲突，根据一物一权的原理，在同一物上不能同时成立两个所有权，两

份法律文书中必有一个是错误的，鉴于物权归属纷争终将通过诉讼解决，法院生效判决应认定为有效，而公证债权文书应不予执行。(2) 因执行不同债权，在采取执行措施时指向同一物而引起的冲突。债权具有不确定性，在债务人不能以金钱给付满足债权人的债权时，可以执行债务人的其他财产。当申请人持有的公证债权文书和判决书均合法有效时，对同一标的物的执行，应按照执行法院采取执行措施的先后顺序受偿，不存在法院判决优先的问题。①

四、公证债权文书执行错误的法律责任

公证债权文书执行错误的法律责任，应当区分责任主体和责任范围。公证债权文书执行错误存在以下几种情形：一是公证机关作出的赋予强制执行力的公证债权文书错误，即执行根据错误，责任主体是公证机关；二是人民法院对公证债权文书所采取的执行行为错误，责任主体是人民法院。

(一) 执行根据错误的损失承担

根据《民事诉讼法》第233条的规定，执行完毕后，据以执行的判决、裁定和其他法律文书确有错误，被人民法院撤销的，对已被执行的财产，人民法院应当作出裁定，责令取得财产的人返还，拒不返还的，强制执行。如果执行回转不能，原来的被执行人必然发生财产损失。该损失的承担可以从以下方面考虑。首先，由于公证机关作出的公证债权文书错误，经人民法院审查予以执行，属于人民法院在行使对公证机关的证明行为行使审查权时发生错误，不属于执行行为错误。由于我国的《国家赔偿法》实行法定赔偿原则，目前尚未将人民法院执行程序中的审查和裁判行为纳入法定赔偿范围，因此，此种情形不属于国家赔偿范围，人民法院对此不承担赔偿责任。其次，根据《公证法》第43条的规定，公证机构及其公证员因过错给当事人、公证事项的利害关系人造成损失的，由公证机构承担赔偿责任，公证机构赔偿后，可以向有故意或者重大过失的公证员追偿。当事人、公证事项的利害关系人与公证机构因赔偿发生争议的，可以向人民法院提起民事诉讼。因此，对于公证债权文书的错误而发生的侵权赔偿，受害人应当以公证机构为被告，通过民事诉讼途径解决。

(二) 执行行为错误的损失承担

根据《国家赔偿法》第38条规定，人民法院在民事诉讼过程中，对判决、裁定及其他生效法律文书执行错误，造成损害的，赔偿请求人有权要求赔偿。对财产权造成损害的赔偿范围，《国家赔偿法》规定按照直接损失给予赔偿。

---

① 丁亮华：《最新民事执行程序解读与运用》，中国法制出版社2007年版，第161~164页。

五、赋予强制执行力的担保合同公证债权文书的执行

对于担保合同是否属于可经公证赋予强制执行力的债权文书，司法实践中存在不同认识。第一种观点认为可以对担保合同赋予强制执行力。理由是，法律规定债权文书经公证后具有强制执行力，是为了节约社会资源，简化程序，方便债权实现。因此，债权文书涉及的债权债务权责简单、清楚明了，债务人对债务也明确无异议的，便可以直接强制执行。担保行为虽然属于担保物权行为，但是作为主债权合同的从合同，只要主合同是经公证赋予强制执行力的债权文书，且保证人在保证合同中承诺当担保条件成立时，愿意接受依法强制执行，就可以经公证赋予其强制执行力。第二种观点认为不可对担保合同赋予强制执行力。理由是，担保合同中约定的担保关系，只有在特定条件（债权人到期未受清偿）成立时，担保人才负有清偿债务的义务，而且在许多情形下，担保人可以免除责任，比如：第三人提供担保；未经担保人书面同意，债权人允许债务人转移全部或者部分债务的；债权人放弃债务人的抵押权的，等等。因此担保合同中所载明的担保关系不符合明确、简单的债权债务关系特征，也就不能通过公证进行强制执行。笔者认为，可以对担保合同赋予强制执行力。因为无论是民事诉讼法还是相关的司法解释，对于经公证赋予强制执行的债权文书并不仅限于当事人为“债权人”和“债务人”两方，虽然担保债权债务关系不仅涉及债权人、债务人、担保人三方当事人，而且还涉及主债权债务关系和担保债权债务关系两个法律关系，相对而言是复杂一些。但根据《最高人民法院、司法部关于公证机关赋予强制执行效力的债权文书执行有关问题的联合通知》第 1 条的规定，赋予强制执行力的公证债权文书只要具备三个条件，即第一，债权文书具有给付货币、物品、有价证券的内容；第二，债权债务关系明确，债权人和债务人对债权文书有关给付内容无疑义；第三，债权文书中载明债务人不履行义务或不完全履行义务时，债务人愿意接受依法强制执行的承诺。同时，中国公证协会于 2008 年 4 月 23 日公布的《办理具有强制执行效力债权文书公证及出具执行证书的指导意见》第 2 条第 1 款规定：“当事人申请办理具有强制执行效力的债权文书公证，应当由债权人和债务人共同向公证机构提出。涉及第三人担保的债权文书，担保人（包括保证人、抵押人、出质人、反担保人，下同）承诺愿意接受强制执行的，担保人应当向公证机构提出申请。”进一步明确了涉及第三人担保的债权文书，只要是债权人和债务人（含担保人）共同向公证机构提出，并且承诺愿意接受强制执行的，公证机关就可以赋予经公证的担保债权强制执行力。如果涉及债权人或债务人违反损害担保人的利益的情形，履行另一法律关系，可以由担保人提起另外的诉讼解决。最高人民法院对此进行了明确规定，即《最高人民法院关于

人民法院办理执行异议和复议案件若干问题的规定》① 第22条规定，“公证债权文书对主债务和担保债务同时赋予强制执行效力的，人民法院应予执行；仅对主债务赋予强制执行效力未涉及担保债务的，对担保债务的执行申请不予受理；仅对担保债务赋予强制执行效力未涉及主债务的，对主债务的执行申请不予受理。人民法院受理担保债务的执行申请后，被执行人仅以担保合同不属于赋予强制执行效力的公证债权文书范围为由申请不予执行的，不予支持。”

六、具有强制执行效力的公证债权文书可诉性的限度

（一）具有强制执行效力的公证债权文书可诉性的不同认识

对于公证债权文书的债权人没有在《民事诉讼法》规定的申请执行期限内向法院提出强制执行申请，而是直接向法院提起民事诉讼。实践中存在不同的认识，有观点认为，具有强制执行效力的债权文书公证书本身不具有排斥和禁止诉讼的效力。根据《公证法》第37条规定：“对经公证的以给付为内容并载明债务人愿意接受强制执行承诺的债权文书，债务人不履行或者履行不适当的，债权人可以依法向有管辖权的人民法院申请执行。前款规定的债权文书确有错误的，人民法院裁定不予执行，并将裁定书送达双方当事人和公证机构。”《民事诉讼法》第238条明确将公证机关依法赋予强制执行效力的债权文书纳入可直接执行的程序中。因此，当事人可以不经过诉讼，持公证书直接申请人民法院对不履行债权文书的当事人强制执行。对于当事人而言，是依公证书申请强制执行还是再行诉讼，是债权人的权利，法律并不禁止当事人行使诉讼权利。有观点认为②：公证机关已经赋予借款合同强制执行效力的，作为债权人没有诉权；债权人在法定期限内未申请强制执行的，在申请执行期限届满后不能另行起诉。主要理由是：第一，尽管《民事诉讼法》对此问题没有明确规定，但是，从《民事诉讼法》的立法精神看，《民事诉讼法》将人民法院的判决书、仲裁委员会的裁决书、公证机关赋予强制执行效力的债权文书放在同一阶位上，三者的效力是相等的，地位是相同的，即都属于执行根据。公证机关出具了具有强制执行效力的《债权文书公证书》后，作为债权人已经取得了与人民法院通过诉讼程序做出的判决书具有同等强制执行效力的执行根据。因此，作为债权人已经通过公证程序取得了执行根据，因此，就不能另行寻求诉讼程序再次取

① 2014年12月29日由最高人民法院审判委员会第1638次会议通过，自2015年5月5日起施行。

② 董少谋：“具有强制执行效力的公证债权文书应排斥另行诉讼——评最高人民法院（2001）民二终字第172号民事判决书”，载樊崇义主编：《中国诉讼法判解》第2卷，中国检察出版社2004年版。

得执行根据。第二，超过法定申请期限，债权人便丧失了申请执行的权利。因为，公证赋予强制执行力的债权文书是经过公证机关按法定程序公证的。债权文书本身没有错，只是因为债权人未在法定申请执行期间内申请强制执行，这说明债权人放弃了自己的权利，债权人享有的权利也就不再受法律保护。债权人不能另行通过诉讼程序重新确认公证机关已经确认了的债权。债权人再向法院起诉，法院当然不能受理。第三，从法学原理上讲，当事人申请公证机关赋予债权文书强制执行效力，是以放弃诉权为前提条件的。当事人既然自愿选择公证机关赋予债权文书强制执行效力这一债权确认方式，就意味着自愿放弃了诉权，不能再选择按诉讼程序二次确认债权。人民法院不能混淆审判程序与执行程序的关系，因为，诉讼的目的是通过审判程序来确认当事人之间的权利与义务关系，并取得执行根据。而公证机关赋予债权文书的强制执行效力就是对债权的一种国家确认，其本身也是一种执行根据。如果允许另行起诉，那么，一笔债权可获得两个执行根据，这样，显然对债务人而言是不公平的。也就是说，当事人不能在同一实体法律关系上设立两个程序法上的效力。二者非此即彼，公证机关赋予了债权文书的强制执行力就必然使诉权不再发生。而执行程序是强制实现当事人之间的权利与义务关系的。因此，当事人既然选择了申请公证机关赋予债权文书的强制执行效力，就不存在当事人另行诉讼的问题。不管是债权人，还是债务人都必须对自己的理性选择负责，一方不履行债务时，另一方不得再就同一债务向法院起诉。第四，从诉讼要件看，债权人另行起诉，即欠缺诉讼上的权利保护要件。根据具体诉权说，权利保护要件是指当事人请求法院作出有利于自己的本案判决的必须具备的要件。权利保护要件就其内容而言，可分为诉讼上的权利保护要件和实体上的权利保护要件。诉讼上的权利保护要件又包括当事人适格要件和纠纷在法律上有受判决保护的利益，即诉的利益。从诉的利益的具体标准看，在给付之诉中，诉讼标的之请求权已届履行期仍不履行，不仅有侵害债权人权利之意，而且如果债权人不起诉，请求权有因为超过诉讼时效而丧失之虞，故债权人请求的首要目的在于请求法院对他们之间争议的民事实体权利义务关系进行确认，而赋予强制执行效力的公证文书已经对其民事实体权利义务关系进行了确认。因而，债权人如另行起诉，由于没有诉的利益而导致欠缺权利保护要件，则应驳回起诉。第五，从执行申请看，根据《民事诉讼法》关于人民法院在执行中发现“经过公证债权文书确有错误的，人民法院裁定不予执行，并将裁定书送达双方当事人和公证机关”，故经公证之债权文书确认之事实或内容不符合法律规定者，人民法院应裁定不予执行。裁定送达后，执行程序终结。当事人得就其债权债务关系再向人民法院提起诉讼，以求解决。这就是说，只有在人民法院裁定不予执行的情况下，才可另行起诉。

最高人民法院的主流观点认为，公证债权文书的债权人提起诉讼，人民法院不应受理。根据《民事诉讼法》第238条和《公证法》第37条规定，具有强制执行效力的公证债权文书与法院生效裁判、仲裁裁决具有同等的法律效力，都是执行依据。既然债权人取得了一份具有法律效力的执行依据，就不能再取得另一份执行依据。债权人另行提起诉讼，目的也是为了取得执行依据，不符合“一事不再理”的基本原则。强制执行公证债权文书是双方当事人事先约定的，如果允许债权人既可申请执行，又可直接提起诉讼，不符合立法原意，对债务人不利，有失公平。债权人提起诉讼，往往是因为超过了申请执行期限。《民事诉讼法》规定的申请执行的期限是对申请人的义务，申请人必须遵守，申请人要对没有在申请执行的期限内提出执行申请承担不利的法律后果。申请人由于自己的原因丧失了法律规定的申请强制执行的权利又转而提起民事诉讼，法院不应支持。最高人民法院2008年12月26日发布法释［2008］17号《关于当事人对具有强制执行效力的公证债权文书的内容有争议提起诉讼人民法院是否受理问题的批复》（以下简称《批复》）：“根据《中华人民共和国民事诉讼法》第二百三十八条和《中华人民共和国公证法》第三十七条的规定，经公证的以给付为内容并载明债务人愿意接受强制执行承诺的债权文书依法具有强制执行效力。债权人或者债务人对该债权文书的内容有争议直接向人民法院提起民事诉讼的，人民法院不予受理。但公证债权文书确有错误，人民法院裁定不予执行的，当事人、公证事项的利害关系人可以就争议内容向人民法院提起民事诉讼。”

（二）强制执行公证债权文书可诉性的限制条件

公证债权文书制度的初始，是人们基于效率和经济的考量对诉权的放弃，因而作为法院的执行根据之一的债权人并没有诉权。① 但是，当客观情况的出现使得对诉权的呼唤成为一种必须时，说明制度的运行又出现了不均衡，因此诉权必须适时回归。《批复》规定：“……但公证债权文书确有错误，人民法院裁定不予执行的，当事人、公证事项的利害关系人可以就争议内容向人民法院提起民事诉讼。”可见，强制执行公证债权文书具有一定的可诉性，但可诉性必须符合三个方面的限制条件。第一，强制执行公证债权文书确有错误；第二，强制执行公证债权文书业经人民法院否定；第三，当事人仅就“争议内容”部分可提起诉讼。因此，如何把握三个方面的限制，需要准确理解《批复》的内涵。笔者认为，该《批复》已为解决强制执行公证债权文书可诉性问题明确了方向和原则，若要从根本上解决问题，关

---

① 葛荣贵：“公证债权文书的债权人有否诉权”，载《法治论坛》2008年第3期。

键在于把握好诉的“门槛”高度。①

1. 强制执行公证债权文书确有错误的判断。《民事诉讼法解释》第480条规定，“有下列情形之一的，可以认定为民事诉讼法第238条第2款规定的公证债权文书确有错误：（一）公证债权文书属于不得赋予强制执行效力的债权文书的；（二）被执行人一方未亲自或者未委托代理人到场公证等严重违反法律强制性规定的公证程序的；（三）公证债权文书的内容与事实不符或者违反法律强制性规定的；（四）公证债权文书未载明被执行人不履行义务或不完全履行义务时同意接受强制执行的。人民法院认定执行该公证债权文书违背社会公共利益的，裁定不予执行。公证债权文书被裁定不予执行后，当事人、公证事项的利害关系人可以就债权争议提起诉讼。”由此可确定公证债权文书“确有错误”包括以下五种情形：（1）存在属于不得赋予强制执行效力的债权文书的情形。我国《公证法》中将可以赋予强制执行效力的公证债权文书限定于以给付为内容并载明债务人愿意接受强制执行承诺的债权文书。而《最高人民法院、司法部关于公证机关赋予强制执行效力的债权文书执行有关问题的联合通知》（以下简称《联合通知》）中具体规定了具有强制执行效力的公证债权文书应当具备的条件和明确的文书类型范围，公证机构应按公证法和《联合通知》的规定严格限制这类债权文书的范围，如果不属于该范围内的债权文书却被赋予强制执行效力，则属于确有错误的情形，法院应当依法裁定不予执行。(2) 存在被执行人一方未亲自或者未委托代理人到场公证等严重违反法律规定的公证程序的情形。公证程序的正当性是公证债权文书合法性的基础，因此，公证必须按照法定程序进行。我国《公证法》、《公证程序规则》以及《联合通知》中对办理具有强制执行效力的公证债权文书的程序做出了具体、明确的规定。公证活动要严格按照法律规定的条件、范围、程序办理强制执行公证，如果被执行人一方未亲自或者未委托代理人到场公证等严重违反法律规定的公证程序作出的公证债权文书，则属于应当裁定不予执行的情形。(3) 存在公证债权文书的内容与事实不符或者违反法律强制性规定的情形。具有强制执行效力的公证债权文书程序简便、快捷高效，可以方便快捷地预决纠纷。然而，正因其程序简便，公证债权文书的作出没有经过缜密的审判程序，有可能存在错误，导致当事人利益受损。如果发现公证债权文书的内容与事实不符，或者文书所载债权与权利人实际享有的权利相比，范围、内容不一致等，或者文书内容违反法律的强制性规定，都属于文书有错误的情形，应当裁定不予执行。(4) 存在公证债权文书未载明被执行人不履行义务或者不

① 参见朱伯玉、徐德臣：“论公证债权文书的功能扩张与可诉性——以新制度主义变迁理论为契合点”，载《东疆学刊》2011年第4期。

完全履行义务时同意接受强制执行的情形。具有强制执行效力的公证债权文书中必须否明确载明债务人在不履行义务或者不完全履行义务时愿意接受强制执行的承诺，以确保当事人选择公证赋予债权文书强制执行效力的自愿性。在我国法律及司法解释规定的具有强制执行效力的公证债权文书应当具备的条件中，无不明确要求了债权文书中必须载明债务人不履行义务或不完全履行义务时，债务人愿意接受依法强制执行的承诺。缺少该种执行承诺却直接申请法院强制执行的，法院应当裁定不予执行。（5）存在违反公共利益条款的情形。我国法院对公证债权文书的审查以被动审查为原则，以主动审查为例外。司法解释规定的前述四种情形下，法院进行的是被动审查，即在当事人或利害关系人提出不予执行的申请后，在其请求的范围内法院才会进行审查。而只有在执行该公证债权文书违背社会公共利益的情形下，法院才可以依职权主动审查。人民法院认定执行该公证债权文书违背社会公共利益的，不需要被执行人提出不予执行的抗辩，依职权即可裁定不予执行。对公共利益的概念，法律和司法解释并没有明确的界定，从其他国家与地区的通例来看，对公共利益应该做严格的解释，援引这一法律原则只能是特殊情况下，为维护国家、社会重大根本利益而不得已、例外地采取，不能滥用。此外，公共利益范围一般限制在公共使用和具有公共利益用途两方面，不能扩大为包括特定第三人的利益。

2. 人民法院已作出否定性裁决，即裁定不予执行公证债权文书。《民事诉讼法解释》第480条第3款规定，公证债权文书被裁定不予执行后，当事人、公证事项的利害关系人可以就债权争议提起诉讼。据此可知，启动诉讼程序的先决性条件是：人民法院对强制执行公正债权文书进行实质性审查后，认为债权文书存在“确有错误”的情形，作出裁定不予执行的法律文书并生效。

3. 争议内容的界定。就具有强制执行效力的公证债权文书而言，可能产生的纠纷有三种情形：一是债权文书确定的债权人提出文书所载债权之瑕疵抗辩；二是债权文书确定的债务人否认文书确定之债务或者文书之强制执行力抗辩；三是利害关系人提出文书确认的执行标的之瑕疵。《民事诉讼法解释》《批复》均没有对当事人可提出的债权争议范围做具体的限定，当事人可就上述三种情形的任何一种提出异议。同时，根据民事诉讼不告不理的基本原则和上述批复精神，法院在启动审判程序之后，并非是对与强制执行公证债权文书所涉及的所有法律事实进行审查，而是仅对当事人存有争议的问题进行审理与判决。

七、公证债权文书裁定不予执行后的复议救济

无论是《批复》，还是《民事诉讼法解释》都规定公证债权文书被裁定不予执行后，当事人、公证事项的利害关系人可以就债权争议提起诉讼，即起诉以公证债

权文书被裁定不予执行为前提，不能直接向法院起诉。

这与《最高人民法院关于审理涉及公证活动相关民事案件的若干规定》中“当事人、公证事项的利害关系人对具有强制执行效力的公证债权文书的民事权利义务有争议直接向人民法院提起民事诉讼的，人民法院依法不予受理。但是，公证债权文书被人民法院裁定不予执行的除外”的规定一致。

公证债权文书被裁定不予执行后，当事人、公证事项的利害关系人除可以就债权争议提起诉讼外，可否对于人民法院裁定不予执行公证债权文书申请执行异议及复议？就此问题，实践中存在争议，一种观点主张将执行法院对公证债权文书的审查作为执行行为，适用《民事诉讼法》第225条规定的程序，即人民法院裁定不予执行公证债权文书或驳回不予执行公证债权文书的申请后，当事人对该裁定不服的，可以向法院提出异议，对法院驳回异议的裁定还可以向上一级法院提起复议。另一种观点认为，执行法院对具有强制执行效力的公证债权文书的审查是对执行依据的司法监督，是法院执行工作的一部分，但并非执行行为，因此，对因公证债权文书错误导致法院裁定不予执行的，不能适用《民事诉讼法》第225条的规定，采用执行异议和复议的程序解决。对于裁定驳回不予执行公证债权文书的，根据《最高人民法院关于人民法院办理执行异议和复议案件若干问题的规定》第10条规定，“当事人不服驳回不予执行公证债权文书申请的裁定的，可以自收到裁定之日起十日内向上一级人民法院申请复议。上一级人民法院应当自收到复议申请之日起三十日内审查，理由成立的，裁定撤销原裁定，不予执行该公证债权文书；理由不成立的，裁定驳回复议申请。复议期间，不停止执行。”因此，具有强制执行效力的公证债权文书被法院裁定不予执行的，当事人、公证事项的利害关系人的救济方式是就争议内容向人民法院提起诉讼，对于不服驳回不予执行公证债权文书申请的裁定，可以在收到裁定之日起十日内直接向上一级人民法院申请复议，而不是先向作出原裁定的法院提出异议，异议被驳回后再向上一级人民法院申请复议。实践中应当注意裁定公证债权文书不予执行和驳回公证债权文书不予执行的救济途径是不相同的，以及申请复议的期限为收到裁定之日起十日内。

【典型案例】

重庆德艺房地产开发有限公司与重庆华信资产管理有限公司、重庆恒通房地产发展有限公司执行裁定复议案

申请复议人（被执行人）：重庆德艺房地产开发有限公司。

法定代表人：王世德，该公司董事长。

申请执行人：重庆华信资产管理有限公司。

法定代表人：毛怀山，该公司董事长。

被执行人：重庆恒通房地产发展有限公司。

法定代表人：王世德，该公司董事长。

〔基本案情〕

申请复议人重庆德艺房地产开发有限公司（以下简称德艺公司）不服重庆市高级人民法院（以下简称重庆高院）（2010）渝高法执异字33号执行裁定书，向本院申请复议。本院依法组成合议庭进行了审查，现已审查终结。

最高人民法院查明：2003年11月24日，重庆市商业银行和平路支行（以下简称和平路商行）与德艺公司签订了《借款合同》，约定和平路商行向德艺公司提供借款18918万元，用于德艺公司归还旧贷款，借款期限自2003年11月28日至2004年11月28日。2008年3月20日，重庆市国地资产管理有限公司（以下简称国地公司）与德艺公司、重庆恒通房地产开发有限公司（以下简称恒通公司）签订《还款协议》，协议载明：德艺公司于2003年11月28日向和平路商行借款18918万元，该借款由恒通公司以其位于渝中区民权路51号平街3、4、5层商场共计17915.76平方米作为抵押物提供担保，上述债权及债权项下的权利（含抵押权）转让给国地公司，德艺公司、恒通公司对上述债权转让事项无异议。截止2008年3月20日，德艺公司尚欠国地公司人民币18918万元本金和71698624.29元利息，德艺公司自愿于2008年7月31日还清所欠国地公司的债权本金18918万元，利随本清。如德艺公司未按约定期跟清偿全部本息，恒通公司无条件接受人民法院对其抵押物的强制执行。2008年3月24日，国地公司、德艺公司、恒通公司申请对《还款协议》进行公证。同日，重庆市渝中公证处出具了（2008）渝中证字第650号公证书，赋予该《还款协议》以强制执行效力。因德艺公司逾期未履行《还款协议》约定的还款义务，经国地公司申请，重庆市渝中公证处于2008年12月30日出具了（2008）渝中证字第3535号执行证书，国地公司依据上述公证书及执行证书向重庆高院申请执行，该院于2009年1月7日立案执行。后因国地公司将该债权转让，重庆高院依其申请于2009年5月22日变更重庆华信资产管理有限公司为本案申请执行人。

在执行中，被执行人德艺公司于2009年6月18日申请对（2008）渝中证字第3535号执行证书不予执行。2009年10月19日，重庆高院作出（2009）渝高法执异字第81号执行裁定，驳回其申请。2010年8月24日，德艺公司向重庆高院提出执行异议，认为（2009）渝高法执异字第81号执行裁定依据的执行证书确有错误，认定事实不清，请求撤销该裁定，并请求裁定对（2008）渝中证字第3535号执行证书不予执行。

〔一审裁判理由与结果〕

重庆高院审查后作出（2010）渝高法执异字33号裁定。裁定认为：《中华人民共和国民事诉讼法》规定对公证债权文书裁定不予执行的情形是“公证债权文书确有错误”，但对于公证债权文书确有错误包括哪些情形未作具体规定。“确有错误”一般包含所公证的债权文书没有给付内容、债权文书约定的给付内容（数额、期限、方式）不明确或存在争议、债权文书没有明确载明债务人愿意接受强制执行的承诺、债务人与债权人恶意串通损害他人利益、有证据足以推翻公证债权文书、公证程序违法等情形。本案所公证的债权文书是国地公司、德艺公司、恒通公司于2008年3月20日签订的《还款协议》，在该还款协议中，三方当事人对截止2008年3月20日德艺公司欠国地公司的本金和利息的数额进行了确认，该还款协议约定的还款数额、还款期限具体明确，有债务人表明自愿接受强制执行的承诺，无证据证明债务人签订该协议意思表示不真实，因此，该还款协议系三方当事人真实意思表示，且未损害他人利益，公证机构对其真实性、合法性予以确认并赋予其强制执行效力符合法律规定。德艺公司异议称所公证的债权不真实，未提交证据加以证明，不足以认定公证债权文书确有错误。至于还款协议的基础事实《借款合同》是否存在违法高息或者不真实的借款，涉及借款合同效力的认定，该借款合同是否无效、是否可撤销，不属于本案执行审查范围。因此，德艺公司的异议理由不成立，故裁定驳回其异议请求。

〔当事人申诉的理由及答辩意见〕

德艺公司就（2010）渝高法执异字33号裁定向本院申请复议的理由如下：

（一）重庆高院（2010）渝高法执异字33号裁定对执行证书是否确有错误即债权的真实性、合法性不予审查，属认定事实不清。本案所依据的公证债权文书，明确载明了债权是德艺公司与和平路商行签订的《借款合同》的本金、利息所形成，那么因《借款合同》债权的真实性争议、合法性争议当然应属公证债权文书债权争议的范畴。重庆高院在裁定中列举了审查公证债权文书是否确有错误的几种情形，其中就包括了对债权存在争议的情况。重庆高院在既没有实质审查执行债权是否存在违法收取高息、是否真实、是否合法的事实，也没有审查是否是当事人的真实意思表示的情况下，径直放弃了对债权真实性、合法性应当履行的司法审查，属于认定事实不清。

（二）重庆高院故意回避审查执行债权是否存在违法收取高息、是否合法的事实，剥夺了申请人的司法救济权。第一，申请人向重庆高院提供了大量、翔实的证据证明债权的不合法、不真实，重庆高院只列明被申请人的答辩意见，却未有审查、评析、研判意见；第二，公证债权文书的形成，是因为抵押人恒通公司当时面临资产重组，为取得商业银行在抵押房屋与恒通公司资产重组同步及得到贷款支持的诱迫下形成的，并非申请人、恒通公司真实意思的表示，也不符合民事行为的法律要件；第三，赋予强制执行力的公证债权文书没有诉权，而只被赋予执行异议权，显然是将司法审查置于执行环节，以保证任何被强制执行的债权合法。因此，执行中的审查不仅包括程序审查，而且包括实体审查，否则就剥夺了申请执行人的司法救济权。

〔最高人民法院裁判理由与结果〕

最高人民法院认为：依照《中华人民共和国民事诉讼法》第二百一十四条[①]以及最高人民法院《关于当事人对具有强制执行效力的公证债权文书的内容有争议提起诉讼人民法院是否受理问题的批复》精神，人民法院在执行程序中，因被执行人提出不予执行抗辩的，应当对公证债权文书的内容是否确有错误进行审查，该审查应当包括公证债权文书的程序和实体问题。重庆高院的裁定内容表明其实际上已对公证债权文书即《还款协议》的内容进行了实体审查，本院确认其审查意见是正确的。至于该院将实体审查的范围限于本案所公证的债权文书《还款协议》，而未涉及《还款协议》的基础事实《借款合同》是否存在违法高息等问题，本院认为，除非涉及明显违背当事人真实意愿以及损害社会公共利益或第三人利益的问题，执行程序中将实体审查的对象限定于被赋予强制执行效力的债权文书本身，是适当的。本案《还款协议》项下的债权源于德艺公司与和平路商行于2003年签订的《借款合同》项下的本金、利息，该合同又是以新贷款偿还1997年至1998年间形成的贷款本金和利息，在《还款协议》签订前以及执行程序开始之前，德艺公司既未向债权人提出异议，也未向国家机关寻求救济，而在2008年与国地公司就欠款的本金和利息的数额在《还款协议》中进行了确认，并明确表示自愿偿还。《还款协议》的内容并不涉及损害社会公共利益或第三人合法权益问题，也无证据表明违背德艺公司和担保人的真实意愿。德艺公司所谓《还款协议》因涉及被“诱迫”而属于非真实意思表示的主张，也无证据证明，应不予支持。而且该《还款协议》系以解决或防止三方当事人之间就欠款及数额等的争执为目的而达成，债务人不得再行就此前的基础法律关系提出主张。因此，重庆高院不对《还款协议》形成之前的《借款合同》实体问题进行审查，并无不当。

综上，重庆高院（2010）渝高法执异字33号裁定驳回德艺公司异议请求的处理意见并无不当。申请复议人的复议理由不成立。依据《中华人民共和国民事诉讼法》第二百零二条[②]之规定，裁定如下：

驳回重庆德艺房地产开发有限公司的复议请求。

本裁定为终审裁定。

---

① 对应2012年《民事诉讼法》第238条。

② 对应2012年《民事诉讼法》第225条。

第二十七章　优先权的执行

规则35：被执行人与其他人将债权人享有优先受偿权的工程等资产变更至新建公司名下，侵犯工程价款优先债权人的合法权益，执行法院有权追加其他人和新建公司为被执行人

——吉林中城建中大房地产开发有限公司申诉案①

【裁判规则】

被执行人与其他人以复杂的出资组建新公司、收购股份及并购的名义，将债权人享有优先受偿权的工程及相关土地等主要资产变更至新组建的公司名下，而其他人控制新组建公司多数股权、新组建公司不承担工程价款的债务的，该情形可以认定为被执行人和其他人及新组建的公司之间转移资产，侵犯工程价款优先债权人的合法权益，其他人和新组建公司应当作为被执行人的权利义务承受人对该优先债权人承担责任。执行法院有权裁定追加其他人和新组建的公司为被执行人。

【规则理解】

一、建设工程价款优先受偿权的内涵及立法目的

（一）建设工程价款优先受偿权的内涵

建设工程价款优先受偿权又称建设工程承包人优先受偿权，简称建设工程优先受偿权。所谓建设工程价款优先受偿权，是指在发包人不依约定向承包人支付工程价款，经承包人合理催告仍不支付工程价款时，承包人可以与发包人协议将该工程折价或申请人民法院将该工程拍卖，对折价或拍卖所得价款享有的优先受偿的权利。此种权利具有权利法定性、建设工程价款优先受偿性、从属不可分性以及物上代位性②等特点。

---

① 《中华人民共和国最高人民法院公报》2012年第2期，最高人民法院（2011）执监字第15号驳回申诉通知书。

② 建设工程因灭失、毁损而取得相应赔偿金或其他财物替代时，承包人建设工程价款优先受偿权的效力应当及于以上赔偿金和财物。

（二）建设工程价款优先受偿权的立法目的

在当前我国建筑市场不规范、供求严重失衡的社会条件下，因发包人和承包人地位不平等而导致的拖欠工程款现象大量存在。由于许多建设工程是靠承包人付出劳动和垫付资金修建的，为了平衡建设工程承包人和发包人的关系，制约发包人拖欠承包人工程款的行为，保障建筑工人的劳动收入，维护消费者和劳动者等社会弱势群体的利益，维护建设工程行业的交易秩序以及公平合理、等价有偿的合同法基本原则，建设工程价款优先受偿权的立法初衷旨在保护建设工程合同纠纷中往往处于劣势的承包人一方。《合同法》第 286 条规定：“发包人未按照约定支付价款的，承包人可以催告发包人在合理期限内支付价款。发包人逾期不支付的，除按照建设工程的性质不宜折价、拍卖的以外，承包人可以与发包人协议将该工程折价，也可以申请人民法院将工程依法拍卖。建设工程的价款就工程折价或者拍卖的价款优先受偿。”该条款从立法上首次设定了工程价款优先受偿权的基本内涵。于 2002 年 6 月 20 日发布的《最高人民法院关于建设工程价款优先受偿权问题的批复》明确规定：“人民法院在审理房地产纠纷案件和办理执行案件中，应当依照《中华人民共和国合同法》第二百八十六条的规定，认定建筑工程的承包人的优先受偿权优于抵押权和其他债权”。该批复进一步明确，建筑工程的承包人的优先受偿权不仅优先于一般债权，还优先于抵押权，并对该权利行使的限制条件及享有优先受偿权工程价款的范围等法律适用问题进行了规定，进而在司法上完善了建设工程价款的优先受偿权制度。我们从上述法律规定和司法解释可见，建设工程价款优先受偿权属法定的优先受偿权，依据法律规定而产生，无需经判决确认，只要具备了法律规定的条件，优先权人无须经过审判程序就可以直接向法院申请执行该优先权，如果将建设工程依法拍卖，建筑工程承包人的建设工程的价款就该工程拍卖价款优先受偿，而且还优于约定的抵押权。

二、建设工程价款优先受偿权的性质

关于建设工程价款优先受偿权的性质界定，我国实务界及理论界一直存在着不同的看法，学者对这个问题的认识主要有三种观点，即留置权说、法定抵押权说以及优先权说。第一种观点为留置权说。该观点认为，此权利的性质为不动产留置权，其依据主要在于建设工程施工合同在很大程度上与承揽合同类似，承揽人既然对占有物享有留置权，那么承包人享有的优先权也应为留置权。如发包人不按约定支付工程价款，承包人即可留置该工程并以此优先受偿。《担保法》将留置财产的范围限于动产，债权人不能对诸如房屋等不动产行使留置权，这无疑不利于保护债权人的利益，尤其不利于保护建设工程合同中承包人的利益。《合同法》第 286 条是新增加的关于承包人行使不动产留置权的规定，它扩大了留置权标的物的范围。[①] 第二种观点为法定抵押权说。该观点认为，我国《合同法》在建筑工程合同中规定了法定抵押权，该法定抵押权实际上是指承包人的法定抵押权。[②] 建筑工程价款优先受偿权既排除由当事人约定，具有直接由法律规定的法定性，又以不转移占有的不动产为标的物，完全符合法定抵押权的一般特征。法定抵押权虽成立于工程竣工之时，但与银行或其他债权人享有的约定抵押权相比，有优先效力。有学者指出，“合同法第二百八十六条从设计、起草、讨论、修改、审议直到正式通过，始终是指法定抵押权。在历次专家讨论会上，未有人对此表示异议，未有任何人提出过规定承包人优先权的建议。”[③] 法制工作委员会所提出的合同法草案（1995 年 10 月试拟稿）第 177 条规定：“承建人对其所完成的建设工程享有抵押权。”[④] 第三种观点为法定优先权说。该观点则认为，建设工程价款优先受偿权在性质上应属优先权，[⑤] 因为这种优先求偿权不具有某一具体担保物权的性质，而是法律为了维护社会的公平和秩序，赋予债权人对某种特殊的债权享有优先于一般债权人而优先受偿的权利，其设立的目的是对某种特殊的债权加以特别的保护。从《合同法》第 286 条的立法背景看，作此规定乃是针对当前建设单位拖欠工程款现象严重，为切实保障承包单位合法权益而设，而要使承包单位的优先受偿权真正落实，则必须将其定性为优先权，[⑥] 其性质和地位类似于《海商法》中的船舶优先权。

笔者认同第三种观点，即建设工程价款优先受偿权当属优先权范畴，原因有三：其一，留置权适用于动产，而建设工程为不动产，不属于留置权行使的标的范围，且留置权的行使受法律关系牵连性的制约，这就为工程款债权转让后受让人行使优先权设置了障碍。而不动产抵押权的成立，以登记为要件，建设工程价款优先

---

① 江平：《中华人民共和国合同法精解》，中国政法大学出版社 1999 年版，第 223 页。

② 王利明：“抵押权若干问题的探讨”，载法苑精萃编辑委员会编：《中国民法学精萃》（2001 年卷），机械工业出版社 2002 年版，第 193 页。

③ 梁慧星：“合同法第二百八十六条的权利性质及其适用”，载《山西大学学报》（哲学社会科学版）2001 年第 3 期。

④ 梁慧星：“合同法第二百八十六条的权利性质及其适用”，载《山西大学学报（哲学社会科学版）》2001 年第 3 期。

⑤ 持该观点的著述有崔建远：《合同法》，法律出版社 2000 年版；最高人民法院经济审判庭：《合同法解释与适用》，新华出版社 1999 年版；郭明瑞、王轶：《合同法新论·分则》，中国政法大学出版社 1997 年版等。

⑥ 马荣：“论建设工程价款优先受偿权的权利属性及其在司法实践中的适用”，载建筑律师网，http：//www. zhongzhuls. com/Article_ Show. asp？ArticleID = 1062，最后访问日期 2012 年 4 月 1 日。

受偿权的成立和行使均无须登记。同时，根据《物权法》第173条的规定，抵押权担保的债权范围包括主债权及其利息、违约金、损害赔偿金等，而建设工程价款优先受偿权所担保的建筑工程价款却不包括承包人因发包人违约所造成的损失。故此，将承包人的工程价款优先受偿权定性为留置权或者抵押权，均与民事基本法理及现行法律规定不相一致，建设工程价款优先受偿权显然并不属于抵押权和留置权的范畴。其二，建设工程价款优先受偿权具备优先权的众多特征：一是由法律直接规定，无需当事人约定，其产生与法律效力具有法定性；二是以特定财产担保债权实现；三是具备从属不可分性、物上代位性及优先受偿性等特征。其三，从立法目的来看，立法机关出于特殊政策考虑，可以直接规定某些特殊债权具有实现上的优先效力，法定优先权是立法机关出于特殊政策性考虑而做出的特别规定，其作用在于破除债权人平等原则以强化对某些特殊权利的保护，以实现社会公平正义。[①] 而建设工程价款优先受偿权正是通过破除债权平等，赋予特殊债权人以优于其他债权人而受偿的权利。由于建筑工人的工资属于基本人权的范畴，属于人的生存的内容，应当予以优先保护；法律出于保护承包人生存权利和维持建筑行业的正常发展的需要而做出了一种价值取舍。因此，应将其认定为一种法定的优先权，该权利既不须由当事人订立担保合同，亦不必进行物权登记，直接基于法律的特别规定而产生，成为建设工程承包人工程款债权的法定担保。

三、对侵害建设工程价款优先受偿权行为的认定

建设工程价款优先受偿权的实质是特种债权，仅指建设工程合同所应支付的价款。《最高人民法院关于建设工程价款优先受偿权问题的批复》规定，“建筑工程价款包括承包人为建设工程应当支付的工作人员报酬、材料款等实际支出的费用，不包括承包人因发包人违约所造成的损失。”法律对建筑工程价款优先权的范围进行了限定，也就限制了其他人对该权利的行使，优先权受到法律保护，任何人不能擅自处分。建设工程的所有权人作为被执行人，在尚未清偿建设工程价款的情况下，建设工程承包人依据《合同法》第286条的规定对该建设工程享有法定的优先受偿权。在人民法院执行优先受偿权的过程中，被执行人与其他人以复杂的出资组建新公司、收购股份及并购的名义，将债权人享有优先受偿权的工程及相关土地等主要资产变更至新组建的公司名下，而其他人控制新组建公司多数股权、新组建公司不承担工程价款的债务的，该情形可以认定为被执行人和其他人及新组建的公司之间转移资产，擅自处分建设工程所有权，侵犯了工程价款优先债权人的合法权

---

① 江平：《民法学》，中国政法大学出版社2007年版，第256页。

益，其他人和新组建公司应当作为被执行人的权利义务承受人对该优先债权人承担责任。

四、被执行人的追加及法律特征

（一）被执行人的追加

所谓被执行人，是指人民法院在执行程序中，据以执行的生效法律文书所确定的负有一定履行义务的自然人、法人或其他组织。被执行人的范围以生效法律文书所载为原则，但被执行人的追加是指在原执行当事人不退出执行程序的情况下，其他民事主体进入执行程序，成为执行当事人，是执行依据执行力主观范围扩张的结果。而执行依据执行力主观范围，“在一般情况下，以执行依据所指明者为限，即仅对债权人债务人有效；特殊情况下，也能及于当事人以外的其他人”①。在民事执行程序中，原则上只有据以执行的生效法律文书中载明的权利人及义务人才能成为被执行主体，执行依据没有载明的其他人，不能成为执行主体。但在执行程序开始后或进行中，如果被执行人丧失权利能力、行为能力，或发生其他事故而有变动，为避免就同一法律关系重复诉讼，减轻当事人的诉累，就有必要将生效法律文书的效力扩张及于承受该权利义务的人。生效法律文书依法及于当事人之外的第三人，学理上称之为执行名义对于人的效力或执行力的主观范围扩张，我国法上称之为被执行人的变更和追加。② 从执行依据执行力主观范围扩张的主要立法例来看，执行依据执行力主观范围扩张的类型主要有三种：一是当事人的继受人；二是为当事人或其继受人利益占有执行标的物的人；三是诉讼担当时之他人。除此以外的人，或者与诉讼当事人、诉讼标的无关，或者虽有关联但存在自己独立的利益者，不得径直对其强制执行。③

（二）被执行人追加的法律特征

被执行人的追加，又称追加被执行人，是指在执行程序中，作为执行根据的生效法律文书所确定的债务人不能履行法定义务的条件下，执行法院发现其他公民、法人或组织与该债务人具有权利义务的关联性，依法裁定其与该债务人共同承担债务的司法活动。追加被执行人具有以下法律特征：1. 被执行人的追加必须发生在民事强制执行程序中。2. 追加被执行人的前提条件必须是债务人不能履行或不能全部履行生效法律文书所确定的义务。3. 追加的被执行人必须与原被执行人具有

---

① 杨与龄：《强制执行法论》，中国政法大学出版社 2002 年版，第 106 页。

② 江必新、刘璐：《民事执行重大疑难问题研究》，人民法院出版社 2010 年版，第 36 页。

③ 最高人民法院执行局：《执行工作指导》，人民法院出版社 2013 年第 2 期，第 60 页。

权利义务的关联性，这种关联性具体表现为同一性、责任性、连带性。同一性指追加的被执行人与债务人相当于同一个民事主体，权利义务具有同一性，如个人独资企业不能履行法定义务时追加其投资人为被执行人。责任性是指追加的被执行人对债务人履行债务具有明确的法定责任。如执行返还特定物时，特定物的持有者负有交付特定物的责任，其不返还，法院可以追加其为被执行人。连带性是指追加的被执行人与债务人具有权利、义务的连带性，二者不可分割，如合伙人对合伙组织的债务承担连带清偿责任，合伙组织不能履行其债务时，法院可以追加合伙组织的合伙人为被执行人。4. 追加被执行人后，不免除债务人的民事责任，债务人与追加的被执行人形成共同的被执行主体。5. 被执行人的追加必须依照法定程序进行，由执行法院根据申请执行人的申请决定是否追加，同意追加的，作出追加被执行人的裁定，并通知案件当事人或相关第三人，对追加被执行人的裁定不服，可以提出执行异议。执行法院非经法定程序不得追加被执行人。

【拓展适用】

一、执行竞合中的优先受偿权

（一）执行竞合

执行竞合，或称强制执行竞合，是指在民事执行程序中，两个或两个以上的债权人同时或先后以不同的执行名义对同一债务人的特定财产，申请法院强制执行，而各债权人的请求之间相互排斥，各个债权人的权利难以同时获得完全满足的一种竞争状态。[①] 执行竞合须具备以下构成要件：1. 存在两个或两个以上的执行名义。这样才有可能存在权利互相排斥的现象。2. 数个债权人的执行名义必须是各自独立的发生法律效力的法律文书，且处于执行程序尚未终结期间，发生于同一时期。如果执行程序终结，不可能存在执行竞合。3. 债权人必须是两个或两个以上。申请执行主体单一不可能发生执行请求权互相排斥的状态。4. 强制执行的对象须为债务人的同一财产。如果请求执行同一债务人的不同财产，不发生执行竞合。

（二）执行竞合优先受偿的具体形态

执行竞合优先受偿原则，意指对于债务人的财产，先申请采取执行措施的债权人享有优先于其他无法定优先受偿权的债权人受清偿的权利。由于民事执行可分为终局执行和保全执行，涉及民事执行竞合中优先受偿权的具体形态可分为以下几种：1. 保全执行之间的竞合。保全执行是强制执行的一种，是指在取得终局的、

---

① 江必新、刘璐：《民事执行重大疑难问题研究》，人民法院出版社2010年版，第415页。

确定的法律文书之前，为了保证将来的生效法律文书所确定的债权得到顺利实现，对债务人的财产采取查封、扣押、冻结等临时性执行措施以维持财产现状，限制债务人处分财产的行为。保全执行之间的竞合，是指有多个保全裁定针对债务人的同一财产发生了执行时的排斥现象，其形态可分为以下两种：一是不同保全措施（如查封、扣押、冻结）之间的竞合。如果各债权对执行标的物均无担保物权的，依据采取执行措施的先后而定，采取执行措施在先的，取得优先受偿的地位。二是同种保全措施之间的竞合。如果后采取的保全措施与先采取的保全措施相抵触，后保全措施无效。由于后保全措施不得妨碍前保全措施，前保全债权人于取得执行依据后，即可申请执行法院除去后保全措施，以实现其权利。执行中的轮侯查封方式就是为解决该排斥现象而设定的。2. 终局执行之间的竞合。终局执行，是指以终局裁决或其他终局处理的法律文书为根据的强制执行。对已开始实施终局执行的特定财产，其他债权人依据不同的执行名义对其申请强制执行，就形成终局执行的竞合。根据执行依据所确定的给付内容不同，终局执行可分为：第一，数个执行名义指定交付同一特定的标的物而发生的执行排斥现象。如执行中发现两地法院或人民法院与仲裁机构就同一标的物的归属作出不同裁判内容的法律文书，相关的执行法院应当立即停止执行，报请共同的上级法院处理，协助执行机构应当协助最先送达协助执行通知书的法院，予以查封、冻结，在有关法院报共同上级法院协调解决后，再按照上级法院的最终协调意见办理。第二，数个具有金钱给付内容的执行依据在执行中均要求对被执行人的同一标的物实施清偿而产生的执行排斥现象。如果各债权人对执行标的物均无担保物权，按照执行法院采取执行措施的先后顺序受偿。第三，执行依据确定的债权种类不同发生的执行竞合。该情形下，基于担保物权和所有权而享有的债权优先受偿于金钱债权；有多个担保物权的，按照法律规定的顺序或同类担保物权成立的先后顺序清偿；有多个金钱债权的，按执行法院采取执行措施的先后顺序清偿；一份生效法律文书中有多个金钱债权人的，确定金钱给付义务内容的多个债权人对同一被执行人申请执行，执行的财产不足清偿全部债务的，按照各债权比例受偿。3. 保全执行与终局执行之间的竞合。保全执行与终局执行之间的竞合，是指针对债务人的同一特定财产，债权人请求实施保全执行，其他债权人请求依据终局执行根据请求实施强制执行而产生的执行排斥现象。这是执行竞合的典型形态，表现为在债权人依据保全裁定请求保全执行过程中，其他债权人依据终局执行名义针对同一特定财产强制执行，或者在债权人请求实施的终局执行过程中，其他债权人依据保全裁定请求对同一特定财产实施保全执行。保全执行与终局执行孰应优先受偿？《执行规定》第 91 条的规定，对参与被执行人财产的具体分配，应当由首先查封、扣押或者冻结的法院主持进行，首先查封、扣押或者冻结的法院所采取的执行措施如系为了执行财产保全裁定，具体分配应在该案终结后进行。由于执行措施既包括执行生效的法律文书所采取的执行措施，也包括法院在案件审理中采取的诉讼保全措施，终局判决执行不因其为终局而优先于保全执行，后行的终局执行对先行保全执行的财产采取拍卖、变卖等最终处分措施时，先行的保全执行可以排斥后行的终局执行，也就是说，先行的保全执行优先，体现我国在对待保全执行与终局执行的竞合问题上，采用了优先清偿原则，依据时间先后对强制执行的优先权进行了调整。因此，在执行的司法实践中，一般都是由首先查封法院处分查封财产，既符合查封制度的法理，也有利于调动申债执行人的积极性，及时发现、控制财产并实现生效法律文书确定的债权。但是当该查封财产上存在其他顺位在先的担保物权、优先权保障的债权时，如果首先查封法院迟延处分财产、就会损害到优先债权人的利益，优先权债人制度的目的就会落空。而实践中导致首先查封法院迟延处分查封财产的原因较为复杂，既有制度不协调的因素，也有地方保护主义的因素，为解决实践中普遍存在的首先查封法院与优先债权执行法院财产处分权冲突的问题。最高人民法院本着保障实体法上优债权制度的实现，兼顾执行程序法上首先查封制度的价值，在协调实体法与程序法制度的基础上，于 2016 年 4 月 12 日公布了《最高人民法院关于首先查封法院与优先债权执行法院处分查封财产有关问题的批复》（法释［2016］6 号），该批复从四个方面进行了规定："一、执行过程中，应当由首先查封、扣押、冻结（以下简称查封）法院负责处分查封财产。但已进入其他法院执行程序的债权对查封财产有顺位在先的担保物权、优先权（该债权以下简称优先债权），自首先查封之日起已超过 60 日，且首先查封法院就该查封财产尚未发布拍卖公告或者进入变卖程序的，优先债权执行法院可以要求将该查封财产移送执行。二、优先债权执行法院要求首先查封法院将查封财产移送执行的，应当出具商请移送执行函，并附确认优先债权的生效法律文书及案件情况说明。首先查封法院应当在收到优先债权执行法院商请移送执行函之日起 15 日内出具移送执行函，将查封财产移送优先债权执行法院执行，并告知当事人。移送执行函应当载明将查封财产移送执行及首先查封债权的相关情况等内容。三、财产移送执行后，优先债权执行法院在处分或继续查封该财产时，可以持首先查封法院移送执行函办理相关手续。优先债权执行法院对移送的财产变价后，应当按照法律规定的清偿顺序分配，并将相关情况告知首先查封法院。首先查封债权尚未经生效法律文书确认的，应当按照首先查封债权的清偿顺位，预留相应份额。四、首先查封法院与优先债权执行法院就移送查封财产发生争议的，可以逐级报请双方共同的上级法院指定该财产的执行法院。共同的上级法院根据首先查封债权所处的诉讼阶段、查封财产的种类及所在地、各债权数额与查封财产价值之间的关系等案件具体情况，认为由首先查封法院执行更为妥当的，也可以决定由首先查封法院继续执行，但应当督促其在指定期限内处分查封财产。”

二、关于未经依法清算即被注销公司的股东在执行程序中能否直接追加为被执行人的问题

公司法人未经依法清算即被注销的，能否在执行程序中直接变更股东为被执行人，有观点认为，如果公司股东在公司法人被注销时在工商登记材料中承诺对公司债务承担责任的，经听证程序后可追加其为被执行人。除此之外，公司法人未经依法清算即被注销的，债权人可以通过诉讼要求公司股东等责任主体承担相应赔偿责任。笔者认为，从目前的执行程序的法律依据来看，没有具体的法律规定可以直接追加股东为被执行人。从实体法律依据来看，根据我国公司法律规范，清算是公司终止的前置程序，公司未经清算不得办理注销登记。《公司法司法解释二》第 20 条规定，“公司解散应当在依法清算完毕后，申请办理注销登记。公司未经清算即办理注销登记，导致公司无法进行清算，债权人主张有限责任公司的股东、股份有限公司的董事和控股股东以及公司的实际控制人对公司债务承担清偿责任的，人民法院应依法予以支持。公司未经依法清算即办理注销登记，股东或者第三人在公司登记机关办理注销登记时承诺对公司债务承担责任，债权人主张其对公司债务承担相应民事责任的，人民法院应依法予以支持。”可见，上述规定再次确认了公司解散应当在依法清算完毕后申请办理注销登记，未经清算不得办理注销登记。公司未经清算即办理注销登记，导致公司无法进行清算，有限责任公司的股东、股份有限公司的董事和控股股东，以及公司的实际控制人对公司债务承担清偿责任。如果公司注销登记后，根据具体情况仍可进行清算的，则应当对公司进行清算，上述责任主体可在其造成的损失范围内对公司债务承担赔偿责任。当然这些问题需要债权人通过诉讼解决，而不是在执行程序中直接追加或变更主体。而公司未经依法清算即办理注销登记，股东或者第三人在公司登记机关办理注销登记时承诺对公司债务承担责任，债权人有权主张其对公司债务承担相应民事责任。但这种责任的性质和范围可依据承诺的内容不同而有所不同：如果股东或者第三人承诺的内容是对公司债务承担偿还或保证责任等，承诺者则应根据其承诺的内容不承担其他责任，只是承担偿还或保证责任。如果承诺内容是负责处理公司的债权债务，我们可以理解为承诺人承担对公司财产进行清理的义务，如果公司的财产发生流失而无法清算时，承诺者应当在造成公司财产损失的范围内承担赔偿责任。上述观点中将公司股东在公司法人被注销时在工商登记材料中承诺对公司债务承担责任的，经听证程序后追加其为被执行人，过于简单化，虽然有可操作性的一面，但不符合程序的规定。对此类公司法人未经依法结算即被注销问题的处理可参照《执行规定》第80条规定，“被执行人无财产清偿债务，如果其开办单位对其开办时投入的注册资金不实或抽逃注册资金，可以裁定变更或追加其开办单位为被执行人，在注册资金不实或抽逃注册资金的范围内，对申请执行人承担责任。”如果公司法人被注销，无财产可供执行，而公司股东在开办公司时存在投入注册资金不实或者抽逃注册资金情况的，可比照开办单位在执行程序直接变更公司股东为被执行人。以及第81条规定：“被执行人被撤销、注销或歇业后，上级主管部门或开办单位无偿接受被执行人的财产，致使被执行人无遗留财产清偿债务或遗留财产不足清偿的，可以裁定由上级主管部门或开办单位在所接受的财产范围内承担责任。”如果公司股东在公司法人被注销后存在无偿接受公司法人的财产，致使其无遗留财产清偿债务或遗留财产不足清偿的，可以直接追加公司股东为被执行人，由其在所接收财产的范围内承担责任。

三、关于涉夫妻一方为被执行人案件能否直接追加另一方为被执行人的问题

人民法院在执行中经常会遇到夫妻一方为被执行人，被执行人没有财产可供执行的案件，其财产实际上是被其配偶控制或藏匿，如果人民法院对被执行人配偶名下的财产采取相应执行措施的，被执行人就以其配偶不是生效法律文书确定的义务承受人而提出异议。现行法律和司法解释未明确规定在执行程序中人民法院可以直接追加被执行人配偶为被执行人，致使各地法院做法不一。

（一）司法实践中的不同观点

第一种观点认为，不可以直接追加被执行人配偶为被执行人。理由主要有：一是追加被执行人的配偶为被执行人无法律依据。《民事诉讼法》、《民事诉讼法解释》以及《执行规定》中关于追加、变更被执行主体的内容中，均没有涉及追加被执行人的配偶为被执行人的问题；二是不利于维护法院判决的既判力。追加被执行人的配偶为被执行人将会破坏法院生效裁判文书的严肃性，损害法院的判决的既判力，在没有法规明确授权的情况下，不能轻易对当事人的主体资格进行变更或扩张，否则，不能较好地保护与判决无关的人的利益；三是不利于对执行人员的自由裁量权的规范，追加被执行人的配偶为被执行人极易导致执行人员自由裁量权的滥用，损害其他人的利益。

第二种观点认为，应当直接追加被执行人配偶为被执行人。理由主要有：第一，法律规定夫妻关系存续期间的债务应共同偿还。我国婚姻法规定夫妻对共同财产有平等的处分权，夫妻关系存续期间的债务应由夫妻双方共同偿还。1988年《民法通则意见》第43条规定，“在夫妻关系存续期间，一方从事个体经营或承包经营的，其收入为夫妻共有财产，债务亦应以夫妻共有财产清偿。”2004年《最高人民法院关于适用〈中华人民共和国婚姻法〉若干问题的解释（二）》第24条规定，“债权人就婚姻关系存续期间夫妻一方以个人名义所负债务主张权利的，应当按夫妻共同债务处理……”。第25条第1款规定，“当事人的离婚协议或者人民法院的判决书、裁定书、调解书已经对夫妻财产分割问题作出处理的，债权人仍有权就夫妻共同债务向原夫妻双方主张权利。”第二，有利于提高执行效率。在当前执行难仍未得到彻底解决的情形下，追加被执行人的配偶一方为被执行人有利于提高执行效率，节省司法资源。第三，有利于社会诚信机制建设。追加被执行人的配偶为被执行人有利于消除利用夫妻关系规避执行行为，增加社会诚信。

第三种观点认为，应区分不同情况处理。第一种情况，执行依据明确债务为夫妻一方个人债务的，除能执行债务人的个人财产外，可以执行夫妻共同财产中的一半份额。配偶对于执行共同财产有异议的，可以根据《民事诉讼法》第227条的规定进行救济。第二种情况，执行依据未明确债务为夫妻一方个人债务的，如果债务发生在夫妻关系存续期间，配偶不能证明非夫妻共同债务的，可以推定为夫妻共同债务，并可以直接执行夫妻共同财产、配偶（包括已离婚的原配偶）的个人财产。配偶有异议的，可以根据《民事诉讼法》第227条的规定进行救济。主要理由是：第一，根据《物权法》的规定，夫妻一方对于夫妻共有财产并不按照份额享有权利，所以严格依照法律逻辑，对于夫妻共同财产的执行，应当先按照《物权法》第99条的规定对共同财产分割，然后再执行分割后债务人的个人财产。执行程序中可以先执行夫妻共同财产中的一半，配偶对此有异议的，赋予其通过案外人异议和案外人异议之诉救济的权利，以平衡执行效率与权利救济。第二，根据《婚姻法》及相关司法解释的规定，对于婚姻关系存续期间的个人所负债务，推定为夫妻共同债务。第三，我国的审判实践中对于起诉夫妻一方欠债的，不追加配偶，也不判断是否为夫妻共同债务。如果执行中不处理夫妻共同债务的问题，那实体法的相关规定将难以实现。第四，推定为夫妻共同债务并直接执行共同财产与配偶财产，显然有利于提高执行效率。但由于存在将夫妻关系存续期间一方所负债务推定为共同债务的例外情形，所以应当赋予配偶举证与抗辩的权利，及通过诉讼救济的权利。

（二）追加配偶为被执行人的条件

夫妻一方为被执行人的案件，在执行中能否追加配偶为被执行人，应当首先要确认生效判决所指的债务是个人债务还是共同债务，如果执行依据所确定的债务属于夫妻共同债务则可直接追加被执行人的配偶，如果是个人债务的，则需要区分不同情况来处理。

1. 夫妻共同债务的确定。所谓夫妻共同债务是指夫妻双方因婚姻共同生活及在婚姻关系存续期间履行法定抚养义务所负的债务。一般包括夫妻在婚姻关系存续期间为解决共同生活所需的衣、食、住、行、医等活动以及履行法定义务和共同生产、经营过程中所负的债务。确定夫妻共同债务，应当符合以下两个条件：一是夫妻双方有无共同举债的合意，如有，则无论举债所得的收益是否为夫妻共同享有，均应认定为共同债务；二是夫妻虽无举债的合意，但债务发生后，夫妻双方共同分享了债务所带来的利益，则同样视为共同债务。一旦认定为夫妻共同债务，即使被执行人与其配偶离婚亦不受影响，包括离婚协议或者人民法院的判决书、调解书已经对夫妻共同财产分割作出处理的，亦不能对抗债权人，债权人仍有权就夫妻共同债务向夫妻双方主张权利。

2. 确定夫妻共同债务的主要依据。第一，《民法通则》第 78 条规定，“财产可以由两个以上的公民、法人共有。共有分为按份共有和共同共有。按份共有人按照各自的份额，对共有财产分享权利，分担义务。共同共有人对共有财产享有权利，承担义务……”。第二，《婚姻法》第 41 条规定，离婚时，原为夫妻共同生活所负的债务，应当共同偿还，共同财产不足清偿的，或财产归各自所有的，由双方协议清偿；协议不成时，由人民法院判决。第 19 条第 3 款规定，夫妻对婚姻关系存续期间所得的财产约定归各自所有的，夫或妻一方对外所负的债务，第三人知道该约定的，以夫或妻一方所有的财产清偿。第三，《民法通则意见》第 43 条规定，在夫妻关系存续期间，一方从事个体经营或者承包经营的，其收入为夫妻共同财产，债务亦应以夫妻共同财产清偿。第四，《最高人民法院关于适用〈中华人民共和国婚姻法〉若干问题的解释（二）》第 18 条、第 24 条规定，夫妻对婚姻关系存续期间的共同债务承担连带清偿责任。债权人就夫妻一方以个人名义所负债务主张权利的，应当按夫妻共同债务处理。只有两种情形例外：（1）债权人与债务人明确约定为个人债务，且债务人或债务人的配偶对此能够证明的，应当由债务人本人承担清偿责任；（2）夫妻双方实行约定财产制的，如果债权人事先知道该约定，并与夫妻中的一方建立债权债务关系的，应当认定为个人债务，用债务人的个人财产清偿。第 25 条第 1 款规定，当事人的离婚协议或者人民法院的判决书、裁定书、调解书已经对夫妻财产分割问题作出处理的，债权人仍有权就夫妻共同债务向男女双方主张权利。第 25 条第 2 款规定，一方就共同债务承担连带清偿责任后，基于离婚协议或者人民法院的法律文书向另一方主张追偿的，人民法院应当支持。第五，《最高人民法院关于人民法院审理离婚案件处理财产分割问题的若干具体意见》第 17 条第 1 款规定：夫妻为共同生活或为履行抚养、赡养义务等所负债务，应认定为夫妻共同债务，离婚时应当以夫妻共同财产清偿。同时，第 17 条第 2 款规定：下列债务不能认定为夫妻共同债务，应由一方以个人财产清偿：（1）夫妻双方约定由个人负担的债务，但以逃避债务的除外；（2）一方未经对方同意，擅自资助与其无抚养关系义务的亲朋所负的债务；（3）一方未经对方同意，独自筹资从事经营活动，其收入确未用于共同生活所负的债务；（4）其他应由个人承担的债务。

（三）不宜直接追加配偶为被执行人的理解

依据《婚姻法》的规定，夫妻对共同所有的财产享有平等的处理权。夫妻双方享受了共同财产的处分权利，就应该承担共同债务的清偿义务。将夫妻在婚姻关系存续期间以一方名义所负的债务推定为共同债务，其目的是保护交易安全，促进财产流转。但夫妻关系经历了从“身份到契约”的发展过程，其从“夫妻一体主义”沿革到“夫妻别体主义”，男女婚后各保有独立的人格，各有财产上的权利和行为能力，所以，不能简单认为只要在婚姻存续期间，夫妻以一方名义所负债务就都是共同债务，这无疑是过分强调了债权人的利益而抹杀了夫妻之间的人格独立。尤其是，夫妻一方所负的非法债务，如赌债等，配偶往往一无所知，自然无偿还的义务。

人民法院的执行行为，属于对被执行人权利的直接处置的公权力行为，其行使必须有法律法规的明确授权，所谓“法无明文规定，即禁止”。目前，有的执行法院以法律规定了夫妻双方要为对方的夫妻共同债务承担赔偿责任等实体法规定，追加夫妻另一方为案件的被执行人，这也是没有法律依据的。夫妻双方要为对方的夫妻共同债务承担赔偿责任，这是法院在裁判夫妻之间责任承担时的裁判依据，并不是法院执行程序中追加被执行人的法律依据。裁判依据和追加被执行人的执行依据是两种不同性质的法律规定，在相关法律没有明确可以追加连带责任债务人或夫妻共同债务的另一方为被执行人的情况下，在执行程序中，不宜以夫妻共同债务为由直接追加夫或妻另一方为案件的被执行人。即使法律规定了执行回转制度，但事实上仍然很容易对被执行人的权利造成不可逆转的侵害。因此，不能轻易超越法律规定和执行依据确定的被执行人范围扩张执行。被执行人的配偶作为案外人，其没有参与裁判过程，如果在执行阶段直接被追加为被执行人，意味着将其本应享有的一系列诉讼权利，如答辩、举证、质证、反诉、上诉等和实体权利全部被剥夺，可能给其造成极大的伤害。

对于夫妻共同债务应根据裁判文书作出的认定来判断，如果执行依据的裁判文书认定该债务为夫妻共同债务的，即使被执行人与其配偶离婚亦不受影响，包括离婚协议或者人民法院的判决书、调解书已经对夫妻共同财产分割作出处理的，亦不能对抗债权人，债权人仍有权就夫妻共同债务向夫妻双方主张权利。可以理解为，该裁判文书确定了对夫妻共同财产的执行依据，赋予了执行法院对于夫妻共同财产的执行权，执行法院虽然仍然不宜追加夫妻另一方为案件的被执行人，但是可以直接对夫妻共同财产采取执行措施，实现债权；也可以对配偶一方名下的财产先行采取查封、扣押等措施，以防止其转移财产，逃避执行。同时，还应注意保护夫妻另一方的案外人执行异议权，法院在采取扣划、过户等措施前，应当给予配偶一方合理的时限提出执行异议，通过执行异议、或异议之诉程序解决，这样可以很好地平衡执行案件各方当事人的利益。如果执行依据的裁判文书没有认定为夫妻共同债务的，则不宜直接追加夫妻另一方为案件的被执行人，可以告知申请执行人通过诉讼程序解决。

对于夫妻双方利用离婚析产等方式转移财产规避执行的现象，根据《最高人民法院关于依法制裁规避执行行为的若干意见》第 20 条规定，"……有充分证据证明被执行人通过离婚析产、不依法清算、改制重组、关联交易、财产混同等方式恶意转移财产规避执行的，执行法院可以通过依法变更追加被执行人或者告知申请执行人通过诉讼程序追回被转移的财产。"根据该条规定，如果夫妻之间利用离婚析产、财产混同等方式规避法院执行的话，执行法院享有变更被执行人和告知诉讼的选择权，可以根据具体案情选择恰当的方式执行。但是前提是要有充分的证据证明。所以，在追加配偶为被执行人时，要慎之又慎，非经公开听证、没有充分证据证明为夫妻共同债务的，不得轻易追加配偶为被执行人。对于争议很大，案件事实经公开听证程序，仍然不能查实，没有充分证据，则执行部门不宜简单认定，应告知当事人另行诉讼，从而全面保护当事人的诉讼与实体权利。

【典型案例】

吉林中城建中大房地产开发有限公司申诉案

〔当事人的申诉事项〕

吉林中城建中大房地产开发有限公司（以下简称中城建公司）不服沈阳市铁路运输中级法院（2009）铁中执二复字第 6 号执行裁定及吉林铁路运输法院（2009）吉铁执字第 3－9 号、3－17 号、3－18 号执行裁定，向最高人民法院申诉。

〔裁判理由〕

最高人民法院认为：一、关于吉林东奥工程有限公司（以下简称东奥公司）与吉林中大交通房地产开发有限公司（以下简称中大公司）建设工程施工合同纠纷案在执行过程中，被执行人中大公司通过《债务重组协议》，以出资的名义，将"中大世纪城"A 区和 B 区土地使用权分别变更至中城建公司和吉林中控房地产开发有限公司（以下简称中控公司）名下。随后，中城建公司收购了中大公司在中控公司的全部股权，中控公司以 1 亿元价格并购中大公司的 B 区土地及未售房屋资产，同时，中城建公司和中控公司承接中大公司 1 亿元债务。上述资产及股权变更的结果是中大公司将 B 区土地转给了中控公司，但不持有中控公司的股权；将 A 区土地转给中城建公司，在中城建公司仅持有少量股权；而中城建公司和中控公司仅承担中大公司的部分债务。该情形应认定为中大公司与中城建公司及中控公司间的资产转移，该资产转移侵害了债权人的权益，中城建公司和中控公司应当作为权利义务承受人对债权人东奥公司承担责任。二、东奥公司对中大世纪城B区工程享有的工程价款优先权是基于法律规定而取得的，效力优先于一般债权和其他担保物权。在存在法定优先权的情况下，中大公司与中城建公司、中控公司通过《债务重组协议》对B区土地及地上物进行处置，侵害了优先权人的利益，东奥公司有权追及到B区土地及地上物，主张优先受偿。鉴于B区土地及地上物已被中控公司处置，东奥公司有权直接向中控公司追偿。由于中城建公司持有中控公司100%的股权，故中城建公司和中控公司应共同对中大公司的债权人东奥公司承担责任。三、关于中城建公司申诉称中大公司对（2005）沈铁民房初字第10号民事调解书确定的债务已全部履行完毕、并就多履行部分另案诉讼问题。沈阳市铁路运输中级法院2007年2月10日核发的（2007）债字第3号债权凭证确认：本案未执行受偿债权余额为1632万元。在此后案件恢复执行过程中，中大公司未向法院提供足以证明其已全部履行完毕的证据，故本院对中城建公司的该项主张不予支持。

〔**裁判结果**〕

吉林铁路运输法院追加中城建公司为被执行人并直接查封、处分中城建公司的财产并无不当。中城建公司的申诉理由不能成立，予以驳回。

第二十八章　仲裁协议与仲裁裁决

规则 36：当事人在合同中明确约定发生纠纷通过仲裁方式解决的，当事人均应受该合同条款的约束

——江苏省物资集团轻工纺织总公司与（香港）裕亿集团有限公司、（加拿大）太子发展有限公司侵权损害赔偿纠纷案①

【裁判规则】

根据《仲裁法》和《中国国际经济贸易仲裁委员会仲裁规则》的规定，合同当事人约定凡因执行本合约所发生的或与本合约有关的一切争议交仲裁机构裁决的，仲裁机构有权受理在签订和履行合同过程中产生的侵权纠纷，人民法院无管辖权。双方当事人在合同中明确约定发生纠纷通过仲裁方式解决，在该合同未经有关机关确认无效的情况下，当事人均应受该合同条款的约束；即使案件涉及第三人，在仲裁庭不能追究第三人责任的情况下，合同当事人可以第三人为被告另行提起诉讼。

【规则理解】

一、仲裁协议法律效力的涵义

仲裁协议的法律效力②，是指法律赋予仲裁协议在解决其规定的仲裁争议过程中所具有的特殊作用及其法律拘束力。仲裁协议的法律效力问题对于确定仲裁当事人、仲裁管辖权、仲裁管辖范围、适用的仲裁规则、仲裁裁决是否具有强制执行力具有十分重大的意义。

二、仲裁协议法律效力的具体内容

仲裁协议法律效力包括仲裁协议对当事人、仲裁机构、法院以及仲裁裁决的约束力。

---

① 《中华人民共和国最高人民法院公报》1998 年 3 期。

② 李广辉、王瀚：《仲裁法》，对外经济贸易大学出版社 2011 年版，第 180 页。

（一）对当事人的法律效力

仲裁协议以纠纷的解决方式为内容。当事人约定有仲裁协议的，任何一方都有义务将争议提交仲裁解决，不得提交法院解决。对于违反仲裁协议的，当事人只能以异议方式进行抗辩，从而使违约方遵守仲裁协议。仲裁协议对当事人的效力范围通常仅限于签订仲裁协议的当事人，而不及于第三人。但是由于当事人在仲裁协议中经常概括性地约定仲裁事项，因此在界定仲裁协议当事人时，对于未作出接受仲裁意思表示的，不宜列为仲裁当事人。

（二）对仲裁机构和仲裁庭的法律效力

仲裁协议是仲裁机构和仲裁庭对争议案件行使仲裁管辖权的根据，仲裁机构、仲裁庭受理、审理、裁决争议案件必须以有效的仲裁协议为基础。仲裁协议对仲裁机构和仲裁庭的法律效力体现在：

1. 决定仲裁管辖权的范围，具体言之，赋予仲裁庭审理当事人提交仲裁的争议，作出裁决的权力，并决定仲裁庭可以审理和裁决何项争议或何种问题。仲裁协议同时也限制仲裁的范围。对仲裁协议未约定的其他争议，仲裁庭无权审理。如果进行了审理，就会出现超越管辖权范围的问题。此外，仲裁协议还制约仲裁权的行使方式，当事人在仲裁协议中有权选择所要适用的仲裁规则和仲裁的相关程序。有关仲裁示范条款中，当事人通常将仲裁事项表述为“因本合同纠纷引起的争议”或“因本合同引起的争议或与本合同有关的一切争议”。此类概括性的约定，体现了仲裁事项与当事人之间的特定法律关系的关联性。《仲裁法司法解释》第 2 条规定，当事人概括约定仲裁事项为合同争议的，基于合同成立、效力、变更、转让、履行、违约责任、解释、解除等产生的纠纷都可以认定为仲裁事项。由于民法上存在违约责任与侵权责任竞合的问题，当行为人实施的违法行为具有侵权行为与违约行为的双重特征，在法律上导致侵权责任与违约责任的同时产生时，在对仲裁事项有概括性约定的情况下，对于当事人在签订和履行合同过程中产生的侵权纠纷，仲裁机构有权受理，人民法院无权管辖。但如果系由第三人的侵权行为发生的侵权纠纷，仲裁协议对该第三人没有法律效力的，则该侵权纠纷不属于仲裁范围，该侵权纠纷案件应由人民法院管辖。

2. 确定仲裁庭具有决定自身管辖权的权力。仲裁协议合法有效，即使没有明确规定这项授权，根据大多数国家仲裁立法和司法实践及相关仲裁规则，也可以基于仲裁协议的存在确定仲裁庭具有该项权力。如联合国《国际商事仲裁示范法》规定，仲裁庭可以对有关仲裁庭没有管辖权的抗辩，作为一个初步问题或在实体裁决中进行裁定，即使发生要求撤销有关管辖权裁决的诉讼，仲裁庭仍然可以继续仲裁程序，并作出裁决。

（三）对法院的法律效力

仲裁协议排除法院的司法管辖权，已成为商事仲裁法律制度中的一项基本原则。但仲裁协议排除法院司法管辖权的规定也不是绝对的，体现在法院具有对仲裁协议的存在与否、有效性和可执行性进行审查和裁判的权力。当法院认定仲裁协议不存在、无效或无法执行时，法院即对案件享有司法管辖权。根据《仲裁法司法解释》第 7 条的规定，当事人约定争议可以向仲裁机构申请仲裁也可以向人民法院起诉的，仲裁协议无效。但一方向仲裁机构申请仲裁，另一方未在《仲裁法》第 20 条第 2 款规定期间内提出异议的除外。

（四）对仲裁裁决的法律效力

仲裁协议是仲裁裁决得以执行的根据，包括当事人自动履行和法院强制执行。我国《仲裁法》第 62 条规定，一方当事人不履行仲裁裁决，另一方当事人可以按《民事诉讼法》的有关规定向人民法院申请执行，受理申请的人民法院应当执行。在当事人向法院申请强制执行时，仲裁协议的存在与否、有效与否是是否受理其申请的必要条件之一。如果不存在合法有效的仲裁协议，法院就会以仲裁协议不存在、无效为由撤销该仲裁裁决或裁定不予执行该有关的仲裁裁决。

【拓展适用】

一、仲裁当事人的涵义

根据《仲裁法》第 2 条的规定，平等主体的公民、法人和其他组织之间发生的合同纠纷和其他财产权益纠纷，可以仲裁。因此，仲裁程序中的当事人是指依据生效仲裁协议，以自己的名义参加到仲裁程序并受仲裁裁决约束的平等公民、法人和其他组织。该法第 4 条规定，当事人采用仲裁方式解决纠纷，应当双方自愿，达成仲裁协议；没有仲裁协议，一方申请仲裁的，仲裁委员会不予受理。

二、仲裁当事人的权利与义务

（一）仲裁当事人的权利

根据《仲裁法》的规定，当事人参与仲裁活动享有以下权利：

1. 请求仲裁保护。包括申请人的仲裁请求权、被申请人的答辩权和反请求权。

2. 约定仲裁庭的组成形式。当事人在仲裁规则规定的期间内，既可以约定由 3 名仲裁员组成合议仲裁庭，也可以约定 1 名仲裁员组成独任仲裁庭。如果没有约定，则由仲裁委员会主任指定。

3. 选定仲裁员。当事人约定由 3 名仲裁员组成仲裁庭的，应当各自选定或者各自委托仲裁委员会主任指定 1 名仲裁员，第三名仲裁员由当事人共同选定或者共同委托仲裁委员会主任指定，第三名仲裁员是首席仲裁员；当事人约定独任仲裁庭，应当共同选定或者共同委托仲裁委员会主任指定。当事人没有选定仲裁员的，则由仲裁委员会主任指定。

4. 委托仲裁代理人。

5. 申请仲裁员回避。

6. 收集、提供证据。

7. 申请财产保全和证据保全。

8. 承认、放弃和变更仲裁请求及反请求。一方当事人有权对自己的请求或反请求作出放弃或者变更，另一方当事人可以作出承认或者反驳。

9. 自行和解或请求调解。

10. 申请执行。当事人应当履行仲裁裁决，一方当事人不履行的，另一方当事人可以依照民事诉讼法的有关规定向人民法院申请执行。受理的人民法院应当执行。

（二）仲裁当事人的义务

根据我国《仲裁法》的规定，当事人参与仲裁活动，应当承担以下义务：

1. 申请人有依法递交仲裁协议、仲裁申请书和副本的义务，被申请人有按规定日期提交答辩书的义务。

2. 有共同选定或者共同请求仲裁委员会主任指定独任仲裁员或者首席仲裁员的义务。

3. 有义务按时出庭，如实回答仲裁庭提问和根据仲裁庭要求提供证据和资料。

4. 有义务遵守仲裁决定、自觉遵守仲裁协议的约定。

5. 自觉履行仲裁裁决的义务等。

三、仲裁当事人的特征

仲裁当事人具有以下特征：

1. 当事人之间必须订立有效的仲裁协议。仲裁的开始与进行都必须以存在有效的仲裁协议为条件，一般情况下，仲裁当事人就是仲裁协议的签订人。

2. 仲裁当事人之间地位平等。根据《仲裁法》第2条的规定，仲裁的目的是为了解决平等主体的公民、法人和其他组织之间发生的合同纠纷和其他财产权益纠纷。当事人在仲裁程序中的法律地位平等。

3. 当事人之间的纠纷必须具有可仲裁性。民商事法律关系的当事人之间发生了仲裁协议范围内的纠纷，该仲裁协议约定的范围必须是《仲裁法》规定的可仲裁范围，如果约定了婚姻、收养、监护、扶养、继承等法律规定的不能仲裁的纠纷，即使当事人之间有协议，也不能提交仲裁。仲裁机关对上述不属于可以仲裁的内容不得仲裁。

4. 仲裁当事人以自己的名义参加仲裁。仲裁代理人也可代表当事人参加仲裁，不是以自己的名义提起，行为后果应由委托人承担。委托代理人不具有仲裁当事人的地位。

四、仲裁当事人的变更

仲裁中当事人的变更，是指在仲裁程序中，由于特殊事由的发生，仲裁协议的约定双方即原仲裁当事人由仲裁程序以外的人取代或者替代参加仲裁程序。仲裁当事人发生变更会导致一系列法律关系和仲裁主体资格的变化。常见的有以下几种情形：

（一）当事人消亡

1. 自然人的死亡。我国《仲裁法》对自然人死亡后的法律继承没有明确的规定。鉴于仲裁协议属于私法契约范畴，应该适用民事实体法关于当事人变更的规定，自然人死亡导致仲裁程序中仲裁当事人变更，除非继承人明确表示放弃对被继承人权利的继承，否则，应视为继承人对被继承人全部权利义务的继承，包括根据仲裁协议进行仲裁的权利和义务。

2. 法人的终止。法人的终止指法人因破产、注销、合并或分立而导致其法律主体资格消亡。第一，对于因合并或分立情形而发生的消亡，由于仲裁协议的契约属性，因此不论合并后的新法人还是分立后形成的多个法人能否成为原法人担当的仲裁当事人，都应适用民事实体法关于合同当事人变更的规定。我国《合同法》第90条规定：“当事人订立合同后合并的，由合并后的法人或者其他组织行使合同权利，履行合同义务。当事人订立合同后分立的，除债权人和债务人另有约定外，由分立的法人或者其他组织对合同的权利和义务享有连带债权，承担连带债务。”这种责任义务继受原则，是世界各国民事实体法普遍承认的原则。但如果当事人在仲裁协议中约定，法人分立后纠纷的解决不受仲裁协议的约束，就不会发生仲裁当事人的变更，当事人只能通过其他途径解决纠纷。第二，法人破产、注销，意味着它作为仲裁当事人的主体资格随之消失，与此同时，它作为一方当事人的仲裁程序应予终结。

（二）合同转让

因为合同转让而引起的仲裁过程中当事人的变更极其常见。合同的转让实质上是合同主体的变更，是变更后的主体对原有全部权利和义务的继受，或是债权的承认和债务的承担。这种变更以协商一致为前提，除当事人另有约定外，一般不应影响仲裁程序的进行。

五、关于仲裁第三人

诉讼当事人制度设立了诉讼第三人，可分为有独立请求权的第三人和无独立请求权的第三人。仲裁程序中是否存在“仲裁第三人”，从各国的立法例和司法实践看，不少国家赋予特定条件下的第三人申请撤销的权利。例如，根据现代英、美、德、日等国公司法上少数股东平等的原则，少数股东可以提起诉讼。如果公司与第三人有仲裁协议，少数股东可援引仲裁协议作为形式上的第三人提起仲裁。① 我国仲裁法没有作出规定。实践中存在三种观点，第一种观点认为，仲裁第三人具有仲裁主体地位，因为，仲裁第三人问题源于商事仲裁协议效力的扩张，基于特定事由导致仲裁协议的效力扩张到仲裁当事人以外的第三人。第二种观点认为，仲裁第三人不具有仲裁主体地位，因为，仲裁程序中的当事人具有明确性和不可逾越的前提，即仲裁程序的申请人和被申请人在仲裁程序开始前就是确定的，自始至终不应变更。根据这种观点，仲裁程序不应涉及第三人的问题，尽管实践中会存在第三方对商事仲裁事项享有独立请求权，或虽无独立请求权但与裁判结果具有法律上的利害关系。但由于他们没有参与仲裁条款的订立，仲裁协议双方当事人无意与之采用仲裁的方式解决纠纷或冲突。没有在仲裁程序启动之前就同一仲裁标的签署仲裁协议，就不具备成为仲裁当事人的前提和基础。这些学者认为，在仲裁程序过程中对仲裁第三人地位的承认，动摇了仲裁存在的前提和基础，是对仲裁协议双方当事人“意思自治”原则的挑战。第三种观点认为，可以有条件地认可仲裁第三人的仲裁主体地位，因为，从仲裁的基本概念来看，“仲裁即指以司法方式进行的一致程序或合意程序，通过该程序双方或多方之间的争议由仲裁员的决定最终予以解决，仲裁员的决定对双方当事人有约束力且在法律上可以执行”。“另外，从广义上讲仲裁指依当事人将既存在或潜在的争议提交独任或多人仲裁庭作出决定的协议开始的非公开程序”。显然，无论是合意程序还是非公开程序，仲裁的本质是双方合意的体现，双方当事人必须以仲裁协议的方式确定同意仲裁，这是仲裁的原则和初始点。但也的确存在一些特殊情况，使得仲裁协议的范围可以扩展到未在仲裁协议上签字的一方当事人。只有在仲裁协议有效的前提下，才可能导致存在涵盖协议外第三人的有效仲裁协议，从而使第三人成为仲裁的主体。实际上的所谓扩展，也局限于其是一种达成仲裁协议的方式或者说调整原仲裁协议的途径，也只有从这个角度上，第三人才有可能成为适格的仲裁主体。

笔者赞同第二种观点，主要理由是：第一，自主性和独立性是仲裁制度的两大

---

① 王金兰：“国际商事仲裁司法监督研究”，载《河北法学》2004 年第 7 期。

基本原则，如果允许第三人参加到仲裁程序中，“必然使仲裁管辖蒙上诉讼化的色彩，具有非契约性和强制性，从而与仲裁的本质相悖”。[①] 第二，“一旦第三方参与仲裁则势必扩大知情人员的范围，使当事人陷于原本不存在的危险境地，从而违背了当事人选择仲裁程序的初衷”,[②] 损害仲裁程序所具有的保密性。第三，如果允许在仲裁中追加第三人也无疑“会增加官司费用与事件上的延误”[③]，损害仲裁程序的经济性与效率优势。第四，第三人和仲裁当事人之间的争议可以通过法律救济方式（如诉讼）另外进行，不会导致法律救济存在真空状态。

但实践中，当事人恶意串通利用仲裁裁决损害第三人利益的情形越来越多，尤其是执行程序中被执行人恶意串通对执行标的物另案确权的现象比较普遍，是否赋予符合条件的第三人申请撤销的权利，有待将来仲裁法修改时再予以解决。

六、申请撤销仲裁裁决和申请不予执行仲裁裁决重复救济的禁止

根据《仲裁法司法解释》第26条的规定：“当事人向人民法院申请撤销仲裁裁决被驳回后，又在执行程序中以相同理由提出不予执行抗辩的，人民法院不予支持。”从上述规定可以推知，当事人此前向法院申请撤销仲裁裁决被驳回后，又申请不予执行仲裁裁决的，其申请不予执行的理由应与申请撤销仲裁裁决的理由不同。如理由相同的，人民法院应驳回其不予执行的申请。实践中如何判断“相同理由”，尤其是当事人对同一事实以不同角度提出，是否为相同理由难以确定。

第一，采用何种标准的问题。在审查认定申请撤销仲裁裁决和不予执行抗辩的理由是否相同上，是采用“形式标准”还是采用“实质标准”？“形式标准”认为，只要当事人提出的理由不同，不管该理由所依据的事实是否相同，均应当作为不同理由对待。“实质标准”则认为，只要申请的理由所依据的事实是相同的，就应当视为相同理由。否则，只要变换说法就认定为不同理由，会给当事人拖延仲裁裁决执行留下制度漏洞。笔者认为，在审查认定申请撤销仲裁裁决和不予执行抗辩的理由是否相同上应以“实质标准”为主，兼“形式标准”。因此，可以认为虽然表面上理由不同，但其所基于的事实是相同的，一般应认为是相同理由。

第二，法院是否进行实质审查的问题。如果当事人在仲裁裁决撤销程序中提出的理由，受理法院没有进行实质性审查就直接予以驳回，而在执行程序中当事人又以同一理由提出不予执行的，是否可以直接认定为相同理由？笔者认为，《仲裁法

---

① 林一飞：“论仲裁与第三人”，载《法学评论》2000年第1期。

② 乔欣、赵艳群：“仲裁程序中不应存在第三人制度”，载《法制日报》2000年11月19日。

③ 杨良宜：《国际商务仲裁》，中国政法大学出版社1997年版，第455页。

司法解释》规定同一理由不得重复提出的目的是防止不同法院的认定矛盾以及浪费司法资源的问题，如果当事人提出的理由未被审查，则说明当事人的程序权利未得到充分保障和救济，受理撤销申请的法院没有对该理由是否成立作出实质性的结论，对问题还是没有作出解答，因此，当事人在不予执行程序中再次提出的，人民法院应当进行实质性审查，不能仅仅以在撤销申请中提出过而视为相同理由，直接裁定不予支持。

【典型案例】

江苏省物资集团轻工纺织总公司与（香港）裕亿集团有限公司、（加拿大）太子发展有限公司侵权损害赔偿纠纷案

上诉人（原审被告）：（香港）裕亿集团有限公司（TOPCAPITAL HOLDINGS LTD）。

法定代表人：古兰特·薛（GRANT XUE），该公司总经理。

上诉人（原审被告）：（加拿大）太子发展有限公司（PRINCE DEVELOPMENT LTD）。

法定代表人：古兰特·薛（GRANT XUE），该公司总经理。

被上诉人（原审原告）：江苏省物资集团轻工纺织总公司。

法定代表人：成海燕，该公司总经理。

〔基本案情〕

上诉人（香港）裕亿集团有限公司（以下简称裕亿公司）、（加拿大）太子发展有限公司（以下简称太子公司）因与被上诉人江苏省物资集团轻工纺织总公司（以下简称轻纺公司）侵权损害赔偿纠纷一案，不服江苏省高级人民法院一审民事裁定，向最高人民法院提起上诉。

原审江苏省高级人民法院经审理查明：1996 年 5 月 5 日，原告轻纺公司与被告裕亿公司签订了 CC960505 号销售合同，约定由裕亿公司销售普通旧电机 5000 吨给轻纺公司，每吨 348.9 美元。同年 5 月 6 日，轻纺公司与被告太子公司签订了 CC960506 号销售合同，约定由太子公司销售普通旧机电 5000 吨给轻纺公司，每吨 348.9 美元。上述两份合同第 8 条均明确约定：“凡因执行本合约所发生的或与本合约有关的一切争议，双方可以通过友好协商解决；如果协商不能解决，应提交中国国际经济仲裁委员会，根据该会的仲裁规则进行仲裁。仲裁裁决是终局的，对双方均有约束力。”货物到港后，经商检查明：货物总重量为 9586.323 吨，“本批货物主要为各类废结构件、废钢管、废齿轮箱、废元钢等”。轻纺公司遂以裕亿公司和太子公司侵权给其造成损失为由提起诉讼。裕亿公司和太子公司在答辩期内提出管辖权异议称，本案当事人之间对合同纠纷已自愿达成仲裁协议，人民法院依法不应受理。

〔一审裁判理由与结果〕

江苏省高级人民法院认为：本案是因欺诈引起的侵权损害赔偿纠纷。虽然原告轻纺公司和被告裕亿公司、太子公司之间的买卖合同中订有仲裁条款，但由于被告是利用合同进行欺诈，已超出履行合同的范围，构成了侵权。双方当事人的纠纷已非合同权利义务的争议，而是侵权损害赔偿纠纷。轻纺公司有权向法院提起侵权上诉，而不受双方所订立的仲裁条款的约束。裕亿公司、太子公司所提管辖权异议，理由不能成立。据此，该院依照《中华人民共和国民事诉讼法》第二百四十三条①之规定，于 1997 年 9 月 10 日裁定：驳回裕亿公司、太子公司对本案管辖权提出的异议。

〔当事人上诉及答辩意见〕

第一审宣判后，被告裕亿公司、太子公司不服，向最高人民法院提起上诉。裕亿公司和太子公司诉称：（一）轻纺公司诉讼状中的案由没有事实予以支持，其故意混淆侵权责任和合同责任，企图规避法律规定和合同约定。根据案件内容，本案案由应为合同纠纷。当事人之间对合同纠纷已自愿达成仲裁协议，依照法律原审法院不应受理此案。（二）原审法院在程序审理过程中，未经实体审理，就对轻纺公司指控裕亿公司和太子公司进行“欺诈”的诉讼请求作出认定，是违法裁定。故请求撤销原审裁定，裁定人民法院不予受理本案。

原告轻纺公司辩称：根据仲裁法的规定及有关仲裁惯例，仲裁机构只审理订立仲裁协议双方当事人之间的争议，对双方当事人之间发生的法律事实有利害关系的第三人却没有管辖权，不能进行审理，其裁决也不能涉及第三人问题。就本案事实而言，本案并非单纯的合同纠纷，它涉及到欺诈侵权及走私犯罪问题。相关的行为与结果，也直接涉及第三人问题。如果按仲裁程序审理此案，显然不利于查清案件事实，不利于维护当事人的合法权益。人民法院审理此案，可以根据法律所赋予的审判权，彻底查清事实，追究不法者的责任，维护当事人的合法权益。故请求维护原审裁定，驳回被告裕亿公司和太子公司的上诉。

〔最高人民法院裁判理由与结果〕

最高人民法院认为：本案争议的焦点在于仲裁机构是否有权对当事人之间的侵权纠纷作出裁决。《中华人民共和国仲裁法》自 1995 年 10 月 1 日起施行，该法第二条规定：“平等主体的公民、法人和其他组织之间发生的合同纠纷和其他财产权益纠纷，可以仲裁。”第三条规定：“下列纠纷不能仲裁：一、婚姻、收养、监护、抚养、继承纠纷；二、依法应当由行政机关处理的行政争议”。《中国国际经济贸易仲裁委员会仲裁规则》（以下简称仲裁规则）第二条也明确规定：该委员会“……解决产生

① 对应 2012 年《民事诉讼法》第 265 条。

于国际或涉外的契约性或非契约性的经济贸易等争议……”。从被上诉人轻纺公司在原审起诉状中所陈述的事实和理由看，其所述上述人裕亿公司和太子公司的侵权行为，均是在签订和履行CC960505号和CC960506号两份销售合同过程中产生的，同时也是在仲裁法实施后发生的。而该两份合同的第8条均明确规定：“凡因执行本合约所发生的或与本合约有关的一切争议，双方可以通过友好协商予以解决；如果协商不能解决，应提交中国国际经济贸易仲裁委员会，根据该会的仲裁规则进行仲裁。仲裁裁决是终局的，对双方均有约束力。”根据仲裁法和仲裁规则的上述规定，中国国际经济贸易仲裁委员会有权受理侵权纠纷，因此本案应通过仲裁解决，人民法院无管辖权。原审法院认为轻纺公司提起侵权之诉，不受双方所订立的仲裁条款的约束，显然是与仲裁法和仲裁规则相悖的；况且原审法院在轻纺公司起诉称裕亿公司和太子公司利用合同进行欺诈的情况下，未经实体审理就以实体判决确认，并以裁定的方式认定二上诉人利用合同进行欺诈，违反了我国《民事诉讼法》第一百四十条①关于裁定适用范围的规定，在程序上也是错误的，上诉人的上诉理由成立，应予支持。本案双方当事人在合同中明确约定发生纠纷通过仲裁方式解决，在该合同未经有关机关确认无效的情况下，当事人均应受该合同条款的约束；即使本案涉及第三人，在仲裁庭不能追究第三人责任的情况下，轻纺公司可以以第三人为被告向人民法院另行提起诉讼，当事人的合法权益仍然可以得到维护。轻纺公司关于“本案涉及第三人……只有人民法院审理此案，才能查清事实，保护当事人的合法权益”的答辩理由，不予采纳。

综上，本案各方当事人均应受合同中订立的仲裁条款的约束，所发生的纠纷应通过仲裁解决，人民法院无管辖权。江苏省高级人民法院所作裁定适用法律错误，应予撤销。据此，最高人民法院依照《民事诉讼法》第一百一十一条第（二）项②、第二百五十七条③第一款之规定，于1998年5月31日裁定：一、撤销江苏省高级人民法院（1996）苏经初字第78－1号民事裁定；二、驳回江苏省物资集团轻工纺织总公司的起诉。

---

① 对应2012年《民事诉讼法》第154条。

② 对应2012年《民事诉讼法》第124条第2项。

③ 对应2012年《民事诉讼法》第271条。

规则 37：当事人约定仲裁管辖必须有明确的意思表示并订立仲裁协议，仲裁条款也只在达成仲裁协议的当事人之间产生法律效力

——苏州东宝置业有限公司、苏州市金城担保有限责任公司、苏州市东宝金属材料有限公司、苏州市东宝有黑色金属材料有限公司、徐阿大与苏州百货总公司、江苏少女之春集团公司资产转让合同纠纷案①

【裁判规则】

当事人签订的多份合同中，有的约定了仲裁条款，有的既没有约定仲裁条款，也没有明确将其列为约定了仲裁条款的合同的附件，或表示接受约定了仲裁条款的合同关于仲裁管辖的约定。尽管多份合同之间具有一定的关联性，但不能因此否认各自的独立性。当事人采用仲裁方式解决纠纷，应当自愿达成仲裁协议；未达成仲裁协议，一方当事人申请仲裁的，仲裁委员会不予受理。因此，当事人约定仲裁管辖必须有明确的意思表示并订立仲裁协议，仲裁条款也只在达成仲裁协议的当事人之间产生法律效力。

【规则理解】

一、仲裁协议的内涵与法律特征

（一）仲裁协议的涵义

所谓仲裁协议，是指当事人各方约定将他们之间已经发生或可能发生的争议提交仲裁解决的协议。根据我国《仲裁法》第 16 条规定，仲裁协议包括合同中订立的仲裁条款和以其他书面方式在纠纷发生前或纠纷发生后达成的请求仲裁的协议。

（二）仲裁协议的法律特征

仲裁协议是当事人达成的民事合意，其具有以下六个方面的法律特征：

第一，仲裁协议是双方当事人一致的、真实的意思表示，当事人之间一致同意将有关争议提交仲裁解决的意思表示是仲裁协议的基本要素，没有当事人的一致同意，则不存在有效的仲裁协议。② 因此，仲裁协议具有自治性与合意性。

第二，仲裁协议确定双方当事人解决纠纷的仲裁途径。仲裁协议为双方当事人

---

① 《中华人民共和国最高人民法院公报》2007 年第 2 期，最高人民法院（2006）民二终字第 2 号民事裁定书。

② 李军、李长喜："论仲裁中的当事人意思自治原则"，载《仲裁与法律通讯》1995 年第 5 期。

之间已经或将来可能发生的有关争议规定一种固定解决办法，通过该办法间接实现双方当事人之间的实体权利和义务，它不能直接确认双方当事人之间的实体权利和义务关系。故仲裁协议可以认为是一种程序性契约。

第三，仲裁协议的效力及于双方当事人，还约束仲裁协议所指定的仲裁机构和仲裁员，约束被仲裁协议排除了司法管辖权的法院，以及承认与执行仲裁裁决的法院，要求仲裁协议的主体必须具有缔约能力。

第四，通过仲裁条款方式所体现的仲裁协议效力具有独立性。商事仲裁条款一经订立，即具有独立性，不因主合同无效而无效。

第五，仲裁协议所处分的客体范围受一定程度的法律限制，并非所有的争议都可以提交仲裁解决。如需要公权力介入的身份权和涉及社会公共秩序的事项，当事人无权自治的纠纷，就不能提交仲裁。

第六，仲裁协议具有严格的形式要求。我国《仲裁法》规定仲裁协议应采用书面形式，这是一项基本要求，无论其表现为仲裁条款、独立的仲裁协议，还是交换函电，是纸质文件还是电子文件均可。

二、仲裁协议的形式与内容

（一）仲裁协议的形式

仲裁协议作为仲裁的依据，必须具备法定的形式。根据《仲裁法》规定，仲裁协议应以书面形式订立，口头方式达成仲裁的意思表示无效。

1. 根据仲裁协议订立的时间，仲裁协议可以分类为事先仲裁协议和事后仲裁协议。在争议发生之前签订的仲裁协议属于事先仲裁协议，一般是双方当事人在合同中或单独约定的仲裁条款；事后仲裁协议是当事人发生纠纷之后达成的请求仲裁机关予以仲裁裁决的协议。

2. 根据订立仲裁协议的意思表示方式，仲裁协议可以分为明示仲裁协议和默示仲裁协议。明示仲裁协议是当事人以口头或书面等形式明确、积极地表示将争议交付仲裁的意思而达成的仲裁协议。明示仲裁协议又分为口头的仲裁协议和书面的仲裁协议。默示仲裁协议是指当事人以实际行为表示仲裁意思而达成的仲裁协议。即双方当事人既无口头方式又无书面方式的仲裁协议，争议发生后，一方当事人向仲裁机构申请仲裁，另一方当事人未提出异议而应诉。对于该种情形应如何认定，仲裁机构能否仲裁？由于《仲裁法》不承认默示仲裁协议，也不承认口头仲裁协议，只承认以书面方式明示的仲裁协议，因此仲裁机构不能以此作出仲裁裁决。

3. 根据仲裁协议与主合同的关系，书面仲裁协议分为包含于主合同中的仲裁条款和其他书面方式的仲裁协议等两种形式。

（1）仲裁条款是以当事人之间民商事合同组成部分的一个条款的表现形式。仲裁条款的特点有：

①从该条款与当事人的民商事合同（主合同）的关系来讲，其既有独立性，又具有一定依赖性。仲裁协议的独立性，即仲裁协议有效成立后，不受合同本身效力的影响，表现在：第一，仲裁条款不因主合同的变更、中止、解除、无效而失去效力。第二，主合同的其他条款在于规定当事人之间的实体性法律关系，而仲裁条款则在于规定当事人间的程序性法律关系。

②仲裁条款只能在争议发生前订立，即只适用于将来可能发生的争议。

③从仲裁条款的适用范围来看，其只适用于合同纠纷和财产权益纠纷。

（2）其他书面方式的仲裁协议，是指当事人在主合同之外，单独就仲裁问题达成的协议，通常称为仲裁协议以区别于仲裁条款。其他仲裁协议有如下特点：

①仲裁协议从形式到内容都是完全独立，它不依赖于其他合同。

②仲裁协议既可以在争议发生前达成，也可以在争议发生后达成，即其既适用于将来可能发生的争议，也适用于已经发生的争议。

③仲裁协议不仅适用于合同纠纷，也适用于合同以外的其他纠纷。

根据《仲裁法司法解释》第 1 条的规定，《仲裁法》第 16 条规定的其他书面形式，包括以合同书、信件和数据电文（包括电报、电传、传真、电子数据交换和电子邮件）等形式在内所达成的请求仲裁协议，都是书面形式仲裁协议。下列情形原则上符合关于仲裁协议书面方式要求：①当事人在订立仲裁协议后合并、分立的，其权利义务的继受人与合同他方之间就该仲裁协议约定条款；②当事人在订立仲裁协议后死亡的，继承被继承人权利义务的继承人与合同他方之间就仲裁协议约定条款；③债权债务的受让人与合同他方之间就仲裁协议约定条款；④合同中未约定仲裁条款，但明确约定争议解决适用其他合同中有效仲裁条款的；⑤涉外合同中未约定仲裁条款，但应适用的有关公约、双边协议明确规定纠纷应提请仲裁解决的。

（二）仲裁协议的内容

仲裁协议的内容可以分为法定内容和约定内容两类。法定内容，即法律规定仲裁协议必须具备的内容。约定内容，即法定内容外可以由当事人自由约定的内容。

1. 仲裁协议的法定内容。《仲裁法》对仲裁协议必须具备的法定内容作出了明确的规定。根据《仲裁法》第 16 条规定，仲裁协议应当人有 3 项内容：请求仲裁的意思表示，仲裁事项以及选定的仲裁委员会。

2. 仲裁协议的约定内容，包括仲裁机构适用的仲裁规则；涉外仲裁中适用的实体法律；仲裁裁决的效力、仲裁费用的负担等。

根据我国《仲裁法》有关规定及两个涉外仲裁机构的仲裁规则，由于我国商事仲裁实行一裁终局制，仲裁裁决作出后，当事人不得就同一纠纷再申请仲裁或者向人民法院起诉；费用的负担、仲裁员的选定、指定方法均由法律规定，仲裁适用的仲裁规则也由仲裁机构决定，因此，在我国仲裁当事人可以协议约定的仲裁协议的内容较少。①

【拓展适用】

一、对仲裁权的理解

仲裁权②是指在法律授权的范围内，经双方当事人授权的仲裁庭，对当事人提交仲裁的争议作出裁决的权力。从以下几个方面理解：第一，仲裁权的本质是一种服务性权力，仲裁权的产生基础在于当事人的授权，是一种来源于特定化授予的权力，它的目的是为当事人迅速而有效地解决纠纷。第二，仲裁庭获得仲裁权的基础与前提是当事人的授权，当纠纷发生时，当事人根据仲裁协议，请求仲裁庭审理并裁决纠纷，从而使仲裁庭获得在仲裁程序中采取必要手段的能力和资格，即仲裁权。同时，仲裁庭作为解决纠纷的机构，应当以法律认可的方式和程序审理并裁决案件，不符合法律授权的要求或超出法律授权范围的行为会导致仲裁权行使的结果被否定，因此法律授权也是仲裁权的重要源权，当事人授权与法律授权相结合构成了仲裁权的权力来源。第三，仲裁权只有在当事人的授权范围内取得和行使，仲裁庭必须在仲裁法律所规定的、可以通过仲裁方式解决争议的范围内行使仲裁权，才能被法律认可，作出的仲裁裁决才具有可执行性，仲裁由于其局限性与公正性产生的冲突所引入的司法监督，如法院有权认定仲裁协议的效力、有权撤销仲裁裁决或不予执行仲裁裁决等，表明仲裁权是一种受到制约的有限权力。第四，当事人提起仲裁的目的是解决纠纷，确定权利义务关系，通过行使仲裁权作出仲裁裁决最终实现这个目的和要求，仲裁权的核心是裁决权。

二、仲裁权的法律特征

仲裁权是当事人赋予仲裁机构依法处理争议事项的权力，具有以下法律特征：

（一）意思自治是仲裁权的根本原则

当事人的仲裁意愿是取得和行使仲裁权的基础，主要体现在：是否将争议提交仲裁，将哪些争议提交仲裁，提交给依据哪个仲裁委员会的仲裁规则组成的仲裁庭进行仲裁，以及仲裁庭如何组成，仲裁依何种方式进行等等，都由当事人决定。

---

① 李广辉、王瀚：《仲裁法》，对外经济贸易大学出版社 2011 年版，第 168 页。

② 参见江伟主编：《仲裁法》，中国人民大学出版社 2009 年版，第 34～51 页。

（二）公正性是仲裁权的必然要求

仲裁权是国家法律所授予的解决纠纷的权力，公正性是其立法意图的出发点和归宿。法律为仲裁权的公正行使提供了充分的程序保障，规范了仲裁庭和当事人的关系，规定仲裁权的行使要依靠高素质的专家仲裁员、保持独立性与中立性的仲裁庭，作出公正的仲裁裁决，以符合当事人提交仲裁解决纠纷的根本目的。

（三）民间性是仲裁权的本质特征

仲裁权的民间性具体现在：1. 仲裁权的产生以双方当事人的合意为基础，通过双方达成的仲裁协议，授权仲裁庭解决他们之间的纠纷。这种授权方式是一种自由的、民间性的行为，由此产生的仲裁权也具有民间性。2. 仲裁机构是民间组织，与国家行政机构没有隶属关系，具有独立性。3. 仲裁庭是由各行各业的专家学者组成的临时性组织，其所行使的权力带有民间性色彩。

（四）赋予仲裁裁决强制执行力

仲裁权基于其民间性，无法实施保障仲裁程序顺利进行的各种强制措施，更无权强制执行仲裁裁决，需要国家司法权的支持与监督，但这种支持与监督是被动的、潜在的，要以当事人的意愿和程序的需要为前提。仲裁权司法性的特征最主要的表现是法律赋予仲裁裁决具有强制执行力。

三、仲裁权的构成

一般“权力”由权力主体、权力客体、权力内容及权力关系等基本要素构成，仲裁权属于权力的范畴，具有以下构成要素：

（一）仲裁权主体

仲裁权的主体是仲裁庭，不是仲裁委员会，也不是仲裁员。可从以下方面进行理解：1. 仲裁权的本质是判断权，核心是裁决权，亲自审理案件并作出有效裁决的组织才是真正的权力主体。2. 仲裁委员会属于管理机构，它的权力体现在仲裁事务管理权，仲裁事务管理权不是仲裁权，而是一种对仲裁工作的组织、协调权，不直接解决当事人之间的纠纷。3. 仲裁庭是拟制的形式，作为个体的仲裁员代表仲裁庭行使推进程序的进行，仲裁员只是仲裁庭的代表，真正的权力主体是仲裁庭。

（二）仲裁权客体

仲裁权的客体，是指仲裁权所指向的能够产生一定后果的对象。仲裁程序的进行、仲裁权的行使以及对仲裁权的制约与监督，仲裁权客体是仲裁程序进行所围绕的中心，是指当事人提交仲裁解决的具体争议事项。可从以下方面理解：

1. 仲裁权行使范围是由法律明确规定具有可仲裁性的争议事项。可仲裁性的争议事项指依据仲裁法律或相关司法解释，可以通过仲裁解决的争议范围。只有符合法律规定的可以通过仲裁解决的争议，仲裁庭才有权管辖并作出裁决。

2. 仲裁权行使范围是双方当事人以仲裁协议的方式提交仲裁解决的争议事项。法律规定的具有可仲裁性的争议事项，在当事人请求仲裁庭进行仲裁之前，仅是一种理论上的仲裁事项，只有当事人将他们之间的争议以仲裁协议的方式提交仲裁解决，该争议事项才能成为现实的、具体的仲裁权行使的范围。

3. 仲裁权行使范围是由仲裁庭进行审理并作出仲裁裁决的争议事项。对当事人提交的争议，仲裁庭必须审查自己是否具有对该事项的仲裁管辖权。只有在具有仲裁管辖权的基础上，通过审理并作出仲裁裁决的争议事项才是真正的仲裁权的行使范围。

（三）仲裁权内容

仲裁权内容是指仲裁权所包括的具体权力。仲裁权作为裁决权，包括顺利解决纠纷所必不可少的要素，主要内容包括：

1. 仲裁庭管辖权，是指仲裁庭依据当事人的授权和法律授权所享有的，可以对当事人之间的争议进行审理并作出裁决的权力。同时，对其是否具有对某个具体案件的管辖权，包括对仲裁协议的存在或效力的异议，有权作出裁定。

2. 仲裁审理权，包括对程序的指挥权、证据的获取与认定权以及对事实的确认权等一系列权力。程序指挥权是指仲裁庭具有仲裁程序控制权、支配权，指挥仲裁审理程序进行的权力。证据获取与认定权是指仲裁庭有权通过不同渠道获得作为认定事实和裁决案件根据的证据，包括要求当事人提供证据、调查取证等。对事实的确认权是指仲裁庭在认证基础上，对当事人争议的事实进行认定的权力。

3. 仲裁调解权，是仲裁庭在当事人请求或同意的情况下，主持当事人自愿协商，相互谅解，达成协议，以解决纠纷的权力。仲裁庭行使调解权要遵循当事人自愿和合法原则。

4. 仲裁裁决权，是指仲裁庭对仲裁当事人所提交的争议事项，通过行使审理权而作出的具有权威性及结论性意见的权力。仲裁裁决权一般包括中间裁决权、部分裁决权和最终裁决权。仲裁裁决权的最终行使及行使的结果，标志着仲裁程序的终结和仲裁权行使的结束。

（四）仲裁权的法律关系

仲裁权的法律关系是指仲裁权行使过程中，仲裁庭与相关方发生的法律关系。主要体现在以下方面：

1. 仲裁庭与当事人之间的关系，可从以下方面理解：（1）当事人的合意是仲裁权取得和行使的依据，仲裁庭对案件的审理范围限制在当事人的授权范围之内，仲裁庭应当履行当事人授权和法律所规定的义务。(2) 仲裁庭应当尊重和保护当事人的程序权利和实体权利，公正有效地解决纠纷。(3) 当事人应当服从仲裁庭对程序的指挥权，遵守程序规则，自觉履行仲裁庭所作出的裁决的内容，实现仲裁裁决所确定的实体权利义务。

2. 仲裁庭与仲裁机构的关系。仲裁机构即仲裁管理机构，在我国为仲裁委员会。仲裁庭与仲裁机构的关系体现在：(1) 仲裁机构为仲裁庭的组成和仲裁权的行使提供服务，如提供仲裁员名册，根据当事人的意愿确定具体仲裁员组成仲裁庭；为仲裁庭提供以服务和协调组织为主要内容的工作，负责受理案件、协助组成仲裁庭、送达仲裁文书、通知、收取和管理仲裁费用、处理回避、保全等程序性事务，但仲裁委员会不得对仲裁庭的审理和裁决进行干涉。(2) 仲裁庭独立行使仲裁权，公正而高效地解决当事人之间的纠纷，同时遵守法律和仲裁规则的规定，服从仲裁机构的管理。

3. 仲裁庭与法院的关系，主要体现为法院对仲裁庭的支持与监督，以及仲裁庭的独立性在一定程度上对法院行使相关权力的约束，避免司法的任意性。一方面，法院负责保障仲裁权行使过程中的证据保全、财产保全以及对生效仲裁裁决的执行等，仲裁庭在法律的范围内接受法院的监督，包括撤销仲裁裁决，不予执行仲裁裁决等。另一方面，仲裁庭行使仲裁权不受法院的干涉。

四、仲裁裁决不予执行程序的性质及其救济

所谓仲裁裁决的不予执行，是指人民法院受理仲裁裁决的执行申请之后，应按照仲裁裁决确定的给付内容执行，但被执行人向人民法院提出不予执行的抗辩，人民法院经过审查认为被执行人提出证据证明仲裁裁决存在法定不予执行情形的，裁定对仲裁裁决不予执行的制度。

(一) 仲裁裁决不予执行程序的性质

仲裁裁决不予执行程序是属于执行异议程序还是一种独立的程序，司法实践中存在不同做法，也有不同认识。第一种观点认为，应将其作为执行行为异议的一种，赋予仲裁裁决当事人甚至利害关系人对驳回或者不予执行仲裁裁决的裁定向上一级人民法院提起复议的权利。第二种观点认为，应将其作为一种独立的特别程序，实行一裁终局，不允许当事人对驳回或者不予执行仲裁裁决的裁定提起复议。最高人民法院主流观点认为，仲裁裁决不予执行程序实质上属于否定仲裁裁决的既判力和执行力的程序，属于对执行依据的监督程序，并不是对执行程序中的执行行为提出异议，不属于执行异议和复议程序的一种情形。在《民事诉讼法解释》第478条中明确规定："依照民事诉讼法第二百三十七条第二款、第三款规定，人民

法院裁定不予执行仲裁裁决后，当事人对该裁定提出执行异议或者复议的，人民法院不予受理……”。

（二）不予执行仲裁裁决或者驳回不予执行仲裁裁决裁定的救济

关于不予执行仲裁裁决或者驳回不予执行仲裁裁决裁定如何救济，在司法实践中应当注意几个问题：

第一，有权提出不予执行抗辩的主体只能是被执行人。因为不予执行并非独立的程序，只能在执行程序中由被执行人针对申请执行人的执行申请提出抗辩。

第二，被执行人提出不予执行的抗辩，应当受一定期限的限制。目前法律对被执行人提出不予执行抗辩的期限没有明确限制，导致实践中被执行人可以随时提出不予执行请求，有的甚至在执行终结之后还在提出不予执行的申请，造成执行程序的滞碍和拖延。笔者认为，被执行人提出不予执行抗辩应受到一定期限的限制，可参照申请撤销仲裁裁决的期限，限定于被执行人收到执行通知书6个月之内或执行程序终结之前。但被执行人有下列情形之一的，不应允许再提出不予执行抗辩：（1）被执行人向执行法院通过明示或者默示的方式认可仲裁裁决确定的债务的；（2）与申请执行人达成执行和解协议的。

第三，对不予执行仲裁裁决或者驳回不予执行仲裁裁决裁定，未赋予当事人复议的权利。对此问题，实践中存在不同认识。第一种观点认为，按照现行法律的规定和最高人民法院有关个案批复的精神，对不予执行仲裁裁决所做裁定不允许上诉和申请再审，如果在执行程序中对不予执行或者驳回不予执行的裁定赋予当事人复议权，与法律的精神相悖。第二种观点认为，虽然司法解释明确规定了执行法院裁定不予执行仲裁裁决的，当事人无权申请执行异议或复议，但没有明确规定驳回不予执行仲裁裁决申请的裁定，有无申请执行异议或复议权的问题。因为执行法院裁定不予执行仲裁裁决的，当事人能够重新申请仲裁或向法院起诉，对当事人来讲，依然有救济途径。执行法院裁定不予执行仲裁裁决的，对于驳回裁定的当事人而言，被执行人再无其他救济途径。加之，目前对国内仲裁裁决随意裁定不予执行的问题比较突出，反映了地方保护主义相当严重，仲裁机构对此意见很大。如果上级法院对此不行使监督权力，将有架空仲裁制度的危险。笔者认为，驳回或者不予执行仲裁的裁定不应当允许复议，因为，一是根据《民事诉讼法》第154条规定，不予执行仲裁裁决的裁定属于不能提起上诉的裁定，从上述规定中可以明确：（1）法律将“不予执行仲裁裁决”的裁定规定为不可上诉的裁定；（2）不予执行仲裁裁决的裁定未赋予当事人在执行程序中提起复议的权利。二是仲裁裁决作为一种方便快捷的纠纷解决方式，当事人既然选择了仲裁，在享受这种制度带来好处的同时，也应当承受仲裁制度自身缺点所可能带来的权利损害。当事人提出不予执行的抗辩，法院裁定驳回，审查中已经对仲裁裁决进行了司法监督，无需再提供救济途径。因此，虽然司法解释不涉及法院裁定驳回不予执行仲裁裁决申请的情形，但对上述裁定也不能进行异议或复议。

第四，对不予执行仲裁裁决或者驳回不予执行仲裁裁决裁定不可以再审。1996年6月26日《最高人民法院关于当事人对不予执行仲裁裁决的裁定不服而申请再审人民法院不予受理的批复》明确："依照《中华人民共和国民事诉讼法》第二百一十七条[①]的规定，人民法院对仲裁裁决依法裁定不予执行，当事人不服而申请再审的，没有法律依据，人民法院不予受理。"

第五，对于仲裁不予执行程序的救济。最高人民法院主流观点认为，应以执行仲裁裁决为主，不予执行为例外。上级人民法院监督的重点是对下级法院不予执行仲裁裁决的裁定；对于驳回不予执行的裁定，一般不宜再监督。仲裁裁决被人民法院裁定不予执行的，当事人的救济途径有两条：一是根据双方达成的书面仲裁协议重新申请仲裁；二是向人民法院起诉。因此，《民事诉讼法解释》第478条规定，"依照民事诉讼法第二百三十七条第二款、第三款规定，人民法院裁定不予执行仲裁裁决后，当事人对该裁定提出执行异议或者复议的，人民法院不予受理。当事人可以就该民事纠纷重新达成书面仲裁协议申请仲裁，也可以向人民法院起诉。"

五、仲裁裁决不予执行后，特殊情形下，上级人民法院可再监督

对于执行法院不予执行仲裁裁决的裁定，当事人能否向上级人民法院申请执行监督，在执行实践中也存有争议。第一种意见认为，根据《民事诉讼法》第237条规定，"对依法设立的仲裁机构的裁决，一方当事人不履行的，对方当事人可以向有管辖权的人民法院申请执行。受申请的人民法院应当执行。被申请人提出证据证明仲裁裁决有下列情形之一的，经人民法院组成合议庭审查核实，裁定不予执行：（一）当事人在合同中没有订有仲裁条款或者事后没有达成书面仲裁协议的；（二）裁决的事项不属于仲裁协议的范围或者仲裁机构无权仲裁的；（三）仲裁庭的组成或者仲裁的程序违反法定程序的；（四）裁决所根据的证据是伪造的；（五）对方当事人向仲裁机构隐瞒了足以影响公正裁决的证据的；（六）仲裁员在仲裁该案时有贪污受贿，徇私舞弊，枉法裁决行为的。人民法院认定执行该裁决违背社会公共利益的，裁定不予执行。裁定书应当送达双方当事人和仲裁机构。仲裁裁决被人民法院裁定不予执行的，当事人可以根据双方达成的书面仲裁协议重新申请仲裁，也

---

① 2012年《民事诉讼法》修改为第237条。

可以向人民法院起诉。”如果仲裁裁决被人民法院裁定不予执行，当事人可以选择相应的程序对自己的权利进行救济，一是根据当事人双方达成的书面仲裁协议重新申请仲裁机构进行仲裁；二是可以就双方的争议纠纷向人民法院提起诉讼。因此，基于法律对不予执行仲裁裁决的当事人已经规定了相应的救济途径，人民法院没有必要再通过执行监督程序对当事人权利予以相应的救济。第二种意见认为，根据《执行规定》第 129 条规定，“上级人民法院依法监督下级人民法院的执行工作。最高人民法院依法监督地方各级人民法院和专门法院的执行工作。”第 130 条规定，“上级法院发现下级法院在执行中作出的裁定、决定、通知或具体执行行为不当或有错误的，应当及时指令下级法院纠正，并可以通知有关法院暂缓执行。下级法院收到上级法院的指令后必须立即纠正。如果认为上级法院的指令有错误，可以在收到该指令后五日内请求上级法院复议。上级法院认为请求复议的理由不成立，而下级法院仍不纠正的，上级法院可直接作出裁定或决定予以纠正，送达有关法院及当事人，并可直接向有关单位发出协助执行通知书。”从上述规定可知，上级人民法院有权依法监督下级人民法院的执行工作。裁定不予执行仲裁裁决也属于下级人民法院执行工作的一部分，上级人民法院有权对其进行监督。对此问题，最高人民法院有观点认为，应当赋予当事人更多救济途径。仲裁裁决被下级人民法院裁定不予执行的，当事人既可以根据《民事诉讼法》的规定重新申请仲裁或起诉，也可以根据《执行规定》向上级人民法院申诉，请求上级人民法院依法监督。司法实践中，最高人民法院在数起案件中的观点也均认为上级人民法院对下级人民法院不予执行或驳回不予执行申请的裁定有权提起执行监督。但笔者认为，仲裁裁决被人民法院裁定不予执行，法律已赋予了当事人有两条救济途径，即达成仲裁协议重新申请仲裁机构仲裁或向人民法院提起诉讼。如果上级法院再予监督，有可能导致当事人无所适从，也可能导致下级法院受案判决结果与上级法院监督结果不一致，不仅浪费司法资源，还会导致新的矛盾。但司法实践中也存在对国内仲裁裁决随意裁定不予执行的问题，如果上级法院对此不行使监督权力，将不利于仲裁制度的发展。因此，对于不予执行仲裁裁决的裁定，一般情形下，应按上述规定执行，由当事人达成仲裁协议重新申请仲裁机构仲裁或向人民法院提起诉讼。如果当事人达成仲裁协议重新申请仲裁机构仲裁或向人民法院提起诉讼的，人民法院对于不予执行仲裁裁决的裁定不应当再行监督。特殊情形下，上级法院可再监督，但就此问题，亦有待于最高人民法院作出司法解释予以明确。

【典型案例】

苏州东宝置业有限公司、苏州市金城担保有限责任公司、苏州市东宝金属材料有限公司、苏州市东宝有黑色金属材料有限公司、徐阿大与苏州百货总公司、江苏少女之春集团公司资产转让合同纠纷案

上诉人（原审原告）：苏州东宝置业有限公司。

法定代表人：尤建青，该公司总经理。

上诉人（原审原告）：苏州市金城担保有限责任公司。

法定代表人：徐阿大，该公司董事长。

上诉人（原审原告）：苏州市东宝金属材料有限公司。

法定代表人：徐阿大，该公司总经理。

上诉人（原审原告）：苏州市东宝有黑色金属材料有限公司。

法定代表人：陆仁根，该公司总经理。

上诉人（原审原告）：徐阿大。

被上诉人（原审被告）：苏州百货总公司。

法定代表人：茆家斯，该公司总经理。

被上诉人（原审被告）：江苏少女之春集团公司。

法定代表人：程裕民，该公司总经理。

〔基本案情〕

上诉人苏州东宝置业有限公司（以下简称东宝公司）、苏州市金城担保有限责任公司（以下简称担保公司）、苏州市东宝金属材料有限公司（以下简称金属公司）、苏州市东宝有黑色金属材料有限公司（以下简称黑色金属公司）、徐阿大为与被上诉人苏州百货总公司（以下简称百货公司）、江苏少女之春集团公司（以下简称少女之春公司）资产转让合同纠纷一案，不服江苏省高级人民法院（2005）苏民二初字第023号-2民事裁定，向本院提起上诉。本院依法组成合议庭，对本案进行了审理，现已审理终结。

原审法院审查查明：2004年9月10日，百货公司与拍卖公司签订了一份《江苏省委托拍卖合同》，由百货公司委托拍卖公司拍卖苏州市八面风商厦有限公司，该合同第十二条约定：因本合同发生的纠纷，双方同意向苏州市仲裁委员会申请仲裁。之后，东宝公司于2004年12月28日经拍卖取得苏州市八面风商厦有限公司，并在《江苏省拍卖成交确认书》（乙种）上签字盖章，该确认书载明，乙种拍卖成交确认书仅适用于拍卖人与买受人就单个的拍卖物达成的交易行为，如有争议，由苏州市仲裁委员会仲裁解决。2004年12月28日，百货公司、少女之春公司与东宝公司签订了一份《转让协议》，该协议约定，东宝公司给付的转让款支付到拍卖公司指定的银行账户。该协议没有约定仲裁条款，亦没有将其作为《江苏省委托拍卖合同》和

《江苏省拍卖成交确认书》的附件等内容的约定。之后，东宝公司实际履行中亦是按约将5450万元转让款打到拍卖公司指定账户，再由拍卖公司转给百货公司、少女之春公司。后因履行合同发生纠纷，东宝公司、担保公司、金属公司、黑色金属公司、徐阿大于2005年8月29日向江苏省高级人民法院提起诉讼。请求判令百货公司、少女之春公司支付因迟延履行和不能完全履行合同的违约金1090万元；判决原告中止给付最后一期股权转让款5450万元；诉讼费由百货公司、少女之春公司负担。被告百货公司、少女之春公司在答辩期间提出管辖异议，认为本案实际为股权拍卖纠纷，应由苏州市仲裁委员会仲裁，故应驳回原告的起诉。2005年9月16日，百货公司向苏州市仲裁委员会递交仲裁申请书。2005年9月28日，苏州市仲裁委员会对百货公司的申请予以受理。

〔一审裁判理由与结果〕

原审认为：百货公司与拍卖公司之间的《江苏省委托拍卖合同》约定了仲裁条款，拍卖公司对苏州市八面风商厦有限公司的全部股权（百货公司、少女之春公司各占50%股权）进行公开拍卖。东宝公司于2004年12月28日通过竞拍获得该标的，并在《江苏省拍卖成交确认书》上签字盖章，该确认书上也约定了仲裁条款，上述仲裁条款明确了仲裁机构及用仲裁方式解决纠纷，该约定不违反法律及有关规定，应当确认有效。百货公司、少女之春公司与东宝公司签订了一份《转让协议》，约定东宝公司给付百货公司、少女之春公司的转让款是通过拍卖公司的账户予以支付，且东宝公司实际履行中亦是按约将5450万元转让款打到拍卖公司指定账户，再由拍卖公司转给百货公司、少女之春公司。综上，本案《转让协议》是以委托拍卖合同、成交确认书为基础，没有委托拍卖合同及成交确认书就没有本案的《转让协议》，《转让协议》与委托拍卖合同及成交确认书为一个紧密联系的整体，相互依存，《转让协议》的履行不能脱离委托拍卖合同及成交确认书，也不能脱离拍卖公司，东宝公司与百货公司、少女之春公司签订的《转让协议》也没有排除拍卖成交确认书上的仲裁条款，故东宝公司、担保公司、金属公司、黑色金属公司、徐阿大在本案中的诉讼请求应当受到《江苏省拍卖成交确认书》中仲裁条款的约束。综上，东宝公司的诉讼请求不符合法定的起诉条件，该院依照《中华人民共和国民事诉讼法》第一百一十一条第（二）项①的规定，裁定：驳回东宝公司、担保公司、金属公司、黑色金属公司、徐阿大的起诉。

〔当事人上诉及答辩意见〕

东宝公司、担保公司、金属公司、黑色金属公司、徐阿大不服该民事裁定，向本院提起上诉称：（一）本案当事人之间没有仲裁协议，一审裁定违反仲裁法第四条的规

① 对应2012年《民事诉讼法》第124条第2项。

定；（二）本案与委托拍卖合同属不同性质的合同，与成交确认书主体不同、法律关系不同，一审裁定认定本案当事人受成交确认书仲裁条款约束属适用法律错误；（三）在本案起诉后，百货公司、少女之春公司进行了答辩，接受了司法管辖，此后又提出管辖异议问题不应采信；（四）本案在原告起诉前，被告百货公司、少女之春公司在江苏省高级人民法院以本案所涉《转让协议》纠纷为由提出诉前保全，江苏省高级人民法院依法进行了保全，现又对法院管辖提出异议十分可笑；（五）本案起诉的是股权转让纠纷，被告答辩也是股权转让纠纷，双方都认可，一审裁定改为资产转让纠纷没有事实依据。综上，请求撤销一审裁定，指令江苏省高级人民法院依法及时审理并由百货公司和少女之春公司承担诉讼费。

百货公司和少女之春公司答辩称：（一）一审法院对本案的事实认定无误；（二）一审法院对《委托拍卖合同》、《成交确认书》、《转让协议》之间的关系的性质认定准确，本股权转让是通过拍卖程序进行的，只有等双方转让款和拍卖标的交付完毕后，成交确认书才算履行完毕；股权《转让协议》是履行《成交确认书》的一项内容，其性质应是对《成交确认书》的补充和特别约定，故由《转让协议》引起的纠纷应当按照《成交确认书》确定的方式来执行；（三）上诉人的上诉理由无法律依据；《转让协议》不能独立存在，没有《成交确认书》就没有东宝公司与百货公司之间的法律关系，《成交确认书》中的约定包含买受人在履行拍卖活动中所发生的一切行为，故因履行《转让协议》所产生的争议，理所当然要按照《成交确认书》的约定提起仲裁；股权转让款也是由东宝公司打入拍卖公司账户，这也是因为有成交确认书存在，从付款方式上也可证明《转让协议》是《成交确认书》的实施细则和补充条款。综上，《转让协议》虽未直接约定仲裁条款，但其是《成交确认书》的组成部分，是对《成交确认书》的明确和细化，其与《委托拍卖合同》一起构成紧密联系的整体，因《转让协议》所产生的争议实质就是因《成交确认书》而产生的争议，两者调整的是同一法律关系，请求驳回上诉，维持原裁定。

〔最高人民法院查明的事实〕

最高人民法院另查明：2005 年 5 月 20 日，担保公司、金属公司及徐阿大共同向百货公司、少女之春公司、拍卖公司出具《承诺担保函》，承诺对东宝公司支付剩余部分股权转让款的义务，由担保公司和徐阿大承担连带担保责任，由金属公司以委托拍卖公司拍卖的有关房产土地权证作担保。

2005 年 6 月 6 日，东宝公司、金属公司、黑色金属公司、担保公司共同向百货公司、少女之春公司出具《请求提供抵押担保书》，承诺对东宝公司支付转让款的义务，除 2005 年 5 月 20 日承诺不变外，金属公司、黑色金属公司分别承担连带责任。

〔最高人民法院裁判理由与结果〕

最高人民法院认为：与本案确定管辖权有关的三份合同分别为：百货公司与拍

卖公司签订的《江苏省委托拍卖合同》，其中约定有仲裁条款；东宝公司与拍卖公司签订的《江苏省拍卖成交确认书》，其中约定有仲裁条款；百货公司、少女之春公司和东宝公司签订的《转让协议》，该协议中没有将其列为另两份合同附件或接受另两份合同仲裁管辖的约定，也没有约定仲裁条款。这三份合同的主体不同，所形成的法律关系不同。尽管三份合同的产生有一定的关联性，但并不能因此否认三份合同的各自独立性。东宝公司、担保公司、金属公司、黑色金属公司、徐阿大依《转让协议》向原审法院提起诉讼，因该转让协议没有约定仲裁条款，《转让协议》中也没有接受另两份合同中仲裁管辖的内容，且东宝公司、担保公司、金属公司、黑色金属公司、徐阿大五方当事人明确表示不接受仲裁管辖。根据仲裁法的相关规定，当事人采用仲裁方式解决纠纷，应当自愿达成仲裁协议，没有仲裁协议，一方申请仲裁的，仲裁委员会不予受理。由此可见，当事人约定仲裁管辖必须有明确的意思表示并签订有仲裁协议，仲裁条款也仅在达成仲裁协议的当事人之间产生法律效力，不能约束合同之外的人。因此，对于东宝公司、担保公司、金属公司、黑色金属公司、徐阿大五方当事人依《转让协议》向人民法院提起的诉讼，人民法院具有管辖权。从《转让协议》内容看，转让股权的成交价为10900万元，本案的诉讼标的额超过5000万元人民币，从级别管辖上，符合最高人民法院核准的江苏省高级人民法院受理一审案件的标的额的规定。故江苏省高级人民法院应当依法受理此案。

综上，原审裁定认定事实清楚，但适用法律不当，应予撤销。上诉人上诉有理，本院予以支持。本院依照《中华人民共和国民事诉讼法》第一百五十二条第一款、第一百五十三条第一款第（二）项、第一百五十四条、第一百五十八条[①]之规定，裁定如下：

一、撤销江苏省高级人民法院（2005）苏民二初字第023号-2民事裁定；

二、本案由江苏省高级人民法院受理。

本案一审案件审理费50元，其他费用200元，二审案件受理费50元，其他费用200元，由苏州百货总公司、江苏少女之春集团公司共同承担。

本裁定为终审裁定。

---

① 对应2012年《民事诉讼法》第169条第1款、第170条第1款第2项、第171条、第175条。

规则38：当事人签订多个合同，未约定仲裁条款的合同发生争议形成诉讼的，人民法院有权管辖

——华建电子有限责任公司、华建机器翻译有限公司与广州科技风险投资有限公司、谢雄平、张贺平、仇绍明、黄若浩合作协议纠纷案①

【裁判规则】

为达成合作目的，当事人签订多个合同，但仅在一个合同中约定了仲裁条款，涉及该合同的仲裁裁决生效后，又因其他未约定仲裁条款的合同的争议形成诉讼，一方当事人仅以仲裁裁决已生效为由主张人民法院无管辖权的，人民法院不予支持。在生效仲裁裁决依据的合同与人民法院处理争议案件依据的合同不同，人民法院审理的内容也不涉及仲裁条款约定事项的情形下，一方当事人以“一事不再理”为由主张人民法院不应重复处理的，人民法院不予支持。

【规则理解】

一、仲裁协议纠纷或裁或审制度的内涵

仲裁协议纠纷或裁或审制度是仲裁法的基本制度之一，是指当事人发生合同纠纷或其他财产权益纠纷，选择解决争议途径时，在仲裁或者诉讼中只能二者取其一的制度。当事人选择了仲裁，就不能再选择诉讼；当事人如选择了诉讼，就不能同时选择仲裁。我国《仲裁法》第5条规定：“当事人达成仲裁协议，一方向人民法院起诉的，人民法院不予受理，但仲裁协议无效的除外”。这是仲裁协议纠纷或裁或审制度的法律依据。其含义体现在：1. 当事人对纠纷的解决方式具有选择权。如果当事人选择仲裁方式，当事人在纠纷提交有关机构处理前应达成仲裁协议，当纠纷发生时，任何一方当事人可以根据仲裁协议向仲裁机构申请仲裁。如果当事人没有达成仲裁协议，或者当事人达成的仲裁协议属于无效协议时，当事人只能通过诉讼方式解决纠纷，当事人选择仲裁方式时，仲裁机构不能仲裁。2. 在受理纠纷时仲裁和诉讼两种方式之间具有排斥性，即仲裁机构不能受理当事人之间没有达成仲裁协议的纠纷案件，法院一般情况下也不宜受理当事人之间已经达成仲裁协议的纠纷案件。仲裁协议是确定纠纷解决方式的唯一依据，有效的仲裁协议具有排除法

---

① 《中华人民共和国最高人民法院公报》2011年第3期，最高人民法院（2010）民提字第10号民事判决书。

院管辖的效力。只有在没有仲裁协议、仲裁协议无效、失效，或者双方当事人共同放弃仲裁协议的情况下，法院才可以行使司法权。[①] 我国《民事诉讼法》第124条第2项规定，双方当事人达成书面仲裁协议申请仲裁，不得向人民法院起诉的，告知原告向仲裁机构申请仲裁。《民事诉讼法解释》第215条规定："依照民事诉讼法第一百二十四条第二项的规定，当事人在书面合同中订有仲裁条款，或者在发生纠纷后达成书面仲裁协议，一方向人民法院起诉的，人民法院应当告知原告向仲裁机构申请仲裁，其坚持起诉的，裁定不予受理，但仲裁条款或者仲裁协议不成立、无效、失效、内容不明确无法执行的除外。"第216条规定："在人民法院首次开庭前，被告以有书面仲裁协议为由对受理民事案件提出异议的，人民法院应当进行审查。经审查符合下列情形之一的，人民法院应当裁定驳回起诉：（一）仲裁机构或者人民法院已经确认仲裁协议有效的；（二）当事人没有在仲裁庭首次开庭前对仲裁协议的效力提出异议的；（三）仲裁协议符合仲裁法第十六条规定且不具有仲裁法第十七条规定情形的。"

二、仲裁协议纠纷案件管辖权的基础

仲裁与诉讼相互独立，是两种并列的纠纷解决机制，但两者所确立的案件管辖权的基础不同。仲裁机构受理仲裁案件的管辖权来自当事人的授权，当事人之间只有签订了合法有效的仲裁协议，才能通过仲裁方式解决纠纷。仲裁案件管辖权的基础建立在双方当事人达成的仲裁协议的基础上。法院受理案件的管辖权来自于法律赋予的主管权，即法院受理民事案件，必须符合法律规定的法院受理民事诉讼的范围和受诉法院管辖，当事人之间无须达成协议就可直接向有管辖权的人民法院提起民事诉讼。对案件管辖权的基础不同是仲裁与民事诉讼的重大区别之一。当双方当事人因为多个合同发生纠纷，且纠纷并未同时发生，没有在一个案件中解决时，这些单个的合同纠纷是通过仲裁还是通过诉讼方式予以解决，需要根据合同是否约定了仲裁进行判断，当合同中约定了仲裁条款，证明该案仲裁就具备了案件管辖权的基础，案件应当通过仲裁方式解决，法院对案件没有管辖权；反之，如果当事人没有约定仲裁，由于缺乏对案件管辖权的基础，当事人不能通过仲裁方式解决，而应当通过民事诉讼解决。但双方放弃仲裁协议，或一方主张诉讼，另一方不主张仲裁且答辩的，可以通过诉讼的方式解决纠纷。

三、仲裁协议纠纷或裁或审制度的适用

仲裁协议纠纷在适用或裁或审制度时，主要存在以下两种情形：

第一，当事人双方达成仲裁协议后，一方当事人不信守协议向人民法院起诉，

---

① 江伟主编：《仲裁法》，中国人民大学出版社2009年版，第86页。

另一方当事人在对实体权利作实质性答辩之前，可以向人民法院提出管辖异议，以当事人之间存在仲裁协议，应通过仲裁方式解决为由，申请法院驳回起诉。

第二，当事人之间没有达成仲裁协议，一方当事人向法院提起诉讼，另一方当事人以双方存在仲裁协议，应当通过仲裁方式解决为由，要求法院不予受理，驳回起诉。对于此种情形，法院应当在审查当事人主张的仲裁协议是否真实存在、是否合法有效、是否与本案具有关联后再作出认定，即审查提出异议一方当事人的主张是否具有证据支持。如果有证据支持，则其异议成立，人民法院应依法驳回原告的起诉。否则，其异议不成立，人民法院继续审理。

四、仲裁的受理

所谓仲裁的受理是指仲裁委员会对当事人的仲裁申请经过审查，认为符合法律规定的申请条件，从而决定立案的行为。仲裁的受理以当事人申请仲裁为前提，没有当事人的申请仲裁行为，就没有仲裁委员会的仲裁受理行为发生，仲裁程序就无法开始，也就无法得出仲裁裁决结果。

（一）立案审查

仲裁委员会在仲裁受理时，至少应当依法对当事人的仲裁申请作如下审查：1. 审查有无仲裁协议，仲裁协议是否合法、有效；2. 当事人提交的仲裁申请书是否符合要求，是否具有明确的仲裁请求、请求的事实和理由；3. 是否属于仲裁委员会的受理范围等。经审查，符合受理条件的，仲裁委员会作出受理案件的决定，给予立案；对于不符合条件的，作出不予受理的决定，将仲裁申请连同其他材料退还当事人，如果属于人民法院受理案件范围的，告知当事人向有管辖权的人民法院提起诉讼。

（二）受理的法律效力

仲裁委员会决定受理案件，申请人和被申请人即取得了仲裁当事人的法律资格，当事人依法享有仲裁法及仲裁规则规定的权利，也要承担相应的义务；同时，受理仲裁申请的仲裁委员会取得了对这一案件的仲裁权，当事人与仲裁委员会发生仲裁的法律关系。仲裁委员会应当依据仲裁法和仲裁规则的规定对案件进行审理并作出仲裁裁决，当事人不得就同一纠纷向人民法院提起诉讼或者向其他仲裁委员会申请仲裁。

五、仲裁裁决

所谓仲裁裁决是指仲裁庭依法对当事人提交仲裁的案件在审理过程中或审理后，在认定证据、查明事实基础上，依法对当事人提出的仲裁请求或反请求以及与仲裁请求或反请求相关事项作出的书面决定。[①] 仲裁裁决是仲裁案件经过申请、受

---

① 江伟主编：《仲裁法》，中国人民大学出版社2009年版，第193页。

理、组庭、审理等环节，由仲裁庭“生产”出的“产品”，确定争议各方当事人之间的权利义务关系，宣示了仲裁程序的终结。

（一）裁决结果和依据

裁决结果是仲裁裁决的核心，仲裁裁决不仅载明裁决结果，还载明仲裁请求、争议事项、查明的事实和裁决理由等。裁决结果是仲裁庭对当事人之间实体权利义务的确定，是对当事人提请仲裁的争议案件的最终观点，也是当事人行使权利、履行义务的根据。裁决的依据包括仲裁结果所认定的事实和适用的法律。仲裁结果是仲裁庭依据当事人提出的请求及与请求相关的事项，围绕争议的事实进行审理并作出的裁决，因此，当事人没有争议、没有提出请求或者有争议未请求的事项均不是仲裁庭的裁决范围，与裁决的案件不属同一个法律关系，当事人如果有争议，应当根据合同约定或法律规定选择争议的解决方式另行解决。

（二）仲裁裁决的证据效力

仲裁裁决作为生效法律文书，具有证据效力，可以作为证据使用。但仲裁裁决证明力的效力范围仅限于其本身所记载并确认的事项，对于未予记载和确认的事项，该裁决书并不能证明之。因此，生效仲裁裁决能证明的是已经裁决的事项，未予裁决事项不属于证明内容。

【拓展适用】

一、一裁终决制度

一裁终决是指仲裁机构对其受理的当事人之间的纠纷，经过审理作出的仲裁裁决具有终局法律效力的制度。一裁终决是我国《仲裁法》的一项基本制度。《仲裁法》第9条第1款规定：“仲裁实行一裁终决的制度。裁决作出后，当事人就同一纠纷再申请仲裁或者向人民法院起诉的，仲裁委员会或者人民法院不予受理”。第62条进一步规定：“当事人应当履行裁决。一方当事人不履行的，另一方当事人可以依照民事诉讼法的有关规定向人民法院申请执行。受申请的人民法院应当执行”。一裁终决的具体含义是：当事人之间的纠纷经仲裁裁决后，任何一方当事人不得就同一纠纷再次向仲裁委员会申请仲裁，也不得向人民法院起诉；仲裁庭作出的仲裁裁决，如同人民法院作出的终审判决，具有终局的法律效力，当事人应当履行，拒绝履行的，另一方当事人可以依照民事诉讼法的有关规定向人民法院申请强制执行。

一裁终决法律制度的设立，体现了尊重当事人意思自治，体现了仲裁程序的高效快捷，体现了仲裁裁决的权威性，为迅速、经济地解决纠纷提供了保障，为世界各国认可和遵循。

二、仲裁裁决的撤销

（一）仲裁裁决撤销程序的性质及效力

1. 仲裁裁决撤销程序的性质。所谓撤销仲裁裁决，是指发生法律效力的仲裁裁决如果存在法律规定的条件和事由，当事人或者利害关系人有权提起诉讼请求人民法院撤销该裁决，以维护其合法权益的程序法律制度。撤销仲裁裁决具有救济和监督两个方面的意义：一方面，申请撤销仲裁裁决是仲裁法赋予当事人和利害关系人的一项重要诉讼权利，是当事人、利害关系人寻求司法救济纠正错误仲裁裁决的重要手段。另一方面，撤销仲裁裁决和法院裁定不予执行仲裁裁决一样，是人民法院对仲裁实施司法监督和司法控制的一项重要措施，是实现仲裁裁决公正性、仲裁制度有效性的根本保障。对于仲裁裁决撤销程序的性质，在理论上存在三种不同观点：[①] 第一种观点为给付之诉说。该观点认为，仲裁裁决是由仲裁员而非法院作出，法院不得撤销。申请人申请撤销仲裁，是在请求法院命令对方不得主张仲裁裁决的效力。第二种观点为确认之诉说。该观点认为，当事人订立仲裁协议的目的，在于取得有效的仲裁裁决。仲裁机构作出的裁决如有瑕疵，则对当事人无拘束力。当事人对此如存有争执，向法院提起撤销之诉，视为确认仲裁裁决对当事人没有拘束力。第三种观点为形成之诉说。该观点认为，申请人申请将已经生效的仲裁裁决撤销，是以法院的判决或裁定消灭仲裁裁决的效力。

笔者认为，从申请撤销仲裁裁决导致已经确定的法律关系发生消灭这一法律效果而言，仲裁裁决撤销程序具有形成之诉的特征。

2. 撤销仲裁裁决对仲裁协议的效力。仲裁裁决被撤销后，对原仲裁协议是否产生约束力，当事人之间的仲裁协议如何？不同的国家有不同的立法例[②]：第一，完全排除仲裁协议的效力。例如，法国法律规定，法院撤销裁决的，除非当事人有相反的约定，受理撤销的法院应当就争议的实体问题做出裁决。第二，由法院决定仲裁协议的效力。例如，英国法律规定，裁决全部或部分被撤销或被宣布无效的，法院可命令仲裁协议关于裁决由于诉讼程序的任何规定，在有些情况下就裁决的相关事项而言，均为无效。第三，维持仲裁协议的效力。例如，德国法律规定，裁决被撤销后，在无相反指定的情况下，与争议标的有关的仲裁协议继续有效。第四，对仲裁协议的效力继续限制。例如，美国法律规定，裁决已经撤销，但是仲裁协议规定的期限尚未终了，法院可以斟酌指示仲裁员重新审理。而我国《仲裁法》第9

① 林一飞：《仲裁裁决抗辩的法律与实务》，武汉大学出版社2008年版，第57页。

② 袁冶：“论国际商事仲裁裁决撤销的若干程序问题”，载《西南政法大学学报》2004年第11期。

条第2款规定："裁决被人民法院依法裁定撤销或者不予执行的，当事人就该纠纷可以根据双方重新达成的仲裁协议申请仲裁，也可以向人民法院起诉。"从上述规定可见，我国对撤销仲裁裁决采取了排除仲裁协议效力的做法，但又允许当事人重新达成新的仲裁合意。

（二）仲裁裁决撤销的事由

撤销仲裁裁决的事由是指法院据以撤销仲裁裁决的原因和依据，包括国内仲裁裁决撤销事由和涉外仲裁裁决撤销事由。

1. 对于国内仲裁裁决的撤销事由，我国仲裁法从违背程序和实体公正、仲裁员违背道德行为准则、违背公共秩序等方面作出了规定。《仲裁法》第58条规定，撤销国内仲裁裁决的事由为：（1）没有仲裁协议的；（2）裁决的事项不属于仲裁协议的范围或者仲裁委员会无权仲裁的；（3）仲裁庭的组成或者仲裁的程序违反法定程序的；（4）裁决所依据的证据是伪造的；（5）对方当事人隐瞒了足以影响公正裁决的证据的；（6）仲裁员在仲裁该案时有索贿受贿、徇私舞弊、枉法裁决行为的；（7）法院认定裁决违背社会公共利益的。

2. 涉外仲裁裁决的撤销事由。依照《仲裁法》第70条规定和《民事诉讼法》第274条第1款规定，涉外仲裁裁决的撤销事由为：（1）当事人在合同中没有订有仲裁条款或者事后没有达成书面仲裁协议的；（2）被申请人没有得到指定仲裁员或者进行仲裁程序的通知，或者由于其他不属于被申请人负责的原因未能陈述意见的；（3）仲裁庭的组成或者仲裁的程序与仲裁规则不符的；（4）裁决的事项不属于仲裁协议的范围或者仲裁机构无权仲裁的。

从上述不同事由可见，国内仲裁和涉外仲裁裁决撤销程序审查事由范围存在不同，其主要区别在于是否审查实体问题。我国法院对国内仲裁裁决既审查程序问题也审查实体问题；但我国法院对涉外仲裁裁决只进行程序审查，而不审查裁决的实体问题。

（三）撤销仲裁裁决的程序

1. 当事人提起撤销仲裁裁决之诉。根据《仲裁法》第58、59、70条的规定，提起撤销仲裁裁决之诉必须具备以下条件：（1）提出撤销仲裁裁决的主体必须是仲裁当事人；但是下列主体也应当有权以当事人的身份提起撤销程序：一是属于自然人的当事人死亡的，其继承人；二是当事人是法人，发生分立或者合并的，其权利义务承受人；三是债权让与中的权利受让人或者债务转移的债务承继人，但当事人另有约定、在受让债权债务时明确反对或者不知有单独仲裁协议的除外；四是人民法院发现仲裁裁决违反公共利益的，可依职权主动予以撤销。（2）必须在法定的期限即收到裁决书之日起6个月内提出；此期间为不变期间，不适用诉讼时效中止、中断和延长的规定。(3) 必须有证据证明仲裁裁决有法定规定的应予撤销的情形。

2. 人民法院对撤销裁决请求的审查处理。根据《仲裁法》第 60 条和第 61 条的规定，人民法院应当区别不同的情形作出以下裁定：裁定驳回申请；裁定撤销裁决；裁定中止撤销程序；裁定恢复撤销程序。其中裁定驳回申请和裁定撤销裁决具有终局性，当事人不能上诉，不能申请再审，检察院不能提起抗诉。仲裁裁决被依法撤销后，当事人的纠纷没有解决。当事人可以重新寻求《仲裁法》第 9 条规定解决纠纷的方法，重新达成仲裁协议申请仲裁或者直接向人民法院提起诉讼。裁定中止撤销程序和裁定恢复撤销程序属于撤销仲裁裁决程序中出现重新仲裁情形后作出的中间裁决，不具有终局性。

三、重新仲裁

(一) 重新仲裁的内涵

重新仲裁是指当事人对仲裁裁决提出异议，人民法院经审查认为该仲裁裁决存在瑕疵，但该瑕疵可以通过重新仲裁裁决进行弥补修正时，将当事人申请撤销仲裁裁决的案件发回仲裁庭进行重新仲裁审理的制度，我国《仲裁法》第 61 条规定："人民法院受理撤销裁决的申请后，认为可以由仲裁庭重新仲裁的，通知仲裁庭在一定期限内重新仲裁，并裁定中止撤销程序。仲裁庭拒绝重新仲裁的，人民法院应当裁定恢复撤销程序"。重新仲裁是原仲裁程序的继续，是仲裁裁决撤销程序中法院在尊重仲裁终局性基础上的司法支持和司法监督。

重新仲裁是仲裁裁决的救济制度，具有以下意义：1. 可以减少仲裁裁决被撤销的机会，提高纠纷解决的效率；2. 给予仲裁庭自行纠正、完善仲裁程序的机会，可以消除仲裁程序上的瑕疵，较为经济地弥补仲裁程序的缺陷和不足，有利于维护仲裁裁决的终局性；3. 符合纠纷解决机制的效率和公正原则，既维护公正原则，又体现对效率的追求，防止社会资源的浪费。

(二) 重新仲裁的适用条件

重新仲裁程序的适用，至少应当具备以下三个条件：一是必须在撤销仲裁裁决的诉讼程序中启动，不能在执行仲裁裁决程序中启动。二是启动的理由必须符合法定事由之一，且重新仲裁的理由不能超出当事人申请撤销仲裁裁决的法定事由的范围。三是仲裁裁决的错误是仲裁庭可以通过重新仲裁加以纠正的错误。这是决定重新仲裁范围的最本质的条件。

实践中应当注意，当事人可以申请撤销仲裁裁决的法定事由并不全部适用于重新仲裁，比如：没有仲裁协议的，裁决事项不属于仲裁协议范围的，仲裁委员会无权仲裁的情形等，不能适用重新仲裁。

四、对撤销仲裁裁决或者指令重审的裁定不得上诉和再审

（一）部分国家和地区对于撤销仲裁裁决的裁判允许上诉

对于仲裁裁决的撤销或者指令重审是否实行一审终局，对此问题不同国家和地区的立法例有不同的规定。部分国家和地区，对于撤销仲裁裁决的裁判是允许上诉救济的，如《法国新民事诉讼法典》第1486条规定，对任何裁决均可以向上诉法院提起上诉；此种上诉向仲裁裁决作出地所在辖区内的上诉法院提出。我国香港特别行政区2000年仲裁条例规定，当事人提出撤销仲裁裁决申请，必须符合法律规定的条件。香港法院对在香港作出的仲裁裁决的司法复审可以分为对港内仲裁项下裁决所进行的司法复审和对国际仲裁项下裁决进行的司法复审。无论何种司法复审，依据该条例和香港的判例，当事人对司法复审决定不服的都可以上诉。我国澳门仲裁法规定，关于仲裁裁决的撤销规定，任何利害关系人或检察院得随时主张仲裁裁决无效；司法法院得随时依职权宣告仲裁裁决无效；就仲裁裁决无效所作出之裁决得向高等法院提起上诉。①

（二）我国法律规定撤销仲裁裁决或者指令重审的裁定不得上诉和再审

《民事诉讼法》第154条、第274条和第275条，以及《仲裁法》第58条、第59条和第70条规定了对仲裁裁决的裁定不予执行和撤销制度，但除了不予执行的裁定不能上诉外，上述法律对撤销裁决的裁定、驳回撤销申请的裁定、驳回不予执行申请的裁定是否可以上诉以及所有司法监督裁定可否申请再审均未作规定。但从最高人民法院的角度而言，始终坚持撤销裁决的“一审终局”原则，集中体现在司法解释中，既不允许对撤销仲裁裁决的裁定提起上诉和再审，也不允许检察机关抗诉。具体体现：第一，对撤销仲裁裁决裁定不能上诉。最高人民法院于1997年4月23日作出《关于人民法院裁定撤销仲裁裁决或驳回当事人申请后当事人能否上诉问题的批复》（法复［1997］5号），该批复明确规定：“人民法院依法作出的撤销仲裁裁决或驳回当事人申请的裁定，当事人无权上诉。人民法院依法裁定撤销仲裁裁决的，当事人可以根据双方重新达成的仲裁协议申请仲裁，也可以向人民法院起诉。”不论是裁定撤销仲裁裁决，还是驳回当事人申请撤销仲裁裁决的申请后，当事人均无权上诉。第二，对撤销仲裁裁决的裁定不能向人民法院申请再审。《最高人民法院关于当事人对人民法院撤销仲裁裁决的裁定不服申请再审人民法院是否受理问题的批复》（法释［1999］6号），该批复明确规定：“根据《中华人民共和国仲裁法》第9条规定的精神，当事人对人民法院撤销仲裁裁决的裁定不服申请再

---

① 江必新主编：《新民事诉讼法执行程序讲座》，法律出版社2012年版，第191～192页。

审的，人民法院不予受理。”第三，对裁定的抗诉人民法院不予受理。《最高人民法院关于人民检察院对撤销仲裁裁决的民事裁定提起抗诉，人民法院应如何处理问题的批复》（法释［2000］17号）和《最高人民法院关于人民检察院对不撤销仲裁裁决的民事裁定提出抗诉人民法院应否受理问题的批复》（法释［2000］46号），不论人民检察院针对撤销仲裁裁决的裁定，还是不予撤销仲裁裁决的裁定提出的抗诉，人民法院均不予受理。当事人唯一的法律救济途径就是根据《仲裁法》第9条的规定，双方重新达成仲裁协议申请仲裁，也可以向人民法院起诉。以上均体现从另外的角度维护仲裁的“终局性”。

五、对驳回撤销仲裁裁决申请的裁定不能再审

（一）当事人对驳回撤销仲裁裁决申请的裁定不能申请再审

对于人民法院驳回申请撤销仲裁裁决的裁定，当事人能否申请再审，是否属于申请再审案件受理范围，存在两种不同意见。第一种意见认为，对人民法院驳回撤销仲裁裁决的裁定申请再审，不属于申请再审案件受理范围，应当不予受理。其理由是：（1）《民事诉讼法解释》第381条规定，对不予受理、驳回起诉的裁定当事人可以申请再审。该条未规定对驳回申请撤销仲裁裁决的裁定，当事人可以申请再审。（2）《最高人民法院关于人民检察院对不撤销仲裁裁决的民事裁定提出抗诉人民法院应否受理问题的批复》（以下简称《抗诉批复》）规定：人民检察院对发生法律效力的不撤销仲裁裁决的民事裁定提出抗诉，没有法律依据，人民法院不予受理。既然人民检察院不能对发生法律效力的不撤销仲裁裁决的民事裁定提出抗诉，按照该批复的精神，不撤销仲裁裁决的裁定也应当不属于申请再审范围，当事人不能对驳回申请撤销仲裁裁决的裁定申请再审。（3）仲裁实行“一裁终局”的制度，人民法院应当遵循这一制度，尊重仲裁裁决的效力，尽可能维持仲裁裁决的效力。当事人不服仲裁裁决，向人民法院申请撤销仲裁裁决，人民法院审理后，无论作出何种裁定，都不能允许当事人申请再审，否则将破坏“一裁终局”制度，对仲裁作用的发挥产生不良影响。第二种意见认为，对人民法院驳回申请撤销仲裁裁决的裁定申请再审，属于申请再审案件受理范围，应予受理；或者比照《最高人民法院关于适用督促程序若干问题的规定》第11条的规定，人民法院院长发现确有错误，认为需要撤销的，应当提交审判委员会讨论决定后，裁定撤销原裁定。理由如下：（1）《最高人民法院关于规范人民法院再审立案的若干意见（试行）》（以下简称《再审立案若干意见（试行）》）第14条列举了申请再审不予受理的各类案件，其中第2项明确规定了人民法院裁定撤销仲裁裁决和裁定不予执行仲裁裁决的案件不属于申请再审受理范围，但并未规定驳回申请撤销仲裁裁决的裁定也属于不予受理

之列，司法解释没有明确禁止的，应当理解为法律并不禁止申请再审。虽然《抗诉批复》规定人民法院对检察院关于不撤销仲裁裁决的民事裁定的抗诉不予受理，但并不意味着驳回申请撤销仲裁裁决的裁定不属于申请再审范围。（2）《民事诉讼法》和《仲裁法》均规定了司法对仲裁的监督制度，对于具备法定情形的仲裁裁决，经当事人申请，人民法院可以裁定不予执行或者撤销仲裁裁决，这说明仲裁“一裁终局”制度并不是绝对的。《再审立案的若干意见（试行）》规定对于人民法院裁定撤销仲裁裁决和裁定不予执行仲裁裁决的案件，不能申请再审，是考虑到在人民法院裁定撤销仲裁裁决或裁定不予执行仲裁裁决后，当事人可以依据《民事诉讼法》和《仲裁法》的规定，就该纠纷根据双方重新达成的仲裁协议申请仲裁，或者向人民法院起诉，当事人仍有救济权利的途径。但驳回申请撤销仲裁裁决的裁定与此不同，当事人申请撤销仲裁裁决被驳回后，仲裁裁决依然有效，当事人既不能重新达成仲裁协议申请仲裁，也不能向人民法院另行起诉，如果仲裁裁决确实存在应当依法撤销的情形却不允许当事人申请再审，那么当事人就丧失了权利救济的途径，其合法权益无法得到保护。因此，对于驳回撤销仲裁裁决的裁定，应当与撤销仲裁裁决或不予执行仲裁裁决的裁定区别对待，从保护当事人权益的角度出发，给予当事人申请再审的权利，或者以院长发现法院依职权再审予以撤销解决。

最高人民法院于2004年7月20日和2004年7月27日分别作出《关于当事人对驳回其申请撤销仲裁裁决的裁定不服而申请再审，人民法院不予受理问题的批复》（法释［2004］9号）和《关于对驳回申请撤销仲裁裁决的裁定能否申请再审问题的复函》（［2003］民立他字第71号），认为：当事人对人民法院驳回其申请撤销仲裁裁决的裁定不服而申请再审的，人民法院不予受理。主要理由是：第一，根据《仲裁法》“一裁终局”原则，对于驳回申请撤销仲裁裁决的裁定不应允许申请再审。《仲裁法》第9条第1款规定：“仲裁实行一裁终局的制度。裁决作出后，当事人就同一纠纷再申请仲裁或者向人民法院起诉的，仲裁委员会或者人民法院不予受理。”根据法释［1999］6号《关于当事人对人民法院撤销仲裁裁决的裁定不服申请再审人民法院是否受理问题的批复》、法复［1997］5号《关于人民法院裁定撤销仲裁裁决或驳回当事人申请后当事人能否上诉问题的批复》、法释［2000］17号《关于人民检察院对撤销仲裁裁决的民事裁定提起抗诉人民法院应如何处理问题的批复》、法释［2000］46号《关于人民检察院对不撤销仲裁裁决的民事裁定提出抗诉人民法院应否受理问题的批复》等文件的规定，对于法院撤销仲裁裁决的裁定，当事人无上诉权和申请再审权，检察院不能抗诉；对于法院驳回撤销申请和不撤销仲裁裁决的裁定，当事人无上诉权，检察院亦不得抗诉。另外，对于人民法院裁定不予执行仲裁裁决的，当事人也无申请再审权。这一系列批复表明，虽然《仲裁法》和《民事诉讼法》规定了仲裁司法监督制度，但最高人民法院一贯持仲裁司法监督有限的态度，避免审判权对仲裁的干预过大，以保护当事人的意思自治，促进仲裁事业的发展。如果允许当事人对于法院驳回申请撤销仲裁裁决的裁定申请再审，则仲裁裁决随时有可能通过再审程序被撤销，效力无法确定，违背了“一裁终局”和仲裁司法监督有限的原则。第二，根据尊重当事人意思自治，迅速、快捷解决纠纷这一仲裁法的立法意旨，对于驳回申请撤销仲裁裁决的裁定不应允许申请再审。仲裁是当事人自治性解决纠纷的制度，其立法意旨在于充分尊重当事人的意思自治、简化程序、迅速快捷地解决纠纷。根据《民事诉讼法》、《仲裁法》和有关司法解释，法院就仲裁所作出的各类裁定均不允许当事人上诉和申请再审。就驳回申请撤销仲裁裁决的裁定而言，最高人民法院明确规定，当事人不得上诉，人民检察院亦不得抗诉。根据诉讼程序设置的一般原理，上诉审是针对未生效裁判的普通救济程序，再审是针对已生效裁判的特别救济程序，相对于上诉审程序而言，再审程序的启动应当更为慎重，对于法律未赋予上诉审救济的裁判，不应允许通过启动再审程序予以变更。如果允许一方当事人对于驳回申请撤销仲裁裁决的裁定申请再审进入再审程序，必然导致程序的复杂化，纠纷长期不能根本解决，违背了当事人选择仲裁迅速解决纠纷的一致意思表示，同时也不符合诉讼程序设置的一般原理。第三，仲裁权的来源是双方当事人意思表示一致达成的仲裁协议，当事人在达成仲裁协议时就应当具备尊重仲裁权并履行仲裁裁决的诚意，并预见到仲裁裁决对其不利的后果。人民法院认为仲裁裁决不具备法定撤销的情形，裁定不撤销仲裁裁决，实质上是维护了仲裁裁决的效力，纠纷通过仲裁已经得以解决，当事人应当履行裁决内容，这也是“一裁终局”原则和诚实信用原则的必然要求。

（二）人民法院不能依职权启动对驳回撤销仲裁裁决申请裁定的再审

对于撤销仲裁裁决后又依职权启动再审应如何处理，存在不同的认识。第一种意见认为，根据《仲裁法》和最高人民法院法释［1999］6 号《关于当事人对人民法院撤销仲裁裁决的裁定不服申请再审人民法院是否受理问题的复函的批复》、法复［1997］5 号《关于人民法院裁定撤销仲裁裁决或驳回当事人申请后当事人能否上诉问题的批复》、法释［2000］17 号《关于人民检察院对撤销仲裁裁决的民事裁定提出抗诉人民法院应如何处理问题的批复》等有关司法解释规定，人民法院撤销仲裁裁决后，当事人对法院的裁定无上诉权和申诉权，检察机关亦不得抗诉。当事人可以重新达成仲裁协议申请仲裁，也可以向人民法院提起诉讼，法律已明确了解决此类问题的救济程序规定。且《仲裁法》是特别法，应优于《民事诉讼法》。故本院院长对此类生效裁定启动审判监督程序没有法律依据。即使撤销仲裁裁定有误，当事人亦应通过仲裁法规定的解决纷争的程序规定，实现其权利。第二种意见认为：依据《民事诉讼法》的规定，本院院长对本院已发生法律效力的判决、裁定具有监督权。《仲裁法》和最高人民法院的批复都是指当事人申诉的情形，目前没有法律明确规定把院长对此类案件的监督权排除掉。本院院长自己发现本院生效的判决、裁定有错误，当事人没有申诉，也应监督，故本院院长决定再审，依法有据。对此，最高人民法院于2004年8月27日作出《关于下级法院撤销仲裁裁决后又以院长监督程序提起再审应如何处理问题的复函》（［2003］民立他字第45号），该复函认为："黑龙江国祥房地产开发有限公司与黑龙江省九利建筑工程公司欠款纠纷一案，经哈尔滨市中级人民法院裁定撤销仲裁裁决后，当事人可以依据《中华人民共和国仲裁法》第九条的规定重新达成仲裁协议申请仲裁，也可以向人民法院提起诉讼。哈尔滨市中级人民法院不应以院长发现撤销仲裁裁决的裁定确有错误为由提起再审。已经再审的，你院应当通知该院予以纠正。"主要理由是：第一，从《仲裁法》规定的当事人享有的法律救济途径而言，不应允许以院长发现确有错误为由对撤销仲裁裁决的裁定提起再审。《仲裁法》第9条第2款规定："裁决被人民法院依法裁定撤销或者不予执行的，当事人就该纠纷可以根据双方重新达成的仲裁协议申请仲裁，也可以向人民法院起诉。"据此，仲裁裁决被人民法院裁定撤销的，当事人之间的纠纷即恢复到尚未解决的状态，当事人既可以重新达成仲裁协议申请仲裁，也可以直接向人民法院起诉，从而享有选择解决纠纷方式的权利。允许法院以院长发现确有错误为由，对于撤销仲裁裁决的裁定进行再审，实质上是否定纠纷已恢复到未解决的状态，试图回复原有仲裁裁决的法律效力，与《仲裁法》上述规定直接冲突，剥夺了当事人依据《仲裁法》享有的纠纷解决方式选择权，可能导致此类纠纷最终转移至法院，从而根本妨碍《仲裁法》相关规定的实施。第二，从减少对当事人意思自治的职权干预，坚持仲裁司法监督有限原则而言，不应允许以院长发现确有错误为由对撤销仲裁裁决的裁定提起再审。根据最高人民法院法释［1999］6号《关于当事人对人民法院撤销仲裁裁决的裁定不服申请再审人民法院是否受理问题的批复》、法复［1997］5号《关于人民法院裁定撤销仲裁裁决或驳回当事人申请后当事人能否上诉问题的批复》、法释［2000］17号《关于人民检察院对撤销仲裁裁决的民事裁定提起抗诉人民法院应如何处理问题的批复》、法释［2000］46号《关于人民检察院对不撤销仲裁裁决的民事裁定提出抗诉人民法院应否受理问题的批复》的规定，对于法院撤销仲裁裁决的裁定，当事人无上诉权和申请再审权，检察院抗诉的，人民法院不予受理；对于法院驳回撤销申请和不撤销仲裁裁决的裁定，当事人无上诉权，检察院抗诉的，人民法院亦不予受理。另外，对于人民法院裁定不予执行仲裁裁决的，当事人也无申请再审权。这一系列批复表明，仲裁司法监督有限是最高人民法院坚持的一贯原则。将仲裁司法监督限制在一定范围内，避免审判权对于仲裁的干预过大，体现了对当事人意思自治的保护，有利于仲裁事业的发展。允许以院长监督程序提起再审有悖于这一原则，与当事人的意思自治根本违背。第三，从防止无限再审，简化程序，迅速解决纠纷而言，应当对院长提起再审进行限制，不应允许对撤销仲裁裁决的裁定提起再审。仲裁是当事人自治性解决纠纷的制度，其立法意旨在于充分尊重当事人的意思自治、简化程序、迅速快捷地解决纠纷，遵循一裁终局原则。根据《民事诉讼法》、《仲裁法》和有关司法解释，法院就仲裁所作出的各类裁定均不允许当事人上诉和申请再审。根据诉讼程序设置的一般原理，上诉审是针对未生效裁判的普通救济程序，再审是针对已生效裁判的特别救济程序，相对于上诉审程序而言，再审程序的启动应当更为慎重，对于法律未赋予上诉审救济的裁判，不应允许通过启动再审程序予以变更。尽管《民事诉讼法》未明确限定院长提起再审的案件范围，但如果允许以院长发现确有错误为由对于撤销仲裁裁决的裁定提起再审，显然使程序复杂化，不利于纠纷的迅速解决。以《民事诉讼法》未明确限定院长提起再审的适用范围为由，对于此类裁定提起再审，是审判职权主义的表现，可能产生审判监督权凌驾于当事人诉权和检察监督权之上的后果，是导致实践中无限再审的重要根源。

【典型案例】

华建电子有限责任公司、华建机器翻译有限公司与广州科技风险投资有限公司、谢雄平、张贺平、仇绍明、黄若浩合作协议纠纷案

再审申请人（一审原告、二审被上诉人）：华建电子有限责任公司。

法定代表人：洪琳，该公司总经理。

委托代理人：王玉双，北京市惠诚律师事务所律师。

再审申请人（一审原告、二审被上诉人）：华建机器翻译有限公司。

法定代表人：洪琳，该公司总经理。

委托代理人：王玉双，北京市惠诚律师事务所律师。

再审被申请人（一审被告、二审上诉人）：广州科技风险投资有限公司。

法定代表人：冯梦觉，该公司董事长。

委托代理人：刘继承，广东胜伦律师事务所律师。

委托代理人：陆宇星，广东胜伦律师事务所实习律师。

再审被申请人（一审被告、二审上诉人）：谢雄平。

委托代理人：黄立胜，广东环球经纬律师事务所律师。

再审被申请人（一审被告、二审上诉人）：张贺平。

委托代理人：黄立胜，广东环球经纬律师事务所律师。

再审被申请人（一审被告、二审上诉人）：仇绍明。

再审被申请人（一审被告）：黄若浩。

〔基本案情〕

申请再审人华建电子有限责任公司（以下简称华建电子公司）、华建机器翻译有限公司（以下简称华建翻译公司）与被申请人广州科技风险投资有限公司（以下简称科技公司）、谢雄平、张贺平、仇绍明、黄若浩合作协议纠纷一案，广东省高级人民法院于2008年6月3日作出（2007）粤高法民一终字第315号民事裁定，已经发生法律效力。本院于2009年7月20日作出（2008）民申字第833号民事裁定，提审本案。本院依法组成合议庭，于2010年5月13日开庭审理了本案。华建电子公司和华建翻译公司的委托代理人王玉双，科技公司的委托代理人刘继承、陆宇星，谢雄平和张贺平的委托代理人黄立胜到庭参加诉讼。仇绍明、黄若浩经本院依法传唤，未到庭参加诉讼。本案现已审理终结。

2006年8月8日，华建电子公司、华建翻译公司起诉至广东省广州市中级人民法院称，2004年下半年，由于广州市旷世科技发展有限公司（以下简称旷世公司）业绩不理想及香港股市低迷等原因，华建电子公司、华建翻译公司的海外子公司上市进程搁浅。经多方面考虑，2005年初华建电子公司、华建翻译公司与科技公司、谢雄平、张贺平、仇绍明、黄若浩达成了共识，认为短期内上市存在困难，同意根据《合作协议》的约定，终止已经签署的三份协议，即《合作协议》、《股权转让协议》及华建电子公司引进风险投资者的《框架协议》，将旷世公司恢复原状。但是科技公司借口种种理由屡次拖延办理旷世公司股权恢复原状的工商变更手续。2005年底，科技公司更是不顾已经达成的关于终止合作，恢复股权架构的合意，利用尚未恢复原状的旷世公司的股权工商登记现状，单独以《股权转让协议》为依据，申请仲裁。由于仲裁条款仅仅在《股权转让协议》中进行了约定，而科技公司又拒绝对作为一个整体合作项目下的《合作协议》、《框架协议》达成仲裁合意，最终导致北京仲裁委员会裁决华建电子公司承担支付股权转让金及利息责任的不利后果。根据华建电子公司、华建翻译公司与科技公司、谢雄平、张贺平、仇绍明、黄若浩签订的《合作协议》第三条第15项的约定，如因各种原因华建电子公司重组上市未果，则终止本协议、《股权转让协议》和《框架协议》。对已经履行的部分，双方同意尽可能回复原状，包括（但不限于）返还协议价格，恢复旷世公司股权架构，重新进行相应工商变更等，对由此给双方造成的损失，双方同意按照公平原则各自承担。科技公司割裂《合作协议》、《框架协议》和《股权转让协议》的整体关系，隐瞒股权转让的真实背景，申请仲裁的行为严重违反了《合作协议》第三条第15项的约定，该行为直接导致华建电子公司、华建翻译公司为还原事实真相、维护自身合法权益，不得不提起本案诉讼，给华建电子公司、华建翻译公司造成了严重的经济损失。请求人民法院：1. 确认《合作协议》合法有效；2. 判令终止《合作协议》，将华建电子公司名义上的90%的旷世公司股权分别变更登记由谢雄平持有36.11%、黄若浩持有14.33%、张贺平持有14.31%、仇绍明持有0.25%、科技公司持有25%，将华建翻译公司名义上的10%的旷世公司股权变更登记由谢雄平持有；3. 判令科技公司赔偿因其违约给华建电子公司、华建翻译公司造成的额外经济损失166435.3元，包括仲裁律师费5万元，北京市海淀区人民法院执行仲裁裁决已扣划的款项48000元，华建电子公司承担的仲裁费51630元，往返广州调查取证的费用16805.3元；4. 本案诉讼费用由科技公司承担。

科技公司答辩称，《合作协议》是双方的真实意思表示，合法有效，但是《合作协议》并没有实际履行，这只是双方合作的意向，对双方没有具体的约束力；科技公司不同意华建电子公司、华建翻译公司的第二项诉讼请求，其并没有请求终止《合作协议》，所以华建电子公司、华建翻译公司没有依据请求科技公司按照《合作协议》第三条第15项履行，在没有终止《股权转让协议》的前提下，其提出的第二项诉讼请求不能成立。

谢雄平、张贺平、仇绍明一审共同答辩称，同意科技公司的答辩意见，即《合作协议》只是双方的意向书，双方并没有实际履行，真正履行的是《股权转让协议》，《合作协议》无论是否合法有效，与变更股权架构没有联系，华建电子公司、华建翻译公司诉称没有参加经营策划，但旷世公司的董事都是由华建电子公司、华建翻译公司任命。

广东省广州市中级人民法院查明，2003年12月25日，华建电子公司、华建翻译公司共同作为甲方与谢雄平、黄若浩、张贺平、仇绍明及科技公司共同作为乙方签订一份《合作协议》约定，甲、乙双方就股权转让和投资事宜达成合作意向，甲方拟收购乙方持有的旷世公司的全部股权，同时，乙方拟作为甲方之海外拟上市公司的风险投资者；甲方承诺乙方关联公司可以按照《框架协议》的条款，获得甲方拟在香港创业板上市的子公司股份；为了甲方有关上市工作需要，乙方同意在此协议签订后，开始按甲方要求对旷世公司进行工商变更，但甲方承诺，至上市前旷世公司的实际控制人仍为乙方，其实际所有者权益在上市前不作任何改变；如因各种原因甲方重组上市未果，则终止本协议、《股权转让协议》和《框架协议》。对已经履行部分，双方同意尽可能地回复原状，包括（但不限于）返还协议价格，恢复旷世公司股权架构，重新进行相应工商变更登记等，对由此给双方造成的损失，双方同意按照公平原则各自承担。

上述协议签订的同一天，华建电子公司作为甲方与谢雄平、张贺平、黄若浩、仇绍明、科技公司作为乙方签订一份华建电子公司引进风险投资者的《框架协议》约定，甲方拟将业务重组并在香港创业板上市，甲方保证乙方在股份转让后要进行股权置换，即股权置换后乙方要拥有开曼华建8%的股权，但最终乙方拥有开曼华建的股权比例由该公司在发行招股时的总市值及经甲乙双方最终确认的可供乙方认购的市值数来确定；甲乙双方每股转让价格为开曼华建于香港创业板上市时的发行价格；甲方保证以开曼华建在香港创业板上市，如因各种原因而上市未果，则终止甲、乙双方签订的《合作协议》，并按《合作协议》中规定的方式返回乙方业已支付的全部款项等条款。

上述两份协议签订的当天，谢雄平、黄若浩、张贺平、仇绍明及科技公司共同作为甲方与华建电子公司、华建翻译公司共同作为乙方签订一份《股权转让协议》，约定甲方持有旷世公司的股权95%转让给乙方，其中科技公司将其所持有的旷世公司25%的股权全部转让给华建电子公司；如有争议，提请北京仲裁委员会解决。鉴于旷世公司注册资本为1200万元，科技公司向华建电子公司转让的注册资本额为300万元。以上股权转让后，旷世公司的股本结构是，谢雄平的出资金额为60万元，占注册资本5%，华建电子公司的出资金额为1080万元，占90%，华建翻译公司的出资金额为60万元，占5%，双方依法办理了股权变更登记。2004年2月2日，华建电子公司、华建翻译公司及谢雄平召开股东会，决定同意谢雄平将其5%共60万元的出资转让给华建翻译公司，并办理了工商变更登记手续。

2003年2月5日，中国证券监督管理委员会以国合函〔2001〕112号批准同意受理华建电子公司重组境外上市申请，并要求该公司按照有关法律、法规和规则的要求，抓紧各项准备工作，履行有关审批手续。

2004年下半年，由于公司业绩、上市时机等多方面的考虑，上市进程出现一定程度的推后。2005年初，经多方面考虑后，华建电子公司与旷世公司的原股东达成了共识，认为短期内上市存在困难，同意解除已经签署的协议，并签署相应的终止协议，将旷世公司恢复原状。2005年3月中旬，旷世公司召开董事会（即原股东及股东代表），集体讨论恢复旷世公司股权架构事宜，当时，科技公司代表杨林、沈堃也出席了会议，经协商一致，全体同意恢复事宜，并决定由旷世公司向华建电子公司发函，要求配合办理工商变更手续。2005年4月30日，华建电子公司将其起草的终止协议及相应文件通过电子邮件发给黄若浩。2006年2月13日，黄若浩、张贺平向华建电子公司、华建翻译公司出具一份声明及保证书称，2003年12月，华建电子公司、华建翻译公司与谢雄平、科技公司、黄若浩、张贺平、仇绍明签订的《合作协议》、《框架协议》及《股权转让协议》（含95%、100%、5%股权转让）不论是否有效，我们声明自2006年2月13日起终止履行该三份协议，同时，我们保证不依据该三份协议向华建电子公司和华建翻译公司主张履行该三份协议所约定的任何义务。谢雄平亦向华建电子公司、华建翻译公司出具保证书称，我们保证不依据该三份协议向华建电子公司、华建翻译公司主张履行该三份协议所约定的任何义务。

2005年12月12日，科技公司根据《股权转让协议》中的仲裁条款，向北京仲裁委员会申请仲裁，请求裁决华建电子公司支付股权转让款300万元及利息。仲裁庭经审理认为，鉴于《框架协议》和《合作协议》没有约定由北京仲裁委员会仲裁解决双方相关争议，仲裁庭曾建议双方当事人考虑将《框架协议》和《合作协议》项下纠纷交由仲裁庭一并审理，但双方当事人未能就此达成一致意见，据此，仲裁庭对双方基于《框架协议》和《合作协议》而可能存在的争议，不予审理。仲裁庭还指出，《中华人民共和国合同法》（以下简称《合同法》）第一百二十五条规定解释合同时应当考虑合同目的，但基于约定仲裁规则的存在，即使查知双方签订《股权转让协议》时还有其他复杂的商业目的，仲裁庭亦无权单独依据合同目的作出越权裁判。遂于2006年5月16日作出（2006）京仲裁字第0474号裁决书，裁决内容：1. 华建电子公司向科技公司支付股权转让费300万元；2. 华建电子公司向科技公司支付逾期付款利息440000元及从2005年12月1日起至股权转让款清偿完毕之日止的逾期付款利息（按日万分之二点一计算）。科技公司依据（2006）京仲裁字第0474号裁决，向北京市海淀区人民法院申请强制执行，北京市海淀区人民法院依法扣划了华建电子公司48000元。

〔一审裁判理由与结果〕

广东省广州市中级人民法院认为，华建电子公司、华建翻译公司与谢雄平、黄若浩、张贺平、仇绍明、科技公司签订的《合作协议》是各方当事人的真实意思表示，协议的内容没有违反法律法规的强制性规定，属有效协议。各方当事人应当严格依约履行各自义务。该协议约定，“如因各种原因甲方重组上市未果，则终止本协议、双方签订的股权转让协议、VC投资协议。对已经履行的部分，双方同意尽可能地恢复原状，包括（但不限于）返还协议价格，恢复旷世公司股权架构、重新进行相应工商变更等，对由此给双方造成的损失，双方同意按照公平原则各自承担。”《合作协议》签订后，华建电子公司依约将谢雄平持有的旷世公司46.11%的股权，黄若浩持有的14.33%，张贺平持有的14.31%，仇绍明持有的0.25%，科技公司持有的25%的股权全部变更登记为华建电子公司持有90%，华建翻译公司持有10%的股权。华建电子公司签订上述协议及进行股权变更登记，目的是为了履行中国证券监督管理委员会的要求，抓紧各项准备工作，履行有关审批手续。由于公司业绩、上市时机等多种原因，华建电子公司以间接方式在境外上市没有完成。对于上市未果，华建电子公司已通知旷世公司原股东，并要求终止《合作协议》。科技公司、谢雄平、张贺平、仇绍明、黄若浩没有依约协助华建电子公司、华建翻译公司履行工商变更登记义务，恢复旷世公司的股权原状，其行为已经构成违约，应当承担相应的违约责任。因此，华建电子公司、华建翻译公司以科技公司、谢雄平、张贺平、仇绍明、黄若浩没有履行《合作协议》约定的义务为由，要求将其各自持有旷世公司90%和10%的股权全部变更登记在谢雄平、黄若浩、张贺平、仇绍明、科技公司的名下，应予以支持。

华建电子公司、华建翻译公司与科技公司、谢雄平、张贺平、仇绍明、黄若浩签订的《股权转让协议》约定了仲裁条款，且经过北京仲裁委员会的仲裁，该裁决已经发生法律效力。因华建电子公司须将其持有的25%旷世公司股权变更登记在科技公司名下，因此，科技公司取得股权转让款48000元，失去合法的依据，科技公司应将该款返还给华建电子公司。华建电子公司、华建翻译公司以科技公司违约给其造成的额外经济损失包括仲裁律师费5万元，华建电子公司应承担的仲裁费51630元、往返广州调查取证费用16805.3元，共计118435.3元，因上述损失与本案没有必然的因果关系，华建电子公司、华建翻译公司要求赔偿该损失的理由不能成立，不予支持。广州市中级人民法院于2007年8月23日作出（2006）穗中法民二初字第220号民事判决：（一）解除华建电子公司、华建翻译公司与谢雄平、黄若浩、张贺平、仇绍明、科技公司于2003年12月签订的《合作协议》。（二）谢雄平、黄若浩、张贺平、仇绍明、科技公司在判决发生法律效力之日起一个月内协助华建电子公司、华建翻译公司，将华建电子公司、华建翻译公司各自持有的90%和10%旷世公司股权变更登记在科技公司、谢雄平、张贺平、仇绍明、黄若浩名下，分别由谢雄平持有46.11%，黄若浩持有14.33%，张贺平持有14.31%，仇绍明持有0.25%，科技公司持有25%。（三）科技公司在判决发生法律效力之日起十日内返还48000元给华建电子公司。（四）驳回华建电子公司、华建翻译公司的其他诉讼请求。案件受理费70842元，由华建电子公司、华建翻译公司共同负担690元；由谢雄平、黄若浩、张贺平、仇绍明、科技公司按各自持股比例负担70152元。

〔当事人上诉及答辩意见〕

科技公司不服一审判决，上诉称，一、《合作协议》所约定的终止条件为非真正条件，原审判决认定条件成就的依据不足，判令解除《合作协议》没有事实依据。二、原审判决无视已生效的仲裁裁决，在《股权转让协议》没有解除、撤销或被确认无效的情况下，迳行裁决恢复股权，严重违反“一事不再理”的原则，该判决一旦生效将出现与仲裁裁决冲突的严重结果，有损司法的权威。终止《合作协议》无法产生恢复股权比例的法律后果，原审判决判令恢复股权没有法律依据。北京仲裁委员会作出的（2006）京仲裁字第0474号裁决已经认定了以下事实：实际履行的是《股权转让协议》（转让95%的股权），该协议合法有效，科技公司有权要求继续履行即有权要求华建电子公司支付股权转让款300万元及违约金。华建电子公司向北京市第二中级人民法院申请撤销该仲裁裁决，已被驳回。而本案中，华建电子公司、华建翻译公司提出请求事项是终止《合作协议》并恢复股权，而根据《合作协议》第三条第15项之约定，只有同时终止《合作协议》、《股权转让协议》和《框架协议》的前提下，才产生股权恢复的法律后果，而不是履行《合作协议》的法律后果，《合作协议》本身并没有涉及股权转让的具体事宜，仅仅终止《合作协议》无法产生恢复股权比例的法律后果。而原审法院在一审判决中未涉及《股权转让协议》（转让95%的股权），或确认该协议无效，却迳行判令恢复股权比例并要求科技公司返还依照生效仲裁裁决取得的款项是完全错误的判决。

张贺平不服一审判决，上诉称，一、原审判决割裂《合作协议》、《股权转让协议》及《股东转让出资合同书》之间的联系。华建电子公司、华建翻译公司的诉讼请求为终止《合作协议》，将华建电子公司名下的36.11%的股权及华建翻译公司的10%股权变更至张贺平名下，但华建电子公司、华建翻译公司并没有同时请求解除《股权转让协议》及《股东转让出资合同书》，而《合作协议》仅是张贺平与华建电子公司、华建翻译公司之间的一份合作意向书，具体明确双方权利义务的是双方签订的《股权转让协议》及《股东转让出资合同书》。双方在工商行政管理部门办理登记备案的是《股东转让出资合同书》，而不是《合作协议》。张贺平在2003年、2004年是依据与华建电子公司、华建翻译公司签订的《股东转让出资合同书》，将持有的涉案公司46.11%的股权转让给华建电子公司、华建翻译公司，而华建电子公司、华建翻译公司并没有要求解除《股权转让协议》和《股东转让出资合同书》，因此，自然不能根据《合作协议》将股权返还给张贺平。二、原审判决适用法律不当，引用法律自相矛盾，其判决内容超过华建电子公司、华建翻译公司的诉讼请求。华建电子公司、华建翻译公司请求终止《合作协议》而不是解除该协议，而原审判决超过了华建电子公司、华建翻译公司的诉讼请求。三、北京仲裁委员会作出并生效的（2006）京仲裁字第0474号仲裁书，裁决华建电子公司、华建翻译公司支付300万元的股权转让款给科技公司，且该裁决已生效并已执行，但原审判决却以判决内容推翻上述仲裁裁决，严重违反法律。综上所述，原审判决认定事实不清，适用法律不当，请求二审法院撤销原审判决第一、第二项，驳回华建电子公司、华建翻译公司的诉讼请求。

谢雄平、仇绍明也不服原审判决，提起上诉，其上诉请求和上诉理由与张贺平相同。

华建电子公司、华建翻译公司二审共同答辩称，原审判决认定事实清楚，适用法律正确，科技公司、谢雄平、仇绍明、张贺平的上诉均没有依据，请求二审法院驳回其上诉请求。

〔二审查明的事实〕

广东省高级人民法院经审理查明，原审法院对本案所查明的事实基本属实，该院予以确认。

另查明：2003年12月，科技公司、谢雄平、张贺平、仇绍明、黄若浩与华建电子公司、华建翻译公司签订了《股权转让协议》，约定科技公司、谢雄平、张贺平、仇绍明、黄若浩将旷世公司的全部股权转让给华建电子公司、华建翻译公司，华建电子公司、华建翻译公司支付股权转让费1200万元给科技公司、谢雄平、张贺平、仇绍明、黄若浩。

华建电子公司认为北京仲裁委员会作出的（2006）京仲裁字第0474号仲裁裁决认定事实错误，向北京市第二中级人民法院申请撤销（2006）京仲裁字第0474号仲裁裁决，北京市第二中级人民法院于2006年10月27日作出（2006）二中民特字第12426号民事裁定，驳回华建电子公司的撤销仲裁裁决申请。

〔二审裁判理由与结果〕

广东省高级人民法院认为，华建电子公司、华建翻译公司与科技公司、张贺平、谢雄平、仇绍明、黄若浩就旷世公司的股份转让问题签订了《合作协议》、《框架协议》、《股权转让协议》。上述协议均是当事人之间的真实意思表示，没有违反法律、法规的强制性规定，旷世公司的股份也已经办理到华建电子公司、华建翻译公司的名下，因此，上述合同均为有效合同，对当事人各方具有法律上的约束力。

上述合同签订后，科技公司、张贺平、谢雄平、仇绍明、黄若浩依照合同的约定将其在旷世公司的股份转让给华建电子公司、华建翻译公司并将相关股权登记到华建电子公司、华建翻译公司的名下。科技公司以华建电子公司违反《股权转让协议》约定，未向科技公司支付股权转让款为由于2005年12月12日向北京仲裁委员会申请仲裁，北京仲裁委员会于2006年5月16日作出（2006）京仲裁字第0474号裁决书，裁决华建电子公司向科技公司支付股权转让费300万元、逾期付款利息440000元及从2005年12月1日起到股权转让款清偿完毕之日止的逾期付款利息。华建电子公司不服该仲裁裁决，向北京市第二中级人民法院提起撤销该仲裁裁决的申请，被驳回。现华建电子公司、华建翻译公司依照《合作协议》向人民法院起诉科技公司、张贺平、谢雄平、仇绍明、黄若浩，请求终止《合作协议》并将旷世公司的股份办理到科技公司及张贺平、谢雄平、仇绍明、黄若浩的名下。尽管当事人在《合作协议》与《框架协议》约定如华建电子公司的海外子公司在香港上市未果，则应终止《合作协议》及《框架协议》并将旷世公司的股份恢复到科技公司及张贺平、谢雄平、仇绍明、黄若浩的名下，但仲裁机构没有对《合作协议》和《框架协议》进行裁决。在本案中，《合作协议》、《框架协议》及《股权转让协议》属于不可分割的整体，人民法院应对上述协议一并审理，因仲裁机构已依据《股权转让协议》的约定裁决华建电子公司向科技公司支付股权转让费300万元及逾期付款利息，因此人民法院受理华建电子公司、华建翻译公司要求终止《合作协议》并将旷世公司的股份办理到科技公司及张贺平、谢雄平、仇绍明、黄若浩名下的起诉必然涉及《股权转让协议》，而仲裁机构对《股权转让协议》已做出裁决，因此华建电子公司、华建翻译公司的诉讼请求势必与仲裁裁决相冲突。原审法院判决解除《合作协议》并将旷世公司在华建电子公司、华建翻译公司名下的股份恢复办理到科技公司及张贺平、谢雄平、仇绍明、黄若浩的名下与涉案仲裁裁决的内容相矛盾，实质上将仲裁机构所裁决的内容再次进行裁判，违反一事不再理的原则。原审法院受理华建电子公司、华建翻译公司的起诉并作出实体判决不当，依法予以纠正。广东省高级人民法院于2008年6月3日作出（2007）粤高法民一终字第315号民事裁定：撤销广州市中级人民法院（2006）穗中法民二初字第220号民事判决；驳回华建电子公司、华建翻译公司的起诉。一、二审案件受理费各50元，由华建电子公司、华建翻译公司负担。

〔当事人申请再审的理由〕

华建电子公司、华建翻译公司根据《中华人民共和国民事诉讼法》（以下简称《民事诉讼法》）第一百七十九条[①]第一款第（六）项的规定申请再审，请求撤销广东省高级人民法院（2007）粤高法民一终字第315号民事裁定书，维持广东省广州市中级人民法院（2006）穗中法民二初字第220号民事判决书。主要理由如下：

（一）华建电子公司、华建翻译公司的起诉符合法律规定的条件，且提起诉讼所依据的两份合同均未约定仲裁条款，人民法院应予受理并进行实体审理。广东省高级人民法院依据《民事诉讼法》第一百一十一条第（二）项[②]的规定驳回华建电子公司、华建翻译公司的起诉，适用法律错误。

（二）人民法院审理本案与北京仲裁委员会的裁决并不矛盾。各方根据《合作协议》和《框架协议》就旷世公司股权结构恢复原状的纠纷与各方根据《股权转让协议》就旷世公司股权转让款项支付的纠纷系不同法律关系，不符合“一事不再理”原则规定的情形，广东省高级人民法院在二审裁定书中适用该原则明显属于适用法律错误。

（三）华建电子公司、华建翻译公司依有效的《合作协议》、《框架协议》起诉被人民法院驳回，仲裁庭在审理《股权转让协议》时又不涉及《合作协议》与《框架协议》，这就导致华建电子公司、华建翻译公司的合法权益没有途径得到保护。

科技公司答辩认为，人民法院确实有权审理《合作协议》及《框架协议》。然而，由于本案中《合作协议》中所约定的协议终止条件并不成就，人民法院不能据此认定《合作协议》及相关协议应当终止，更不能据此直接作出恢复股权结构的判决。

谢雄平、张贺平答辩认为，虽然人民法院对《合作协议》、《框架投资协议》拥有管辖权，但是如果人民法院认定《合作协议》第三条第15项为有效约定，那么判决结果必然和生效的仲裁裁决相冲突，违反“一事不再理”的原则。

〔最高人民法院查明的事实〕

最高人民法院再审查明的事实与一、二审法院查明的事实相同。

〔最高人民法院裁判理由与结果〕

最高人民法院认为，根据当事人申请再审的理由以及答辩情况，本案争议的焦点如下：

---

① 对应2012年《民事诉讼法》第200条。

② 对应2012年《民事诉讼法》第124条第2项。

一、关于本案是否归人民法院主管的问题

广东省高级人民法院依据《民事诉讼法》第一百一十一条第（二）项的规定驳回华建电子公司、华建翻译公司的起诉。华建电子公司、华建翻译公司申请再审认为，其提起诉讼所依据的两份合同均未约定仲裁条款，人民法院应予受理并进行实体审理。本院开庭审理后，被申请人科技公司、谢雄平、张贺平也认为人民法院对本案具有管辖权。

本院认为，华建电子公司、华建翻译公司提起本案诉讼的依据是《合作协议》、《框架协议》，这两份协议并没有仲裁条款。仲裁裁决书明确指出："仲裁庭对双方基于《框架协议》和《合作协议》而可能存在的争议，不予审理。"据此，本案属人民法院主管。广东省高级人民法院依据《民事诉讼法》第一百一十一条第（二）项的规定，认为本案不属于人民法院主管，适用法律错误，本院依法予以纠正。

二、关于《合作协议》第三条第15项的约定是否无效、其约定的终止条件是否成就的问题

科技公司认为，《合作协议》第三条第15项关于"如因各种原因甲方重组上市未果，则终止本协议、双方签订的股权转让协议和VC投资协议"的约定应属于附条件终止协议条款，但所附条件"如因各种原因甲方重组上市未果"为非真正条件，该约定无效。华建电子公司、华建翻译公司认为，该约定不违反法律的强制性规定，应为有效。

本院认为，认定合同或者合同约定的条件无效，其依据是《合同法》第五十二条的规定。《合作协议》第三条第15项约定的条件，并不违反《合同法》第五十二条关于合同无效的规定，依法应当认定为有效。既然合同有效，就应当严格按照《合作协议》第三条第15项的约定内容履行。"如因各种原因甲方重组上市未果"这一条件如果已经成就，那么就应当"终止本协议、双方签订的股权转让协议和VC投资协议"。本案中，虽然经过双方当事人特别是华建电子公司的一系列运作，但是华建电子公司的海外子公司最终未在香港上市是客观事实，符合双方的约定即"如因各种原因甲方重组上市未果"，故终止《合作协议》等合同的条件已经成就。因此，一审法院关于"对于上市未果，华建电子公司已通知旷世公司原股东，并要求终止合作协议。五被告没有依约协助两原告履行工商变更登记义务，恢复旷世公司的股权原状，其行为已经构成违约，应当承担相应的违约责任。因此，两原告以五被告没有履行合作协议约定的义务为由，要求将其各自持有旷世公司90%和10%的股权全部变更登记在被告谢雄平、黄若浩、张贺平、仇绍明、科技公司的名下，本院予以支持"的认定，符合双方的约定和法律规定，本院依法予以维持。根据《合作协议》的约定，双方对已履行的《股权转让协议》进行恢复原状，华建电子公司将其持有的25%旷世公司股权退还给科技公司，科技公司将取得转让该股权的对价，包括48000元返还给华建电子公司。

三、关于一审法院股权恢复原状的判决是否违反了“一事不再理”的原则、是否与仲裁裁决矛盾的问题

科技公司和谢雄平、张贺平都认为，仲裁裁决书已经裁决：1. 华建电子公司向科技公司支付股权转让费 300 万元；2. 华建电子公司向科技公司支付逾期付款利息 440000 元及从 2005 年 12 月 1 日起至股权转让款清偿完毕之日止的逾期付款利息（按日万分之二点一计算）。如果人民法院再判决股权恢复原状，则违反了“一事不再理”的原则，与仲裁裁决矛盾。华建电子公司、华建翻译公司认为，各方根据《合作协议》和《框架协议》就旷世公司股权结构恢复原状的纠纷与各方根据《股权转让协议》就旷世公司股权转让款项支付的纠纷系不同法律关系，不符合“一事不再理”原则规定的情形，人民法院审理本案与北京仲裁委员会的裁决并不矛盾。

本院认为，一审法院股权恢复原状的判决并没有违反“一事不再理”的原则。理由是：由于“重组上市未果”，华建电子公司、华建翻译公司请求根据《合作协议》第三条第 15 项的规定就旷世公司股权结构恢复原状的纠纷与双方根据《股权转让协议》就旷世公司股权转让款项支付的纠纷系不同法律关系，是各方基于不同的法律事实提出的不同请求。从《合作协议》的约定来看，该协议的履行分为两个阶段，第一阶段是为了华建电子公司的海外子公司重组上市成功，进行旷世公司股权转让并支付股权转让款；第二阶段是如果“重组上市未果”，则恢复旷世公司股权结构并返还转让款。为履行第一阶段的约定事项，各方又签订了《股权转让协议》，并约定了仲裁条款，排除了人民法院的管辖权。该纠纷已经过北京仲裁委员会仲裁。但为履行第二阶段的约定事项，即“如因各种原因甲方重组上市未果，则终止本协议、双方签订的股权转让协议和 VC 投资协议。对已经履行的部分，双方同意尽可能地恢复原状，包括（但不限于）返还协议价格，恢复旷世科技股权架构、重新进行相应工商变更等，对由此给双方带来的损失，双方同意按照公平原则各自承担”，华建电子公司依据该约定提起诉讼，本案解决的正是履行《合作协议》第二阶段发生的纠纷。由于一审法院处理本案的依据并不是《股权转让协议》，而是《合作协议》第三条第 15 项，而仲裁所依据的是《股权转让协议》，并不是《合作协议》第三条第 15 项，基于仲裁裁决所依据的协议与一审法院处理本案所依据的协议不同，即一审法院并没有处理双方履行《股权转让协议》所发生的争议，仲裁裁决也明确表示不将《合作协议》纳入仲裁范围，也就是说，仲裁裁决所处理的“一事”即《股权转让协议》所发生的纠纷，人民法院并没有处理，所以一审法院股权恢复原状的判决并没有违反“一事不再理”的原则。

在一审法院股权恢复原状的判决并没有违反“一事不再理”的原则的情况下，就谈不上判决与仲裁裁决是否矛盾的问题。即使仲裁裁决的结果是履行《股权转让协议》，而判决的结果是恢复旷世公司的股权结构，判决是根据《合作协议》第三条第 15 项的约定作出的，该约定仍然是双方当事人包括科技公司及张贺平、谢雄平、

仇绍明、黄若浩的真实意思表示。也就是说，一审判决与仲裁裁决都是根据当事人的真实意思表示做出的，都是当事人履行双方协议的必然结果。换言之，当事人的真实意思表示就是，为了重组上市，先要进行旷世公司的股权变更，而且实际上也进行了股权变更。但是，如果上市未果，已经变更的股权就应恢复原状。在上市未果的情况下，一审法院判决恢复旷世公司的股权架构，依法应予维持。

综上，依据《中华人民共和国民事诉讼法》第一百八十六条第一款、第一百五十三条第一款第（一）项[①]之规定，判决如下：

一、撤销广东省高级人民法院（2007）粤高法民一终字第315号民事裁定。

二、维持广东省广州市中级人民法院（2006）穗中法民二初字第220号民事判决。

本判决为终审判决。

---

① 对应2012年《民事诉讼法》第207条第1款、第170条第1款第1项。

第二十九章　瑕疵仲裁协议的效力

规则 39：仲裁协议对仲裁事项或者仲裁机构没有约定或者约定不明确的，当事人可以通过补充协议约定；达不成补充协议的，仲裁协议无效。当事人向有管辖权的人民法院提起诉讼，人民法院应当受理

——景德镇市锦官实业有限公司与景德镇广发置业有限公司商品房买卖合同纠纷案①

【裁判规则】

根据《仲裁法》第 18 条的规定，仲裁协议对仲裁事项或者仲裁委员会没有约定或者约定不明确的，当事人可以通过补充协议约定；达不成补充协议的，仲裁协议无效。根据《最高人民法院关于确认仲裁协议效力几个问题的批复》第 1 条的规定，在仲裁法实施后重新组建仲裁机构前，当事人达成的仲裁协议只约定了仲裁地点，未约定仲裁机构的，双方当事人在补充协议中选定了在该地点依法重新组建的仲裁机构的，仲裁协议有效；双方当事人达不成补充协议的，仲裁协议无效。依照上述规定认定仲裁协议无效的，当事人向有管辖权的人民法院提起诉讼，人民法院应当受理。

【规则理解】

一、瑕疵仲裁协议的内涵

所谓瑕疵的仲裁协议，是指仲裁协议具备了法定生效的一些基本条件，但因欠缺法律要求的基本内容，导致仲裁协议不能得到执行。仲裁协议在没有全部满足法定生效条件时，并不当然无效，可以通过允许当事人进行补救的方式使得约定的内容得以完善，达到法定的要求。如《仲裁法》第 18 条规定的有关仲裁事项或者仲裁委员会的约定就属于此类情况。当事人在仲裁协议对仲裁事项或仲裁委员会未作约定或约定不明确时，可以达成补充协议，弥补瑕疵。

---

① 《中华人民共和国最高人民法院公报》2006 年第 6 期，最高人民法院（2006）民一终字第 11 号民事裁定书。

二、瑕疵仲裁协议的补救

根据《仲裁法》第18条规定，仲裁协议对仲裁事项或者仲裁委员会没有约定或者约定不明确的，当事人可以补充协议，达不成补充协议的，仲裁协议无效。仲裁协议的瑕疵补救体现在以下几个方面：

（一）对仲裁事项没有约定或约定不明的补救

仲裁协议对仲裁事项约定不明的情形，通常表现为当事人概括约定仲裁事项为“因本合同引起的争议”、“凡因本合同引起的争议或与本合同有关的一切争议”等情形，《仲裁法司法解释》第2条规定：“当事人概括约定仲裁事项为合同争议的，基于合同成立、效力、变更、转让、履行、违约责任、解释、解除等产生的纠纷都可以认定为仲裁事项”。需要注意的是，对于违约责任与侵权责任竞合情况下仲裁事项的范围问题，由于《合同法》规定责任竞合时由当事人选择的制度，侵权责任包括人身侵权和财产侵权，人身侵权纠纷不属于《仲裁法》第2条规定的可仲裁事项范围。因此，在概括约定的情形下，当事人主张财产权益侵权纠纷的，可以通过仲裁解决。但主张人身权益纠纷的，应当通过诉讼解决。

（二）对仲裁委员会没有约定或约定不明的补救

当事人对仲裁委员会约定不明确的情形有：

1. 约定的仲裁机构不明确。为充分体现当事人的意思自治原则，《仲裁法司法解释》第3条规定，仲裁协议约定的仲裁机构名称不准确，但能够确定具体的仲裁机构的，应当认定当事人选定了仲裁机构。

2. 仅约定仲裁规则。我国的《仲裁法》没有规定当事人有选择仲裁规则的权利，当事人在仲裁协议中选定了仲裁委员会，就意味着自然选择了该仲裁委员会的仲裁规则。但对当事人在仲裁协议中仅选择仲裁规则的情形，最高人民法院作出的司法解释突破了《仲裁法》的规定，充分尊重当事人的意思自治，即《仲裁法司法解释》第4条规定，仲裁协议仅约定纠纷适用的仲裁规则的，视为未约定仲裁机构，但当事人达成补充协议或者按照约定的仲裁规则能够确定仲裁机构的除外。

3. 仅约定仲裁地点。当事人在仲裁协议中仅约定了仲裁地点而未约定明确的仲裁机构，则意味着该仲裁协议可能会因不具有可执行性而无效。由于我国法律不承认临时仲裁，只承认机构仲裁，在当事人仅约定仲裁地点的情况下，依然可能推定出具体的仲裁机构对仲裁事项享有管辖权，从而使当事人通过仲裁解决纠纷的意愿得以实现。因此，在当事人仅约定仲裁地点，但该地点只有一个仲裁委员会的情况下，可以认定仲裁条款可以得到执行，从而认定该仲裁条款有效。

4. 选择两个仲裁机构。《仲裁法司法解释》第5条规定：“仲裁协议约定两个以上仲裁机构的，当事人可以协议选择其中的一个仲裁机构申请仲裁，当事人不能就仲裁机构选择达成一致的，仲裁协议无效”。第6条进一步规定：“仲裁协议约定由某地的仲裁机构且该地仅有一个仲裁机构的，该仲裁视为约定的仲裁机构，该地有两个以上仲裁机构的，当事人可以协议选择其中的一个仲裁机构申请仲裁；当事人不能就仲裁机构选择达成一致的，仲裁协议无效。”总之，当事人必须在申请仲裁之前确定唯一具有管辖权的仲裁机构，从而使得仲裁协议达到“约定了明确的仲裁机构”的要求。否则，应认定该项仲裁协议无效。

（三）对既选择仲裁又选择诉讼的仲裁协议的补救

仲裁协议具有排斥诉讼管辖的效力，当事人达成的仲裁协议有效，就会排除法院的诉讼管辖。仲裁协议既约定仲裁又约定诉讼，意味着当事人的选择模棱两可。针对这种情况，《仲裁法司法解释》第7条规定：“当事人约定争议可以向仲裁机构申请仲裁也可以向人民法院起诉的，仲裁协议无效。但一方向仲裁机构申请仲裁，另一方未在《仲裁法》第二十条第二款规定期间内提出异议的除外”。该条规定有限地突破了《仲裁法》关于仲裁协议应当采用书面形式的规定，将当事人申请仲裁的行为视为要约，承认当事人采取默示的承诺行为，使得仲裁机构基于当事人之间的默示仲裁协议获得对仲裁事项的管辖权。

三、瑕疵仲裁协议的补救方式

就仲裁协议瑕疵补救的方式来看，最为重要的是通过双方当事人协商，达成协议的方式解决。主要有以下三种方式：

（一）当事人自行补充完善仲裁协议

这是最佳方式，当事人对有瑕疵的仲裁协议加以补充完善，使其成为一个明确、完整的仲裁协议，从而使选定的仲裁机构能够及时顺利地受理该案。此法虽好，但成功率不高，还是应尽量争取在争议公开前将协议补充完善。[①]

（二）仲裁机构协助当事人补充完善仲裁协议

仲裁委员会收到当事人仲裁申请书及递交的仲裁协议后，发现仲裁协议欠缺必要条款，需要加以补充完善的，可以要求当事人予以补充完善，也可以在征得当事人同意后，由仲裁委员会自己补充完善。

（三）人民法院督促当事人补充完善仲裁协议

对内容不明确的仲裁协议，人民法院受理案件后，也可以督促或要求或帮助当事人补充、完善仲裁协议。补充完善后的仲裁协议符合法律规定条件的，应为有

---

① 宋连斌：《国际商事仲裁管辖权研究》，法律出版社2000年版，第80页。

效。因当事人要求通过仲裁解决，原告申请撤诉的，人民法院应当裁定准许。无法完成仲裁协议的补充完善，则该仲裁协议无效，当事人的争议不能协商解决的，只能通过诉讼解决。

四、关于无效仲裁协议的补救

对于无效仲裁协议的补救，可以分为两种情况，一种是不可补救的无效仲裁协议，如无民事行为能力人签订的仲裁协议以及超越仲裁范围的仲裁协议等，另一种是可以补救的无效仲裁协议。无效仲裁协议的补救，主要依赖于当事人自己，法院或仲裁机关、仲裁员仅起辅助作用。对于法律规定仲裁协议的最低条件，法院或仲裁机构、仲裁员可以视情况劝说当事人接受，如果当事人始终不能接受或根本不具备接受条件，法院或仲裁机构则不得违反法律规定而认定该协议有效。可见，对无效仲裁协议的补救，实际上是当事人重新达成仲裁协议的过程。①

【拓展适用】

一、仲裁协议生效要件的涵义

仲裁协议作为一种特殊形式的合同，根据《合同法》和《仲裁法》规定，认定其发生法律效力所需要具备的必要条件，包括《合同法》规定的合同有效的一般要件，也包括《仲裁法》规定的仲裁协议生效的特殊要件。②

二、仲裁协议生效要件的内容

根据《合同法》和《仲裁法》的相关规定，仲裁协议应当具备以下生效条件：

（一）主体要件

仲裁协议当事人应当具备缔约能力。根据《仲裁法》第 17 条第 2 款的规定，仲裁协议当事人必须具备完全民事行为能力，无民事行为能力人或限制民事行为能力人订立的仲裁协议无效。

（二）形式要件

我国仲裁法只承认以书面形式订立的仲裁协议。《仲裁法》第 16 条规定，仲裁协议可以采用仲裁条款或者其他书面形式订立。以书面形式订立的仲裁协议包括：

1. 合同中的仲裁条款，是指当事人在争议发生之前，在主合同中订立的表示愿意将其将来可能发生的争议提交给仲裁机构进行仲裁解决的协议，因以主合同条款的形式存在而被称为仲裁条款。

2. 仲裁协议书，是指当事人在争议发生之前或者之后订立的，同意将争议提

① 宋连斌：《国际商事仲裁管辖权研究》，法律出版社 2000 年版，第 79 页。

② 江伟：《仲裁法》，中国人民大学出版社 2009 年版，第 101～107 页。

交仲裁机构进行仲裁解决的单独协议。仲裁协议书完全独立存在，不受主合同的约束，当事人在仲裁协议中约定的仲裁事项范围不仅限于合同纠纷，也可以包括其他财产权益纠纷。

3. 其他书面形式的仲裁协议，如当事人以信函、电报、电传、传真、电子数据交换和电子邮件等方式达成的仲裁协议。但有其他证据足以推翻的除外。

4. 当事人通过援引达成的仲裁协议，是指当事人之间没有直接订立仲裁协议，而是在合同中援引包含仲裁条款的合同、票据或其他书面文件，将其作为仲裁的依据。如仲裁法的相关司法解释规定，合同约定解决争议适用其他合同、文件中的有效仲裁条款的，发生合同争议时，当事人应当按照该仲裁条款提请仲裁。

（三）实质要件

仲裁协议的实质要件主要涉及的是仲裁协议的内容。根据我国《仲裁法》第16条的规定，仲裁协议应当具备三项基本内容：

1. 请求仲裁的意思表示。首先，必须是当事人双方共同的意思表示，而不是单方当事人的意思表示；其次，它应当是当事人双方真实的意思表示，而不存在胁迫、欺诈、重大误解等情形。

2. 仲裁事项。指当事人在仲裁协议中约定的、通过仲裁解决的争议内容。它直接决定了仲裁机构管辖权的范围，仲裁机构只能在仲裁协议约定的仲裁事项范围内进行裁决，超出此范围所作的仲裁裁决，经一方当事人申请，法院可以撤销或者不予执行。可从以下方面理解：

（1）仲裁事项须具有可仲裁性，即仲裁法允许以仲裁的方式解决有关该事项的争议，至少法律未作禁止性规定。我国《仲裁法》第2条规定，“平等主体的公民、法人和其他组织之间发生的合同纠纷和其他财产权益纠纷，可以仲裁”，《仲裁法司法解释》第2条进一步规定：“当事人概括约定仲裁事项为合同争议的，基于合同成立、效力、变更、转让、履行、违约责任、解释、解除等产生的纠纷都可以认定为仲裁事项”，此外，《仲裁法》第3条对仲裁事项作了禁止性规定，即婚姻、收养、监护、扶养、继承纠纷以及依法应当由行政机关处理的行政争议不能进行仲裁。

（2）仲裁事项必须具备特定性，即必须与当事人之间特定的法律关系相关联。不论在签订仲裁协议时，当事人双方之间的争议是否已经发生，都必须在仲裁协议中约定仲裁事项的特征，使得仲裁机构能够据此确定具体的仲裁事项。

3. 选定仲裁委员会。我国仲裁法律仅涉及常设仲裁机构，而不承认临时仲裁，因此选定仲裁委员会被规定为仲裁协议的重要内容之一。由于仲裁不实行法定管辖，既不存在级别管辖，也不存在地域管辖，仲裁委员会由当事人自行选定，原则上选定的仲裁委员会应当具体、明确。司法实践中，当事人意思自治的原则得到更加充分的体现，法律上对仲裁协议中有关选定仲裁委员会的内容的要求日渐放宽，根据《仲裁法司法解释》的相关规定，对于当事人在仲裁协议中对仲裁委员会的选择不明确，但从仲裁协议的内容中能够推断出当事人所选择的仲裁委员会的，仍应视为仲裁协议有效。

4. 仲裁地点。由当事人在仲裁协议中自行约定，或者依据仲裁所适用的仲裁规则确定。我国《仲裁法》没有将约定仲裁地点列为仲裁协议的基本内容，当事人选择常设的仲裁机构时，如果没有其他约定，就意味着由该仲裁委员会在其所在地进行仲裁，因此，仲裁地点就是仲裁委员会所在的地点。有关仲裁委员会在其仲裁规则中都存在相关规定。仲裁地点对于仲裁协议的重要意义在于，在涉外仲裁中它可能决定解决争议所适用的准据法，影响仲裁裁决的承认与执行。正因如此，在涉外仲裁实践中，无论是临时仲裁还是机构仲裁，当事人在仲裁协议中就各种事项作出约定，其中对仲裁地点的约定，被认为是最为重要的。①

三、仲裁协议无效的情形

仲裁协议欠缺生效要件，将不发生法律效力。仲裁协议的无效是指仲裁协议不符合法定要件而自始不具有法律效力。无效仲裁协议不受国家法律的承认和保护，不能作为提请仲裁的依据，亦不能排除有关法院对争议案件的管辖权。根据《仲裁法》的相关规定，当事人订立的仲裁协议，存在下列情形之一的无效：（一）无民事行为能力或限制行为能力人订立的；（二）以口头方式订立的；（三）约定的仲裁事项超出法律规定的仲裁范围，且不具有可仲裁性的；（四）对仲裁协议未作约定或约定不明确，当事人不能达成补充协议明确仲裁事项的；（五）对仲裁机构未作约定或者约定不明确，当事人不能达成补充协议明确仲裁机构且无法根据仲裁协议的其他内容推定仲裁机构的；（六）一方采取胁迫手段，迫使对方订立仲裁协议的；（七）无法实现的仲裁协议，如约定的仲裁机构根本不存在，约定的提交中国仲裁机构依照外国仲裁协会的仲裁规则进行仲裁、提交隶属于某行政机关的仲裁委员会仲裁等；（八）仲裁终局性不确定的仲裁协议。如约定发生争议协商解决，协商不成可提交某仲裁机构仲裁，如对仲裁裁决不服，可向法院起诉。这种协议因违背仲裁的终局性原则而无效；（九）模棱两可的仲裁协议，如约定发生争议后当事人可以申请仲裁或者到法院起诉，这类仲裁协议因内容不明确、无法作出判断而无效。

---

① 参见赵秀文："论法律意义上的仲裁地点及其确定"，载《时代法学》2005 年第 1 期。

四、仲裁机构确认仲裁协议有效对人民法院以仲裁协议无效为由裁定不予执行的影响

由于认定仲裁协议效力的权力并非人民法院所独享，仲裁机构亦有权认定仲裁协议的效力。如果仲裁机构已经对仲裁协议的效力问题进行过审查，而且认定仲裁协议有效，人民法院在执行程序中还能否以仲裁协议无效为由裁定不予执行？根据《仲裁法司法解释》第27条规定，当事人在仲裁程序中未对仲裁协议的效力提出异议，在仲裁裁决作出后以仲裁协议无效为由主张撤销仲裁裁决或者提出不予执行抗辩的，人民法院不予支持。当事人在仲裁程序中对仲裁协议的效力提出异议，在仲裁裁决作出后又以此为由主张撤销仲裁裁决或者提出不予执行抗辩，经审查符合《仲裁法》第58条或者《民事诉讼法》第237条、第274条规定的，人民法院应予支持。从上可知，一是当事人在仲裁程序中从未对仲裁协议的效力提出异议，不能因为不想执行就在仲裁裁决作出后再以仲裁协议无效为由提出，这样其不予执行的请求，将是得不到人民法院支持的；二是当事人不仅在仲裁程序中对仲裁协议的效力提出异议，而且在仲裁裁决作出后又以此为由提出不予执行抗辩，经审查符合民事诉讼法关于不予执行仲裁裁决的有关规定的，人民法院应裁定不予执行仲裁裁决。但在仲裁机构已经对仲裁协议认定有效的情况下，人民法院能否再以仲裁协议无效为由裁定不予执行，主要取决于当事人是否在仲裁程序中对仲裁协议提出过异议，即当事人始终否认仲裁机构的管辖权，并且当事人在仲裁程序中的行为并不构成对仲裁机构管辖权的“默示的协议管辖”。① 因此，当事人是否在仲裁程序中对仲裁协议的效力提出过异议，也是人民法院审查是否执行仲裁裁决应当考虑的内容。如果当事人在仲裁程序中已经对仲裁协议提出了异议，虽经仲裁机构认定仲裁协议有效，人民法院在仲裁裁决不予执行程序中仍然有权对仲裁协议的效力予以审查，并根据实际情况作出相应的裁定。②

【典型案例】

景德镇市锦宫实业有限公司与景德镇广发置业有限公司商品房买卖合同纠纷案

上诉人（原审被告）：景德镇市锦宫实业有限公司，住所地：江西省景德镇市珠山中路新跃大厦4楼。

法定代表人：江新跃，该公司董事长。

委托代理人：陈耀权，北京市天同律师事务所律师。

---

① 沈德咏、万鄂湘主编：《最高人民法院仲裁法司法解释的理解与适用》，人民法院出版社2007年版，第234页。

② 江必新主编：《新民事诉讼法执行程序讲座》，法律出版社2012年版，第208页。

被上诉人（原审原告）：景德镇广发置业有限公司，住所地：江西省景德镇市中华南路473号B栋4楼。

法定代表人：项根基，该公司总经理。

委托代理人：孙兰英，该公司职工。

委托代理人：兰卫东，江西求正沃德律师事务所律师。

〔基本案情〕

上诉人景德镇市锦宫实业有限公司（以下简称锦宫公司）与被上诉人景德镇广发置业有限公司（以下简称广发公司）商品房买卖合同纠纷一案，江西省高级人民法院于2005年12月9日作出（2005）赣民一初字第9号民事裁定驳回了锦宫公司提出的管辖权异议。锦宫公司不服该裁定，向本院提起上诉。本院受理后依法组成合议庭，于2006年2月20日组织双方当事人进行了询问。锦宫公司的委托代理人陈耀权，广发公司的委托代理人孙兰英、兰卫东参加了询问。本案现已审理终结。

一审法院经审理查明：锦宫公司在答辩期内提出管辖权异议，一审法院于2005年11月11日召集锦宫公司、广发公司双方对锦宫公司提出的管辖异议事由进行了听证。

锦宫公司提出管辖权异议认为，1. 从受案范围看，该纠纷不归人民法院主管。双方当事人在2004年3月7日、9月7日签订的《补充协议》中已达成协议选择当地仲裁机构仲裁，根据《中华人民共和国仲裁法》第五条规定，本案不应由人民法院管辖。根据江西省人民政府府厅字〔1995〕135号《关于组建景德镇仲裁委员会的函》（1995年10月16日），本案应由景德镇仲裁委员会受理。2. 违反地域管辖的规定。申请人是中外合资企业，根据相关司法解释规定，本案一审由省会城市所在地即南昌市中级人民法院受理。《最高人民法院关于当事人对仲裁协议的效力提出异议由哪一级人民法院管辖问题的批复》规定，当事人对仲裁委员会没有约定或者约定不明的，由被告所在地的中级人民法院管辖，即使由人民法院主管，也应由景德镇市中级人民法院管辖。3. 级别管辖存在问题。据业内人士反映，江西省高级人民法院受理一审民事案件的诉讼标的起点在5000万元以上，而本案标的只有约3000万元，按人民法院内部级别管辖的规定，也应由景德镇市中级人民法院管辖。因此，本案要么由景德镇仲裁委员会管辖，要么由有管辖权的中级人民法院管辖。

广发公司答辩称，双方当事人之间的协议有五份，其中只有两份协议包含仲裁条款，且仲裁条款均存在仲裁机构约定不明的情况，其他三份协议并未约定仲裁条款，因此人民法院对本案仍有管辖权。另外，依据《最高人民法院关于内地与香港特别行政区相互执行仲裁裁决的安排》（法释〔2000〕3号）所附的内地仲裁委员会名单，截止1999年5月31日，内地依照《中华人民共和国仲裁法》成立的仲裁委员会在江西省的只有南昌、新余、萍乡三地。由此可见，所谓景德镇仲裁委员会的合法性可以排除。

〔一审裁判理由与结果〕

一审法院经审理认为：本案涉及的是房地产买卖纠纷，属于不动产引起的纠纷，根据《中华人民共和国民事诉讼法》第三十四条①第（一）项的规定，应由不动产所在地人民法院管辖。该案买卖的不动产坐落在江西省境内，江西省高级人民法院受理本案并未违反专属管辖的规定，锦宫公司对地域管辖的异议不符合法律规定。另外，根据1999年4月9日《最高人民法院关于各高级人民法院受理第一审民事经济纠纷案件问题的通知》（法发〔1999〕11号）第1条第4款的规定，本案标的超过1000万元，达到了由江西省高级人民法院受理一审民事案件的界限。

关于仲裁条款问题。锦宫公司与郑云团于2003年11月26日、2004年3月7日、2004年4月7日、2004年9月7日签订的《售房协议》及《补充协议》共四份。其中，2003年11月26日《售房协议》没有仲裁条款。2004年3月7日《补充协议》第十四条约定“未尽事宜，协商解决，协商不成，由地方仲裁机关仲裁”。2004年4月7日《补充协议》没有仲裁条款。2004年9月7日《补充协议》第六条约定“未尽事宜，协商解决，协商不成，由当地仲裁机关仲裁”。郑云团与广发公司于2004年12月4日签订的《房屋产权转让协议》（合同上没有注明签订时间）第二条约定郑云团在前述四份协议中的权利义务均由广发公司承受。以上协议均在景德镇市签订，广发公司及锦宫公司住所地均在景德镇市。从以上协议约定的内容来看，郑云团与锦宫公司之间约定了以仲裁解决纠纷的方式，意思清楚明确。不论是从2004年3月7日《补充协议》规定的“地方仲裁机关”，还是2004年9月7日《补充协议》规定的“当地仲裁机构”，双方约定的均是由所在地在景德镇仲裁委员会仲裁。但根据《最高人民法院关于确认仲裁协议效力几个问题的批复》第1条规定“在《中华人民共和国仲裁法》实施后重新组建仲裁机构前，当事人达成的仲裁协议只约定了仲裁地点，未约定仲裁机构的，双方当事人在补充协议中选定了在该地点依法重新组建的仲裁机构的，仲裁协议有效；双方当事人达不成补充协议的，仲裁协议无效。”据调查，江西省人民政府虽然批准景德镇市人民政府可以组建“景德镇仲裁委员会”，但景德镇市人民政府并未在《中华人民共和国仲裁法》实施之后重新组建“景德镇仲裁委员会”，这在《最高人民法院关于内地与香港特别行政区相互执行仲裁裁决的安排》（法释〔2000〕3号）所附的内地仲裁委员会名单上可以得到证明。到目前为止，景德镇尚未组建可以接受民商事案件仲裁事务的仲裁委员会，如果将本案移送锦宫公司所称的“景德镇仲裁委员会”受理，则将使本案纠纷落入无机构受理的结果。广发公司并未选择与锦宫公司补充协议重新选择其他地点的仲裁机构，而是直接向人民法院起诉，对其合法诉讼权利应予以保护。两份《补充协议》的仲裁条款的约定应认定为无效，本案应由人民法院管辖。综上，锦宫公司的申请缺乏

① 对应2012年《民事诉讼法》第33条。

合同和法律依据，依照《中华人民共和国民事诉讼法》第三十八条①的规定，裁定驳回锦宫公司对本案管辖权提出的异议。

〔当事人上诉及答辩意见〕

锦宫公司不服一审裁定，向本院提起上诉，请求撤销一审裁定，驳回广发公司的起诉。事实和理由：1. 双方约定的仲裁条款合法有效。双方当事人均属景德镇的企业，协议签订地、履行地均在景德镇市，有关条款表述的“由地方仲裁机关仲裁”、“由当地仲裁机关仲裁”，不属于“只约定仲裁地点、未约定仲裁机构”的情形，而应理解为“由所在地景德镇的仲裁委员会仲裁”。2. 景德镇仲裁委员会已于2006年1月28日正式成立，可以受理仲裁案件。应尊重当事人的意思自治，将争议提交仲裁裁决。

广发公司答辩称，一审裁定驳回锦宫公司提出的管辖权异议，认定事实清楚，适用法律正确，依法应予维持。事实和理由：1. 双方签订《补充协议》时，当地并未成立仲裁机构，且只约定仲裁地点，未约定仲裁机构，有关仲裁协议约定无效。景德镇仲裁委员会于2006年1月28日才依法设立，双方在发生争议后，对新建的仲裁机构，没有再达成补充协议选定。2. 一审法院受理本案时，仲裁机构仍未成立，依法可以排除仲裁管辖。

〔最高人民法院查明的事实〕

本院二审查明：2005年9月9日，广发公司以锦宫公司为被告向一审法院提起诉讼，请求：1. 解除广发公司、锦宫公司签订的2003年11月26日《售房协议》、2004年3月7日《补充协议》、2004年4月7日《补充协议》、2004年9月7日《补充协议》；2. 由锦宫公司返还广发公司购房款现金16 363 946. 6元；3. 由锦宫公司支付广发公司违约金370万元；4. 锦宫公司赔偿广发公司损失1500万元；5. 由锦宫公司承担本案一切诉讼费用。锦宫公司于2005年10月8日向一审法院提出管辖权异议。

锦宫公司二审期间提交了景德镇仲裁委员会于2006年1月28日依法成立的有关文件。广发公司对景德镇仲裁委员会于2006年1月28日依法成立的事实予以认可。

〔最高人民法院裁判理由与结果〕

最高人民法院认为，从锦宫公司上诉提出的管辖权异议和广发公司的抗辩看，双方争议的焦点是本案争议是否属于人民法院主管。

本案涉及双方当事人约定的仲裁条款有两条：一是2004年3月7日《补充协议》第十四条“未尽事宜，协商解决，协商不成，由地方仲裁机关仲裁”；二是2004年9月7日《补充协议》第六条“未尽事宜，协商解决，协商不成，由当地仲裁机关仲

① 对应2012年《民事诉讼法》第127条。

裁”。从上述协议内容看，双方虽然曾经约定以仲裁解决纠纷的方式，但是无论从2004年3月7日《补充协议》约定的“地方仲裁机关”，还是2004年9月7日《补充协议》约定的“当地仲裁机关”，都未明确仲裁机构。《中华人民共和国仲裁法》对当事人约定选择仲裁机关有明确的法律规定，该法第十八条规定“仲裁协议对仲裁事项或者仲裁委员会没有约定或者约定不明确的，当事人可以补充协议；达不成补充协议的，仲裁协议无效”。最高人民法院《关于确认仲裁协议效力几个问题的批复》第1条规定“在《中华人民共和国仲裁法》实施后重新组建仲裁机构前，当事人达成的仲裁协议只约定了仲裁地点，未约定仲裁机构的，双方当事人在补充协议中选定了在该地点依法重新组建的仲裁机构的，仲裁协议有效；双方当事人达不成补充协议的，仲裁协议无效。”本案双方当事人对选择仲裁机构的问题发生了争议，并没有重新达成补充协议，未对在该地点依法重新组建的仲裁机构予以选定。因此，该两份《补充协议》中约定有关仲裁事项的条款为无效条款。该民事纠纷属于人民法院受案范围，广发公司向人民法院提起诉讼，由人民法院主管并无不当。锦宫公司上诉理由不能成立，依法不予支持。综上，根据《中华人民共和国民事诉讼法》第一百零八条第（四）项、第一百五十四条①之规定，裁定如下：

驳回上诉，维持原裁定。

二审案件受理费50元，由景德镇市锦宫实业有限公司负担。

本裁定为终审裁定。

① 对应2012年《民事诉讼法》第119条第4项、第171条。

第三十章 涉外仲裁

规则40：涉外合同中当事人约定适用于解决合同争议的准据法，不能用以判定仲裁条款的效力

——中国恒基伟业集团有限公司、北京北大青鸟有限责任公司与广晟投资发展有限公司、香港青鸟科技发展有限公司借款担保合同纠纷案①

【裁判规则】

在涉外合同纠纷案件中，当事人在合同中约定有仲裁条款的，可以同时对确定该仲裁条款效力的准据法作出明确约定。因仲裁条款的独立性，故合同中约定的适用于解决合同争议的准据法，不能用以判定该仲裁条款的效力。如果当事人在合同中没有约定确定仲裁条款效力的准据法，也没有约定仲裁地或者对仲裁地约定不明，应当适用法院地法律审查仲裁协议的效力。

【规则理解】

一、涉外合同中仲裁协议独立性内涵及法律特征

（一）仲裁协议独立性的内涵

仲裁协议的独立性，或称仲裁协议自治权原则，是现代仲裁制度的基石，是指如果当事人表明了以仲裁解决争议的意愿，这种意愿就应得到保护，仲裁协议具有保障当事人通过寻求某种救济而实现当事人权利义务的特殊性质，具有相对的独立性。因此，仲裁协议应被视为独立于合同而存在，它与主合同是可分割或相分离的，主合同的无效、失效或不成立均不影响仲裁协议的效力，即使当事人主张合同无效、失效或不成立，仲裁庭基于仲裁协议仍有管辖权。

（二）仲裁协议独立性的法律特征

仲裁协议与主合同是可以分割的两个独立的协议，仲裁协议虽然附属于主合

---

① 《中华人民共和国最高人民法院公报》2008年第1期，最高人民法院（2006）民四终字第28号民事裁定书。

同，但是与主合同形成了两项可分离或独立的契约。主合同涉及当事人在交易中的权利义务，仲裁协议作为附属合同则具有保障当事人通过寻求某种救济而实现当事人权利的特殊性质，它具有相对的独立性，其有效性不受主合同效力的影响。即使主合同无效，仲裁条款也不一定无效。其法律特征体现在以下方面：

1. 仲裁协议与主合同彼此独立。主合同规定当事人在实体方面的权利义务，作为附属合同的仲裁协议，规定了当事人在实体方面的权利义务如不能如约实现时的救济措施，即以仲裁的方式解决当事人之间的争议，保护当事人的合法权益。从合同的实施以主合同中的权利与义务不能实施或不能完全实施为前提，并作为主合同不能履行或不能完全履行时的一种救济手段而存在。它因主合同而订立，并随主合同的完全履行而终止。

2. 仲裁协议的效力独立于主合同的效力。主合同的有效与否不影响仲裁协议的效力。因为主合同是否有效决定于合同的形式要件和实质要件是否符合该合同准据法的规定。如果仅仅是因为主合同的无效而使仲裁协议而无效，仲裁协议就无存在之必要。相反，仲裁协议的有效与否也不影响主合同的效力，因为构成仲裁协议有效的条件与主合同不同，它可能是因为仲裁条款的内容、形式不符合仲裁机构所在地国家仲裁法或该机构的仲裁规则而无效。仲裁条款无效并不影响当事人在合同中实体方面权利义务的实现。正如有的学者所言，仲裁协议不像一般的从属合同那样，完全依赖于主合同，它的效力是必须独立于主合同的效力而存在的。①

3. 仲裁条款独立于主合同中的其他条款。合同中的其他条款均可与仲裁条款相分离，这些条款的存在与否和是否有效，均不影响仲裁条款对当事人的拘束力。合同中的其他条款可以通过当事人的协议而变更、终止；而仲裁条款一经订立，即不得撤销，仲裁条款还排除了法院对该争议的管辖权。

二、仲裁条款独立性的相关立法情况

（一）国外立法情况

仲裁条款独立原则是国际上近些年才出现的一个原则，最早是 1963 年法国最高上诉法院在“戈塞特”案中提出的。在该案中，法国最高上诉法院称，仲裁条款独立于主合同，如果主合同无效，只有在无效理由影响到仲裁协议时，仲裁协议才可能无效。美国最高法院于 1967 年在“首家涂料公司诉弗拉德与康克林制造公司”案中提出了与法国上诉法院相同的观点，现已被大多数国际仲裁规则所承认。《UNCITRAL 仲裁规则》是最早采纳仲裁条款独立性原则的国际仲裁规则，该《仲

---

① 韩德培：《国际私法新论》，武汉大学出版社 1997 年版，第 728 页。

裁规则》第21条第2项规定："仲裁庭应有权决定包括仲裁条款为其组成部分的合同的存在和效力。在适用本条规定时，作为组成部分并规定按本规则进行仲裁的仲裁条款将被视为独立于该合同其他条款的一种协议。仲裁庭作出的合同无效或解除合同的裁决并不在法律上影响仲裁条款的效力。"此后，仲裁条款独立性原则也为许多国际仲裁公约所采纳，如联合国《国际商事仲裁示范法》第16条第1款规定："仲裁庭可以对它自己的管辖权包括对仲裁协议的存在或效力发生的异议做出裁定。为此目的，构成合同一部分的仲裁条款应视为独立于其他合同条款以外的一项协议。仲裁庭做出关于合同无效的决定，不应在法律上导致仲裁条款的无效。"此外，《欧洲统一仲裁法公约》、《国际商会仲裁院仲裁规则》等明确采纳了仲裁条款独立性原则。①

（二）国内立法情况

我国的《仲裁法》和《合同法》明确承认商事仲裁协议自治权理论，并同时适用于国内和国际商事仲裁协议。《仲裁法》第19条第1款规定："仲裁协议独立存在，合同的变更、解除、终止或者无效，不影响仲裁协议的效力。"《合同法》第57条规定，"合同无效、被撤销或者终止的，不影响合同中独立存在的有关解决争议方法的条款的效力"。

现行《中国国际经济贸易仲裁委员会仲裁规则》、《中国海事仲裁委员会仲裁规则》也规定了仲裁协议的独立性原则，规定主合同中的仲裁条款和仲裁协议书均作为与合同的其他条款分离地、独立存在的一个部分看待。

三、仲裁协议独立性在适用中应注意的问题

仲裁协议独立性理论比较抽象，具体适用中应注意以下问题：②

（一）主合同转让、变更或解除、终止情况下仲裁协议的独立性

1. 主合同转让时仲裁协议独立性。根据《仲裁法司法解释》第9条的规定，债权债务无论是全部还是部分转让的，受让人均受仲裁协议的限制，即仲裁协议对受让人有效，只有下列三种情形除外，即：（1）当事人另有约定；（2）在受让债权债务时受让人明确反对；（3）受让人不知有单独仲裁协议。

2. 主合同变更时仲裁协议独立性。原有仲裁协议是否继续有效取决于当事人对合同进行的修订或者补充。如果当事人只变更了主合同条款，而未涉及仲裁协议，则仲裁协议继续对当事人有效，新的主合同发生的争议依然按照原有的仲裁协议进行仲裁；如果原有的仲裁协议被变更，新的仲裁协议取代旧的仲裁协议，主合

---

① 崔卓兰等：《仲裁法学》，北京大学出版社2006年版，第42～43页。

② 江伟：《仲裁法》，中国人民大学出版社2009年版，第96～101页。

同发生的争议按新仲裁协议进行仲裁；如果当事人既变更主合同又变更争议的解决方式，新的主合同发生纠纷后按照新约定的争议解决方式进行救济。

3. 主合同解除或终止时仲裁协议独立性。主合同解除或终止，对合同的当事人不再具有约束力，但应对合同的履行情况进行清理。这通常是对主合同中的实体权利义务关系而言的，并不涉及仲裁协议，因此，主合同被解除或终止后，仲裁协议仍然有效，其效力持续期间视具体情况而定。如果当事人在解除或终止原合同关系后又产生新的合同关系，因新的合同关系产生的纠纷应认定为超出了约定的仲裁事项的范围，对此不能继续适用原仲裁协议。

（二）主合同无效情况下仲裁协议的独立性

1. 主体欠缺民事行为能力，包括两种情况：第一，当合同主体为自然人时，根据《仲裁法》相关规定，应认定欠缺民事行为能力的人订立的仲裁协议无效。第二，当合同主体为法人时，一般应认定其订立的仲裁协议有效，但具有法律限制其法人主体资格时的特殊情形除外，如处于破产程序中的法人订立的仲裁协议可能无效。

2. 主合同的内容违反法律或者社会公共利益。此种情形下仲裁协议的效力独立于主合同的效力，仲裁协议不因主合同无效而无效。

3. 主合同不成立情况下仲裁协议的独立性。适用《仲裁法司法解释》第 10 条第 2 款的规定，“当事人在订立合同时就争议达成仲裁协议的，合同未成立不影响仲裁协议的效力”。

4. 主合同意思表示不真实情况下仲裁协议的独立性。适用《仲裁法司法解释》第 10 条第 1 款的规定，“合同成立后未生效或者被撤销的，仲裁协议效力的认定适用仲裁法第十九条第一款的规定”，仲裁协议的效力不受影响。只有符合《仲裁法》第 17 条第 3 款规定情形的，即一方采用胁迫手段迫使对方签订仲裁协议的，仲裁协议无效。

【拓展适用】

一、涉外仲裁的内涵及涉外因素的认定

（一）涉外仲裁的涵义

所谓涉外仲裁，是指含有涉外因素或者国际因素的仲裁，即当事人选定的涉外仲裁机构根据当事人之间订立的仲裁协议对当事人提交的在国际经济贸易及海事等活动中发生的争议进行审理并作出仲裁裁决的活动，从国际商事仲裁的范围来看，涉外商事仲裁也就是国际商事仲裁。

（二）涉外因素的认定

在确定争议案件是否具有“涉外”或者“国际”因素时，传统的国际私法认

为，涉外民事法律关系是指民商事法律关系的三要素，即主体、内容、客体中至少有一个因素同外国具有一定的联系，具体包括三个方面：1. 民商事法律关系中至少有一方当事人是外国人、无国籍人、外国法人、外国国家或者国际组织；2. 引起民商事法律关系发生、变更、消灭的法律事实发生在国外；3. 民商事法律关系的客体即双方当事人争议的标的物在国外。

我国《仲裁法》对何谓“涉外”因素未作出明确的规定。根据《民事诉讼法解释》第522条规定，具有当事人一方或双方是外国人、无国籍人、外国企业或组织，当事人一方或者双方的经常居住地在我国领域外、标的物在我国领域外，产生、变更或者消灭民事法律关系的法律事实发生在我国领域外等情形的，人民法院可以认定为涉外民事案件。1985年联合国《国际商事仲裁示范法》第1条第（3）款规定：“仲裁如有下列情况即为国际仲裁：（A）仲裁协议的当事各方在缔结协议时，他们的营业地点位于不同的国家；或（B）下列地点之一位于当事各方营业地点所在国以外：（a）仲裁协议中确定的或根据仲裁协议确定的地点；（b）履行商事关系的部分义务的任何地点或与争议标的关系最密切的地点；（c）当事各方明确同意，仲裁协议的标的与一个以上的国家有关”。

二、涉外仲裁协议界定的不同标准

以仲裁协议是否含有国际因素为标准，可以将其分为国内仲裁协议和国际仲裁协议。国内仲裁协议与国际仲裁协议决定了仲裁的类型为国内仲裁和国际仲裁。许多国家的仲裁立法和司法实践中，国内仲裁与国际仲裁分别适用不同的法律或仲裁规则，分别由不同的常设仲裁机构来行使仲裁管辖权。我国仲裁立法规定，对于国内仲裁，主要由各地仲裁委员会和中国海事仲裁委员会依其仲裁规则行使管辖权。而对于国际仲裁，主要由中国国际经济贸易仲裁委员会总会、华南分会、上海分会、西南分会和中国海事仲裁委员会来行使管辖权。有关国家的仲裁立法、有关仲裁的国际条约和示范法，对国际仲裁协议的界定标准也不统一，主要有以下标准①：

（一）以主体或仲裁地含有国际因素为标准

这种标准是以仲裁协议中当事人的国籍、住所或居所、法人注册地或公司管理中心所在地，仲裁地点等连结因素之一含有国际因素来确定。依此标准确定的仲裁协议即为国际仲裁协议。

（二）以争议的性质为标准

这种标准是以引起争议的法律关系具有国际性质，或有关争议在国际关系领域

---

① 参见李广辉、王瀚：《仲裁法》，对外经济贸易大学出版社2011年版，第157～158页。

发生，或涉及当事人国际商事利益的仲裁协议等来确定，将其确定为国际仲裁协议。按照这一标准，即使当事人的国籍相同，或其住所、营业地、惯常居所位于同一国家或地区，仲裁地位于该国境内或仲裁机构为该国常设仲裁机构，若争议涉及国际商事利益或在国际商事关系领域发生，其仲裁协议也可以被认定为国际仲裁协议。

（三）混合标准

前述联合国《国际商事仲裁示范法》对涉外仲裁中“涉外因素”所确立的标准是前述两种标准的综合，相比较于前两种标准，具有明显的优点，容易为各国仲裁立法和司法实践以及仲裁法学理论所接受。

三、涉外仲裁协议的法律适用

仲裁协议的内容在于确定当事人之间在争议解决程序方面的权利和义务，并不直接涉及当事人的实体权利和义务，因此，仲裁协议的法律冲突不同于实体法的冲突，同时，它也不同于程序法的冲突。因为仲裁协议只解决当事人是否有权以仲裁方式解决争议的问题，至于当事人如何按照仲裁方式来解决争议，即具体的仲裁程序则是另外一个独立的问题。我国《仲裁法》未对涉外仲裁或国际商事仲裁的法律适用作出特别规定，仲裁实践中此类问题多适用普通的国际私法规则。①

（一）仲裁协议有效性的法律适用问题

涉外仲裁协议是关于解决争议的一种协议，其本身可能导致争议的产生。涉外仲裁协议由于其国际性，往往因为当事人可能具有不同国家的国籍，或者其住所或营业所位于不同的国家，或者仲裁协议缔结地在外国，或者仲裁地在外国等而与几个国家的法律发生联系，从而涉及不同国家的法律，但不同国家和地区的法律对有效的仲裁协议的要求各不相同，依不同的法律判断可能会出现不同甚至相反的结果，并因此而发生法律冲突。除非有国际统一规范可资适用，否则依不同国家的法律，对涉外仲裁协议的有效性就可能有不同的认定，因此涉外仲裁中首先必须解决的一个问题就是适用何国法律确定仲裁协议的有效性。

（二）仲裁协议准据法的确定问题

如何适用仲裁协议的准据法，很多国家的法律没有明文规定或有关规定极为简单。仲裁实践中，主要参照其他民商事合同准据法的确定方式。因为仲裁协议具有合同的属性，无须也不可能为它确立一套完全不同于其他合同的独特的法律适用准则。无论是形式要件还是实质要件，关于认定仲裁协议效力的准据法，国际上有不

① 参见江伟：《仲裁法》，中国人民大学出版社2009年版，第255~256页。

同的理解和做法，确定仲裁协议准据法的方式归纳起来有以下几种：

1. 依当事人选择的法律，符合当事人的意思自治原则，为国际商事仲裁所采用。

2. 依最密切联系原则确定的法律。符合国际私法中的最密切联系原则，实践中一般都直接适用仲裁地或裁决地法，只有在仲裁地或裁决地无法确定的情况下才依其标准，如缔约地、争议标的所在地、当事人的住所、国籍、惯常居所、营业地确定仲裁协议的准据法。

3. 依仲裁地或裁决地的法律。当事人未明示选择仲裁协议的准据法时，国际上通行的做法是以仲裁地法或裁决地法作为仲裁协议的准据法。

4. 依其他方法适用的法律。如意大利、奥地利适用缔约地法，《瑞士联邦国际私法法规》依尽量使其有效的原则，有的仲裁机构依超越于各国内法体系之上的跨国法律观念，如一般法律原则、国际商事惯例等来确定仲裁协议的效力。

（三）我国对仲裁协议准据法的确定

关于对仲裁协议效力的认定，根据《仲裁法司法解释》第16条的规定，对涉外仲裁协议的效力审查，适用当事人约定的法律；当事人没有约定适用的法律但约定了仲裁地的，适用仲裁地法律；没有约定适用的法律也没有约定仲裁地或者仲裁地约定不明的，适用法院地法律。

四、人民法院对涉外仲裁裁决处理的程序

我国法院对裁定撤销或不予执行涉外仲裁裁决实行内部监督。人民法院经过审查核实，如果认为涉外仲裁裁决应当被撤销或者不予执行，在作出裁定前必须逐级报告最高人民法院。

（一）撤销仲裁裁决的审理程序

仲裁法和民事诉讼法对仲裁裁决撤销的方式均未规定，是适用普通诉讼程序还是适用特别程序？最高人民法院民四庭在《仲裁法司法解释》的征求意见稿中，曾经意图适用一审普通诉讼程序，而最高人民法院《案由规定》则将其纳入特别程序。但《仲裁法司法解释》第24条规定：“当事申请撤销仲裁裁决的案件，人民法院应当组成合议庭审理，并询问当事人。”从上述规定看，仲裁裁决撤销适用的是审理程序，但有两点需要注意[①]：（1）应当组成合议庭审查，不能采用独任方式。撤销仲裁裁决是对仲裁庭作出的仲裁裁决是否符合法定可撤销理由的审查，案件一般比较复杂，由合议庭审理更为妥当。（2）审理的方式可以开庭审理，也可以不开

---

① 沈德咏、万鄂湘主编：《最高人民法院仲裁法司法解释的理解与适用》，人民法院出版社2007年版，第212~213页。

庭审理，如果不开庭审理则应当询问当事人。同时，为了体现对涉外仲裁裁决撤销的特别慎重，相关司法解释还规定了撤销仲裁裁决的报告制度。最高人民法院于1998年4月23日作出《关于人民法院撤销涉外仲裁裁决有关事项的通知》（法［1998］40号），该通知规定：第一，凡一方当事人按照仲裁法的规定向人民法院申请撤销我国涉外仲裁裁决，如果人民法院经审查认为涉外仲裁裁决具有《民事诉讼法》第274条第1款规定的情形之一的，在裁定撤销裁决或通知仲裁重新仲裁之前，须报请本辖区所属高级人民法院进行审查。如果高级人民法院同意撤销裁决或通知仲裁庭重新仲裁，应将其审查意见报最高人民法院。待最高人民法院答复后，方可裁定撤销裁决或通知仲裁庭重新仲裁。第二，受理申请撤销裁决的人民法院如认为应予撤销裁决或通知仲裁庭重新仲裁的，应在受理申请后三十日内报其所属的高级人民法院，该高级人民法院如同意撤销裁决或通知仲裁庭重新仲裁的，应在十五日内报最高人民法院，以严格执行《仲裁法》第60条的规定。报告制度是最高人民法院为防止涉外仲裁监督方面出现执法不统一的现象，通过工作机制创设的法院系统内部的监控措施，体现了对涉外仲裁的大力支持。[①]

（二）仲裁裁决撤销的审查程序

《民事诉讼法》第237条和第274条对于仲裁裁决不予执行和涉外仲裁裁决的不予执行审查程序，均规定应由合议庭审查核实，但没有规定具体的审查程序。由于不予执行仲裁裁决涉及当事人的重大程序和实体权利，可参照《仲裁法司法解释》第24条关于仲裁裁决撤销的审理程序，应当听取双方当事人的陈述，必要时应当召开听证会。[②] 同时，对于涉外仲裁裁决的不予执行，也规定了报告制度。1995年8月28日，最高人民法院《关于人民法院处理与涉外仲裁及外国仲裁事项有关问题的通知》规定：（1）凡起诉到人民法院的涉外、涉港澳和涉台经济、海事海商纠纷案件，如果当事人在合同中订有仲裁条款或者事后达成仲裁协议，人民法院认为该仲裁条款或者仲裁协议无效、失效或者内容不明确无法执行的，在决定受理一方当事人起诉之前，必须报请本辖区所属高级人民法院进行审查；如果高级人民法院同意受理，应将其审查意见报最高人民法院。在最高人民法院未作答复前，可暂不予受理。（2）凡一方当事人向人民法院申请执行我国涉外仲裁机构裁决，或者向人民法院申请承认和执行外国仲裁机构的裁决，如果人民法院认为我国涉外仲裁机构裁决具有《民事诉讼法》第274条情形之一的，或者申请承认和执行

① 沈德咏、万鄂湘主编：《最高人民法院仲裁法司法解释的理解与适用》，人民法院出版社2007年版，第214页。

② 江必新主编：《新民事诉讼法执行程序讲座》，法律出版社2012年版，第203页。

的外国仲裁裁决不符合我国参加的国际公约的规定或者不符合互惠原则的，在裁定不予执行或者拒绝承认和执行之前，必须报请本辖区所属高级人民法院进行审查；如果高级人民法院同意不予执行或者拒绝承认和执行，应将其审查意见报最高人民法院。待最高人民法院答复后，方可裁定不予执行或者拒绝承认和执行。可见，一方当事人向人民法院申请执行我国涉外仲裁机构裁决，如果人民法院认为我国涉外仲裁机构裁决具有本条规定情形之一的，在裁定不予执行前必须报请本辖区所属高级人民法院进行审查；如果高级人民法院同意不予执行或者拒绝承认和执行，应将其审查意见报最高人民法院。待最高人民法院答复后，方可裁定不予执行或者拒绝承认和执行。根据上述通知的规定，裁定撤销或不予执行涉外仲裁裁决的权力高度集中于最高人民法院。

【典型案例】

中国恒基伟业集团有限公司、北京北大青鸟有限责任公司与广晟投资发展有限公司、香港青鸟科技发展有限公司借款担保合同纠纷案

上诉人（原审被告）：中国恒基伟业集团有限公司，住所地：香港特别行政区铜锣湾告示打道255—257信和广场1503室。

法定代表人：李明，该公司董事长。

委托代理人：杨天胜，北京市铭泰律师事务所律师。

委托代理人：李朝霞，该公司职员。

上诉人（原审被告）：北京北大青鸟有限责任公司，住所地：北京市海淀区成府路207号北大青鸟楼。

法定代表人：许振东，该公司董事长。

委托代理人：高悦，北京金杜律师事务所律师。

委托代理人：续光，北京金杜律师事务所律师。

被上诉人（原审原告）：广晟投资发展有限公司，住所地：香港特别行政区金钟夏悫道12号美国银行中心12楼1219室。

法定代表人：李进明，该公司董事长。

委托代理人：王宏喜，北京市德恒律师事务所广州分所律师。

委托代理人：周林彬，北京市德恒律师事务所广州分所律师。

原审被告：香港青鸟科技发展有限公司，住所地：香港特别行政区中环云咸街8号亚洲太平洋中心702室。

法定代表人：许振东，该公司董事。

委托代理人：王凤利，北京金杜律师事务所律师。

委托代理人：蒋硕，北京金杜律师事务所律师。

〔基本案情〕

上诉人中国恒基伟业集团有限公司（以下简称恒基公司）、北京北大青鸟有限责任公司（以下简称北京青鸟公司）为与广晟投资发展有限公司（以下简称广晟公司）、原审被告香港青鸟科技发展有限公司（以下简称香港青鸟公司）借款、担保合同纠纷一案，不服广东省高级人民法院（2006）粤高法民四初字第1号民事裁定书，向本院提起上诉。本院依法组成合议庭，对本案进行了审理，现已审理终结。

原审中，广晟公司以借款合同纠纷起诉恒基公司、香港青鸟公司、北京青鸟公司还款，恒基公司和北京青鸟公司在提交答辩状期间对管辖权提出异议，认为《可转换债发行协议》约定有仲裁条款，法院无管辖权，请求驳回起诉。

〔一审裁判理由与结果〕

原审法院经审查认为，本案中广晟公司起诉的主要依据是《可转换债发行协议》及其相关担保协议，《可转换债发行协议》第十条约定："四方应妥善解决履行中发生的争议，协商解决不成的，提交仲裁解决。本协议适用中华人民共和国香港特别行政区法律。"该条款体现了双方当事人将争议提交仲裁的意思表示，同时约定了解决协议争议的准据法。但由于当事人没有约定仲裁条款效力的准据法，也因当事人没有约定仲裁地，无法确定仲裁地的法律，在此情形下，应适用法院地法即我国内地法律作为确认该仲裁条款效力的准据法。根据《中华人民共和国仲裁法》第十六条第二款的规定，仲裁协议应具有选定的仲裁委员会的内容，而本案所涉仲裁条款中，当事人仅有仲裁的意思表示，没有确定的仲裁机构名称，当事人也没有就仲裁机构达成补充协议。根据《中华人民共和国仲裁法》第十八条的规定，该仲裁条款应被确认为无效。由于仲裁条款无效，广晟公司有权向法院提起诉讼。从当事人的诉请和主要表面证据来看，《可转换债发行协议》为双务合同，双方当事人履行义务的地点都可以作为合同履行地。本案中，广晟公司委托关联公司从广州的银行划款到恒基公司在北京的关联公司，因此，广州市应为合同履行地之一。参照《中华人民共和国民事诉讼法》第二百四十三条①的规定，原审法院对广晟公司诉恒基公司的可转换债发行协议纠纷有管辖权。

香港青鸟公司和北京青鸟公司因《可转换债发行协议》向广晟公司提供担保，因此，《可转换债发行协议》为主合同，担保协议和担保函为从合同。在广晟公司就主合同和从合同一并提起诉讼时，从合同的管辖应依主合同确定。该院对可转换债发行协议纠纷有管辖权，故对广晟公司诉香港青鸟公司和北京青鸟公司的担保纠纷亦享有管辖权。综上所述，恒基公司和北京青鸟公司的管辖权异议理由不充分，应予驳回。该院依照《中华人民共和国民事诉讼法》第三十八条②的规定，裁定：驳回

① 2012年《民事诉讼法》已删除。

② 对应2012年《民事诉讼法》第127条。

恒基公司和北京青鸟公司对本案管辖权提出的异议。

〔当事人上诉及答辩意见〕

恒基公司不服原审法院上述裁定，向本院提起上诉称：（一）一审裁定在仲裁条款效力的判定和准据法适用上错误。《可转换债发行协议》的仲裁条款应从整体上理解，凡涉及判定本协议内容的准据法，不论是解决争议还是判定仲裁条款的效力均适用香港法律。该仲裁条款有效。（二）一审裁定认定广州市为合同履行地属事实认定错误。根据《可转换债发行协议》，广晟公司委托广东省广晟资产经营有限公司履行了义务，即向我公司委托的北京恒基伟业电子产品有限公司支付了壹亿元人民币，后因我公司未成功上市，前述款项亦转换为借款，《可转换债发行协议》未约定合同履行地，根据《合同法》第六十二条的规定，履行地应为我公司委托接收款项的北京恒基伟业电子产品有限公司所在地，而不是广晟公司所在地。（三）一审裁定适用法律错误。本案只能在适用《合同法》第六十二条的前提下，才能“参照”《中华人民共和国民事诉讼法》第二百四十三条的规定确定管辖法院。综上，请求撤销一审法院（2006）粤高法民四初字第1号裁定书，驳回广晟公司的起诉。

北京青鸟公司亦不服原审法院的上述裁定，向本院提起上诉称：（一）原审法院适用法律不当。《可转换债发行协议》已明确约定准据法，该约定自然及于仲裁条款；此外，协议各方当事人均为香港法人，按照国际私法原则，以当事人本国法确定协议适用的准据法，故本案争议包括确认仲裁条款效力应适用香港法律。（二）原审法院认定事实不清，《可转换债发行协议》没有实际履行，无合同履行地。本案为借款合同纠纷，合同的当事人全部为香港法人，住所地在香港，依据最高人民法院《关于适用〈中华人民共和国民事诉讼法〉若干问题的意见》第18条①规定，即使仲裁条款无效，本案也应由被告住所地法院管辖，即由香港法院管辖，而非原审法院管辖。请求：依法撤销广东省高级人民法院（2006）粤高法民四初字第1号民事裁定书，裁定驳回被上诉人的起诉。

广晟公司答辩称：（一）原审法院适用法律正确，仲裁条款具有独立性，仲裁条款使用的准据法不同于合同所适用的准据法。（二）合同已实际履行，广州是付款地，为合同履行地之一，广东高院拥有合法管辖权。《合同法》的相关规定不适用本案。（三）北京青鸟公司作为独立于合同之外的担保人，无权就主合同所产生的管辖权提出异议。

香港青鸟公司未提交书面法律意见。

〔最高人民法院查明的事实〕

最高人民法院查明：2002年12月25日，广晟公司、恒基公司、香港青鸟公司

---

① 对应《民事诉讼法解释》第18条。

和东英亚洲有限公司签订了《可转换债发行协议》。该协议第十条约定："四方应妥善解决履行中发生的争议，协商解决不成的，提交仲裁解决。本协议适用中华人民共和国香港特别行政区法律。"

2002年12月25日，北京青鸟公司向广晟公司出具《担保函》，主要内容是承认其全资子公司香港青鸟公司签订的《可转换债发行协议》，并声明对香港青鸟公司在《可转换债发行协议》的担保义务承担连带责任。该《担保函》没有约定仲裁条款。

〔最高人民法院裁判理由与结果〕

最高人民法院认为：本案中《可转换债发行协议》约定有仲裁条款，并约定，"本协议适用中华人民共和国香港特别行政区法律"，故对仲裁条款效力审查所要适用的准据法就成为本案首先要考量的问题。

《最高人民法院关于适用〈中华人民共和国仲裁法〉若干问题的解释》第十六条规定："对涉外仲裁协议的效力审查，适用当事人约定的法律；当事人没有约定适用的法律但约定了仲裁地的，适用仲裁地法律；没有约定适用的法律也没有约定仲裁地或者仲裁地约定不明的，适用法院地法律。"由此可以看出，当事人对确定仲裁条款效力的准据法是可以在合同中约定的，但这种约定必须是明确约定，合同中约定的适用于解决合同争议的准据法，不能用来判定涉外仲裁条款的效力。也就是说对仲裁条款效力适用的准据法要与解决争议适用的准据法相区别。本案中，在仲裁条款项下约定"本协议适用中华人民共和国香港特别行政区法律"，是对仲裁条款效力适用的准据法还是适用于解决合同争议的准据法容易产生歧异，不能视为明确约定了仲裁条款效力的准据法。因《可转换债发行协议》中没有约定仲裁地，故应适用法院地法即我国内地法律来认定该仲裁条款效力。

《中华人民共和国仲裁法》第十八条规定："仲裁协议对仲裁事项或者仲裁委员会没有约定或者约定不明确的，当事人可以补充协议；达不成补充协议的，仲裁协议无效。"本案中的仲裁条款尽管明确了发生争议要通过仲裁解决的意思表示，但没约定仲裁机构，各方当事人也没有对仲裁机构达成补充协议，故该仲裁条款应属无效，人民法院对本案享有管辖权。原审法院认定仲裁条款无效是正确的。

《中华人民共和国民事诉讼法》第二十四条①规定："因合同纠纷提起的诉讼，由被告住所地或者合同履行地人民法院管辖。"因本案所涉协议没有约定合同履行地，故应以合同的实际履行地来确定管辖权。

恒基公司和广晟公司作为《可转换债发行协议》中本债的发行人和买受人，均确认广晟公司已委托其关联公司支付款项给恒基公司在北京的关联公司的事实，并认可该行为的目的是为履行《可转换债发行协议》。尽管北大青鸟公司提出该付款行为受限于我国外汇管理规定，所付款项不能用于履行协议，且其未接到合同已履行

---

① 对应2012年《民事诉讼法》第23条。

的通知，协议没有实际履行。但合同是否得以履行是事实问题，而履行合同是否适当、合法，属于合同履行的后果及责任问题，是法律对于法律事实、行为的价值判断。其关于合同未履行的主张不能得到支持。

《中华人民共和国合同法》第六十二条第（三）项规定："履行地点不明确，给付货币的，在接受货币一方所在地履行;"从本案主合同当事人确认的事实看，接受货币的一方为恒基公司在北京的关联公司，即北京恒基伟业电子产品有限公司，住所地在北京，故本案合同履行地应认定为北京。原审法院认定广州为合同履行地之一，并依此认定广东省高级人民法院对本案享有管辖权，缺乏事实和法律依据，应予纠正。

广晟公司起诉中所主张的还款额在 1 亿元以上，按照最高人民法院核准的收案标准，北京市高级人民法院对广晟公司诉恒基公司、香港青鸟公司借款纠纷享有管辖权。

北京青鸟公司向广晟公司出具《担保函》，承诺对香港青鸟公司因《可转换债发行协议》产生的债务承担连带保证责任，故该《担保函》应为《可转换债发行协议》的从合同。因《担保函》中没有约定仲裁条款，北京青鸟公司住所地在北京，且广晟公司将主债务人及担保人一并起诉，故北京市高级人民法院对该担保纠纷亦享有管辖权。

综上，上诉人的上诉理由部分成立，本院予以支持。原审法院对本案管辖权所作裁定不当，应予撤销。广东省高级人民法院应将本案移送至北京市高级人民法院审理。本院依照《中华人民共和国民事诉讼法》第二十四条、第三十六条、第一百五十四条①，《中华人民共和国仲裁法》第十八条，最高人民法院《关于适用〈中华人民共和国仲裁法〉若干问题的解释》第十六条之规定，裁定如下：

一、撤销广东省高级人民法院（2006）粤高法民四初字第 1 号民事裁定书；

二、广东省高级人民法院将本案移送北京市高级人民法院审理。

本案二审案件受理费 50 元由广晟投资发展有限公司承担。

本裁定为终审裁定。

① 对应 2012 年《民事诉讼法》第 171 条。

第三十一章　刑民交叉案件的处理程序

规则 41：人民法院审理当事人之间的合同关系，当事人仅以经手人涉嫌犯罪为由主张中止案件审理的，人民法院不予支持

——郭景忠与天津石油集团天泰石油有限公司、蓝星石化有限公司天津分公司买卖合同纠纷案①

【裁判规则】

在买卖合同纠纷中，被告以订立该买卖合同的经手人涉嫌经济犯罪被刑事拘留为由，主张先中止审理买卖合同纠纷，等待刑事案件处理结果，但不能用证据来否定其与原告之间的买卖合同关系真实存在，该诉讼主张人民法院不予支持。

【规则理解】

一、刑民交叉案件的内涵及类型

（一）刑民交叉案件的内涵

刑民交叉案件是司法实践中一个复杂而又普遍的问题。所谓刑民交叉案件，又称刑民交织、刑民互涉案件，是指案件性质既涉及刑事法律关系又涉及民事法律关系，且相互之间存在交叉、牵连、影响的案件，② 或根据同一法律事实所涉及的法律关系，一时难以确定是刑事法律关系还是民事法律关系的案件。

（二）刑民交叉案件的类型

目前学界对于刑民交叉案件的类型划分为“两类说”和“三类说”。③ 1. “两类说”。该学说认为，刑民交叉案件可分为两大类：第一类是因不同法律事实，分别涉及刑事法律关系和民事法律关系，但法律事实之间具有一定的牵连关系而造成的刑民交叉案件。第二类是因同一法律事实，同时涉及刑事法律关系和民事法律关

---

① 《中华人民共和国最高人民法院公报》2006 年 4 期。

② 何帆：《刑民交叉案件审理的基本思路》，中国法制出版社 2007 年版，第 25 ~ 26 页。

③ 黄东平：“刑民交叉案件处理问题的探讨”，载《法制与经济》2010 年第 1 期。

系，从而构成刑民案件交叉。2. “三类说”。该学说认为，刑民交叉案件可划分为三大类：第一类是因不同法律事实分别涉及刑事法律关系和民事法律关系，但法律事实之间具有一定的牵连关系而造成的刑民交叉案件。第二类是因同一法律事实涉及的法律关系一时难以确定是刑事法律关系还是民事法律关系而造成的刑民交叉案件。第三类是因同一法律事实客观上同时侵犯了刑事法律关系和民事法律关系，从而构成了刑民交叉。

我们认为，上述“两类说”和“三类说”实质上并没有本质的差异，都是依据法律事实这一要素对刑民交叉案件的分类。“三类说”中的第二类和第三类案件，实质上都属于同一法律事实所引发的刑民交叉案件。因此，我们赞同以法律事实的个数为“统一标准”对刑民交叉案件进行分类的“两类说”，即将刑民交叉案件总体上分为以下两类：

1. 因不同法律事实，分别涉及刑事法律关系和民事法律关系，但法律事实之间具有一定的牵连关系而造成的刑民交叉案件。典型的是同一行为主体实施了两个独立的法律行为，分别侵犯了刑事法律关系和民事法律关系，但都是基于同一行为主体，法律事实牵连，导致刑民案件交叉。① 如合同纠纷案件的民事被告同时又是合同诈骗案件中的刑事被告人。此类案件一般应当分别立案和处理，采取刑民分离的处理方式。

2. 因同一法律事实，同时涉及刑事法律关系和民事法律关系，构成的刑民交叉案件。此类案件可细分为：（1）刑事附带民事诉讼。此种情形一般是同一行为人的同一犯罪行为，造成一个侵害结果，既需承担民事侵权责任，又要受到刑事处罚；其适用刑民合一的处理方式。（2）决定民事判决结果的重要事实，有待刑事审判认定与查明的案件。这类情况可以是标的物的关联，如民事案件的标的物，同时又是刑事案件的标的物②；也可以是事实相关联，如甲是一起民事纠纷的原告，多次伪造民事证据提起诉讼，骗取他人钱财，公安机关决定对其立案侦查，此时，法院结合正在审理的事实，认为甲提供的证据也有可能是伪造，但通过民事审判又很难查证。对于此类案件，法院可以依据《民事诉讼法》关于“本案必须以另一案的审理结果为依据，而另一案尚未审结”的规定，裁定中止审理，或将案件线索移送侦查机关。（3）决定民事判决结果的重要事实，无须刑事审判认定和查明的案件。如对于损害结果既产生于刑事案件被告人的犯罪行为，又产生于他人过错行为

① 江伟、范跃如：“刑民交叉案件处理机制研究”，载《法商研究》2005 年第 4 期。

② 陈光中、陈桂明：“是否‘先刑后民’要酌情而定”，载《检察日报》2006 年 8 月 6 日。

的案件，受害人因犯罪分子无法确定或脱逃下落不明而仅要求他人承担民事损害赔偿责任的，就可以越过刑事案件的处理环节，先行提起民事诉讼。再如合同纠纷案件中，由于合同一方的经办人涉嫌刑事犯罪，需要追究其个人的刑事责任，但不影响该经办人所代表的公司承担合同责任的，在合同权利方作为原告提起的民事案件中，合同另一方当事人不能以其经办人涉嫌犯罪为由进行抗辩，主张民事案件中止审理。

二、刑民交叉案件的处理原则

处理刑民交叉案件的法律依据是刑法、刑事诉讼法和民法、民事诉讼法，针对刑民交叉案件的处理程序，目前没有专门的程序法律规范，也没有一个内容涵盖较为全面的司法解释。现有规范性文件集中于经济犯罪与经济纠纷交叉的领域，体现在下列司法解释或法律文件之中：《最高人民法院关于审理存单纠纷案件的若干规定》、《最高人民法院关于在审理经济纠纷案件中涉及经济犯罪嫌疑若干问题的规定》、《最高人民法院关于审理票据纠纷案件若干问题的规定》等。司法实践中，因交叉情形使得有些案件法律关系相当复杂，操作规范相对缺乏，给审判部门带来不少困惑。笔者认为，关于刑民交叉案件的处理，应当遵循一个基本原则，摒弃一律“先刑后民”的观念，即基于刑事案件与民事案件的差异性，应当以分离审判为原则，而案件处理的先后顺序则在所不问。一般而言，若刑民案件的独立审理并不引起相互之间的冲突，以实行分离审判为宜。若民事处理结果依赖于刑事处理结果或者刑事处理依赖于民事处理的结果，则需要考虑期间的牵连关系，采取区别对待的原则，案件情况不同，处理方式不尽一样，视不同情况采取“先刑后民”、“先民后刑”、“刑民并行”、“刑事附带民事”等不同的处理方式，在分清案件的交叉、关联或牵连范围的情况下，对案件审慎处理。

三、处理刑民交叉案件应注意的几个程序性问题

（一）关于应当按照民商事纠纷立案而不立案的问题

《民事诉讼法》第 119 条明确规定了起诉应当具备的几个条件，即原告是与本案有直接利害关系的公民、法人或其他组织；有明确的被告；有具体的诉讼请求和事实、理由；属于人民法院受理民事诉讼的范围和受诉人民法院管辖。另外，涉及公益诉讼的案件，应严格按照《民事诉讼法》第 55 条的规定进行审查。当事人提起的民商事诉讼案件只要符合上述起诉条件，人民法院就应当受理，特别是实行立案登记制后，更应对符合条件的案件办理登记立案，而不应当以“先刑后民”为由而不予立案。

（二）关于不当驳回当事人起诉的问题

在刑民交叉案件中，不能一发现案件涉嫌刑事犯罪，而不论何人犯罪或犯何种

罪，就以案件涉嫌刑事犯罪为由，一概裁定驳回起诉，或裁定移交公案机关处理，因为如果做法过于简单化和绝对化，容易导致剥夺了当事人的诉权。

（三）关于对侦查过程中的证据材料是否应当质证和采信的问题

根据民事诉讼证据规则，任何证据材料必须进行质证之后才能作为法院认定事实的依据。对于侦查机关在侦查过程中获取的证据材料，一般情况下应当组织当事人进行质证。对于经质证当事人有争议的，如果能够证明侦查机关系依据合法程序取得，不存在刑讯逼供等违法取证的情形，符合证据规定相应要求的，一般应当予以采信，但有反证的除外。

【拓展适用】

一、“先刑后民”不是一项诉讼基本原则

（一）“先刑后民”的涵义

所谓“先刑后民”，是指法院受理的民商事纠纷案件涉及刑事犯罪嫌疑时，由法院视该民商事纠纷案件与刑事犯罪案件是否因不同法律事实产生，而决定将民商事纠纷案件全案移送或者部分移送。部分移送的，民商事纠纷案件中止审理，等待刑事判决结果作出后恢复审理；如果刑事案件已经受理，则民商事案件不应受理，已受理的应裁定驳回起诉。①

（二）“先刑后民”不是一项司法原则

持“先刑后民”观点者认为，“先刑后民”是一项司法原则或基本原则，甚至可以适用于一切案件。其主要理由为，公权优先于私权，对私权提供救济的民事诉讼活动应当服从于国家追究犯罪的刑事诉讼活动的需要。刑事诉讼的目的在于惩罚犯罪，保护人民，保障国家安全和社会公共安全，维护社会主义社会秩序，保护的是国家利益。民事诉讼的目的在于确认民事权利义务关系，制裁民事违法行为，保护当事人的合法权益。在处理刑民交叉案件中，公权利益与私权利益原本都应受到保护，但当保护遇有冲突之时优先实现哪种权益的保护更加有利，并不是一成不变的，将“先刑后民”作为一项司法原则，适用于所有的刑民交叉案件，这种观点应当受到质疑。有学者认为，将“先刑后民”作为一项司法原则，存在以下弊端：第一，“先刑后民”体现了公权优先的价值观念，与现代法治理念不符。第二，刑民难以区分之时，“先刑后民”不具有可行性，在此情况下，一味强调“先刑后民”，会为地方保护主义大开方便之门，为司法机关干预经济纠纷提供理由，为某些人恶

---

① 宋晓明、张雪楳：“民商事审判若干疑难问题——民刑交叉案件”，载《人民法院报》2006年8月30日。

意利用国家司法资源用以实现个人不正当利益提供理论根据。第三，“先刑后民”容易侵犯当事人的权利，不利于保护被害人的权利，为被告人逃避承担民事责任提供了理由。①

笔者认为，“先刑后民”不应是一项司法原则，而应只是审理刑民交叉案件的一种处理方式。首先，所谓司法原则，应当是在某项法律制度或某类司法活动中贯穿始终、具有普遍意义的准则。②“先刑后民”不具有较高的法律渊源，现行法律规范中并没有关于“先刑后民”的明确规定，相关的司法解释也只将其定位于协调刑民交叉案件的方法之一，并未给予其一般原则的地位，“先刑后民”不能达到普适性标准。其次，在处理刑民交叉案件中，对当事人的权益与国家利益应当平等保护，并不存在权利保护的优劣和先后。对当事人的权益与国家利益的保护，只不过是各自适用的实体法和程序法不同而已，只要依据相应的证据规则和归责原则，能够认定因不同法律事实而引发的两类案件的责任人应承担刑事责任和民事责任，两类案件就应该分别进行审理。当然当事人提起刑事附带民事诉讼并因权利得到充分救济不再另行提起民事诉讼的除外。

（三）“先刑后民”的适用标准

司法实务中，存在着一案的审理必须依据另案审理结果的情形，既包括民事案件的审理需依据刑事案件的审理结果的情形，也包括刑事案件的审理必须依据民事判决结果的情形，先刑后民和先民后刑的情况都可能存在。如在审理侵害商业秘密刑事案件时，需先通过对民商事纠纷案件的审理确定权利主体后，才能进行刑事案件的审理，确定犯罪嫌疑人是否构成犯罪。在民商事案件的审理过程中，重要的是通过证据认定，依据相关事实和法律进行审理，因此，对于刑民交叉案件，并非一定要等待刑事案件的审理结果。只有在依据《民事诉讼法》第150条第1款第5项关于“本案必须以另一案的审理结果为依据，而另一案尚未审结”的规定，民事案件的审理必须以刑事案件的审理结果为依据的情形下，民事案件才应中止审理。此处必须强调，刑事案件的处理结果对民事案件的处理产生实质性影响。

二、适用“先刑后民”应当注意的问题

为保护当事人的民事诉权和实体权益，先刑后民应区别情形适用，既要防止机械适用“先刑后民”方法，将“先刑后民”绝对化和扩大化，以刑止民，对于不适用“先刑后民”处理方式的案件随便中止审理和驳回起诉；又要防止过于刻板地

---

① 陈兴良：“关于‘先刑后民’司法原则的反思”，载《北京市政法管理干部学院学报》2004年第2期。

② 何帆：《刑民交叉案件审理的基本思路》，中国法制出版社2007年版，第199页。

固守刑事诉讼和民事诉讼的独立性，一概排斥“先刑后民”方法的适用，防止对“先刑后民”的观点纠枉过正。正确把握“先刑后民”的适用，应注意以下几点：

（一）人民法院要掌握最终审查确认权

基于民事案件中出现的犯罪事实，当事人均有权向法院申请对民事案件中止审理或请求对刑事部分予以调查。公安机关、检察机关可因民事案件涉嫌犯罪向法院具函反映刑事侦查情况，或请求法院中止审理该民商事纠纷案件。法院作为审判机关当然可以根据案件实际情况，中止民商事纠纷的审理，以等待刑事判决的结果，或将正在审理的民事案件全案移送公安或检察机关立案侦查处理。无论哪种情形提出“先刑后民”，都是由人民法院审查决定是否适用“先刑后民”的方法处理民商事案件，人民法院具有最终审查确认权。

（二）要树立“刑”与“民”无先后、优劣之分的观念

对于国家利益与当事人权益坚持平等保护。法律面前人人平等是我国宪法确定的原则。无论刑事案件还是民事案件，法律赋予人民法院处理一定要依法、公正。法律对当事人的行为是否构成犯罪，是否应当受到刑事惩罚，还是应当依据民事法律确定其为民事纠纷，都应在查明事实的基础上，依据法律作出综合判断。当某一行为既可能涉及刑事，又可能涉及民事时，以谁为先处理，都应以对该行为的处理结果是否实质影响到另一行为作为判断前提来确定“刑”“民”的先后。不存在只要发生“刑”“民”交叉时就“刑”先民后的逻辑。

（三）针对个案进行具体情况具体分析

在实体上，应采取区别处理的方法，只有在刑事案件的处理结果对民事案件的处理结果足以产生实质性影响的前提下，才适用“先刑后民”。

（四）关注司法效率的提高

在“先刑后民”情形下，应注意审理程序的公平、公开和公正，防止因程序问题影响实体公正，从而使刑事案件久拖不决，民商事纠纷案件当事人的合法权益因刑事案件的处理期限过长无法得到及时保护。

（五）处理方法得当

适用“先刑后民”，要区分不同情形做好刑民案件的沟通、移送工作。对于法院主动决定移送的，移送前法院与侦查部门应进行事先沟通，防止法院移送的理由不能得到侦查机关的认可，而使民商事案件不能得到及时处理。对于侦查部门来函要求移送的，法院应在合理的期限内审查完毕，审查决定是否移送，应函告有关侦查机关以及当事人。另外，也应建议侦查机关提起公诉或撤销案件后将侦查结果函告法院，以便法院根据侦查结果，及时处理民商事案件。

【典型案例】

郭景忠与天津石油集团天泰石油有限公司、蓝星石化有限公司天津分公司买卖合同纠纷案

原告：郭景忠。

被告：天津石油集团天泰石油有限公司。

法定代表人：刘长发，该公司经理。

被告：蓝星石化有限公司天津分公司。

负责人：蔡朋发，该公司总经理。

〔基本案情〕

原告郭景忠因与被告天津石油集团天泰石油有限公司（以下简称天泰公司）、蓝星石化有限公司天津分公司（以下简称蓝星公司）发生买卖合同纠纷，向天津市西青区人民法院提起诉讼。

原告郭景忠诉称：原告与二被告素有业务往来。原告向被告天泰公司的业务员李楠交付货款后，得到天泰公司出具的提货单，让原告到被告蓝星公司处提货。蓝星公司也开出提货单，允诺9月20日给原告提货。原告在约定时间前往提货时，被蓝星公司拒绝。请求判令二被告立即给付300吨+5#测线油，或者退还原告已付的102.3万元购油款。

原告郭景忠提交天泰公司的提货单、天泰公司的授权委托书、蓝星公司的提货单等证据。

被告天泰公司辩称：原告所称的李楠，不是本公司业务员，与本公司之间不存在管理和被管理关系，也不存在代理关系。李楠向原告卖油，是其个人行为。本公司没有收到原告交付的货款，与原告不存在买卖合同关系。原告所诉事实与本公司无关，诉讼请求不明确，不符合《中华人民共和国民事诉讼法》（以下简称民事诉讼法）第一百零八条①的规定。因涉嫌诈骗，现在李楠已被天津市公安局塘沽分局刑事拘留，李楠诈骗案已进入立案侦查阶段，李楠的个人行为已经属于刑事犯罪范畴。按照“先刑后民”原则，即使原告的诉讼请求能够成立，本案也需要中止审理，等待李楠诈骗案的处理结果，故应当驳回原告的诉讼请求。

被告天泰公司提交保证书、审计报告、控告书、公安机关制作的询问笔录、公安机关出具的证明等证据。

被告蓝星公司辩称：本公司与被告天泰公司有长期业务关系。2004年9月17日，天泰公司财务科长亲自携带转账支票到本公司销售处，要求办理一笔300吨+5#测线油的买卖业务。由于转账支票当时不能入账，本公司在与天泰公司负责人通过

---

① 对应2012年《民事诉讼法》第119条。

电话确认了此笔买卖确实是天泰公司要求办理的以后，基于长期合作产生的信任，才向天泰公司开具一张只用于本公司内部销售和财务、生产等部门之间传递的内部提货单。双方约定：待天泰公司转账支票上的款足额如实划入本公司后，本公司再为其更换正式提货单。后因银行退回了天泰公司的转账支票，本公司才拒绝供货。原告所持提货单是本公司向天泰公司开出的内部提货单，不能证明原告与本公司存在买卖合同关系，能够凭该内部提货单从本公司提货。由于天泰公司的货款未到账，这张内部提货单无论由谁持有，均不发生见单付货的效力。应当驳回原告对本公司的诉讼请求。

被告蓝星公司提交转账支票、退票证明、内部提货单及正式提货单样本等证据。

天津市西青区人民法院经审理查明：

2004 年 9 月 14 日，案外人李楠向原告郭景忠出示一份由被告天泰公司于当日出具的授权委托书，内容为："我公司现有一石化 +5#测线油壹千吨整供李楠销售，但必须货款到我公司账户后方可付油。"授权委托书的落款处为天泰公司，并加盖该公司公章。郭景忠遂与李楠口头商定，给李楠付款 102.3 万元，购买 +5#测线油 300 吨；李楠同时向郭景忠出具了加盖天泰公司分提专用章的提货单，并告知郭景忠到被告蓝星公司处提货。次日，郭景忠到蓝星公司提货时，蓝星公司称，因货款未到不能提货。9 月 17 日，郭景忠找到李楠，李楠称其已将货款打入天泰公司账户，李楠的丈夫郭庆祝和天泰公司的财务人员刘杰也立即携带天泰公司转账支票，与郭景忠共同前往蓝星公司。蓝星公司收到天泰公司转账支票后，与天泰公司经理刘长发通电话，刘长发证实是该公司工作人员携带支票到蓝星公司办理业务。蓝星公司立即开具一张盖有蓝星公司销售处业务专用章的提货单，注明购货单位为天泰公司。当着在场的郭庆祝，刘杰将此提货单交给郭景忠。9 月 20 日，郭景忠持此提货单到蓝星公司提货时，蓝星公司以天泰公司的转账支票已经被银行退票为由，拒绝向郭景忠付货。

另查明：原告郭景忠在第一次到被告蓝星公司处提货被拒绝后，曾将案外人李楠和此笔交易的介绍人石松朋扭送到大港公安分局。2004 年 9 月 17 日，李楠、石松朋、郭庆祝向郭景忠出具一份保证书。保证书载明："李楠收郭景忠油款 102.3 万元整，限今日上午付油或退款，如出现意外由其丈夫郭庆祝和石松朋、李楠退款。"为查明李楠与天泰公司之间的油款结算情况，天泰公司曾委托天津广信有限责任会计师事务所进行审核。审计报告表明，从 2004 年 9 月 14 日至同年 9 月 20 日，天泰公司共收到李楠交来的现金货款 424.5 万元。2004 年 10 月 11 日，大港公安分局经侦支队证明：该队于 2004 年 9 月 20 日受理了天泰公司控告李楠诈骗一案，就李楠等人涉嫌诈骗一事进行审查。

以上事实，由天泰公司授权委托书、天泰公司的提货单、蓝星公司的提货单及样本、转账支票、退票证明、李楠、石松朋、郭庆祝书写的保证书、审计报告、天泰公司控告书、大港公安分局经侦支队制作的询问笔录、大港公安分局经侦支队的证明以及双方当事人的陈述证实。

〔一审裁判理由与结果〕

本案应解决的争议焦点是：1. 李楠有无权利代理天泰公司订立油品买卖合同？2. 本案有无必要先中止审理，等待刑事案件的处理结果？3. 本案的油品买卖合同是否成立？如果成立，应当由谁履约？

天津市西青区人民法院认为：

案外人李楠向原告郭景忠出售 +5#测线油时，出示了被告天泰公司出具的授权委托书。该委托书上有天泰公司加盖的公章，依法有效。《中华人民共和国民法通则》（以下简称民法通则）第六十三条第一、二款规定："公民、法人可以通过代理人实施民事法律行为。""代理人在代理权限内，以被代理人的名义实施民事法律行为。被代理人对代理人的代理行为，承担民事责任。"第六十五条第一、二款规定："民事法律行为的委托代理，可以用书面形式，也可以用口头形式。法律规定用书面形式的，应当用书面形式。""书面委托代理的授权委托书应当载明代理人的姓名或者名称、代理事项、权限和期间，并由委托人签名或者盖章。"授权委托书证实，天泰公司与李楠之间存在着代理关系。当天泰公司工作人员刘杰携带天泰公司支票，与郭景忠等人前往被告蓝星公司处，为郭景忠购买的300吨 +5#测线油向蓝星公司交支票付款时，天泰公司法定代表人刘长发证实，刘杰是天泰公司工作人员，代表该公司去办理业务。这个情节说明，天泰公司对李楠代该公司销售300吨 +5#测线油一事完全知情，该公司应当对李楠在委托书授权范围内实施的代理行为承担民事责任。天泰公司关于李楠与该公司之间不存在代理关系，李楠向郭景忠卖油是个人行为，该公司与郭景忠之间不存在买卖合同关系等辩解理由，与事实不符，不予采纳。

最高人民法院在《关于在审理经济纠纷案件中涉及经济犯罪嫌疑若干问题的规定》中的第一条规定："同一公民、法人或其他经济组织因不同的法律事实，分别涉及经济纠纷和经济犯罪嫌疑的，经济纠纷案件和经济犯罪嫌疑案件应当分开审理。"本案买卖合同虽然是由案外人李楠与原告郭景忠口头订立，但李楠只是被告天泰公司的代理人，不是买卖合同主体，合同主体是郭景忠和天泰公司。李楠在授权范围内代理天泰公司订立的买卖合同，应当由天泰公司承担责任。由于天泰公司的控告，李楠因涉嫌诈骗被公安机关刑事拘留。本案是买卖合同纠纷，李楠的行为无论是否构成诈骗罪，均与本案无关，不应影响到本案审理结果，故本案无需中止审理。天泰公司关于本案应先中止审理的辩解理由，不能成立。

《中华人民共和国合同法》第六十条第一款规定："当事人应当按照约定全面履行自己的义务"，第一百零七条规定："当事人一方不履行合同义务或者履行合同义务不符合约定的，应当承担继续履行、采取补救措施或者赔偿损失等违约责任"，第一百三十五条规定："出卖人应当履行向买受人交付标的物或者交付提取标的物的单证，并转移标的物所有权的义务”。李楠、石松朋、郭庆祝向原告郭景忠出具的保证书证实，为购买300吨+5#测线油，郭景忠向李楠交付了102.3万元货款。天泰公司提交的审计报告证实，从2004年9月14日至同年9月20日，该公司收到李楠交来的现金货款424.5万元。天泰公司辩称没有收到郭景忠交付的货款，与事实不符。郭景忠已经履行了买卖合同中买方的付款义务。作为被代理人，天泰公司应当按照合同约定，履行交付油品的义务。天泰公司未能履行此项合同义务，实属违约，应当承担继续履行、采取补救措施或者赔偿损失等违约责任。郭景忠诉请判令天泰公司给付油品或者退还货款，应当支持。

原告郭景忠虽然持有被告蓝星公司出具的提货单，但该提货单是蓝星公司针对与被告天泰公司的买卖关系开出的。郭景忠与蓝星公司之间不存在买卖关系，故对郭景忠关于判令蓝星公司给付300吨+5#测线油或者退还货款的诉讼请求，不予支持。

据此，天津市西青区人民法院于2004年11月15日判决：

一、被告天泰公司于本判决发生法律效力后10日内，给付原告郭景忠+5#测线油300吨；如不能按时交付，则向郭景忠退还购油款102.3万元；

二、驳回原告郭景忠的其他诉讼请求。

〔当事人上诉及答辩意见〕

一审宣判后，天泰公司不服，向天津市第一中级人民法院提起上诉，主要理由是：无论是公安机关正在调查的经济诈骗问题，还是法院要解决的本案买卖合同纠纷，都是建立在同一个法律事实上，即李楠以上诉人名义与被上诉人郭景忠订立买卖合同，赚取了被上诉人交付的油款。这个法律事实，是由同一公民即李楠的行为造成的。上诉人与被上诉人之间没有订立过油品买卖合同，李楠既不是上诉人的工作人员，也不是上诉人的代理人，无权代理上诉人招揽业务，李楠的行为与上诉人无关。因此，只有在确定李楠的行为是否构成诈骗后，才能解决上诉人与被上诉人之间是否存在买卖合同关系、被上诉人的油款应当由谁退还等一系列问题。故本案必须中止审理，等待刑事案件的审理结果。原审不中止审理本案，是程序违法。请求依法改判天泰公司对本案的所谓“买卖合同”不承担法律责任。

被上诉人郭景忠认为原判事实清楚，判处恰当，应当维持。

原审被告蓝星公司亦同意一审判决。

〔二审查明的事实〕

天津市第一中级人民法院经公开审理，确认了一审查明的事实。

〔二审裁判理由与结果〕

天津市第一中级人民法院认为：

案外人李楠是凭盖有上诉人天泰公司公章的授权委托书，才与被上诉人郭景忠口头订立油品买卖合同；李楠交给郭景忠的提货单上，也有天泰公司的公章。天泰公司上诉虽称李楠无权代理该公司从事业务活动，但却不能提交相反证据否认授权委托书和提货单上公章的真实性，更对其法定代表人证实刘杰用该公司支票给郭景忠付购油款一事不做任何解释。故原审认定天泰公司与郭景忠之间的买卖合同关系成立，是正确的；判决天泰公司承担违约责任，并无不当。天泰公司的上诉理由因证据不足，不予支持。

据此，天津市第一中级人民法院依照《中华人民共和国民事诉讼法》第一百五十三条①第一款第（一）项的规定，于2005年1月21日判决：

驳回上诉，维持原判。

规则42：自然人、法人或其他经济组织因同一行为，同时涉及民商事纠纷和犯罪嫌疑的，应分别审理

——北京然自中医药科技发展中心与广东黄河实业集团有限公司一般股权转让侵权纠纷案②

【裁判规则】

担任法人之法定代表人的自然人，以该法人的名义，采取欺诈手段与他人订立民事合同，从中获取的财产被该法人占有，该自然人涉嫌合同诈骗犯罪，同时该法人与他人之间因合同被撤销而形成债权债务关系。人民法院应当依照《最高人民法院关于在审理经济纠纷案件中涉及经济犯罪嫌疑若干问题的规定》第10条的规定，将自然人涉嫌犯罪部分移交公安机关处理，同时继续审理民事纠纷部分。

【规则理解】

一、刑民交叉案件中“不同法律事实”、关联事实的界定

（一）刑民交叉案件中“不同法律事实”的界定

在刑民交叉案件中，所谓“不同法律事实”，是指刑事犯罪与民事纠纷并非基于同一法律关系产生，而是由于不同性质的基础事实引起，但不同基础事实之间存在密切关联。不同性质的基础事实之间的关联程度，是影响此类刑民交叉案件实行“先刑后民”还是“刑民并行”处理方式的决定性因素。

---

① 对应2012年《民事诉讼法》第170条。

② 《中华人民共和国最高人民法院公报》2009年第1期，最高人民法院（2008）民二终字第62号民事判决书。

（二）刑民交叉案件中关联事实的界定

所谓关联事实，是两个或两个以上的不同事实互成关联事实，必有其中一个或一个以上的关联点。这些关联点通常包括：1. 主体上的关联。刑事犯罪的行为人与合同主体不是同一人，但存在某种关系，如行为人是合同主体的员工、法定代表人、授权签订合同的经办人等；2. 行为上的关联，如犯罪行为人伪造单位的公章签订合同、采取欺诈的手段以单位的名义诱使对方订立合同等；3. 标的物上的关联，如刑事犯罪行为与合同行为指向同一标的物等。具备上述关联点之一的两个或两个以上不同事实，都可称之为关联事实。

二、个人涉嫌犯罪与单位承担民事责任的关联

（一）个人涉嫌犯罪与单位承担民事责任的依据

行为主体存在关联的事实，并不一定会在法律关系的责任主体上产生关联，但个人涉嫌犯罪与单位承担民事责任的刑民交叉案件在实践中并不少见。《最高人民法院关于在审理经济纠纷案件中涉及经济犯罪嫌疑若干问题的规定》第1条规定，“同一公民、法人或其他经济组织因不同的法律事实，分别涉及经济纠纷和经济犯罪嫌疑的，经济纠纷案件和经济犯罪嫌疑案件应当分开审理”。该规定要求区分的“不同法律事实”主要是指以单位名义发生的民事法律关系事实和个人犯罪的刑事法律事实。第3条规定，“单位直接负责的主管人员和其他直接责任人员，以该单位的名义对外签订经济合同，将取得的财物部分或全部占为己有构成犯罪的，除依法追究行为人的刑事责任外，该单位对行为人因签订、履行该经济合同造成的后果，依法应当承担民事责任。”第4条规定，“个人借用单位的业务介绍信、合同专用章或者盖有公章的空白合同书，以出借单位名义签订经济合同，骗取财物归个人占有、使用、处分或者进行其他犯罪活动，给对方造成经济损失构成犯罪的，除依法追究借用人的刑事责任外，出借业务介绍信、合同专用章或者盖有公章的空白合同书的单位，依法应当承担赔偿责任。但是，有证据证明被害人明知签订合同对方当事人是借用行为，仍与之签订合同的除外。”第5条规定，“行为人盗窃、盗用单位的公章、业务介绍信、盖有公章的空白合同书，或者私刻单位的公章签订经济合同，骗取财物归个人占有、使用、处分或者进行其他犯罪活动构成犯罪的，单位对行为人该犯罪行为所造成的经济损失不承担民事责任。行为人私刻单位公章或者擅自使用单位公章、业务介绍信、盖有公章的空白合同书以签订经济合同的方法进行的犯罪行为，单位有明显过错，且该过错行为与被害人的经济损失之间具有因果关系的，单位对该犯罪行为所造成的经济损失，依法应当承担赔偿责任。”第6条规定，“企业承包、租赁经营合同期满后，企业按规定办理了企业法定代表人的变更

登记，而企业法人未采取有效措施收回其公章、业务介绍信、盖有公章的空白合同书，或者没有及时采取措施通知相对人，致原企业承包人、租赁人得以用原承包、租赁企业的名义签订经济合同，骗取财物占为己有构成犯罪的，该企业对被害人的经济损失，依法应当承担赔偿责任。但是，原承包人、承租人利用擅自保留的公章、业务介绍信、盖有公章的空白合同书以原承包、租赁企业的名义签订经济合同，骗取财物占为己有构成犯罪的，企业一般不承担民事责任。单位聘用的人员被解聘后，或者受单位委托保管公章的人员被解除委托后，单位未及时收回其公章，行为人擅自利用保留的原单位公章签订经济合同，骗取财物占为己有构成犯罪，如给被害人造成经济损失的，单位应当承担赔偿责任。”可见，上述司法解释分别从“主管人员、责任人员以单位的名义对外签订经济合同”、“个人借用单位介绍信、合同专用章或者盖有公章的空白合同书，以出借单位名义签订经济合同”、“企业承包、租赁经营合同期满后，企业法人未收回公章、业务介绍信、盖有公章的空白合同书，或者没有及时采取措施通知相对人，致原企业承包人、租赁人用原承包、租赁企业的名义签订经济合同”的角度，对单位民事责任的承担规定了两种情况：第一种是单位因合同之债产生的民事责任；第二种是个人涉嫌犯罪，单位因过错行为产生的民事责任，并视不同情形，区分了单位应负民事责任和不负民事责任两种情况。这类案件的一个共同特点，都涉及个人犯罪而单位是否承担责任的问题。

（二）个人涉嫌犯罪与单位承担民事责任案件的主要情形

个人涉嫌犯罪与单位承担民事责任的案件情形，主要有以下几种：1. 单位直接负责的主管人员和其他直接责任人员，以该单位的名义对外签订经济合同，将取得的财物部分或全部占为己有构成犯罪的，行为人应当承担刑事责任，该单位对行为人因签订、履行该经济合同造成的后果依法应当承担民事责任的。2. 个人借用单位的业务介绍信、合同专用章或者盖有公章的空白合同书，以出借单位名义签订经济合同，骗取财物归个人占有、使用、处分或者进行其他犯罪活动，给对方造成经济损失构成犯罪的，借用人应当承担刑事责任，出借业务介绍信、合同专用章或者盖有公章的空白合同书的单位依法应当承担赔偿责任的。3. 行为人私刻单位公章或者擅自使用单位公章、业务介绍信、盖有公章的空白合同书以签订经济合同的方法进行的犯罪行为，应当承担刑事责任，但单位有明显过错，且该过错行为与被害人的经济损失之间具有因果关系的，应当对该犯罪行为所造成的经济损失依法承担赔偿责任的。如果单位没有过错，不应承担赔偿责任的。4. 企业承包、租赁经营合同期满后，企业按规定办理了企业法定代表人的变更登记，而企业法人未采取有效措施收回其公章、业务介绍信、盖有公章的空白合同书，或者没有及时采取措施通知相对人，致原企业承包人、租赁人得以用原承包、租赁企业的名义签订经济合同，骗取财物占为己有构成犯罪的，该企业对被害人的经济损失，依法应当承担赔偿责任的，如果原承包人、承租人利用擅自保留的公章、业务介绍信、盖有公章的空白合同书以原承包、租赁企业的名义签订经济合同，骗取财物占为己有构成犯罪的，企业一般不承担民事责任的。5. 单位聘用的人员被解聘后，或者受单位委托保管公章的人员被解除委托后，单位未及时收回其公章，行为人擅自利用保留的原单位公章签订经济合同，骗取财物占为己有构成犯罪，单位应对被害人造成的经济损失承担赔偿责任的。

三、个人涉嫌犯罪与单位承担民事责任案件的处理方式

根据《最高人民法院关于在审理经济纠纷案件中涉及经济犯罪嫌疑若干问题的规定》第10条的规定，人民法院在审理经济纠纷案件中，发现与本案有牵连，但与本案不是同一法律关系的经济犯罪嫌疑线索、材料，应将犯罪嫌疑线索、材料移送有关公安机关或检察机关查处，经济纠纷案件继续审理。该规定的理由在于法律关系的责任主体不同，对损害事实认定等刑民案件互不依赖，采取“刑民并行”的处理方式，更有利于提高办案效率，保护受害人的利益。个人涉嫌犯罪、单位承担责任的刑民交叉案件符合责任主体不同，对损害事实认定等刑民案件互不依赖的特征，因此采用“刑民并行”的处理方式，是解决该类案件的合理选择。

【拓展适用】

一、移送处理的内涵及特点

根据《最高人民法院关于在审理经济纠纷案件中涉及经济犯罪嫌疑若干问题的规定》第10条规定，“人民法院在审理经济纠纷案件中，发现与本案有牵连，但与本案不是同一法律关系的经济犯罪嫌疑线索、材料，应将犯罪嫌疑线索、材料移送有关公安机关或检察机关查处，经济纠纷案件继续审理”；第11条规定，“人民法院作为经济纠纷受理的案件，经审理认为不属经济纠纷案件而有经济犯罪嫌疑的，应当裁定驳回起诉，将有关材料移送公安机关或检察机关”。刑民交叉案件中的移送处理，是指法院在民事案件处理中发现犯罪嫌疑，将有关犯罪嫌疑线索、材料予以移送，交由公安机关或检察机关予以查处的程序。移送处理是刑事案件立案前的程序，具有以下几个特点：1. 公安机关和检察机关分别根据本机关的职责范围受理法院移送的线索和材料，法院移送时应根据侦查机关的职权范围进行移送。2. 法院移送处理是法院根据自己的判断作出的移送决定，公安或检察机关对法院的判断不予认可的，可能会拒绝接收。3. 法院移送处理，只意味着刑事案件可能立案审查，并不表明民事案件审理终结，民事案件如何处理，需根据是否须以刑事案件的处理结果为依据等具体情况，确定是否中止审理或继续审理等。

二、移送处理的条件

法院将线索移送侦查机关处理，需具备以下条件：

（一）民事案件应当已经由法院受理

未受理的民事案件涉嫌犯罪的，法院不可能会有犯罪线索和材料。在民事案件受理前，法院以案件涉嫌犯罪而不予立案的，不适用法院移送。涉嫌犯罪的民事案件是否应当立案，法院应当根据该案是否符合《民事诉讼法》第 119 条规定的立案条件而决定，不能简单地以案件涉嫌犯罪线索将会移送而将当事人的起诉阻挡于法院门外。

（二）应当具备一定关联性

一是与民事案件有牵连；二是具有犯罪嫌疑。如经审查，认为全案涉嫌刑事犯罪，而且涉嫌刑事犯罪与民事纠纷所指向的主体竞合，并确有必要追究犯罪嫌疑人刑事责任的，应当裁定中止民事案件的审理，将案件移送有管辖权的公安或检察机关。

（三）具有犯罪嫌疑线索和材料

仅凭民事案件当事人的陈述或是办案法官的主观猜想，不能证明犯罪嫌疑存在的，不能移送，必须具有犯罪行为的线索和相关的证据材料。

三、移送处理对人民法院审理民事案件的影响

对有经济犯罪嫌疑的，法院经审查应当将案件移送公安机关或检察机关，并书面通知当事人。法院将犯罪线索、材料移送侦查机关后，侦查机关是否立案处理应当存在两种结果，一种是予以立案侦查，另一种是不予立案侦查。对于不予立案侦查的，对法院审理民事案件没有影响；对于予以立案处理的，对法院审理民事案件在程序和实体上均会存在一定的影响：1. 民事案件的处理可能需要以刑事案件处理结果为依据。对于该类案件，法院可以中止民事诉讼审理程序，待刑事诉讼程序终结后，恢复民事案件的审理。2. 刑事案件处理结果对民事案件的处理可能没有影响，对于该类案件，法院应当继续审理民事案件，在审限内结案。3. 对于当事人的民事诉讼请求事项不属于民事诉讼审理范围，而只能通过刑事案件解决的，法院应当裁定驳回起诉，移送侦查机关处理，并退还诉讼费。

总之，法院在处理刑民交叉案件中，要与公安机关、检察机关及时沟通，全面掌握案件的进展情况。民事案件移送公安、检察机关处理后，公安、检察机关应当将处理结果及时告知法院，以便法院了解刑事案件的进展情况，保护债权人的合法权益。实践中，需要防止法院将案件或案件材料移送后，侦查机关迟迟不决定是否立案、法院的民事案件最后不了了之的现象。

四、法院将犯罪线索移送后对民事案件的处理

法院移送处理，根据移送的范围可以分为全案移送和部分移送。

（一）全案移送后的处理

全案移送是指将民事案件移送公安机关处理，受害人的损失可通过侦查机关收缴赃款后的发还予以弥补，也可以提起刑事附带民事诉讼。全案移送主要针对的是《最高人民法院关于在审理经济纠纷案件中涉及经济犯罪嫌疑若干问题的规定》第11条规定的情形，即“人民法院作为经济纠纷受理的案件，经审理认为不属经济纠纷案件而有经济犯罪嫌疑”的案件。该情形下，民事案件的处理方式是裁定驳回起诉。裁定驳回起诉，通常只有在民商事纠纷与犯罪属于“同一事实”的情况下才可以考虑适用。在这种情况下，民商事纠纷中的一方当事人本身就是刑事犯罪的嫌疑人，所谓的纠纷，实质上就是犯罪，为节约司法资源，更有效地维护当事人利益，避免民、刑判决发生冲突，裁定驳回起诉，并将整起案件移送公安、检察部门处理，是可行的。问题在于，由民事审判部门来判断“经济犯罪嫌疑”，并作出驳回起诉的裁定，也可能造成“以刑阻民”的情况。① 因此，有人建议，未来修订司法解释时，可考虑将“驳回起诉”修改为“中止审理”，给民事救济途径留下回旋的余地。②

（二）部分移送后的处理

部分移送是指将民事案件中涉嫌犯罪部分的线索和材料移送公安机关处理，受害人的损害需要通过民事诉讼才能得到救济。该情形主要针对的是《最高人民法院关于在审理经济纠纷案件中涉及经济犯罪嫌疑若干问题的规定》第10条规定的情形，“人民法院在审理经济纠纷案件中，发现与本案有牵连，但与本案不是同一法律关系的经济犯罪嫌疑线索、材料，应将犯罪嫌疑线索、材料移送”的案件。该情形下，民事纠纷案件可以继续审理，但需要以刑事判决结果为依据的，应当中止审理。民事案件是中止审理还是继续审理，取决于法院在处理案件过程中，发现的刑事犯罪嫌疑与民商事纠纷的关联性质和程度。

1. 适用裁定中止诉讼的情形包括：（1）刑事案件需要查明和最终认定的事实真相，对于民事案件中的处理结果将会产生影响，原则上应按“先刑后民”处理，裁定中止审理，等刑事判决生效后恢复对民事案件的审理。（2）刑事案件所侦查的事实，可能会出现民事案件所不能掌握的，但可能对案件最终处理结果产生极大影响的事实，为避免刑事判决与民事判决在认定事实上的矛盾，应当中止审理。如果

---

① 江伟、范跃如：“刑民交叉案件处理机制研究”，载《法商研究》2005年第4期。

② 何帆：《刑民交叉案件审理的基本思路》，中国法制出版社2007年版，第207页。

能够确认刑事案件查明的事实不会影响民事案件中当事人的责任承担的，无须中止审理。

2. 适用继续审理的情形包括：（1）刑事问题的处理有赖于民事问题的解决时，继续进行民事案件的审理，不仅有助于刑事诉讼的顺利进行，而且可避免在刑事诉讼中附带民事诉讼，业已经过的民事程序也不至于前功尽弃。比如侵犯商业秘密案件，由民事审判认定商业秘密的属性、法律意义上的“权利人”、实际损失的金额，有助于刑事案件的继续进行，避免刑事审判在民事事实认定部分过多纠缠。[①]（2）民事案件的审理基本结束，只剩下合议庭合议和民事判决书的制作与宣判时，在能够作出妥当判决的情况下，不宜中止民事诉讼程序。此为防止恶意利用“先刑后民”，拖延诉讼，进行地方保护。总之，只要正在审理的民事案件与刑事案件不属于“同一法律关系”或“不同的法律事实”，相关事实无须刑事判决认定的，法院都可以继续审理。

【典型案例】

北京然自中医药科技发展中心与广东黄河实业集团有限公司一般股权转让侵权纠纷案

上诉人（原审被告）：北京然自中医药科技发展中心。

法定代表人：刘先其，该公司总经理。

委托代理人：宋彦禄，北京市众意达律师事务所律师。

委托代理人：蔡春玉，北京市众意达律师事务所律师。

被上诉人（原审原告）：广东黄河实业集团有限公司。

法定代表人：郑强辉，该公司董事长。

委托代理人：宋彦君，该公司经理。

委托代理人：别劲松，北京市华意律师事务所律师。

〔基本案情〕

上诉人北京然自中医药科技发展中心（以下简称然自中心）为与被上诉人广东黄河实业集团有限公司（以下简称黄河公司）一般股权转让侵权纠纷一案，不服北京市高级人民法院（2007）高民初字第773号民事判决，向本院提起上诉。本院依法组成合议庭进行了审理，本案现已审理终结。

北京市高级人民法院审理查明：北京先农坛医药科学城投资有限公司（以下简称先农坛公司）成立于2003年4月，法定代表人刘先其，注册资本5000万元，股东为：然自中心出资3000万元，占注册资本60%；葫芦岛银河经贸有限公司出资2000

---

① 薛进等：“刑事优先原则适用与限制的具体途径”，载《法学》2006年第2期。

万元，占注册资本40%。

2004年12月，葫芦岛银河经贸有限公司将其在先农坛公司2000万元的股份转让给北京江山投资有限公司（以下简称江山公司）。先农坛公司变更后的股权结构为：然自中心出资3000万元，占注册资本60%；江山公司出资2000万元，占注册资本40%。然自中心为股份合作制企业，注册资金288万元，法定代表人刘先其。

2006年11月19日、20日、21日，然自中心、江山公司、先农坛公司先后作出股东会决议，主要内容为：1. 股东一致同意然自中心持有的先农坛公司60%的股权转让给黄河公司；2. 江山公司放弃股权优先购买权；3. 股权转让后，江山公司承担先农坛公司在股权转让前所有的债权债务。

2006年11月22日，然自中心与黄河公司签订了《股权转让协议书》，约定：1. 然自中心转让持有的先农坛公司60%的股权给黄河公司，价款2.6亿元；2. 黄河公司在协议书签署3日内支付定金1000万元，2006年12月30日前支付9000万元，2007年6月30日前支付6000万元，2007年12月31日前支付1亿元；3. 然自中心在收到黄河公司的全部转让价款后，开始协助办理股东名册变更，自变更之日，黄河公司成为先农坛公司的股东；4. 违约责任：黄河公司每迟延支付转让款一日，支付然自中心1%的滞纳金，然自中心有权解除协议，黄河公司承担股份转让款2%的违约金。

该《股权转让协议书》后附有14份附件。依据该协议书附件的内容：2002年全国高科技健康产业工作委员会中医药专业委员会（以下简称中医药专业委员会）与北京市宣武区人民政府签订协议，约定由中医药专业委员会在宣武区建立“北京先农坛国际科学医学城”。2003年3月18日，中医药专业委员会决定建立“北京先农坛医学科学城”，并为此组建先农坛公司，后该计划未实现。2005年3月，中医药专业委员会与河北大厂县回族自治县人民政府（以下简称大厂县政府）签订协议，约定中医药专业委员会在大厂县成立中国中医药科学城，总投资215亿元，建设期6年分三期进行，第一期投资30亿元，建设期两年，两年内无明显进展，协议自行终止。后经大厂县政府申请，大厂县人大常委会批准，同意《中医药科学城规划方案》，该项目规划面积46800亩。

2006年11月24日，然自中心与黄河公司签订了协议书后，黄河公司将定金1000万元打入然自中心账户。此后，黄河公司认为刘先其有诈骗嫌疑，遂向北京市公安局朝阳分局（以下简称朝阳公安分局）报案，并通过银监会冻结了1000万元股权转让款。黄河公司未支付剩余股权转让款，双方亦未履行股东名称变更手续。

本案审理中，由于本案然自中心法定代表人刘先其涉嫌犯罪，该院审理本案的合议庭向朝阳公安分局调查相关情况，朝阳公安分局称，双方签订协议书时，刘先其称其现身份为中共中央老干部局局长，曾任五十四集团军军长、上海警备区司令员、湖南省军区司令员，并称其拥有大厂县46800亩土地的一级开发权，用于开发中国中医药科学城，上一个五年计划国家发改委已有规划，已立项审批，包括国土资源部的审批，只要交了土地出让金，就可以进行一级开发。刘先其还称由于其身份特殊，不能直接卖项目，但可以通过股权转让的方式来实现，即先农坛公司是唯一可以开发科学城的企业，如果黄河公司购买然自中心在先农坛公司60%的股权，黄河公司拥有先农坛公司60%的股权，就会成为先农坛公司大股东，就控制了先农坛公司，从而实质取得项目土地的一级开发权。黄河公司请刘先其拿出国家发改委同意立项及土地部门的审批文件，刘先其以虚假理由骗取黄河公司信任，双方签订了《股权转让协议书》，即黄河公司在没有看到任何国家级批文的情况下签订了合同。黄河公司支付给然自中心1000万元股权转让金后，提出与刘先其共管1000万元，被刘先其拒绝，引起了黄河公司的怀疑。后黄河公司了解到，中共中央老干部局局长不是刘先其，遂向公安机关报案。

2006年11月26日，朝阳公安分局决定对刘先其以诈骗立案侦查。同年11月27日，对刘先其进行了拘留。同年12月30日，刘先其取保候审。2007年8月6日，北京市朝阳区人民检察院以刘先其涉嫌诈骗对其批捕。

为确定刘先其身份的真实性，朝阳公安分局到相关部门进行了调查，确认刘先其所自称的种种身份均为虚假。调取的材料为总政干部部第二任免局2007年6月1日向朝阳公安分局出具的证明，内容是：经查，五十四集团军、上海警备区、湖南省军区历任军、师职干部中，均无刘先其此人。

为确定该项目的真实性，朝阳公安分局到相关部门进行了调查，材料显示：1. 2006年11月28日，国家事业单位登记管理局出具《证明》：经查，全国高科技健康产业工作委员会、全国高科技健康产业工作委员会中医药专业委员会未在我局办理事业单位法人登记。2. 民政部档案资料馆2007年6月1日出具了五份《证明》，证明案件中出现的6个名称“全国高科技健康产业工作委员会”、“CHC全国高科技健康产业工作委员会”、“全国高科技健康产业工作委员会中医药专业委员会”、“CHC全国高科技健康产业工作委员会中医药专业委员会”、“全国高技术产业化协作组织”、“全国高科技产业化协作联合体”均未在民政部登记注册。

为确定刘先其所称项目土地开发的真实性，朝阳公安分局走访了国家发改委，国家发改委称没有这个立项审批；走访了国土资源部，答复没有这个立项；走访了河北省国土资源厅，答复没有这个申请，因为用地500亩以上就须报国务院审批；走访了河北省大厂县政府，答复是不否认有刘先其这样一个人，但是已明确告知其开发的手续要其自己办理，大厂县人大出了文件，同意刘先其的想法，但不管办理手续，这个项目连河北省廊坊市都没有报。

2007年4月3日，大厂县政府向全国高科技健康产业工作委员会出具《关于终止合作建设中国中医药科学城协议的函》载明：贵单位（2007）第03号、第11号函收悉。根据双方2005年3月30日签订的《合作建设中国中医药科学城协议书》第五条规定：本协议项下中国中医药科学城项目总投资215亿元人民币，建设期6年分三期进行（每期2年），第一期投资30亿元人民币，建设期2年。2年内无明显进展，协议自行终止。鉴于贵方至今未按照协议的约定履行投资、建设等相关协议义务，经研究，双方于2005年3月30日签订的《合作建设中国中医药科学城协议书》自行终止。

2007年4月17日，大厂县政府向朝阳公安分局出具《证明》，内容为：（1）大厂县政府与中医药专业委员会2005年3月30日签订的《合作建设中国中医药科学城协议书》自行终止，已函告全国高科技健康产业工作委员会；（2）双方签订《合作建设中国中医药科学城协议书》后，仅县人大常委会同意批准了《中国中医药科学城规划方案》，至2006年底因此项目还不具备申请立项条件，一直未申请立项，未经上级有关部门批准；（3）中医药专业委员会未取得项目规划内的土地使用权，仅依据我县人大常委会同意批准的《中国中医药科学城规划方案》，还不能进行开发建设。

通过以上的调查，朝阳公安分局确认，刘先其在为然自中心与黄河公司签订《股权转让协议书》时，虚构身份和事实。

2007年4月18日，然自中心向北京市高级人民法院提起诉讼，请求判令：黄河公司给付股权转让款9000万元及滞纳金9720万元。同年10月30日，黄河公司对然自中心提起反诉，请求判令：1. 撤销双方签订的股权转让协议书；2. 然自中心返还其1000万元并支付违约金80.4万元（庭审中经法庭释明，黄河公司违约金的请求明确为利息请求，按照企业同期存款利率计算至给付之日）；3. 诉讼费由然自中心负担。同年12月10日，然自中心申请撤回对黄河公司的起诉，北京市高级人民法院已裁定准许然自中心撤回起诉。

〔一审裁判理由与结果〕

北京市高级人民法院审理认为，然自中心是本案当事人之一，刘先其作为该公司法定代表人，因本案股权转让事宜涉嫌诈骗，已被检察机关批准逮捕并全国通缉。最高人民法院《关于在审理经济纠纷案件中涉及经济犯罪嫌疑若干问题的规定》第十条规定："人民法院在审理经济纠纷案件中，发现与本案有牵连，但与本案不是同一法律关系的经济犯罪嫌疑线索、材料，应将犯罪嫌疑线索、材料移送有关公安机关或检察机关查处，经济纠纷案件继续审理"。依据上述规定，本案关于刘先其涉嫌犯罪的部分，该院将相关案卷材料送至朝阳公安分局，不影响本案然自中心与黄河公司股权转让民事部分的审理。

依据现有证据，能够证明2006年11月22日然自中心与黄河公司签订《股权转让协议书》之前，然自中心法定代表人刘先其虚构特殊身份，虚构可一级开发土地的事实，采用欺诈手段，使黄河公司误以为真，作出错误的意思表示，在违背真实意思表示的情况下，签订了协议书。双方在签订协议书时，黄河公司的目的是为了取得46800亩土地的开发权，双方是以高于所转让股权的价格转让的，且协议书附件已经对在大厂县境内开发中国中医药科学城有所体现，可见股权转让协议的真正目的是取得所谓的46800亩土地的一级开发权，但实际上然自中心根本不具有该土地开发权。刘先其以虚假身份采用欺诈的手段骗取了黄河公司的信任，签订了协议书，使然自中心从黄河公司获得1000万元的股权转让款。

《中华人民共和国合同法》第五十四条第二款规定：“一方以欺诈、胁迫的手段或者乘人之危，使对方在违背真实意思表示的情况下订立的合同，受损害方有权请求人民法院或者仲裁机构变更或者撤销”，依据该规定，本案双方签订的《股权转让协议书》的性质应确定为可撤销合同。黄河公司依据该协议书向然自中心交付了定金1000万元，属于受损害方，其有权在撤销权行使的期间内请求人民法院撤销该协议，请求侵害方然自中心返还定金1000万元并赔偿损失。由于可撤销合同自始没有法律约束力，因此然自中心已经收取黄河公司的1000万元股权转让款，应当返还给黄河公司，并赔偿黄河公司损失。黄河公司关于撤销合同并返还股权转让款的请求，予以支持。由于双方之间的合同被撤销，不存在违约的问题，因此黄河公司在庭审中将违约金的请求变更为利息损失请求，符合法律规定，予以支持。关于刘先其涉嫌经济犯罪问题，该院依法将涉嫌犯罪的案件材料移送至公安机关，不影响本案民事部分的审理和判决。综上，该院依据《中华人民共和国合同法》第五十四条、第五十五条、第五十八条的规定，判决：一、撤销然自中心与黄河公司2006年11月22日签订的《股权转让协议书》；二、然自中心于该判决生效之日起十日内返还黄河公司股权转让款1000万元并赔偿相应利息（按照中国人民银行同期企业存款利率计算，自2006年11月24日计算至款付清之日止）。如果未按该判决指定的期间履行给付金钱义务，应当按照《中华人民共和国民事诉讼法》第二百三十二条①的规定，加倍支付迟延履行期间的债务利息。一审案件受理费43312元，由然自中心负担。

〔当事人上诉及答辩意见〕

然自中心不服原审法院上述民事判决，向本院提起上诉称：（一）原审判决依据朝阳公安分局侦察材料及与办案警官的谈话记录认定刘先其构成欺诈，属认定事实证据不足。关于项目的真实性，朝阳公安分局提供给原审法院的关于全国高科技健康产业工作委员会等机关登记情况的材料，与本案无关联性。对此，然自中心提交了相关证据，因其中部分证据属于国家机关保存的公文，请求法院对证据原件进行调取。原审法院不予调查取证，且对已提交的证据也未组织质证，仅凭缺乏关联性的证据就认定项目缺乏真实性属于证据不足。全国高技术产业化协作组织系信息产业部等九个部委或所属部门联合成立的旨在促进科技产业化的协作组织，就其性质

① 对应2012年《民事诉讼法》第253条。

而言，既不是企业又不是社会团体，也不是国家机关和事业单位，因此相应的登记机构当然不可能有本案所涉及机构的登记材料。案件中所涉及的中医药科学城项目确实存在，至于项目开发进展如何与项目存在与否是两个性质不同的事情。大厂县政府出具的函和证明，证明此项目是真实存在的，并已进行了有效的开发工作。确定欺诈是否成立的关键在于合同签订时该项目是否存在，而合同履行过程中出现各种情况致使进展缓慢或者下马都属于正常的商业风险。黄河公司受让然自中心在先农坛公司的股份，可能是考虑到中医药行业的乐观前景或出于其他考虑，双方协商确定的股权转让价格，根本不存在以2.6亿元购买土地46800亩的意思表示。黄河公司的合同目的就是取得然自中心在先农坛公司的股权，取得土地开发权只不过是动机而已。原审判决对黄河公司合同目的的认定违背合同法原理，有失公允。（二）原审判决认定刘先其作为然自中心法定代表人与黄河公司签订股权转让合同时虚构事实已构成欺诈，不但与公安机关认为的犯罪嫌疑基于同一法律关系，而且与公安机关认为的诈骗行为是同一行为。因此，原审判决自相矛盾，其以公安机关侦查材料为依据，适用最高人民法院《关于在审理经济纠纷案件中涉及经济犯罪嫌疑若干问题的规定》第十条的规定，显属适用法律错误。本案中，本诉涉嫌犯罪，而反诉则与刑事犯罪嫌疑不属于同一法律关系，并利用刑事方面的材料来定案，原审判决剥夺了然自中心的诉讼权利，损害了然自中心的合法权益。请求撤销原审判决，裁定驳回黄河公司的起诉。

被上诉人黄河公司答辩称：根据原审法院庭审调查确定的事实，然自中心的法定代表人刘先其采取冒充身份、虚构中医药科学城项目及已经取得46800亩土地一级开发权的事实，骗取了黄河公司的信任，通过签订《股权转让协议书》的形式，骗得首期资金人民币1000万元，造成了巨大的经济损失。事实证明，然自中心根本没有也无法取得46800亩土地一级开发权。鉴于《股权转让协议书》是在黄河公司受到欺骗，违背真实意思的情况下签订的，原审判决撤销该协议认定事实清楚，适用法律正确。请求驳回上诉，维持原判。

〔最高人民法院查明的事实〕

最高人民法院经二审审理，对原审法院查明的事实予以确认。

〔最高人民法院裁判理由与结果〕

最高人民法院认为，黄河公司向原审法院提起诉讼，请求撤销其与然自中心签订的《股权转让协议书》，理由是该协议系受然自中心的法定代表人刘先其欺诈而为，违背了黄河公司的真实意思表示。为查明该事实，原审法院向侦查刘先其涉嫌犯罪的朝阳公安分局进行了调查。朝阳公安分局根据刘先其的供述以及对相关部门的调查，确认刘先其在为然自中心与黄河公司签订《股权转让协议书》时，虚构身份和事实。原审法院依据现有证据，作出关于刘先其以虚假身份采用欺诈的手段骗取了黄河公司的信任，签订了协议书，使然自中心从黄河公司获得1000万元股权转让款的认定，并无不当。然自中心上诉主张认为本案认定事实证据不足，但其并不能提供否定上述事实的证据。故其上诉主张不能成立，本院不予支持。

根据本案查明的事实，刘先其作为然自中心的法定代表人，以然自中心的名义，采取欺诈手段与黄河公司签订民事合同，所获取的款项被然自中心占有。上述事实产生的法律后果是除刘先其个人涉嫌诈骗犯罪外，然自中心与黄河公司之间亦因合同被撤销形成了债权债务关系，然自中心依法应当承担相应的民事责任。故原审法院依据本院《关于在审理经济纠纷案件中涉及经济犯罪嫌疑若干问题的规定》第十条的规定，将刘先其涉嫌犯罪的部分移送公安机关，而继续审理本案民事纠纷部分并无不当，本院予以维持。然自中心以本案与公安机关认为的犯罪嫌疑基于同一法律关系，应当裁定驳回黄河公司起诉的上诉理由没有法律依据，本院不予支持。

综上，然自中心的上诉理由没有事实依据和法律依据，原审判决认定事实清楚，适用法律正确，应予维持。本院依照《中华人民共和国民事诉讼法》第一百五十三条①第一款第（一）项的规定，判决如下：

驳回上诉，维持原判。

二审案件受理费43312元，由北京然自中医药科技发展中心承担。

本判决为终审判决。

规则43：民事案件的审理并不必须以刑事案件的审理结果为依据的，无须中止审理

——吴国军与陈晓富、王克祥及德清县中建房地产开发有限公司民间借贷、担保合同纠纷案②

【裁判规则】

民间借贷涉嫌或构成非法吸收公众存款罪，合同一方当事人可能被追究刑事责任的，并不当然影响民间借贷合同以及相对应的担保合同的效力。如果民间借贷纠纷案件的审理并不必须以刑事案件的审理结果为依据，民间借贷纠纷案件无须中止审理。

---

① 对应2012年《民事诉讼法》第170条。

② 《中华人民共和国最高人民法院公报》2011年第11期。

【规则理解】

一、犯罪行为对民事合同效力的影响

（一）合同效力的内涵

所谓合同的效力，是指依法成立的合同在当事人之间所产生的法律拘束力，合同效力反映了法律对当事人之间合意的评价。在商事合同纠纷案件的裁判过程中，首先应当对当事人的争议所依据或者涉及的商事合同效力进行审查判断，对合同效力审查判断是人民法院正确处理当事人之间的商事合同纠纷案件的前提与关键。[①]法院对合同效力的认定结果不同，适用的法律规定不同，当事人承担责任的性质不一样，对于有效合同，当事人承担合同项下的权利与义务；对于无效合同，当事人承担的是财产返还或缔约过失责任。民事案件中合同效力的认定直接影响到民事判决的结果。刑民交叉案件行为人虽然涉嫌刑事犯罪，属于违法行为，但对其所签订的合同效力不一定都会产生影响，是否产生影响，应当根据不同案件的具体情况进行认定。

（二）犯罪行为对民事合同效力产生影响的情形

犯罪行为对民事合同效力的影响，不存在影响大小的问题，只存在有无影响的问题，体现在两个方面：一方面是有影响，犯罪事实必然会导致合同无效；另一方面是没有影响，无论是否构成犯罪均不导致合同无效。是否产生影响，应当根据《合同法》第52条、《民法通则》第58条等有关合同效力的相关法律规范进行确认。比如，单位工作人员在职务或授权范围之内，以单位名义对外签订合同，并将依合同关系取得的财产非法占为己有，行为人可能构成贪污罪，应当依法承担相应的刑事责任，行为人的单位对外也应当承担相应的民事责任。此种情形，就不应当认定合同无效。如果行为人一开始便以非法占有公私财产为目的，并通过捏造事实或隐瞒真相的手段骗取当事人的财物，签订合同仅仅是犯罪的一个手段，此种情形，则应以行为人所签的民事合同“以合法形式掩盖非法目的”为由认定其无效。

（三）对刑民交叉案件的处理方式

行为人涉嫌的犯罪行为对民事合同效力的影响不同，法院对案件的处理方式也有所不同，有的可能导致合同无效，有的则不影响合同效力。因此，法院在审理民事案件时应对刑事犯罪行为是否影响合同效力这一问题进行审查。对于不影响民事合同效力的，民事案件应当继续审理；对于影响合同效力认定的，应当裁定中止诉

---

① 吴庆宝：《商事裁判标准规范》，中国法制出版社2006年版，第41页。

讼，将案件移送公安机关，待刑事案件对行为人的犯罪事实作出认定后，再对民事案件恢复审理。据此，对行为人的犯罪行为可能影响民事合同效力的刑民交叉案件，应当在确定“有影响”成立后，选择适用“先刑后民”或“刑民分离”的处理方式，一概适用“先刑后民”是错误的，对于刑事犯罪不影响合同效力的，刑事案件与民事案件可以分开处理。

二、民事欺诈行为与刑事诈骗行为的区别

在民事上，所谓欺诈，是指一方故意告知对方虚假情况或者故意隐瞒真实情况的行为。“以欺诈手段订立合同”不仅包括以欺诈为手段，引诱对方订立合同的行为，也应当包括订立的合同本身就是欺诈。[①] 以欺诈手段订立合同应当具备以下条件：（1）当事人一方有欺诈的故意；（2）当事人一方有欺诈的行为；（3）对方当事人因受欺诈而陷入了错误认识；（4）受欺诈方基于自己的错误认识而作出了意思表示。刑法中的合同诈骗罪，是指以非法占有为目的，在签订、履行合同过程中，骗取对方财物，数额较大的行为。构成合同犯罪的主体可以是个人，也可以是单位。从客体上看，合同诈骗罪并未侵犯法律意义上的“国家利益”。犯罪客体分为一般客体、同类客体、直接客体，这三者是按照犯罪所犯的社会关系之范围，作出的不同层次的概括，是一般与特殊、整体与部分的关系，其中一般客体是指一切犯罪所共同侵犯的客体，即刑法所保护的整个社会关系。同类客体是指某一类犯罪所共同侵犯的客体，即刑法所保护的社会关系的某一部分或者某一方面。而犯罪的直接客体，是指每一个具体犯罪构成的必要要件，是决定具体犯罪性质的重要因素。《合同法》第52条规定的“国家利益”，只是特指当事人签订具体合同时所损害的具体的国家利益，而不是泛指包括统治秩序在内的国家整体利益。如果合同欺诈行为构成犯罪，考量该行为是否损害国家利益，应当以犯罪的直接客体为依据，结合合同的具体内容来判断，而非一般客体、同类客体，如果合同诈骗行为伤害的只是单纯的财产权益而非国家利益，相关民商事合同并不当然无效，仍然属于民事上的可撤销合同。[②]

三、实践中常见的可能影响合同效力的几类案件

司法实践中，以下几类案件需要注意刑事犯罪可能影响合同效力：（1）涉嫌合同诈骗的合同纠纷；（2）涉嫌保险诈骗的保险合同纠纷；（3）涉嫌侵犯商业秘密

---

① 王利明主编：《合同法要义与案例析解（总则）》，中国人民大学出版社2001年版，第135页。

② 何帆：《刑民交叉案件审理的基本思路》，中国法制出版社2007年版，第225～226页。

罪的商业秘密纠纷；（4）涉嫌信用卡诈骗罪的储蓄合同纠纷；（5）涉嫌金融诈骗犯罪的存单纠纷；（6）涉嫌非法集资的民间借贷纠纷；（7）主合同涉嫌诈骗的担保纠纷等。上述案件中，可能涉及对一些事实和问题的认识不同导致在合同效力的认定上存在影响，如合同法上的表见代理，借用、盗用、私刻单位公章签订合同，虚构被保险人的年龄签订保险合同，采取欺诈手段签订合同，合同一方对约定的标的物无权处分，扰乱市场秩序和金融秩序的行为等。

【拓展适用】

一、刑事附带民事诉讼的特性

刑事附带民事诉讼是一种特殊的民事诉讼，其特殊性体现在附带的民事诉讼由犯罪行为而引起，在刑事诉讼过程中提起，犯罪行为造成物质损害是提起刑事附带民事的实质条件，该被告人的同一犯罪行为，造成一个侵害结果，其犯罪行为同时触犯了刑事法律规范和民事法律规范，在刑事上须科以刑罚，同时在民事上需要赔偿被害人物质损失，该刑事被告人同时也是依法承担民事赔偿责任案件的被告。刑事附带民事诉讼案件属于责任竞合型刑民交叉案件，或者是牵连性刑民交叉案件，具有刑民交叉案件中刑民互涉的特点，其归属于刑民交叉案件，是刑民交叉案件中的一种特殊处理方式，相对于“先刑后民”、“刑民并行”等方式而言，可以称之为“刑民合一”的处理方式。

二、提起刑事附带民事诉讼的条件

根据《刑事诉讼法》第99条的规定，提起刑事附带民事诉讼，需具备以下条件：1. 被告人的行为构成犯罪；2. 被告人的犯罪行为对被害人所造成的损失，必须是被害人的物质损失；3. 被害人的物质损失必须是由被告人的犯罪行为所造成，两者之间存在因果关系；4. 附带民事诉讼的提起，只能在刑事诉讼过程中提出。如果在判决生效后才提出，也与法律设置刑事附带民事诉讼程序的初衷不符。①

三、刑事附带民事诉讼与刑民交叉案件处理方式比较

刑事附带民事诉讼作为刑民交叉案件中的“刑民合一”处理方式，由于该方式中的民事诉讼具有附带性，体现在：附带民事诉讼以刑事诉讼程序的存在为条件，与刑事诉讼的过程同时进行。实行刑事附带民事诉讼这一“刑民合一”方式的意义在于：1. 有利于正确处理刑事案件，有利于敦促被告人认罪悔罪；2. 有利于保障公民和国家、集体的财产不受侵犯，使被害人的合法权益得到切实的保护；3. 有

---

① 郎胜主编：《中华人民共和国刑事诉讼法释义》，法律出版社2012年版，第236页。

利于节约司法资源，提高诉讼效率。但该方式以下缺陷：1. 刑事案件与附带民事诉讼案件的进程互相影响，使得案件不能及时审结，加重了当事人的负担，增加了案件的审理难度；2. 由同一审判组织审理刑事和民事两种不同性质的诉讼，违背了诉讼的内在规律，民事诉讼与刑事诉讼诉讼目的不同，决定了两者在原则、程序制度设计上的不同，将民事诉讼放在刑事诉讼程序中，由负责审理刑事案件的法官一并审理，有可能使受害人的权利受到限制，不能得到及时、全面的保护，如受害人的精神损害不能支持；对于犯罪行为之外其他行为引起的赔偿责任不能一并得到追究等。

刑民交叉案件中"刑民并行"、"先刑后民"、"先民后刑"等其他处理方式实行刑事诉讼与民事诉讼分开进行，相互独立，只是在诉讼时间上存在先后，不存在刑事附带民事诉讼中的上述问题。因此，案件中的民事诉讼是实行附带的民事诉讼，还是实行独立的民事诉讼，这是刑事附带民事诉讼区别于刑民交叉案件其他处理方式的根本所在。

四、刑事案件未经追赃对民商事案件受理和审理的影响

（一）刑事案件未经追赃影响民商事案件的受理

笔者认为，根据《最高人民法院关于在审理经济纠纷案件中涉及经济犯罪嫌疑若干问题的规定》第 8 条[①]的规定，追赃系刑事诉讼中的法定程序，只有经过追赃，被害人的损失不能得到全额弥补的情况下，被害人才可以提起民事诉讼，人民法院才应该受理。

（二）民事案件因未经追赃而应中止审理

笔者认为，根据《最高人民法院关于在审理经济纠纷案件中涉及经济犯罪嫌疑若干问题的规定》第 8 条的规定，由于未经追赃，在被害人提起的民事诉讼案件审理中，被害人的损失数额无法确定，民事责任主体的赔偿数额必须等待刑事追赃结果之后方能确定，故根据《民事诉讼法》关于中止诉讼的相关规定，因民商事案件的审理需等待刑事追赃结果，故在刑事未追赃之前，民事案件应中止审理。

---

① 条文内容为："根据《刑事诉讼法》第七十七条第一款的规定，被害人对本《规定》第二条因单位犯罪行为造成经济损失的，对第四条、第五条第一款、第六条应当承担刑事责任的被告人未能返还财物而遭受经济损失提起附带民事诉讼的，受理刑事案件的人民法院应当依法一并审理。被害人因其遭受经济损失也有权对单位另行提起民事诉讼。若被害人另行提起民事诉讼的，有管辖权的人民法院应当依法受理。"

【典型案例】

吴国军与陈晓富、王克祥及德清县中建房地产开发有限公司民间借贷、担保合同纠纷案

上诉人（原审被告）：王克祥。

上诉人（原审被告）：德清县中建房地产开发有限公司。

法定代表人：王克祥，该公司董事长。

被上诉人（原审原告）：吴国军。

被告：陈晓富。

〔基本案情〕

原告吴国军因与被告陈晓富、王克祥、德清县中建房地产开发有限公司（以下简称中建公司）发生民间借贷、担保合同纠纷，向浙江省德清县人民法院提起诉讼。

原告吴国军诉称：2008年11月4日，原被告签订一借款协议，被告陈晓富共向原告借款人民币200万元，借款期限为2008年11月4日至2009年2月3日，并由被告王克祥和被告中建公司连带责任担保，当日陈晓富收到吴国军的200万元的借款，因陈晓富拖欠其他债权人款项无法及时偿还，数额较大，并已严重丧失信誉，现陈晓富无力归还借款，依照协议，遂要求陈晓富提前归还，王克祥、中建公司承担连带责任。请求法院判令：1. 解除原告与三被告之间订立的借款协议；2. 陈晓富立即归还原告借款200万元，王克祥、中建公司承担连带清偿责任。

原告吴国军提交了如下证据：

1. 借款协议原件1份，证明被告陈晓富向原告吴国军借款200万元，并由王克祥、中建公司承担连带担保责任的事实。

2. 被告陈晓富签字的收条1份，证明陈晓富于2008年11月4日收到原告吴国军所借的200万元人民币的事实。

3. 银行凭证1份，证明原告吴国军于2008年11月4日通过银行转账将200万元借给陈晓富的事实。

被告陈晓富辩称：向原告吴国军借款人民币200万元到期未还是事实。目前无偿还能力，今后尽力归还。

被告王克祥、中建公司辩称：本案的程序存在问题，本案因被告陈晓富涉嫌犯罪，故应中止审理，2009年4月15日德清人民法院以（2009）湖德商初字第52号—2号民事裁定，本案中止审理，且明确规定，待刑事诉讼审理终结后再恢复审理本案。现陈晓富的刑事案件并未审理终结。本案借款的性质可能为非法吸收公众存款。在未确定本案借款的性质时，该案应该中止审理本案。且如确定陈晓富是涉及犯罪的情况下，那么王克祥和中建公司无需承担保证责任。

被告王克祥提供了如下证据：

德清县公安局立案决定书及函原件1份，证明办案涉及被告陈晓富非法吸收公众存款案可能导致借款协议无效的事实。

德清县人民法院一审查明：2008年11月4日，原、被告签订一借款协议，被告陈晓富共向原告吴国军借款人民币200万元，借款期限为2008年11月4日至2009年2月3日，并由被告王克祥和被告中建公司提供连带责任担保，当日原告履行了出借的义务，陈晓富于当日收到原告200万元的借款，因陈晓富拖欠其他债权人款项无法及时偿还，数额较大，并已严重丧失信誉，现陈晓富无力归还借款，依照协议，遂要求陈晓富提前归还，王克祥、中建公司承担连带责任。2008年12月14日陈晓富因故下落不明，原告认为陈晓富拖欠其他债权人款项数额巨大，已无能力偿还，2008年12月22日陈晓富因涉嫌合同诈骗和非法吸收公众存款罪被公安机关立案侦查，依照协议，遂要求陈晓富提前归还，王克祥、中建公司承担连带责任，直至开庭时，三被告均未履行还款义务。

以上事实有各当事人陈述、借款和担保协议、被告陈晓富签字的收条、银行凭证、德清县公安局立案决定书及函原件等证据，足以认定。

〔一审裁判理由与结果〕

德清县人民法院一审认为：本案的争议焦点是：一、涉案民间借贷合同和担保合同的效力认定；二、本案是否需要中止审理。

关于第一个焦点问题。本案原、被告之间的借贷关系成立且合法有效，应受法律保护。本案中，单个的借款行为仅仅是引起民间借贷这一民事法律关系的民事法律事实，并不构成非法吸收公众存款的刑事法律事实，因为非法吸收公众存款的刑事法律事实是数个“向不特定人借款”行为的总和，从而从量变到质变。《合同法》第五十二条规定了合同无效的情形，其中符合“违反法律、法规的强制性规定”、“以合法形式掩盖非法目的”两种情形的合同无效。当事人在订立民间借贷合同时，主观上可能确实基于借贷的真实意思表示，不存在违反法律、法规的强制性规定或以合法形式掩盖非法目的。非法吸收公众存款的犯罪行为与单个民间借贷行为并不等价，民间借贷合同并不必然损害国家利益和社会公共利益，两者之间的行为极有可能呈现为一种正当的民间借贷关系，即贷款人出借自己合法所有的货币资产，借款人自愿借入货币，双方自主决定交易对象与内容，既没有主观上要去损害其他合法利益的故意和过错，客观上也没有对其他合法利益造成侵害的现实性和可能性。根据《合同法》第12章规定，建立在真实意思基础上的民间借款合同受法律保护。因此，被告陈晓富向原告吴国军借款后，理应按约定及时归还借款。陈晓富未按其承诺归还所欠原告借款，是引起本案纠纷的原因，陈晓富应承担本案的全部民事责任。

被告王克祥和被告中建公司未按借款协议承担担保义务，对于王克祥、中建公司提出被告陈晓富可能涉及非法吸收公众存款，其不应再承担责任的辩称，根据担保法有关规定，如债权人与债务人恶意串通或债权人知道或应当知道主合同债务人采取欺诈手段，使保证人违背真实意思提供保证的，则保证人应免除保证责任。现王克祥和中建公司未能提供相关证据佐证原告吴国军与陈晓富之间具有恶意串通的事实，亦未能提供相关证据证明吴国军知道或应当知道陈晓富采取欺诈手段骗取王克祥和中建公司提供担保。主合同（借款合同）有效，从合同（担保合同）本身无瑕疵的情况下，民间借贷中的担保合同也属有效。从维护诚信原则和公平原则的法理上分析，将与非法吸收公众存款罪交叉的民间借贷合同认定为无效会造成实质意义上的不公，造成担保人以无效为由抗辩其担保责任，即把自己的担保错误作为自己不承担责任的抗辩理由，这更不利于保护不知情的债权人，维护诚信、公平也无从体现。涉嫌非法吸收公众存款的犯罪嫌疑人（或被告人、罪犯）进行民间借贷时，往往由第三者提供担保，且多为连带保证担保。债权人要求债务人提供担保人，这是降低贷款风险的一种办法。保证人同意提供担保，应当推定为充分了解行为的后果。若因债务人涉嫌非法吸收公众存款而认定借贷合同无效，根据《担保法》，主合同无效前提下的担保合同也应当无效，保证人可以免除担保责任。债权人旨在降低贷款风险的努力没有产生任何效果，造成事实上的不公。因此，对于王克祥和中建公司的抗辩理由，法院不予支持。

关于第二个焦点问题。原告吴国军根据借款协议给被告陈晓富200万元后，其对陈晓富的债权即告成立。至于陈晓富可能涉及非法吸收公众存款的犯罪，与本案合同纠纷属于两个法律关系，公安部门立案侦查、检察院起诉以及法院判决构成刑事犯罪，并不影响法院依据民事诉讼法审理本案当事人间的民事合同纠纷。对合同效力进行判断和认定属于民商事审判的范围，判断和认定的标准也应当是民事法律规范。非法吸收公众存款罪和合同的效力问题是两个截然不同的法律问题。判定一个合同的效力问题，应从民事法律的角度去考虑，从有效合同的三个要件来考察，即：1. 行为人是否具有相应的民事行为能力；2. 意思表示是否真实；3. 是否违反法律或者社会公共利益。且本案涉嫌的是非法吸收公众存款罪，涉嫌犯罪的当事人单个的借贷行为不构成犯罪，只有达到一定量后才发生质变，构成犯罪，即犯罪行为与合同行为不重合，故其民事行为应该有效。鉴于此，法院受理、审理可以“刑民并行”。“先刑后民原则”并非法定原则，任何一部法律并未对这一原则作出明确规定。实行“先刑后民”有一个条件：只有符合《民事诉讼法》第一百三十六条①规定，即“本案必须以另一案的审理结果为依据，而另一案尚未审结的”，才“先刑后民”。不符合《民事诉讼法》第一百三十六条规定的，应“刑民并行”审理。先刑后民并非审理民刑交叉案件的基本原则，而只是审理民刑交叉案件的一种处理方式。据此，对于被告王克祥和被告中建公司提出本案在未确定本案借款的性质时应该中止审理的诉讼主张，法院不予支持。因此，本案原被告之间的民间借贷法律关系明确，被告对该借款应当予以归还，王克祥和中建公司自愿为陈晓富借款提供担保，应承担

---

① 对应2012年《民事诉讼法》第150条。

本案连带清偿责任。

据此，浙江省德清县人民法院根据《中华人民共和国民事诉讼法》第一百三十条①，《中华人民共和国合同法》第二百零六条、最高人民法院《关于人民法院审理借贷案件的若干意见》第六条、《中华人民共和国担保法》第十二条、第十八条、第二十一条、第三十一条之规定，于2009年4月8日判决：

一、被告陈晓富限在判决生效后十日内归还原告吴国军200万元的借款；

二、被告王克祥、中建公司对上述债务承担连带清偿责任。

〔当事人上诉及答辩意见〕

王克祥、中建公司不服一审判决，向浙江省湖州市中级人民法院提起上诉，主要理由是：1. 如原审被告陈晓富经人民法院审理后确定涉及合同诈骗罪和非法吸收公众存款罪，那么根据《中华人民共和国合同法》第五十二条的规定，本案借款协议存在"违反法律、法规的强制性规定"、"以合法形式掩盖非法目的"两种情形，借款协议显然无效，由此担保当然无效。2. 根据最高人民法院《关于适用〈中华人民共和国担保法〉若干问题的解释》第八条的规定，本案导致担保合同无效的责任不在其，其没有过错。但原判未对借款协议的效力进行认定，直接侵犯了其合法权益。因此，请求二审撤销原判第三项，依法改判确认担保无效，其不承担担保责任，驳回被上诉人吴国军对其的诉请。

被上诉人吴国军辩称：一审判决认定事实清楚，适用法律正确，应予维持。

二审中，上诉人王克祥、中建公司，被上诉人吴国军均未提交新的证据。

〔二审查明的事实〕

湖州市中级人民法院经二审，确认了一审查明的事实。又查明，2010年1月13日德清县人民法院以原审被告陈晓富犯非法吸收公众存款罪，判处有期徒刑五年二个月，并处罚金人民币25万元。该判决已生效。

〔二审裁判理由与结果〕

湖州市中级人民法院二审认为：合同效力的认定应尊重当事人的意思自治原则，只要订立合同时各方意思表示真实，又没有违反法律、行政法规的强制性规定，就应当确认合同有效。《最高人民法院关于正确适用〈中华人民共和国合同法〉若干问题的解释（二）》第十四条对《中华人民共和国合同法》第五十二条第（五）项规定"强制性规定"解释为是指效力性强制性规定，本案原审被告陈晓富触犯刑律的犯罪行为，并不必然导致借款合同无效。因为借款合同的订立没有违反法律、行政法规效力性的强制性规定。效力上采取从宽认定，是该司法解释的本意，也可在最大程度上尊重当事人的意思自治。因此，原审判决陈晓富对本案借款予以归还，王

① 对应2012年《民事诉讼法》第144条。

克祥、中建公司承担连带清偿责任，并无不当。王克祥、中建公司的上诉理由不能成立。

据此，湖州市中级人民法院依据《中华人民共和国民事诉讼法》第一百五十三条[①]第一款第（一）项之规定，于2010年8月2日判决：

驳回上诉，维持原判。

本判决为终审判决。

---

① 对应2012年《民事诉讼法》第170条。

图书在版编目（CIP）数据

最高人民法院指导性案例裁判规则理解与适用·民事诉讼卷：全2册/江必新等著.—2版.—北京：中国法制出版社，2017.1（2020.6重印）

ISBN 978-7-5093-8039-0

Ⅰ.①最… Ⅱ.①江… Ⅲ.①最高法院-审判-案例-中国②最高法院-民事诉讼-审判-案例-中国 Ⅳ.①D925.05②D925.118.25

中国版本图书馆CIP数据核字（2016）第275832号

策划编辑：李小草（lixiaocao2008@sina.cn）
责任编辑：李小草　王熹（wx2015hi@sina.com）　　封面设计：蒋云羽

最高人民法院指导性案例裁判规则理解与适用·
民事诉讼卷（第二版）（上下册）

ZUIGAO RENMIN FAYUAN ZHIDAOXING ANLI CAIPAN GUIZE LIJIE YU SHIYONG·
MINSHI SUSONG JUAN（DIERBAN）（SHANGXIACE）

著者/江必新、何东宁等
经销/新华书店
印刷/北京京华虎彩印刷有限公司
开本/730毫米×1030毫米　16开　　总印张/49　字数/795千
版次/2017年1月第2版　　2020年6月第2次印刷

中国法制出版社出版
书号 ISBN 978-7-5093-8039-0　　定价：145.00元

北京西单横二条2号　　值班电话：66026508
邮政编码100031　　传真：66031119
网址：http://www.zgfzs.com　　**编辑部电话：66010493**
市场营销部电话：66033393　　**邮购部电话：66033288**

（如有印装质量问题，请与本社编务印务管理部联系调换。电话：010-66032926）

中国法制出版社重点套书征订单
《最高人民法院指导性案例裁判规则理解与适用系列》

江必新　何东宁 等著

《最高人民法院指导性案例裁判规则理解与适用系列》由最高人民法院法官为主撰写，是市面第一次对指导性案例进行最为全面、深入和系统化的分析研究！已出版担保卷、公司卷、公司卷二、合同卷一、合同卷二、合同卷三、合同卷四、劳动争议卷、婚姻家庭卷、房地产卷、侵权赔偿卷一、侵权赔偿卷二、民事诉讼卷、物权卷 14 卷，证据卷等后续分册将陆续推出！

该丛书突破了传统案例类图书的写作模式，采取【裁判规则】、【规则理解】、【拓展适用】、【典型案例】的体例，对指导性案例所形成的裁判规则，进行了深入的理解与适用。

该丛书所归纳的裁判规则弥补了法律和司法解释的不足，并以超越个案审判的视野，对这些规则予以充分阐释，有助于法官等理清裁判思路，统一裁判标准。同时，对相关理论问题进行了系统梳理和深入探讨，拓宽法官、检察官、律师等法律工作者发现问题、解决问题的路径。

本丛书具有很强的指导性、实用性和权威性，适合全国各级法院审判人员及其他法律工作人员使用。

以上图书现由中国法制出版社发行，全国各大书店和当当、亚马逊、京东等网络书店均有售，欢迎订购！

书　名	书　号	定　价	订购册数
最高人民法院指导性案例裁判规则理解与适用·公司卷（第二版）（上下册）	978－7－5093－5922－8	139 元	
最高人民法院指导性案例裁判规则理解与适用·公司卷二	978－7－5093－7621－8	98 元	
最高人民法院指导性案例裁判规则理解与适用·民事诉讼卷（第二版）（上下册）	978－7－5093－8039－0	145 元	
最高人民法院指导性案例裁判规则理解与适用·侵权赔偿卷一	978－7－5093－5444－5	69 元	
最高人民法院指导性案例裁判规则理解与适用·侵权赔偿卷二	978－7－5093－5403－2	69 元	
最高人民法院指导性案例裁判规则理解与适用·劳动争议卷	978－7－5093－4395－1	58 元	

书　名	书　号	定　价	订购册数
最高人民法院指导性案例裁判规则理解与适用·婚姻家庭卷	978－7－5093－4394－4	50元	
最高人民法院指导性案例裁判规则理解与适用·房地产卷	978－7－5093－4393－7	98元	
最高人民法院指导性案例裁判规则理解与适用·担保卷（第二版）（上下册）	978－7－5093－8063－5	139元	
最高人民法院指导性案例裁判规则理解与适用·合同卷一（合同原则、履行、解除、违约责任）	978－7－5093－3806－3	98元	
最高人民法院指导性案例裁判规则理解与适用·合同卷二（合同订立、效力、解释、变更与转让、时效、管辖）	978－7－5093－3805－6	98元	
最高人民法院指导性案例裁判规则理解与适用·合同卷三（旅行合同、转让合同、居间合同、保兑仓合同、委托合同、借款合同、合同欺诈等）	978－7－5093－6742－1	98元	
最高人民法院指导性案例裁判规则理解与适用·合同卷四（预约合同、点击合同、买卖合同、拍卖合同、承揽合同、服务合同、银行卡等）	978－7－5093－6687－5	98元	
最高人民法院指导性案例裁判规则理解与适用·物权卷	978－7－5093－7290－6	88元	
总额和汇款方式			
发票抬头			
联系人和电话			
联系地址	（请注明邮编）		

中国法制出版社联系方式：

市场营销部　贺　纬，电话：010－66062752
市场营销部　袁诗媛，电话：010－66026747
传真：010－66031119

信汇：开户行：兴业银行北京西单支行，行号：309100003157
账号：321060100100008712，户名：中国法制出版社

邮汇：地址：北京市西单横二条2号（华恒大厦5层），邮编：100031
收款人：中国法制出版社